"十三五"国家重点图书出版规划项目

秦史与秦文化研究丛书　王子今　主编

秦都邑宫苑研究

徐卫民　刘幼臻　著

西北大学出版社
·西安·

图书在版编目(CIP)数据

秦都邑宫苑研究/徐卫民,刘幼臻著.--西安：
西北大学出版社,2021.2
(秦史与秦文化研究丛书/王子今主编)
ISBN 978-7-5604-4496-3

Ⅰ.①秦… Ⅱ.①徐… ②刘… Ⅲ.①都城(遗址)—研究—中国—秦代 Ⅳ.①K928.5

中国版本图书馆 CIP 数据核字(2020)第 034208 号

秦都邑宫苑研究
QINDUYIGONGYUANYANJIU　　　　徐卫民　刘幼臻　著

责任编辑	张红丽
装帧设计	谢 晶
出版发行	西北大学出版社
地　　址	西安市太白北路 229 号　　邮　编　710069
网　　址	http://nwupress.nwu.edu.cn　　E-mail　xdpress@nwu.edu.cn
电　　话	029-88303593　88302590
经　　销	全国新华书店
印　　装	西安华新彩印有限责任公司
开　　本	710 毫米×1020 毫米　1/16
印　　张	21.25
字　　数	351 千字
版　　次	2021 年 2 月第 1 版　2021 年 2 月第 1 次印刷
书　　号	ISBN 978-7-5604-4496-3
定　　价	130.00 元

如有印装质量问题,请与本社联系调换,电话 029-88302966。

"秦史与秦文化研究丛书"
QINSHI YU QINWENHUA YANJIU CONGSHU
编辑出版委员会

顾　问　柳斌杰　朱绍侯　方光华

主　任　徐　晔

副主任　卜宪群　马　来

委　员　卜宪群　马　来　王子今　王彦辉　田明纲
　　　　邬文玲　孙家洲　李禹阶　李振宏　张德芳
　　　　张　萍　陈松长　何惠昂　杨建辉　高大伦
　　　　高彦平　晋　文　贾二强　徐　晔　徐兴无
　　　　梁亚莉　彭　卫　焦南峰　赖绍聪

主　编　王子今

总 序

公元前221年,秦王嬴政完成了统一大业,建立了中国历史上第一个高度集权的"大一统"帝国。秦王朝执政短暂,公元前207年被民众武装暴动推翻。秦短促而亡,其失败,在后世长久的历史记忆中更多地被赋予政治教训的意义。然而人们回顾秦史,往往都会追溯到秦人从立国走向强盛的历程,也会对秦文化的品质和特色有所思考。

秦人有早期以畜牧业作为主体经济形式的历史。《史记》卷五《秦本纪》说秦人先祖柏翳"调驯鸟兽,鸟兽多驯服"①,《汉书》卷一九上《百官公卿表上》则作"蒌作朕虞,育草木鸟兽"②,《汉书》卷二八下《地理志下》说"柏益……为舜朕虞,养育草木鸟兽"③,经营对象包括"草木"。所谓"育草木""养育草木",暗示农业和林业在秦早期经济形式中也曾经具有相当重要的地位。秦人经济开发的成就,是秦史进程中不宜忽视的文化因素。其影响,不仅作用于物质层面,也作用于精神层面。秦人在周人称为"西垂"的地方崛起,最初在今甘肃东部、陕西西部活动,利用畜牧业经营能力方面的优势,成为周天子和东方各个文化传统比较悠久的古国不能忽视的政治力量。秦作为政治实体,在两周之际得到正式承认。

关中西部的开发,有周人的历史功绩。周王朝的统治重心东迁洛阳后,秦人在这一地区获得显著的经济成就。秦人起先在汧渭之间地方建设了畜牧业基地,又联络草原部族,团结西戎力量,"西垂以其故和睦",得到周王室的肯定,秦于是立国。正如《史记》卷五《秦本纪》所说:"邑之秦,使复续嬴氏祀,号曰秦嬴。"④秦国力逐渐强盛,后来向东发展,在雍(今陕西凤翔)定都,成为西方诸侯

---

① [汉]司马迁:《史记》,中华书局,1959年,第173页。
② 颜师古注引应劭曰:"蒌,伯益也。"《汉书》,中华书局,1962年,第721、724页。
③ [汉]班固:《汉书》,中华书局,1962年,第1641页。
④ 《史记》卷五《秦本纪》,第177页。

国家,与东方列国发生外交和战争关系。雍城是生态条件十分适合农耕发展的富庶地区,与周人早期经营农耕、创造农业奇迹的所谓"周原膴膴"①的中心地域东西相邻。因此许多学者将其归入广义"周原"的范围之内。秦国的经济进步,有利用"周余民"较成熟农耕经验的因素。秦穆公时代"益国十二,开地千里,遂霸西戎","广地益国,东服强晋,西霸戎夷",②是以关中西部地区作为根据地实现的政治成功。

秦的政治中心,随着秦史的发展,呈现由西而东逐步转移的轨迹。比较明确的秦史记录,即从《史记》卷五《秦本纪》所谓"初有史以纪事"的秦文公时代起始。③ 秦人活动的中心,经历了这样的转徙过程:西垂—汧渭之会—平阳—雍—咸阳。《中国文物地图集·陕西分册》中的《陕西省春秋战国遗存图》显示,春秋战国时期西安、咸阳附近地方的渭河北岸开始出现重要遗址。④ 而史书明确记载,商鞅推行变法,将秦都由雍迁到了咸阳。《史记》卷五《秦本纪》:"(秦孝公)十二年,作为咸阳,筑冀阙,秦徙都之。"⑤《史记》卷六《秦始皇本纪》:"孝公享国二十四年……其十三年,始都咸阳。"⑥《史记》卷六八《商君列传》:"于是以鞅为大良造……居三年,作为筑冀阙宫庭于咸阳,秦自雍徙都之。"⑦这些文献记录都明确显示,秦孝公十二年(前350)开始营造咸阳城和咸阳宫,于秦孝公十三年(前349)从雍城迁都到咸阳。定都咸阳,既是秦史上具有重大意义的事件,实现了秦国兴起的历史过程中的显著转折,也是秦政治史上的辉煌亮点。

如果我们从生态地理学和经济地理学的角度分析这一事件,也可以获得新的

---

① 《诗·大雅·绵》,[清]阮元校刻:《十三经注疏》,中华书局据原世界书局缩印本1980年10月影印版,第510页。

② 《史记》卷五《秦本纪》,第194、195页。《史记》卷八七《李斯列传》作"并国二十,遂霸西戎"。第2542页。《后汉书》卷八七《西羌传》:"秦穆公得戎人由余,遂罢西戎,开地千里。"中华书局,1965年,第2873页。

③ 《史记》,第179页。

④ 张在明主编:《中国文物地图集·陕西分册》,西安地图出版社,1998年,上册第61页。

⑤ 《史记》,第203页。

⑥ 《史记》,第288页。

⑦ 《史记》,第2232页。

有意义的发现。秦都由西垂东迁至咸阳的过程,是与秦"东略之世"①国力不断壮大的历史同步的。迁都咸阳的决策,有将都城从农耕区之边缘转移到农耕区之中心的用意。秦自雍城迁都咸阳,实现了重要的历史转折。一些学者将"迁都咸阳"看作商鞅变法的内容之一。翦伯赞主编《中国史纲要》在"秦商鞅变法"题下写道:"公元前356年,商鞅下变法令","公元前350年,秦从雍(今陕西凤翔)迁都咸阳,商鞅又下第二次变法令"。② 杨宽《战国史》(增订本)在"秦国卫鞅的变法"一节"卫鞅第二次变法"题下,将"迁都咸阳,修建宫殿"作为变法主要内容之一,又写道:"咸阳位于秦国的中心地点,靠近渭河,附近物产丰富,交通便利。"③林剑鸣《秦史稿》在"商鞅变法的实施"一节,也有"迁都咸阳"的内容。其中写道:"咸阳(在咸阳市窑店东)北依高原,南临渭河,适在秦岭怀抱,既便利往来,又便于取南山之产物,若浮渭而下,可直入黄河;在终南山与渭河之间就是通往函谷关的大道。"④这应当是十分准确地反映历史真实的判断。《史记》卷六八《商君列传》记载,商鞅颁布的新法,有扩大农耕的规划,奖励农耕的法令,保护农耕的措施。⑤ 于是使得秦国在秦孝公——商鞅时代实现了新的农业跃进。而指导这一历史变化的策划中心和指挥中心,就在咸阳。咸阳附近也自此成为关中经济的重心地域。《史记》卷二八《封禅书》说"霸、产、长水、沣、涝、泾、渭皆非大川,以近咸阳,尽得比山川祠"⑥,说明"近咸阳"地方水资源得到合理利用。关中于是"号称陆海,为九州膏腴"⑦,被看作"天府之国"⑧,因其丰饶,千百年居于经济优胜地位。

回顾春秋战国时期列强竞胜的历史,历史影响比较显著的国家,多位于文明程度处于后起地位的中原外围地区,它们的迅速崛起,对于具有悠久的文明传统

---

① 王国维:《秦都邑考》,《王国维遗书》,上海古籍书店,1983年,《观堂集林》卷一二第9页。

② 翦伯赞主编:《中国史纲要》,人民出版社,1979年,第75页。

③ 杨宽:《战国史》(增订本),上海人民出版社,1998年,第206页。

④ 林剑鸣:《秦史稿》,上海人民出版社,1981年,第189页。

⑤ 商鞅"变法之令":"民有二男以上不分异者,倍其赋。""僇力本业,耕织致粟帛多者复其身。事末利及怠而贫者,举以为收孥。"《史记》,第2230页。

⑥ 《史记》,第1374页。

⑦ 《汉书》卷二八下《地理志下》,第1642页。

⑧ 《史记》卷五五《留侯世家》,第2044页。

的"中国",即黄河中游地区,形成了强烈的冲击。这一历史文化现象,就是《荀子·王霸》中所说的:"虽在僻陋之国,威动天下,五伯是也。""故齐桓、晋文、楚庄、吴阖闾、越句践,是皆僻陋之国也,威动天下,强殆中国。"①就是说,"五霸"虽然都崛起在文明进程原本相对落后的"僻陋"地方,却能够以新兴的文化强势影响天下,震动中原。"五霸"所指,说法不一,如果按照《白虎通·号·三皇五帝三王五伯》中的说法:"或曰:五霸,谓齐桓公、晋文公、秦穆公、楚庄王、吴王阖闾也。"也就是除去《荀子》所说"越句践",加上了"秦穆公",对于秦的"威""强",予以肯定。又说:"《尚书》曰'邦之荣怀,亦尚一人之庆',知秦穆之霸也。"②秦国力发展态势之急进,对东方诸国有激励和带动的意义。

在战国晚期,七雄之中,以齐、楚、赵、秦为最强。到了公元前3世纪的后期,则秦国的军威,已经势不可当。在秦孝公与商鞅变法之后,秦惠文王兼并巴蜀,宣太后与秦昭襄王战胜义渠,实现对上郡、北地的控制,使秦的疆域大大扩张,时人除"唯秦雄天下"③之说外,又称"秦地半天下"④。秦国上层执政集团可以跨多纬度空间控制,实现了对游牧区、农牧并作区、粟作区、麦作区以及稻作区兼行管理的条件。这是后来对统一王朝不同生态区和经济区实施全面行政管理的前期演习。当时的东方六国,没有一个国家具备从事这种政治实践的条件。

除了与秦孝公合作推行变法的商鞅之外,秦史进程中有重要影响的人物还有韩非和吕不韦。《韩非子》作为法家思想的集大成者,规范了秦政的导向。吕不韦主持编写的《吕氏春秋》为即将成立的秦王朝描画了政治蓝图。多种渊源不同的政治理念得到吸收,其中包括儒学的民本思想。

秦的统一,是中国史的大事件,也是东方史乃至世界史的大事件。对于中华民族的形成,对于后来以汉文化为主体的中华文化的发展,对于统一政治格局的定型,秦的创制有非常重要的意义。秦王朝推行郡县制,实现中央对地方的直接控制。皇帝制度和官僚制度的出现,也是推进政治史进程的重要发明。秦始皇时代实现了高度的集权。皇室、将相、后宫、富族,都无从侵犯或动摇皇帝的权

---

① [清]王先谦撰,沈啸寰、王星贤点校:《荀子集解》,中华书局,1988年,第205页。
② [清]陈立撰,吴则虞点校:《白虎通疏证》,中华书局,1994年,第62、64页。
③ 《史记》卷八三《鲁仲连邹阳列传》,第2459页。
④ 《史记》卷七〇《张仪列传》,第2289页。

威。执掌管理天下最高权力的,唯有皇帝。"夫其卓绝在上,不与士民等夷者,独天子一人耳。"①与秦始皇"二世三世至于万世,传之无穷"②的乐观设想不同,秦的统治未能长久,但是,秦王朝的若干重要制度,特别是皇帝独尊的制度,却成为此后两千多年的政治史的范式。如毛泽东诗句所谓"百代犹行秦政法"③。秦政风格延续长久,对后世中国有长久的规范作用,也对东方世界的政治格局形成了影响。

秦王朝在全新的历史条件下带有试验性质的经济管理形式,是值得重视的。秦时由中央政府主持的长城工程、驰道工程、灵渠工程、阿房宫工程、丽山工程等规模宏大的土木工程的规划和组织,表现出经济管理水平的空前提高,也显示了相当高的行政效率。秦王朝多具有创新意义的经济制度,在施行时各有得失。秦王朝经济管理的军事化体制,以极端苛急的政策倾向为特征,而不合理的以关中奴役关东的区域经济方针等方面的弊病,也为后世提供了深刻的历史教训。秦王朝多以军人为吏,必然使各级行政机构都容易形成极权专制的特点,使行政管理和经济管理都具有军事化的形制,又使统一后不久即应结束的军事管制阶段在实际上无限延长,终于酿成暴政。

秦王朝的专制统治表现出高度集权的特色,其思想文化方面的政策也具有与此相应的风格。秦王朝虽然统治时间不长,但是所推行的文化政策却在若干方面对后世有规定性的意义。"书同文"原本是孔子提出的文化理想。孔子嫡孙子思作《中庸》,引述了孔子的话:"今天下车同轨,书同文,行同伦。"④"书同文",成为文化统一的一种象征。但是在孔子的时代,按照儒家的说法,有其位者无其德,有其德者无其位,"书同文"实际上只是一种空想。战国时期,分裂形势更为显著,书不同文也是体现当时文化背景的重要标志之一。正如东汉学者许慎在《说文解字·叙》中所说,"诸侯力政,不统于王",于是礼乐典籍受到破坏,天下分为七国,"言语异声,文字异形"。⑤ 秦灭六国,实现统一之后,丞相李

---

① 章太炎:《秦政记》,《太炎文录初编》卷一,《章太炎全集》第4卷,上海人民出版社,1985年,第71页。
② 《史记》卷六《秦始皇本纪》,第236页。
③ 《建国以来毛泽东文稿》第13册,中央文献出版社,1998年,第361页。
④ [清]阮元校刻:《十三经注疏》,第1634页。
⑤ [汉]许慎撰,[清]段玉裁注:《说文解字注》,上海古籍出版社据经韵楼藏版1981年10月影印版,第757页。

斯就上奏建议以"秦文"为基点,欲令天下文字"同之",凡是与"秦文"不一致的,通通予以废除,以完成文字的统一。历史上的这一重要文化过程,司马迁在《史记》卷六《秦始皇本纪》的记载中写作"书同文字"与"同书文字",①在《史记》卷一五《六国年表》与《史记》卷八七《李斯列传》中分别写作"同天下书""同文书"。② 秦王朝的"书同文"虽然没有取得全面的成功,但是当时能够提出这样的文化进步的规划,并且开始了这样的文化进步的实践,应当说,已经是一个值得肯定的伟大的创举。秦王朝推行文化统一的政策,并不限于文字的统一。在秦始皇出巡各地的刻石文字中,可以看到要求各地民俗实现同化的内容。比如琅邪刻石说到"匡饬异俗",之罘刻石说到"黔首改化,远迩同度",表示各地的民俗都要改造,以求整齐统一;而强求民俗统一的形式,是法律的规范,就是所谓"普施明法,经纬天下,永为仪则"。③ 应当看到,秦王朝要实行的全面的"天下""同度",是以秦地形成的政治规范、法律制度、文化样式和民俗风格为基本模板的。

秦王朝在思想文化方面谋求统一,是通过强硬性的专制手段推行有关政策实现的。所谓焚书坑儒,就是企图全面摈斥东方文化,以秦文化为主体实行强制性的文化统一。对于所谓"难施用"④"不中用"⑤的"无用"之学⑥的否定,甚至不惜采用极端残酷的手段。

秦王朝以关中地方作为政治中心,也作为文化基地。关中地方得到了很好

---

① 《史记》,第 239、245 页。
② 《史记》,第 757、2547 页。
③ 《史记》,第 245、250、249 页。
④ 《史记》卷二八《封禅书》:"始皇闻此议各乖异,难施用,由此绌儒生。"第 1366 页。
⑤ 《史记》卷六《秦始皇本纪》:"(秦始皇)大怒曰:'吾前收天下书不中用者尽去之。'"第 258 页。
⑥ 《资治通鉴》卷七《秦纪二》"始皇帝三十四年":"魏人陈馀谓孔鲋曰:'秦将灭先王之籍,而子为书籍之主,其危哉!'子鱼曰:'吾为无用之学,知吾者惟友。秦非吾友,吾何危哉!吾将藏之以待其求;求至,无患矣。'"胡三省注:"孔鲋,孔子八世孙,字子鱼。"[宋]司马光编著,[元]胡三省音注,"标点资治通鉴小组"校点:《资治通鉴》,中华书局,1956 年,第 244 页。承孙闻博副教授提示,据傅亚庶《孔丛子校释》,《孔丛子》有的版本记录孔鲋说到"有用之学"。叶氏藏本、蔡宗尧本、汉承弼校跋本、章钰校跋本并有"吾不为有用之学,知吾者唯友。秦非吾友,吾何危哉?"语。中华书局,2011 年,第 410、414 页。参看王子今:《秦文化的实用之风》,《光明日报》2013 年 7 月 15 日 15 版"国学"。

的发展条件。秦亡,刘邦入咸阳,称"仓粟多"①,项羽确定行政中心时有人建议"关中阻山河四塞,地肥饶,可都以霸",都说明了秦时关中经济条件的优越。项羽虽然没有采纳都关中的建议,但是在分封十八诸侯时,首先考虑了对现今陕西地方的控制。"立沛公为汉王,王巴、蜀、汉中,都南郑",又"三分关中","立章邯为雍王,王咸阳以西,都废丘","立司马欣为塞王,王咸阳以东至河,都栎阳;立董翳为翟王,王上郡,都高奴"。② 因"三分关中"的战略设想,于是史有"三秦"之说。近年"废丘"的考古发现,有益于说明这段历史。所谓"秦之故地"③,是受到特殊重视的行政空间。

汉代匈奴人和西域人仍然称中原人为"秦人"④,汉简资料也可见"秦骑"⑤称谓,说明秦文化对中土以外广大区域的影响形成了深刻的历史记忆。远方"秦人"称谓,是秦的历史光荣的文化纪念。

李学勤《东周与秦代文明》一书中将东周时代的中国划分为7个文化圈,就是中原文化圈、北方文化圈、齐鲁文化圈、楚文化圈、吴越文化圈、巴蜀滇文化圈、秦文化圈。关于其中的"秦文化圈",论者写道:"关中的秦国雄长于广大的西北地区,称之为秦文化圈可能是适宜的。秦人在西周建都的故地兴起,形成了有独特风格的文化。虽与中原有所交往,而本身的特点仍甚明显。"关于战国晚期至于秦汉时期的文化趋势,论者指出:"楚文化的扩展,是东周时代的一件大事","随之而来的,是秦文化的传布。秦的兼并列国,建立统一的新王朝,使秦文化成为后来辉煌的汉代文化的基础"。⑥ 从空间和时间的视角进行考察,可以注意

---

① 《史记》卷八《高祖本纪》,第362页。
② 《史记》卷七《项羽本纪》,第315、316页。
③ 《史记》卷九九《刘敬叔孙通列传》:"陛下入关而都之,山东虽乱,秦之故地可全而有也。""今陛下入关而都,案秦之故地,此亦搤天下之亢而拊其背也。"第2716页。
④ 《史记》卷一二三《大宛列传》,第3177页;《汉书》卷九四上《匈奴传上》,第3782页;《汉书》卷九六下《西域传下》,第3913页。东汉西域人使用"秦人"称谓,见《龟兹左将军刘平国作关城诵》,参看王子今:《〈龟兹左将军刘平国作关城诵〉考论——兼说"张骞凿空"》,《欧亚学刊》新7辑,商务印书馆,2018年。
⑤ 如肩水金关简"☐所将胡骑秦骑名籍☐"(73EJT1:158),甘肃简牍保护研究中心、甘肃省文物考古研究所、甘肃省博物馆、中国文化遗产研究院古文献研究室、中国社会科学院简帛研究中心编:《肩水金关汉简》(壹),中西书局,2011年,下册第11页。
⑥ 李学勤:《东周与秦代文明》,上海人民出版社,2007年,第10—11页。

到秦文化超地域的特征和跨时代的意义。秦文化自然有区域文化的含义,早期的秦文化又有部族文化的性质。秦文化也是体现法家思想深刻影响的一种政治文化形态,可以理解为秦王朝统治时期的主体文化和主导文化。秦文化也可以作为一种积极奋进的、迅速崛起的、节奏急烈的文化风格的象征符号。总结秦文化的有积极意义的成分,应当注意这样几个特点:创新理念、进取精神、开放胸怀、实用意识、技术追求。秦文化的这些具有积极因素的特点,可以以"英雄主义"和"科学精神"简要概括。对于秦统一的原因,有必要进行全面的客观的总结。秦人接受来自西北方向文化影响的情形,研究者也应当予以关注。

秦文化既有复杂的内涵,又有神奇的魅力。秦文化表现出由弱而强、由落后而先进的历史转变过程中积极进取、推崇创新、重视实效的文化基因。

对于秦文化的历史表现,仅仅用超地域予以总结也许还是不够的。"从世界史的角度"估价秦文化的影响,是秦史研究者的责任。秦的统一"是中国文化史上的重要转折点",继此之后,汉代创造了辉煌的文明,其影响,"范围绝不限于亚洲东部,我们只有从世界史的高度才能估价它的意义和价值"。① 汉代文明成就,正是因秦文化而奠基的。

在对于秦文化的讨论中,不可避免地会导入这样一个问题:为什么在战国七雄的历史竞争中最终秦国取胜,为什么是秦国而不是其他国家完成了"统一"这一历史进程?

秦统一的形势,翦伯赞说,"如暴风雷雨,闪击中原",证明"任何主观的企图,都不足以倒转历史的车轮"。② 秦的"统一",有的学者更愿意用"兼并"的说法。这一历史进程,后人称之为"六王毕,四海一"③,"六王失国四海归"④。其实,秦始皇实现的统一,并不仅仅限于黄河流域和长江流域原战国七雄统治的地域,亦包括对岭南的征服。战争的结局,是《史记》卷六《秦始皇本纪》和卷一一

---

① 李学勤:《东周与秦代文明》,第 294 页。
② 翦伯赞:《秦汉史》,北京大学出版社,1983 年,第 8 页。
③ [唐]杜牧:《阿房宫赋》,《文苑英华》卷四七,[宋]李昉等编:《文苑英华》,中华书局,1966 年,第 212 页。
④ [宋]莫济《次梁安老王十朋咏秦碑韵》:"六王失国四海归,秦皇东刻南巡碑。"[明]董斯张辑:《吴兴艺文补》卷五〇,明崇祯六年刻本,第 1103 页。

三《南越列传》所记载的桂林、南海、象郡的设立。① 按照贾谊《过秦论》的表述,即"南取百越之地,以为桂林、象郡,百越之君俛首系颈,委命下吏"②。考古学者基于岭南秦式墓葬发现,如广州淘金坑秦墓、华侨新村秦墓,广西灌阳、兴安、平乐秦墓等的判断,以为"说明了秦人足迹所至和文化所及,反映了秦文化在更大区域内和中原以及其他文化的融合","两广秦墓当是和秦始皇统一岭南,'以谪徙民五十万戍五岭,与越杂处'的历史背景有关"。③ 岭南文化与中原文化的融合,正是自"秦时已并天下,略定杨越"④起始。而蒙恬经营北边,又"却匈奴七百余里"⑤。南海和北河方向的进取,使得秦帝国的国土规模远远超越了秦本土与"六王"故地的总和。⑥

对于秦所以能够实现统一的原因,历来多有学者讨论。有人认为,秦改革彻底,社会制度先进,是主要原因。曾经负责《睡虎地秦墓竹简》定稿、主持张家山汉简整理并进行秦律和汉律对比研究的李学勤指出:"睡虎地竹简秦律的发现和研究,展示了相当典型的奴隶制关系的景象","有的著作认为秦的社会制度比六国先进,笔者不能同意这一看法,从秦人相当普遍地保留野蛮的奴隶制关系来看,事实毋宁说是相反"。⑦

秦政以法家思想为指导。法家虽然经历汉初的"拨乱反正"⑧受到清算,又经汉武帝时代"罢黜百家,表章《六经》"⑨"推明孔氏,抑黜百家"⑩,受到正统意

---

① 王子今:《论秦始皇南海置郡》,《陕西师范大学学报》(哲学社会科学版)2017年第1期。

② 《史记》卷六《秦始皇本纪》,第280页。

③ 叶小燕:《秦墓初探》,《考古》1982年第1期。

④ 《史记》卷一一三《南越列传》,第2967页。

⑤ 《史记》卷六《秦始皇本纪》,第280页;《史记》卷四八《陈涉世家》,第1963页。

⑥ 参看王子今:《秦统一局面的再认识》,《辽宁大学学报》(哲学社会科学版)2013年第1期。

⑦ 李学勤:《东周与秦代文明》,第290—291页。

⑧ 《汉书》卷六《武帝纪》,第212页;《汉书》卷二二《礼乐志》,第1030、1035页。《史记》卷八《高祖本纪》:"拨乱世反之正。"第392页。《史记》卷六〇《三王世家》:"高皇帝拨乱世反诸正。"第2109页。

⑨ 《汉书》卷六《武帝纪》,第212页。

⑩ 《汉书》卷五六《董仲舒传》,第2525页。

识形态压抑,但是由所谓"汉家自有制度,本以霸王道杂之,奈何纯任德教,用周政乎"①可知,仍然有长久的历史影响和文化惯性。这说明中国政治史的回顾,有必要思考秦政的作用。

在总结秦统一原因时,应当重视《过秦论》"续六世之余烈,振长策而御宇内"的说法。② 然而秦的统一,不仅仅是帝王的事业,也与秦国农民和士兵的历史表现有关。是各地万千士兵与民众的奋发努力促成了统一。秦国统治的地域,当时是最先进的农业区。直到秦王朝灭亡之后,人们依然肯定"秦富十倍天下"的地位。③ 因农耕业成熟而形成的富足,也构成秦统一的物质实力。

有学者指出,应当重视秦与西北方向的文化联系,重视秦人从中亚地方接受的文化影响。这是正确的意见。但是以为郡县制的实行可能来自西方影响的看法还有待于认真的论证。战国时期,不仅秦国,不少国家都实行了郡县制。有学者指出:"郡县制在春秋时已有萌芽,特别是'县',其原始形态可以追溯到西周。到战国时期,郡县制在各国都在推行。"④秦人接受来自西北的文化影响,应当是没有疑义的。周穆王西行,据说到达西王母之国,为他驾车的就是秦人先祖造父。秦早期养马业的成功,也应当借鉴了草原游牧族的技术。青铜器中被确定为秦器者,据说有的器形"和常见的中国青铜器有别,有学者以之与中亚的一些器物相比"。学界其实较早已经注意到这种器物,以为"是否模仿中亚的风格,很值得探讨"。⑤ 我们曾经注意过秦风俗中与西方相近的内容,秦穆公三十二年(前628),发军袭郑,这是秦人首创所谓"径数国千里而袭人"的长距离远征历史记录的例证。晋国发兵在殽阻截秦军,"击之,大破秦军,无一人得脱者,虏秦三将以归"。⑥ 四年之后,秦人复仇,《左传·文公三年》记载:"秦伯伐晋,济河焚舟,取王官及郊。晋人不出,遂自茅津渡,封殽尸而还。"⑦《史记》卷五《秦本

---

① 《汉书》卷九《元帝纪》,第277页。
② 《史记》卷六《秦始皇本纪》,第280页。
③ 《史记》卷八《高祖本纪》,第364页。
④ 李学勤:《东周与秦代文明》,第289—290页。
⑤ 李学勤:《东周与秦代文明》,第146页。
⑥ 《史记》卷五《秦本纪》,第190—192页。
⑦ 《春秋左传集解》,上海人民出版社,1977年,第434页。

纪》:"缪公乃自茅津渡河,封殽中尸,为发丧,哭之三日。"①《史记》卷三九《晋世家》:"秦缪公大兴兵伐我,度河,取王官,封殽尸而去。"②封,有人解释为"封识之"③,就是筑起高大的土堆以为标识。我们读记述公元14年至公元15年间史事的《塔西佗〈编年史〉》第1卷,可以看到日耳曼尼库斯·凯撒率领的罗马军队进军到埃姆斯河和里普河之间十分类似的情形:"据说伐鲁斯和他的军团士兵的尸体还留在那里没有掩埋","罗马军队在六年之后,来到这个灾难场所掩埋了这三个军团的士兵的遗骨","在修建坟山的时候,凯撒放置第一份草土,用以表示对死者的衷心尊敬并与大家一同致以哀悼之忱"。④ 罗马军队统帅日耳曼尼库斯·凯撒的做法,和秦穆公所谓"封殽尸"何其相像!罗马军人们所"修建"的"坟山",是不是和秦穆公为"封识之"而修建的"封"属于性质相类的建筑形式呢?相关的文化现象还有待于深入考论。但是关注秦文化与其他文化系统之间的联系可能确实是有意义的。

秦代徐市东渡,择定适宜的生存空间定居⑤,或许是东洋航线初步开通的历史迹象。斯里兰卡出土半两钱⑥,似乎可以看作南洋航线早期开通的文物证明。理解并说明秦文化的世界影响,也是丝绸之路史研究应当关注的主题。

"秦史与秦文化研究丛书"系"十三五"国家重点图书出版规划项目,共14种,由陕西省人民政府参事室主持编撰,西北大学出版社具体组织实施。包括以下学术专著:《秦政治文化研究》(雷依群)、《初并天下——秦君主集权研究》(孙闻博)、《帝国的形成与崩溃——秦疆域变迁史稿》(梁万斌)、《秦思想与政治研究》(臧知非)、《秦法律文化新探》(闫晓君)、《秦祭祀研究》(史党社)、《秦礼仪研究》(马志亮)、《秦战争史》(赵国华、叶秋菊)、《秦农业史新编》(樊志民、

---

① 《史记》,第193页。
② 《史记》,第1670页。
③ 《史记》卷五《秦本纪》裴骃《集解》引贾逵曰,第193页。
④ 〔罗马〕塔西佗著,王以铸等译:《塔西佗〈编年史〉》,商务印书馆,1981年,上册,第1卷,第51—52页。
⑤ 《史记》卷一一八《淮南衡山列传》:"徐福得平原广泽,止王不来。"第3086页。
⑥ 查迪玛(A. Chandima):《斯里兰卡藏中国古代文物研究——兼谈古代中斯贸易关系》,山东大学博士学位论文,导师:于海广教授,2011年4月;〔斯里兰卡〕查迪玛·博嘎哈瓦塔、柯莎莉·卡库兰达拉:《斯里兰卡藏中国古代钱币概况》,《百色学院学报》2016年第6期。

李伊波)、《秦都邑宫苑研究》(徐卫民、刘幼臻)、《秦文字研究》(周晓陆、罗志英、李巍、何薇)、《秦官吏法研究》(周海锋)、《秦交通史》(王子今)、《秦史与秦文化研究论著索引》(田静)。

　　本丛书的编写队伍,集合了秦史研究的学术力量,其中有较资深的学者,也有很年轻的学人。丛书选题设计,注意全方位的研究和多视角的考察。参与此丛书的学者提倡跨学科的研究,重视历史学、考古学、民族学与文化人类学等不同学术方向研究方法的交叉采用,努力坚持实证原则,发挥传世文献与出土文献及新出考古资料相结合的优长,实践"二重证据法""多重证据法",力求就秦史研究和秦文化研究实现学术推进。秦史是中国文明史进程的重要阶段,秦文化是历史时期文化融汇的主流之一,也成为中华民族文化的重要构成内容。对于秦史与秦文化,考察、研究、理解和说明,是历史学者的责任。不同视角的观察,不同路径的探究,不同专题的研讨,不同层次的解说,都是必要的。这里不妨借用秦汉史研究前辈学者翦伯赞《秦汉史》中"究明"一语简要表白我们研究工作的学术追求:"究明"即"显出光明"。[①]

王子今

2021 年 1 月 18 日

---

① 翦伯赞:《秦汉史》,第 2 页。

目 录

总 序 ··· 1

绪 论 ··· 1
 第一节 秦都邑概况 ·· 4
 第二节 秦九都八迁的原因 ·· 14
 第三节 秦都邑与秦文化 ·· 21

第一章 秦早期都邑 ·· 27
 第一节 秦人早期发展脉络 ·· 27
 第二节 秦邑 ·· 32
 第三节 西垂（西犬丘） ·· 34
 第四节 汧邑 ·· 41
 第五节 汧渭之会 ··· 43
 第六节 平阳 ·· 45
 第七节 秦早期都邑何以频繁迁徙 ··································· 49

第二章 秦都雍城 ·· 51
 第一节 定都雍城 ··· 51
 第二节 雍城城墙 ··· 54
 第三节 雍城的布局和结构 ·· 55
 第四节 雍城畤文化 ·· 66
 第五节 雍城手工业作坊 ·· 71
 第六节 雍城的特点及其对后世都城的影响 ·············· 73

第七节　雍城在秦发展过程中的作用 …………… 75

第三章　秦两个临时性的都城——泾阳与栎阳 ………… 79
第一节　泾阳 …………… 80
第二节　栎阳 …………… 82

第四章　秦都咸阳 …………… 91
第一节　秦都咸阳的选址 …………… 91
第二节　秦都咸阳的规模和形制 …………… 92
第三节　秦都咸阳的设计理念 …………… 119
第四节　秦都咸阳无外郭城 …………… 122
第五节　秦都咸阳附近的离宫别馆 …………… 128
第六节　秦都咸阳的对外交通 …………… 146
第七节　秦都咸阳所辖县 …………… 154
第八节　营造秦都城对当时环境带来的负面
　　　　影响 …………… 169

第五章　秦都城工商业的发展 …………… 173
第一节　秦都城工商业发展概况 …………… 173
第二节　秦对工商业的管理 …………… 179
第三节　秦都城手工业的门类 …………… 185

第六章　秦都城中的礼制建筑 …………… 193
第一节　秦都城礼制建筑概况 …………… 193
第二节　秦都城礼制建筑的特点及影响 …………… 200

第七章　秦都邑附近之苑囿 …………… 204
第一节　雍城附近的苑囿 …………… 206
第二节　咸阳附近的苑囿 …………… 209
第三节　秦苑囿的管理 …………… 221

第四节　秦苑囿的特点及影响 …………………………… 227

第八章　秦都邑之帝王陵 ……………………………………… 231
　　第一节　秦公帝王陵的五大陵区 ……………………… 231
　　第二节　秦公帝王陵的特点 …………………………… 264
　　第三节　秦公帝王陵对汉代帝陵的影响 ……………… 275

**第九章　秦都城与春秋战国其他诸侯国都城之
　　　　　比较** ………………………………………………… 278
　　第一节　春秋战国时期主要诸侯国都城概况 ………… 279
　　第二节　秦都城与各国都城的比较 …………………… 298

第十章　汉长安城对秦都咸阳的继承与创新 ………… 315
　　第一节　汉长安城对秦都咸阳的继承 ………………… 315
　　第二节　汉长安城对秦都咸阳的创新 ………………… 319

后　记 …………………………………………………………… 324

绪 论

　　都邑是一个国家或者政权的政治、经济、军事和文化中心,是统治者发号施令、实施有效统治的中枢。都邑的选址和建设关系到一个王朝的对内对外政策,直接影响到国运的兴衰。所以,历代统治者都十分重视都邑的选址和建设,把定都建邑视为"国之大事"。"食者,国之宝也;兵者,国之爪也;城者,所以自守也。此三者,国之具也。"①"自古帝王维系天下,以人和不以地利,而卜都定鼎,计及万世,必相天下之势而厚集之。"②都城的选址要考虑到政治形势、经济条件、地理环境、交通等多方面因素,而都城一旦确定和建设,就会对政治、经济、军事等各方面产生极为重要的影响。

　　秦是中国历史上的重要时期,对中国历史的发展产生了极为深远的影响,作为当时政治、经济、文化、军事中心的都城也是一样,在中国都城发展史上具有举足轻重的地位,对后世都城营建产生了极为重要的影响。

　　王国维先生认为:"都邑者,政治与文化之标征也。"③都与邑有何区别呢?《史记·五帝本纪》云:舜"一年而所居成聚,二年成邑,三年成都"④,按照这一记载,在"三代"之前的"五帝时代",也就是学术界现在一般所说的新石器时代晚期,当时的社会组织形态已经存在"聚""邑""都"三级。"聚"即村落,秦代"县"之下为"乡",乡之下为"里",汉代乡之下为"聚"。这在当时的社会教育机构上也有明确反映与记载,汉平帝元始三年(3),王莽曾提出郡设立"学",县设立

---

① [清]毕沅校注,吴旭民校点:《墨子》第一卷,上海古籍出版社,2014年,第18页。
② [清]顾炎武:《历代宅京记·徐元文序》,中华书局,1984年,第3页。
③ 王国维:《殷周制度论》,《王国维学术经典集》(下卷),江西人民出版社,1997年,第128页。
④ [汉]司马迁撰,[南朝宋]裴骃集解,[唐]司马贞索隐,[唐]张守节正义:《史记》卷一《五帝本纪》,中华书局,1959年,第34页。

"校",乡设立"庠",聚设立"序"。"聚"作为社会基层组织,先秦时代已存在,因此商鞅变法才有"并诸小乡聚,集为大县"之说。"邑"与"都"均为"城",据《左传·庄公二十八年》记载:"凡邑有宗庙先君之主曰都,无曰邑。"刘庆柱先生认为:"都"与"邑"除上述区别之外,二者的规模大小、社会管理机构多少也会有所不同。①

《周礼·考工记·匠人》记载:先秦时期"城"分为三级,第一级王城,即王国都城;第二级诸侯城,即诸侯封国都城;第三级"都",即宗室和卿大夫采邑。这种三级城制在建筑上的反映,是不同等级的"城"之不同规模,包括建筑的大小、高低、数量多少不等,按级别递减。根据已有的考古资料和相关文献记载,可以看出先秦时期城市的规模确有不同。而导致这种现象的原因,就是王国社会形态的天子、诸侯王、卿大夫三级社会管理,形成了三级社会政治管理中心。王城、诸侯国都城与卿大夫采邑就是这种三级社会形态的反映。作为管辖区域的"城"大小不同、人口多少不同、地理环境不同等,导致以"城"为代表的区域的经济、军事作用和政治地位的不同,这也就决定了"城"的规模和等级的不同。

综上所言,都邑的概念,既指大都市、都会,是一国的最高行政机关之所在,同时也指城邑。

关于古都的定义,著名古都研究专家史念海先生指出:

> 古都的定义有广义和狭义两个方面,自广义言之,作为一个独立的王朝和政权,不受外来控制,其都城已成为政治中心,就皆视为古都。但由于作为保护和研究的对象,就要受到一定因素的制约,因而应还有狭义的定义。这是说古都不仅是独立的而不是过分短促的年代。其遗址的现存地理位置应是确切的,而不是推测的臆定,还应是距现在有关的城市较近,而不是距离很远的废墟。②

然而,关于秦有几个都邑,学界迄今并未形成统一的观点,有说9个的,有说8个的,有说7个的,还有说6个的,分歧主要集中在秦都邑中是否包括汧、泾

---

① 刘庆柱:《中国古代都城遗址布局形制的考古发现所反映的社会形态变化研究》,《考古学报》2006年第3期。
② 史念海:《中国古都和文化》,见《史念海全集》第一卷,人民出版社,2013年,第632页。

阳、栎阳等。之所以会形成以上分歧，实质上是因为对古都邑的概念认识不一致。

根据史念海先生的观点，笔者认为秦共有9个都邑，即秦邑、西垂（西犬丘）、汧、汧渭之会、平阳、雍、泾阳、栎阳、咸阳。在这9个都城中，雍城、栎阳、咸阳是狭义的都城，而其他6个则是广义上的都城，尽管有狭义、广义之分，但它们在秦的发展史上均发挥过重要的作用。

中国古代对都邑的选址是十分讲究的。早在先秦时，对都邑的选址已有较高要求。《管子·乘马》云："凡立国都，非于大山之下，必于广川之上。高毋近旱而水用足，下毋近水而沟防省。因天材，就地利，故城郭不必中规矩，道路不必中准绳。"《管子·度地》亦云："圣人之处国者，必于不倾之地。而择地形之肥饶者，乡山左右，经水若泽。"其意为国都地址的选择和布局要考虑用水等自然环境，因而对于都城地形、用水等有较高的要求。史念海先生指出："古代都城所在地的选择，一般是探求国土的中心点，利用交通冲要的位置，凭恃险要的地势，与其策略相联系，接近王朝或政权建立者的根据地，在经济上较为富庶的地区。"① 刘庆柱先生认为："古代都城是古代国家的政治中心，是集中体现物化载体的国家政权形式，因此一般而言都城的兴废与国家政权的建立、灭亡同步。古代王朝建立的第一行动和标志，往往是'定都'，而都城被攻陷、覆灭则意味着王朝的终结。"②

英国地理学家柯立希（Cornish）在《大国都》（Great Capitals）中将国都的选择条件概括为岔路口、谷仓和要塞，也就是要交通便利、物资丰厚、防御有效。

秦的都邑是由西往东逐渐迁徙的，这既与秦国力逐渐强大、势力不断向东扩展有很大关系，也与秦人对自然地理环境的追求有很大关系。秦原是一个西垂小国，国力弱小，经济落后，山东各国都瞧不起它，"夷翟遇之"，后经秦穆公、孝公、昭襄王、庄襄王、秦始皇等国君的经营，国力逐渐强大，并于公元前221年统一了全国。随着向东方的不断扩张，国都也不断向东迁移，这对于巩固已经取得的胜利，无疑意义很大。

张衡在《西京赋》中指出："秦据雍而强，周即豫而弱。"他认为秦强周弱与地

---

① 史念海：《中国古都和文化》，见《史念海全集》第一卷，第656—666页。
② 刘庆柱：《中国古代都城考古学研究的几个问题》，《考古》2000年第7期。

理环境有重要关系。因为秦所在的雍州地区河流纵横交错,沃野千里,有利于农业的发展,在军事上进可攻,退可守;而周所处的豫州则相形见绌了。《史记·高祖本纪》也说关中"地势便利,其以下兵于诸侯,譬犹居高屋之上建瓴水也"①。

第一节 秦都邑概况

秦的都邑发展,笔者认为可分为四个阶段,即:雍城以前;雍城;泾阳和栎阳;咸阳。雍城以前即秦德公以前,其都城包括天水附近的秦邑和西垂,关中的汧、汧渭之会、平阳。

平阳及其以前的秦都邑在秦的都城发展史上是一个探索性的阶段,属于秦都邑的早期阶段。由于秦当时的国力还比较弱小,未能建立较大的都邑,故其都邑的规模都很小,仅有一两个宫殿或宗庙而已。如秦在西垂(西犬丘)仅有西垂宫和西畤,位于今甘肃礼县永兴附近的大堡子山一带,今人在此已发现了属于诸侯级的"中"字形大墓及其陪葬坑,也发现了建筑遗址。秦在成为诸侯国之前,仅为西周的大夫,到秦襄公时因护送周平王东迁有功,才被正式封为诸侯,得以越过陇山进军关中地区,先后建都汧、汧渭之会、平阳。然而直到都平阳时也就只有一个"平阳封宫"而已。史书虽记载平阳有宫垣,但迄今尚未发现,可能是平阳及其以前的都邑规模都较小的原因。

秦德公时迁都雍城,居雍大郑宫,直到秦灵公"居泾阳",雍城作为秦都城达255年之久,在秦都邑发展史上具有里程碑的作用。秦雍城在255年时间里处在不断发展的过程中,修建了众多的宫殿,规模很大,以至西戎人由余在观看了秦雍城后不禁叹言:"使鬼为之,则劳神矣;使人为之,亦苦民矣。"②后期的雍城四周有城墙,平面略似正方形,东西长3300米,南北宽3200米。在城内发现规模宏大的宫殿区三处,即姚家岗、马家庄、铁沟高王寺宫殿区;发现精美的青铜建筑构件64件,及凌阴遗址、宗庙遗址。马家庄一号宗庙遗址是迄今发现规模较大、保存较完整的先秦高级建筑。在雍城南发现了秦公的陵墓,其中包括秦公一

---

① 《史记》卷八《高祖本纪》,第382页。
② 《史记》卷五《秦本纪》,第192页。

号大墓是目前发掘的先秦时期规模最大的墓葬,长300米,深达24米,城外还有供秦公狩猎的北园等苑囿。

泾阳和栎阳是秦为了便于攻击东方的魏国,以扩大秦国的领土而修建的临时性都城,因而在建设上较为简单,泾阳的具体位置迄今还不能确指,而栎阳的都城规模并不是很大。随着对魏国战争的不断胜利,魏国从对秦的战略攻势变为守势,除把国都从安邑(今山西夏县)迁到大梁(今河南开封)之外,还沿洛河修建长城以御秦。于是泾阳、栎阳便失去了都城的作用,秦遂迁都咸阳。因为两个都城为临时军事性质,所以宗庙等仍然在雍城,雍城依旧具有"圣都"的地位。栎阳因为其优越的商业地位和交通地位,规模要比泾阳大一些,延续时间也长一些,至秦末汉初仍然两次被作为都城。

对于秦在栎阳以前的都邑,学术界有不同的看法,特别是对汧、泾阳、栎阳算不算都城的认识不尽一致,也正因为如此,目前学术界在秦各个都邑存在的时间上也有分歧。潘明娟的观点为我们解决这一问题提供了新的思路,她认为:"多都并存制度是我国古代都城制度中一个比较重要的环节,是一个政权或王朝在国都之外另设辅助性都城以加强中央控制力的政治制度。中国历史上,由于政治、经济、军事等诸多因素的限制,在区域空间权衡理念的支配下,许多王朝或政权除了设置首都(或称之为'主都')以外,还设置其他一些辅助性都城,亦即陪都(或称之为'别都'),从而形成同一政权同一时期有多座都城同时并存的局面,基本构成由一座主都与若干陪都所组成的复杂都城体系。这是中国古代都城建置史上的一个特点。多都并存的现象起源甚早,在中国都城发展过程中曾长期存在,其本身的发展也具有一定的时间与空间特征。在我国古代都城发展史上,几乎大部分王朝或政权都采用多都并存制度。虽然历朝设置都城的形式、数量、原因、都城之间的关系等各不相同,但不可否认,广泛而普遍存在的多都并存制度对我国古代的政治、经济、军事、文化的发展有着一定的影响,在某种程度上,陪都对其所辅助的主要都城无疑发挥了或大或小的支持作用。因此,多都并存制度的研究应该成为我国古代都城研究的一个重要方面。"①

迁都咸阳是秦孝公十二年(前350)的事,是秦都城建设中的一件大事,此后秦国才真正进入快速发展时期,一直到秦统一乃至灭亡,咸阳始终是秦的都城。

---

① 潘明娟:《先秦多都并存制度研究》,陕西师范大学2009年博士论文。

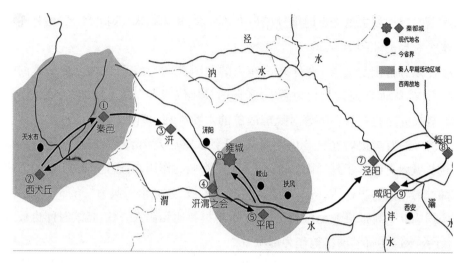

秦都邑迁徙示意图

咸阳作为都城的时间长达144年，都城的建设规模不断扩大，由秦孝公时的渭北地区发展到昭襄王时的渭南地区，到秦始皇时更进行了大规模的建设，形成"渭水贯都，以象天汉"①的规模。除了渭河以北的咸阳宫、冀阙、仿六国宫室、兰池宫、望夷宫外，还有渭河以南的兴乐宫、甘泉宫、章台、信宫、诸庙及上林苑、阿房宫等。咸阳的内涵和外延都发生了深刻的变化。

秦咸阳宫的遗址已被部分发掘，是在高台上修建的多层建筑，气势雄伟壮观，在此发现了27处建筑遗址及宫墙。但迄今未发现外郭城遗址，笔者认为秦咸阳根本就没有外郭城，这是因为从秦孝公迁都到咸阳后，一直未停止过建设，都城的规模也越来越大，以至发展到渭水以南的终南山下。后来的秦始皇更是一个好大喜功的人物，他把都城的规模无限制地扩大，以至要"表河（黄河）以为秦东门，表汧（今宝鸡千河）以为秦西门"②，"关中计宫三百"③，即要把整个关中地区作为秦的都城，因而不可能修建外郭城。庞大的都城是通过复道、阁道、甬道把关中地区的众多宫殿连接起来的。

阿房宫的规模，"规恢三百余里，离宫别馆，弥山跨谷，辇道相属，阁道通骊

---

① 何清谷：《三辅黄图校释》卷一，中华书局，2005年，第22页。
② ［汉］赵岐等撰，［清］张澍辑，陈晓捷注：《三辅旧事》，三秦出版社，2006年，第4页。
③ 《史记》卷六《秦始皇本纪》，第256页。

山八十余里。表南山之巅以为阙,络樊川以为池"①。仅其前殿,"东西五百步,南北五十丈,上可以坐万人,下可以建五丈旗"②。其遗址虽经两千多年的风雨剥蚀及人为破坏,迄今仍存有东西长1320米、南北宽420米、高8—12米的高大夯土台,是目前世界上已知的最大的夯土建筑台基。

秦都咸阳的手工业作坊区位于渭北咸阳的西南,即今长陵车站一带;陵墓位于秦都咸阳的西北和东南方;宗庙在渭河以南,有极庙、昭庙等七庙。

秦的都城是秦统治的中枢所在,因此在修筑上都至为豪华,这从秦人"高台榭,美宫室"即可看出,唐人李商隐《咸阳》一诗云:"咸阳宫阙郁嵯峨,六国楼台艳绮罗。自是当时天帝醉,不关秦地有山河。"秦都城的修建采用了当时最先进的建筑材料,选用了最优秀的工匠及设计师,因而其都城建筑水平也达到了极点。经过考古工作者的辛勤发掘,我们得以一窥当时都城的壮观情况。

秦都咸阳一号建筑遗址即咸阳宫的主体殿堂,采用"四阿重屋"的方式,室内外装修华丽,富贵典雅。在大台中央,有版筑厚墙围护的主体宫室,朝北有宽敞的厅堂,朝南有宽阔的大露台,由此可以居高临下,高屋建瓴,俯瞰咸阳全城,也可以远眺渭河及南山景色。

宫中设施应有尽有,既有供国君办公的朝宫及休息的寝宫、后妃居住的宫室等,又有供沐浴的澡堂及取暖用的壁炉,设备极为精良。建筑内外施用的建筑材料都十分考究,地面处理得光滑平整,并涂以丹垩,大型花纹空心砖及花纹图案瓦当把宫殿建筑装饰得格外漂亮、富丽堂皇。

都城中的地下排水管道遍及城内外,管道网络设计周到、合理。在咸阳发现地下排水管道29处。根据地面上建筑物排水量的多少而分别采用大小不同、数量不等的管道,有单管、双管,还有四管并列的,可见当时的污水量是比较大的。整个排水系统均由水池、漏斗、圆管状排水管几个部分组成,设备齐全。有的水池漏斗下面,水管呈弯形,最高点与落水口下平行,从而形成虹吸,加速了水的流速,防止了沉淀和停滞,是我国地下管道安装技术的一个创新。

可以说,秦都咸阳是秦都城发展的集大成者,是对秦早中期都城的继承与发展。

---

① 《三辅黄图校释》卷一,第49页。
② 《史记》卷六《秦始皇本纪》,第256页。

从秦都邑的形制来看,和其他诸侯国都城既有相同之处,也有诸多不同之处,如秦都城咸阳没有外郭城,这和春秋战国时期其他国家的都城是不同的。秦人虽接受了周文化的影响,但秦人是功利主义和实用主义者,是根据实际需要而行事的,并非全按周的一套都城规划办事,经常僭越礼制的束缚。这一特点在秦人的发展过程中体现得特别突出。

在都邑的城墙建设上也是这样的。从秦人的发展来看,进入关中地区后,可谓一帆风顺。早期都邑规模比较小,没有必要修建外郭城。作为军事性质的临时都城泾阳和栎阳,更没有必要修建外郭城,因为其作用就是为了扩张领土,便于和敌人进行战争。当秦国国力强大以后,与东方六国的战争是所向无敌的,秦国大部分时间处于优势,居于主导和侵略者的地位,且战争大都是在六国的土地上进行,距离秦都咸阳较远,不必考虑敌人会深入都城附近,影响都城的安全,所以没有必要修建外郭城。随着统一战争的不断进行,战场与都城咸阳的距离更远,加之咸阳不断扩大,也无法再修建外郭城。东方六国尽管有时会"合纵"联合攻打秦国,但始终没有进入函谷关,因此秦都城大可不必修筑外郭城,只有宫城就够用了。

秦文化是功利性、实用性文化,外来文化只要是对其有用的,就拿来使用。秦文化的最大特点是好大喜功,在都城的修建上更是如此,像咸阳如此大规模的都城在同一时期的其他诸侯国中是没有的。

秦都雍城中"市"的遗址已得到发掘,东西长 180 米,南北宽 160 米,周长 680 米,面积 28800 平方米,四周有夯土围墙,和汉长安城中"市"的围墙形制一样,厚 1.5—2 米。四墙正中为门,从已发掘的西门看,其南北长 21 米,东西宽 14 米,门上有四坡式屋顶建筑,围墙内是封闭的露天市场,面积约 3 万平方米。《史记·货殖列传》中也有"秦文、(孝)〔德〕、缪居雍,隙陇蜀之货物而多贾"①的记载,充分反映出雍城时期的商业发展状况。

秦都栎阳虽然目前未发现"市"的遗址,但秦献公迁都栎阳后曾"初行为市"。在栎阳发现了很多带有"栎市"陶文的砖瓦,"栎市"陶文在关中地区也常有出土。商鞅第一次变法在栎阳,为了向民众宣示变法的诚意,曾"立三丈之木

---

① 《史记》卷一二九《货殖列传》,第 3261 页。

于国都市南门，募民有能徙置北门者予十金"①。可见栎阳的"市"也和雍城的"市"一样，是有围墙的露天市场。栎阳"亦多大贾"就是当时市场繁荣情况的反映。

咸阳的"市"遗址目前还没有发现，但文献中关于咸阳"市"的记载不止一处。《华阳国志·蜀志》载，张若建成都时，曾"置盐、铁市官并长丞，修整里阓，市张列肆，与咸阳同制"②，由此可以推测出咸阳一定是有"市"的。见于文献中的咸阳"市"有：

（1）咸阳市。公元前255年，秦昭襄王将犯有间谍罪的王稽"弃市"。著名思想家吕不韦在撰写完《吕氏春秋》后曾将其悬挂于咸阳市门，并指出能改一字者赏千金。在秦末的宫廷斗争中，秦二世和赵高曾将"公子十二人僇死咸阳市"，李斯父子也被腰斩于咸阳市。子婴时，"刺杀高于斋宫，三族高家以徇咸阳"。以上都可证明咸阳有"市"。在发现的秦陶文中也有"咸阳市于""咸阳市牛"，于和牛为人名，"咸阳市"是"咸阳市府"的简称。还有"咸阳䜹更"，"䜹"与"隧"通假。班固《西都赋》云："九市开场，货别隧分。"张衡《西京赋》云："旗亭五重，俯察百隧。"薛综注："隧，列肆道也。"四川省新出土的东汉市井画像砖，在市墙四周围绕的市井内有十字形的四隧，把市井分成四个区。市楼位于四隧的交叉点上。隧的两侧为列肆，隧上有来往的行人。汉画像砖所画和与咸阳同制的成都"修整里阓，市张列肆"是相同的。关于这一点，《秦会要订补》引《说苑·反质》记载："侯生逃，后得，始皇召见之，升阿东之台，临四通之街，将数而车裂之。"所谓"四通之街"，即东西南北交叉的十字道，也就是市井的四隧。这应该就是咸阳市场的形制。

（2）直市、平市。据《长安志》载："直市在渭桥北……直市平准物价，故曰。"此处之渭桥即汉之中渭桥，也就是秦之横桥，在汉长安城北，说明直市在现在的渭河以南。在咸阳都城附近的黄家沟秦墓出土的陶罐盖上戳记有"平市"二字，从字义上来讲，和直市作用相同，但在咸阳都城何处，还无法确指。

明显可看出，秦都城咸阳中的"市"地位提高，市场增加。这种变革，说明都

---

① 《史记》卷六八《商君列传》，第2231页。
② ［晋］常璩撰，［清］顾广圻校：《华阳国志》卷三《蜀志》，商务印书馆，1958年，第30页。

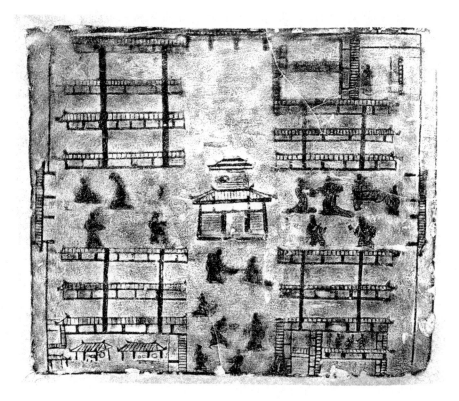

汉市井画像砖

城的性质发生变化,已由过去的政治城堡,转变为古代社会的政治经济中心。代表都城经济职能的"市",一跃而居于举足轻重的地位。所以,此时的城实际上是作为政治控制中心的"城"与作为经济活动中心的"市"结合而成的复合体——"城市"。由此可见,从旧的"都邑"转变为"城市",绝不是简单的名称上的变化,而是性质上的转化,或者说,是都城历史发展的标志。

都城性质的变化,也意味着它的职能有所发展和扩充,因此,都城规划必须要随之发生变革,方能满足新的职能要求。

秦"市"的管理是怎样的?《汉书·晁错传》云:秦谪戍,"先发吏有谪及赘婿、贾人,后以尝有市籍者,又后以大父母、父母尝有市籍者……"①。这说明秦

---

① [汉]班固撰,[唐]颜师古注:《汉书》卷四九《爰盎晁错传》,中华书局,1962年,第2284页。

时市内的商贾要编入市籍,以便管理。又据云梦睡虎地秦简《金布律》:"贾市居列者及官府之吏,毋敢择行钱、布;择行钱、布者,列伍长弗告,吏循之不谨,皆有罪。"①这说明市场内设有列伍长,负责纠察不法,而且政府设有专门的吏负责巡查市场。对于市场上的物价及货币使用也有规定。关于市场买卖,云梦睡虎地秦简《金布律》规定:"有买(卖)及买殹(也),各婴其贾(价);小物不能各一钱者,勿婴。"②关于市场上的布币,《金布律》亦规定:"布袤八尺,福(幅)广二尺五寸。布恶,其广袤不如式者,不行。"③市场上使用的度量衡与人们有密切的关系,因此秦也做了详细的规定,并有相应的处罚办法。"衡石不正,十六两以上,赀官啬夫一甲;不盈十六两到八两,赀一盾。甬(桶)不正,二升以上,赀一甲;不盈二升到一升,赀一盾。""斗不正,半升以上,赀一甲;不盈半升到少半升,赀一盾。半石不正,八两以上;钧不正,四两以上;斤不正,三朱(铢)以上;半斗不正,少半升以上;参不正,六分升一以上;升不正,廿分升一以上;黄金衡赢(累)不正,半朱(铢)〔以〕上,赀各一盾。"④

市场是人们进行交易的地方,可谓"天下熙熙,皆为利来;天下壤壤,皆为利往"⑤。开市时,人们"侧肩争门而入"⑥。当时的楚国市场如桓谭《新论》所云"车挂毂,民摩肩,号为朝衣新而暮衣弊"。由于市场上人很多,统治阶级便以市场作为颁布政令的地方,同时又将其作为行刑之地,"弃市"之刑便在这里执行。"弃市"的含义,《资治通鉴》胡三省注云:"秦法,论死于市,谓之弃市。"文献中秦国受此刑之人不少,由于市场是人们进行交易的地方,人口密集,因此在市场行刑,能起到杀一儆百的作用。

帝王的陵墓是都城建设中必须考虑和规划的,秦公、帝王的陵墓都在都城附近。随着都城的逐渐东移,秦陵大体分为西垂陵区、平阳陵区、雍城陵区、栎阳陵区、咸阳陵区五大部分。咸阳陵区中既包括位于咸阳的秦惠文王、秦武王陵区,

---

① 睡虎地秦墓竹简小组编:《睡虎地秦墓竹简·金布律》,文物出版社,1990年,第36页。
② 《睡虎地秦墓竹简·金布律》,第37页。
③ 《睡虎地秦墓竹简·金布律》,第36页。
④ 《睡虎地秦墓竹简·效律》,第69—70页。
⑤ 《史记》卷一二九《货殖列传》,第3256页。
⑥ 《史记》卷七五《孟尝君列传》,第2362页。

也包括位于骊山西麓的秦东陵和骊山北麓的秦始皇陵。这些陵墓与都城咸阳有机地连在一起，成为都城建设中的一个重要组成部分。其陵墓的东移过程是"陵随都移"的反映。

从雍城开始，秦的都城就建有离宫别馆，在雍城郊区有蕲年宫、棫阳宫、来谷宫、橐泉宫、羽阳宫等，到都城咸阳时，离宫别馆犹如满天星斗撒落在关中平原上。据《史记正义》引《庙记》云："北至九嵕、甘泉，南至长杨、五柞，东至河，西至汧渭之交，东西八百里，离宫别馆相望属也。"①当时关中有离宫三百，仅咸阳之旁就有270座离宫别馆，而且这些离宫被复道、阁道、甬道连接起来，星罗棋布，真可谓壮观。

不仅如此，秦还在都城附近修建了供王公狩猎休息用的苑囿。雍城附近有弦圃、中圃、北园，都城咸阳附近有著名的上林苑、宜春苑、长杨苑、梁山苑等。秦始皇直接把阿房宫修在上林苑中，开创了我国古代宫、苑结合的先例，这对后代都城布局有很大的影响。

秦都城中有粮仓建筑，云梦睡虎地秦简《仓律》记载：咸阳的粮仓十万石一积，栎阳两万石一积。从"泛舟之役"中也可看出雍城的粮食积存很多，反映出当时都城中是有粮仓的，以满足都城中越来越多人的生活需要。在东周洛阳城中就发现了一些粮仓遗址。

宗庙、社稷建筑是都城中不可或缺的一部分，"国之大事，在祀与戎"。一个完整的都城是不能没有宗庙、社稷的。纵观中国历代的都城，均有由天子正宫、百官衙署、宗庙、社稷等组成的一套特有建筑，其中最显著的便是宗庙、社稷。在战乱、灾祸情况下，天子正宫和百官衙署尚可因陋就简，而宗庙和社稷却是万万怠慢不得的。社稷是帝王祭祀土地神和谷神的庙堂，按照《白虎通义》的解释："王者所以有社稷何？为天下求福报功，人非土不立，非谷不食……故封土立社，示有土尊。稷，五谷之长，故封稷而祭之也。"作为世界上最古老的农业民族，中国人对土地和谷物的崇拜源远流长。土地和谷物是基本的生产资料和生活资料，无论对百姓还是帝王来说，得到它们便意味着得到一切，失去它们也意味着失去一切，所以孟子才有"民为贵，社稷次之，君为轻"的观点。社稷是国家的代称，国家灭亡叫"社稷倾覆"。宗庙是朝代的代称，朝代灭亡叫"宗庙灭绝"。

---

① 《史记》卷六《秦始皇本纪》，第241页。

"天子之职,莫大于礼",帝王最主要的职责便是祭祀宗庙和社稷。宗庙和社稷是帝王权力神化的方式,是国家政治中心的象征。正因为如此,《左传·庄公二十八年》才云:"凡邑有宗庙先君之主曰都。"

秦为多神崇拜,在西垂作西畤,祠白帝;在汧渭之会有鄜畤,祠白帝;作密畤于渭南,祭青帝;在雍作吴阳上畤、吴阳下畤,祭黄帝和炎帝;在栎阳作畦畤,祭白帝。在雍城城内及郊区,均发现了祭祀和宗庙建筑遗址,证明史书记载是正确的。目前已发掘的马家庄一号建筑群遗址,即为宗庙遗址。

在雍城有"社",《史记·十二诸侯年表》载,秦德公二年,"初作伏,祠社,磔狗邑四门"①。其遗址按《周礼·考工记》所记载方位推测,似应在马家庄一号宗庙遗址的西边,即左祖右社。秦咸阳也有"社",据《三辅黄图·社稷》云:"汉初除秦社稷,立汉社稷。"②汉拆除的秦社稷肯定在咸阳,其位置按"左祖右社"的安排,应在极庙和昭王庙的西边。咸阳的宗庙遗址在渭河以南,共有七庙,"一夫作难而七庙堕",具体位置疑在汉长安城的长乐宫和未央宫之间。

秦都城的建造艺术很讲究,非常奢华。都城是统治全国枢纽所在,是全国的政治、经济、文化中心,因此统治阶级在建造都城时都不惜人力、财力、物力,极尽豪华之功能,建筑水平愈来愈高。从已发掘的秦都雍城、栎阳、咸阳来看,都城规模宏大、气势壮观、用材讲究、设施齐全,加上高超的建筑水平,显得辉煌壮丽。

都城建筑材料的使用非常考究。自从西周周原开始出现砖瓦以来,到秦都城建设时期已普遍使用砖瓦,而且已开始使用带有各种花纹的砖和瓦。瓦当的使用既具有防止椽檩腐朽的功能,更有美化都城建筑的作用。在都城和离宫遗址中发现的直径78.5厘米多的特大瓦当,确实为宫城增添了富丽堂皇的色彩。从秦都咸阳、秦始皇陵建筑中发现的铺地砖和木地板来看,秦时的宫殿地面上也一定会铺砖和木板的。秦都城建设中使用了大量的高档建筑材料,铜建筑物件的使用,既具有实用性,又具有美观性。雍城遗址发现的"金釭",花纹漂亮,用于木料的接合处,既可加固连接处,又具有装饰功能。咸阳遗址中也发现了许多铜建筑构件。

秦的宫殿大多建在高大的夯土台上,既能显示王宫的威严和气势,又能充分

---

① 《史记》卷一四《十二诸侯年表》,第573页。
② 《三辅黄图校释》卷五,第323页。

利用高台的有利地形建成外形类似楼阁的建筑,给人一种高大的观感。在秦都咸阳的宫殿中已发现了壁画,色彩艳丽,充分反映出宫殿的豪华。

第二节　秦九都八迁的原因

秦从襄公建国到秦二世灭亡,都城凡八迁,从甘肃的陇西迁移至陕西的关中,先后作为秦都邑的有秦邑、西垂(即西犬丘)、汧、汧渭之会、平阳、雍、泾阳、栎阳、咸阳。之所以屡次迁都,与秦人对都城自然环境的不断探索及不断向东进取等有关,但秦后来始终以关中为根据地。

多都制是春秋战国时期都城制度的特点之一。当时诸侯国纷纷崛起,于是各国纷纷建立起自己的政治中心,有的诸侯国由于疆域的开拓或政治、军事等方面的需要,曾建立过几个都城,而有的都城则被称为"别都"。当时建立的都城中重要的有:韩之平阳(今山西临汾)、阳翟(今河南禹州)、新郑(今河南新郑),赵之晋阳(今山西太原)、中牟(今河南鹤壁)、邯郸(今河北邯郸),魏之安邑(今山西夏县)、大梁(今河南开封),燕之蓟(今北京市)、武阳(即燕下都,今河北易县),楚之郢(即纪南城,今湖北江陵)、陈郢(今河南淮阳)、寿春(今安徽寿县)等。之所以会形成多个都城,其原因无非主动迁都和被动迁都两种,主动迁都是出于寻求更利于发展的自然环境和战略的需要,而被动迁都则是受到其他诸侯国的侵略不得已而为之。

秦都城不断由西向东迁徙,一大原因是主动寻求向东方不断发展的有利环境,开拓更大的生存空间。秦人是从东方迁徙到西北的,因此他们对东方的富庶和肥沃的土壤是了如指掌的。只有向东挺进,才有继续发展的机会。当然,秦每一次迁都,也有其个性原因。大体来说,秦人的迁都有经济、军事、政治等方面的原因。

一　经济因素

秦人立国时偏居西北一隅,地形狭窄,限制了其发展。陇西地区地形多样,平原狭小,对农业的发展不利,而处于八百里秦川的关中,既拥有大片的平整土地,又具有良好的水环境。随着都城的扩大、人口的增加,秦对粮食的需求愈来愈多,因此,寻求肥沃平坦的土地是历代建都者必须优先考虑的问题。秦人从陇西进入关中的原因就是要解决经济上的问题。

关中是指西起宝鸡、东到潼关的渭河中下游地区。这里南有秦岭山脉,北有北部山系,由于渭河长期的冲积泛滥,形成了广阔肥沃的平原,号称"八百里秦川"。渭河是黄河的最大支流,也是关中最重要的一条河流,被称为"陕西的母亲河"。其南北两岸又有众多的、大大小小的支流,形成了良好的灌溉系统,为关中的发展创造了良好的水环境。关中的其他河流像一条条裙带一样,缠绕在渭河的南北两岸。关中除了著名的"八水绕长安"的泾河、灞河、沣河、滈河、浐河、渭河、潏河、涝河外,还有汧水、斜水、雍水、石川水、零水、戏水、洛河等,水资源是相当丰富的。水利是农业的命脉,丰富的水资源是发展关中农业得天独厚的条件。除了这些河流本身具有的天然灌溉条件外,秦人还利用水系之间的关系,开凿了从泾水到洛水的郑国渠工程,从而使渭河北边的大部分地区受益,渠道正好修在渭北平原二级阶地的最高线上,最大限度地增加了灌溉面积。全渠长250余里,其修建对当时关中农业生产乃至秦统一全国都起了很大作用。"渠就,用注填阏之水,溉泽卤之地四万余顷,收皆亩一锺,于是关中为沃野,无凶年,秦以富强,卒并诸侯。"①

除了密如织网的河川之外,关中地区当时还有众多的湖泊池泽,如位于汧水上游的弦蒲薮,位于三原、泾阳两县之间的焦获泽,位于潼关西南的阳华薮,以及漉池、镐池、兰池等,充分反映出两千多年前的关中平原上,河湖纵横,水网密布。

在中国最早的历史地理著作《尚书·禹贡》中,全国划分为九州,关中属雍州,雍州在九州中的土壤是最好的,即上上等,"厥土惟黄壤,厥田惟上上"。关中位于黄土高原的中心地区,黄土具有土质疏松肥沃、易于耕作的特点。

秦地所在的关中地区气候温暖湿润,据研究,当时的气候要比现在温暖,降水量也比现在大,从而为农业的发展提供了良好的气候条件。据朱士光等先生研究,"秦与西汉前期同春秋、战国时期一样,气候暖润,年平均温度高于现在1—2℃,年均降水量也多于现在"②,有利于农作物的生长。

---

① 《史记》卷二九《河渠书》,第1408页。
② 朱士光、王元林、呼林贵:《历史时期关中地区气候变化的初步研究》,《第四纪研究》1998年第1期。

秦时关中地区的植被是茂盛的，"有鄠、杜竹林，南山檀柘，号称陆海"①。除了渭河南边的秦岭和渭河北边的山地有繁茂的森林外，关中平原也拥有良好的植被环境，这里的河谷冲积平原及河流两侧的阶地都有大面积的森林。

关中地区多样的地形、丰富的物产为秦的发展提供了优厚的条件，史书中多有记载。《史记》载鞠武云其"北有甘泉、谷口之固，南有泾、渭之沃，擅巴、汉之饶，右陇、蜀之山，左关、崤之险"②，张良也说"夫关中左崤函，右陇蜀，沃野千里，南有巴蜀之饶，北有胡苑之利"③。关中西北的天水、陇西、北地、上郡地区，"西有羌中之利，北有戎翟之畜，畜牧为天下饶"④。关中"西有巴、蜀、汉中之利，北有胡貉、代马之用，南有巫山、黔中之限，东有肴、函之固"⑤。司马迁说得好："关中自汧、雍以东至河、华，膏壤沃野千里，自虞夏之贡以为上田，而公刘适邠，大王、王季在岐，文王作丰，武王治镐，故其民犹有先王之遗风，好稼穑，殖五谷。"⑥

正是由于自然环境优越，关中地区自古以来就是一个发达地区，它是中华文明的重要发祥地，从很早的时候起就有人类在此生活、生产和繁衍。蓝田人已有100多万年的历史，大荔人距今也有20万年的历史。母系氏族时期的半坡人、姜寨人、杨官寨人已具有了较高的文明，早在六千多年前，他们便在这里以石器作为生产工具，向大自然展开了挑战，开始选择居址、建村造屋、渔猎采集、饲养家畜、手工制陶、纺织编织，创造了辉煌的原始农业文明。这里是我国最早的农业发源地之一，出土的彩陶器一方面反映了当时人类高超的用火技术，另一方面反映出当时精湛的陶塑工艺。在关中地区，这类仰韶文化遗址很多，大多集中于渭河流域，其出土器物之绚丽多彩与生产水平之高超，为我国其他地域的同期文化遗址所不能及。龙山文化时期的遗址，在关中地区也有数百处之多，其经济、文化都较仰韶时期有了较大的发展。从以上的史前时期遗址来看，关

---

① 《汉书》卷二八下《地理志》，第1642页。
② 《史记》卷八六《刺客列传》，第2528页。
③ 《史记》卷五五《留侯世家》，第2044页。
④ 《史记》卷一二九《货殖列传》，第3262页。
⑤ [西汉]刘向集录：《战国策·秦策一·苏秦始将连横》，上海古籍出版社，1985年，第78页。
⑥ 《史记》卷一二九《货殖列传》，第3261页。

中地区当时由于良好的气候和上好的土壤,已成为农业生产的发达地区之一。

老牛坡商代遗址文化达到了比较高的水平,遗存包括房址、灰坑、墓葬与车马坑、陶窑等,出土了各类铜、陶、玉、石器。其中还发现有一座东西长 37.5 米、南北宽约 15 米的大型宫殿建筑基址,遗址中发现青铜冶铸残渣,出土有陶范、草拌泥墙皮残块等,说明当时关中地区的经济已经有了比较好的发展。到西周时期,关中地区的社会经济得到了长足的发展。关中地区是西周王朝的发源地和政治、经济、文化中心之所在。周为姬姓,是帝喾的后代,最初的居地在今陕西武功县东北部。大约在公元前 12 世纪中叶,其首领古公亶父率领其部族,越过梁山,渡过漆、沮二水,来到岐山下,即进入"膴膴周原",说明当时这里土壤肥沃,适于农作物生长。后周文王迁都于丰,周武王继续扩大到镐,其实丰镐本身就是一个都城,利用沣河作为都城的城中河。丰镐都城的具体范围和城墙目前虽不能确指,但大体方位经考古工作者的努力已探测出来,在其遗址内,发现了宫殿建筑遗址、大量的墓葬、手工艺品、建筑材料及车马坑等。

西周王朝建立之前,周族即以农业发达著称,相传周族的始祖弃就以善耕而著名,他"播时五谷",被人们称为"农神后稷"。周灭商后,吸收了商发展的经验,并发扬自身重视农业的传统,因此发展快,成就大。周朝是我国古代农业发展的重要里程碑,奠定了传统农业的基础。在农业生产上,其耕作制度有了较大的改进,人们根据土质差异而实行不同的耕作方法,有轮荒制、休闲制、连耕制,其中轮荒制和休闲制是周人在农业生产中的两项创造。这种耕作制,可以保证土壤有足够的肥力,有利于农作物的生长。

西周的畜牧业有很大发展。据《史记·秦本纪》载,秦非子"居犬丘,好马及畜,善养息之。犬丘人言之周孝王,孝王召使主马于汧渭之间,马大蕃息"[1],从侧面反映出西周时期畜牧业是发达的。西周的手工业也有了长足的发展,特别是青铜器的铸造。关中西部宝鸡的扶风、岐山、眉县一带发现了大批的精美青铜器,不仅种类和数量多,而且质量高,宝鸡因此被誉为"青铜器之乡"。此外,西周在制陶、漆器、丝麻纺织、骨器制造等手工业领域均有新的建树。

史前社会至西周时期关中地区经济的良好发展态势,为秦立足关中打下了坚实的经济基础。

---

[1] 《史记》卷五《秦本纪》,第 177 页。

二 军事因素

从军事上看,关中地区具有易守难攻的地理优势,这也是中国古代社会前期之所以始终以西安附近作为都城的原因。

关中可谓四塞之地,东有黄河为阻,南有高大之秦岭,西为陇山、岍山,北有岐山、九嵕山、嵯峨山、尧山、黄龙山、梁山等,层峦起伏,道险路阻,易于设防。对外往来主要依靠几个关口,即东边的函谷关,南边的武关,西边的散关,北边的萧关,因而固若金汤,历代被人们所称颂。《史记》云"秦四塞之国,被山带渭,东有关河,西有汉中"①,"北有甘泉、谷口之固,南有泾、渭之沃,擅巴、汉之饶,右陇、蜀之山,左关、崤之险"②。班固《西都赋》云:"左据函谷二崤之阻,表以太华终南之山,右界褒斜陇首之险,带以洪河泾渭之川,众流之隈,汧涌其西,华实之毛,则九州之上腴焉,防御之阻,则天地之隩区焉。"张衡《西京赋》云:"左有崤函重险,桃林之塞,缀以二华,巨灵赑屃,高掌远跖,以流河曲,厥迹犹存。右有陇坻之隘,隔阂华戎,岐梁汧雍,陈宝鸣鸡在焉。于前则终南太一,隆崛崔崒,隐辚郁律,连冈乎蟠冢,抱杜含鄠,钦㳇吐镐,爰有蓝田珍玉,是之自出。于后则高陵平原,据渭踞泾,澶漫靡迤,作镇于近。其远则九嵕甘泉。"

由于关中具有易守难攻的军事地理优势,故秦在对外战争中常常是主动的。只要守住各个关口,敌人就很难进入,真是"一夫当关,万夫莫开"。正如司马迁所云:"秦地被山带河以为固,四塞之国也。自缪公以来,至于秦王,二十余君,常为诸侯雄。岂世世贤哉? 其势居然也。"③"秦始小国僻远,诸夏宾之,比于戎翟,至献公之后常雄诸侯。论秦之德义不如鲁卫之暴戾者,量秦之兵不如三晋之强也,然卒并天下,非必险固便形势利也,盖若天所助焉。"④"秦据河山之固,东乡以制诸侯。"⑤"阻三面而守,独以一面东制诸侯。"⑥优越的军事地理条件,对于秦建都关中乃至统一全国起到了重要的作用。

---

① 《史记》卷六九《苏秦列传》,第 2242 页。
② 《史记》卷八六《刺客列传》,第 2528 页。
③ 《史记》卷六《秦始皇本纪》,第 277 页。
④ 《史记》卷一五《六国年表序》,第 685 页。
⑤ 《史记》卷六八《商君列传》,第 2232 页。
⑥ 《史记》卷五五《留侯世家》,第 2044 页。

秦的东大门是函谷关,函谷关的故址在河南省西部灵宝市境内。之所以名为"函谷",是因为这里山路狭窄,路旁是陡峭的高崖,崖上到处都是松柏树林,遮盖道路,行路的人在狭谷中不见天日,又因"路在谷中,深险如函,故以为名"①。由函谷关往西经过潼关,可到秦都城咸阳;东过崤山,可达关东。战国初年此地属魏,商鞅变法后秦国力强大,经过多次与魏的战争,夺得了此地,并建立函谷关。最早称为"函谷关"是在公元前318年,此年"苏秦约从山东六国共攻秦,楚怀王为从长。至函谷关,秦出兵击六国"②。函谷关之所以重要,是因为这条道路是秦通往东方最方便、最近的通道,战略地位非同一般。秦若能控制函谷关,进可以出兵关东,退可以守住关中。"秦孝公据崤函之固,拥雍州之地,君臣固守而窥周室,有席卷天下,包举宇内,囊括四海之意,并吞八荒之心。"③事实正是如此,函谷关在秦东进过程中发挥了很大作用。到战国后期,随着秦国力日益强大,统一全国已成为不可抗拒之势,于是东方六国便联合起来对付秦国,秦凭借函谷关的有利地势,多次挫败东方各国的联攻。楚怀王十一年(前318),山东六国共攻秦至函谷关,秦出兵击六国,六国败退。韩襄王十四年(前299),"与齐、魏王共击秦,至函谷而军焉","公子率五国之兵破秦军于河外,走蒙骜。遂乘胜逐秦军至函谷关,抑秦兵,秦兵不敢出"④。"春申君相二十二年(前241),诸侯患秦攻伐无已时,乃相与合从,西伐秦,而楚王为从长,春申君用事。至函谷关,秦出兵攻,诸侯兵皆败走。"⑤

武关是通向东南的重要通道,由于位于函谷关以南,因而成为其南侧翼关,成为进攻关中可利用的迂回之路。秦始皇东巡曾三次经行此道,秦末时刘邦也是由此路先于项羽入关。秦只要能守住此关,就可以在对楚国发动进攻时,掌握主动权。秦之所以能战胜强大的楚国,与此关有一定的关系。

大散关自古以来就是秦蜀咽喉,是秦与巴蜀、汉中交通的要冲。据《读史方舆纪要》载,大散关"扼南北之交,北不得此,无以启梁益,南不得此,无以图关中"。大散关东临绝涧,北倚高峰,居于南北道路的最高处,对南北两侧均具高

---

① [唐]李吉甫撰,贺次君点校:《元和郡县图志》卷六,中华书局,1983年,第158页。
② 《史记》卷四十《楚世家》,第1722页。
③ 《史记》卷六《秦始皇本纪》,第278页。
④ 《史记》卷七七《信陵君列传》,第2384页。
⑤ 《史记》卷七八《春申君列传》,第2395页。

屋建瓴之势。通过大散关的孔道,历史上称为"陈仓道",是当时通往巴蜀地区的重要通道,只要守住此关,秦在对东方的战争中就无后顾之忧,从而可以保证统一战争的顺利进行。

萧关遗址位于宁夏固原东南,是三关口以北、古瓦亭峡以南的一段险要峡谷。这里虽非绝壁,却险峻雄奇,处在这一防御地带上的瓦亭,地处六盘山东麓边缘,实际上是萧关的重要屏障。这里不但雄峰环拱,深谷险阻,易守难攻,具有独特的地理优势,而且有泾水南出弹筝峡三关口,是萧关由南向北天然形成的一个防御体系,是关中的北大门。萧关故道一直是关中与北方军事、经济、文化交往的主要通道。

三 政治因素

在政治上,秦九都八迁是想不断扩张领土,发展自己的实力,完成华夏一统的梦想。从秦襄公与戎人争夺领土,秦穆公独霸西戎、益国十二,到献公、孝公时期的改革求强,秦孝公"有席卷天下,包举宇内,囊括四海之意,并吞八荒之心",再到秦始皇的"续六世之余烈,振长策而御宇内,吞二周而亡诸侯,履至尊而制六合"[1],无不表现出秦人不断扩张领土的渴望。因此,秦国的都城随着秦人东进取得的节节胜利而逐步东迁。

关中地区既是天下沃土之所在,又是形胜之所在。正如《荀子·强国》所云:"其固塞险,形势便,山林川谷美,天材之利多,是形胜也。"当时的苏秦也说,关中"田肥美,民殷富,战车万乘,奋击百万,沃野千里,蓄积饶多,地势形便,此所谓天府,天下之雄国也"[2]。

以上用了大量史料来说明秦迁都关中的原因,虽然不少的史料是汉或汉以后的,但笔者认为,从秦到汉,虽然地理地形环境的演变是有的,但不会太剧烈,特别是山川、地形、环境变化不会太大,因此在秦史料缺乏的情况下,用汉的史料来补充其不足是完全可以的。

秦在进入关中地区以后,仍然为着整个国家和民族的发展,而不断地迁都,直至迁徙到咸阳为止。秦以咸阳为根据地,进行改革,富国强兵,最终完成了对

---

[1] 《史记》卷六《秦始皇本纪》,第 280 页。
[2] 《战国策·秦策一·苏秦始将连横》,第 78 页。

全国的统一。

第三节　秦都邑与秦文化

秦的都邑随着秦的不断发展而扩大并向东挺进。之所以向东发展,一则因为秦人来源于东方,对东方先进的生产力和文化甚为了解,要打回老家去;二则东方的地形明显优于西方,利于社会经济发展;三则东方邻国向西蚕食的进攻由来已久,使得秦人不得不应付东方的进攻。秦人自从襄公立国后,一直沿着汧水、渭水向东发展,没有停止过。秦都邑是政治、经济、文化、军事中心的所在地,因此与秦社会发展的兴衰有密切的关系。

第一,秦都城是为秦的政治服务的。都城是统治阶级的大本营,都城的建设必须为统治阶级服务,贯彻统治阶级的思想,都城中的一草一木、一砖一瓦都体现出统治阶级的要求。气势雄伟、富丽堂皇的都城建筑是统治阶级意志的体现,是政治发展的需要,是王权或皇权至上的产物,因此统治阶级不惜动用国家的财力、人力、物力进行大规模"高台榭,美宫室"的都城建设,以显示其威严。特别是秦都咸阳的建筑都修在高大的夯土台基上,充分体现出统治阶级高高在上的威严气势。

咸阳都城的建设是这种思想的集中表现,统治阶级为了宣扬自己的权力是上天的意志,"君权神授",便把都城的规划建设和天联系起来,文献记载可以说明这个问题。秦都咸阳的规划设计是"渭水贯都,以象天汉;横桥南渡,以法牵牛"[1],咸阳宫"因北陵营殿,端门四达,以则紫宫"[2]。紫宫即"紫微宫",是天帝所居之宫。阿房,"自阿房渡渭,属之咸阳,以象天极阁道绝汉抵营室也"[3],"已更命信宫为极庙,象天极"[4]。天极即北极,是天帝所属星宿。其意为阿房宫象征天帝所居的营室,天帝从天极出来,经过阁道,横渡天河而达于营室、紫宫,皇

---

[1]《三辅黄图校释》卷一,第22页。
[2]《三辅黄图校释》卷一,第23页。
[3]《史记》卷六《秦始皇本纪》,第256页。
[4]《史记》卷六《秦始皇本纪》,第241页。

帝如天帝降临人间以统治万民。用"天人合一"的思想营建都城,是为其统治制造合法的理论依据。

第二,秦都城是经济发展的产物。经济基础决定上层建筑,要建立规模恢宏、气势雄伟的都城并非纸上谈兵,而要以雄厚的经济基础作为后盾。秦都城的发展演变正是秦经济发展实力的体现。当秦国君还处在平阳之西的都城时,由于刚立国不久,经济还未得到很大的发展,因此,当时的都城规模都比较小,建筑也都比较简单,甚至连宫城的城墙都无力修建。到雍城后,秦人已进入富庶的关中较长一段时间,经济上已具备了一定的实力,于是修建了规模比较大的雍城及一些宫殿建筑。等到咸阳都城建设时,秦已占领了整个关中地区,"天府之国"的天然优越条件及商鞅变法的影响,使秦的国力迅速壮大起来,从秦孝公"筑冀阙宫庭于咸阳"①,"秦惠文王初都咸阳,取岐、雍巨材,新作宫室。南临渭,北逾泾"②,到昭襄王时向渭河以南发展,甚至在渭河上修建横桥,把渭北和渭南连接起来。特别是随着对六国战争的不断胜利,秦便可以集中全国的人力、物力、财力修建都城,使秦都城咸阳有了飞跃的发展。

第三,秦都城与秦文化的发展密切相关。秦文化的发展大体可分为统一前和统一后两个阶段,细分的话还可把统一前分为商鞅变法以前和变法以后两个阶段。商鞅变法使秦的发展产生了一个飞跃。在商鞅变法以前,关东各国对秦人"夷翟遇之",即认为秦文化落后,不愿与秦人交往;商鞅变法促进了秦的长足发展,反映在都城建设上就是文化的因素对都城的渗入愈来愈大,科学技术的含量越来越高。关于这一点,把秦的几个都城做一比较便一目了然。特别是在统一过程中,秦将东方六国的宫室仿建在咸阳都城中,使秦都城的文化呈开放性发展。

第四,军事斗争的节节胜利使秦的都城不断向东发展。秦都城和秦军事的关系可谓相辅相成,秦人迁都是为了取得更多的土地,而通过军事战争,秦人不断向东发展,从最初的西垂一隅,到后来占领岐、丰之地,占领黄河以西,再到后来越过函谷关和武关消灭东方六国,攻取了全国的土地,实现了全国的统一。在秦建都咸阳以前,每往东取得一些土地,为了巩固获得的土地,便把都城向东迁

---

① 《史记》卷六八《商君列传》,第 2232 页。
② 《三辅黄图校释·序》,第 2 页。

徙，以达到得寸进尺的目的。

第五，大规模地修建都城加速了秦的灭亡。秦人有好大喜功的特点，这在都城雍城和咸阳的建设上表现得最为明显。雍城的建设被西戎使者由余称为"使鬼为之，则劳神矣；使人为之，亦苦民矣"。秦都咸阳的建设和与东方进行战争及统一六国是同步进行的。因此，既要营建都城，又要进行统一战争，两项工作都要大量耗费国家的人力、财力、物力。修建"渭水贯都"的咸阳和关中的三百离宫别馆势必要大量使用劳役，仅修建阿房宫和秦始皇陵就使用了70多万劳动力，还不算都城的其他项目。这既损耗了国家的财力、物力，又增加了劳动人民的负担，使从事生产的人都来从事与生产无关的事情，引发了广大劳动人民的不满，社会生产力也遭到破坏，终于爆发了大规模的农民起义。趁农民起义而起的刘邦与项羽最终打败了秦军，推翻了秦的统治，都城咸阳也被付之一炬，火焚三月而不灭。这一教训对于代之而起的西汉王朝的统治者刘邦来说记忆深刻，因此在汉初萧何修建未央宫时，刘邦见未央宫宫阙甚壮，谓萧何曰："天下匈匈劳苦数岁，成败未可知，是何治宫室过度也？"这说明秦亡的教训仍萦绕在他心中。

秦的都邑横跨春秋战国时期，又经历实现全国统一之后的秦朝时期，因此从其都城的发展脉络可以了解这一时期中国古代都城的发展形式及特点。

从秦人开始成为诸侯国到秦王朝的建立，中间经历了近六百年的漫长岁月。在这数百年发展过程中，秦文化上承商周文化，下启汉唐文化，居于承前启后、继往开来的特殊而重要的位置。秦文化的发展，经历了秦族、秦国与秦朝三个历史时期，在发展过程中形成了自己鲜明的特征，体现在以下几个方面：

第一，"变国不法古"的原创性。秦始皇在中国历史上的杰出贡献不仅在于他顺应历史潮流，实现了古代中国由诸侯割据向统一的转变，而且在于他在这一转变中对每一个历史节点的准确把握和驾驭，创立了一种影响中国古代社会两千多年的政治制度，无论是为加强中央集权而构建的一套相互制约、监督的体系完整的制衡机构，还是为维护国家主权和领土完整而探求的以"郡县制"为框架、以地方基层政权建设为基础的单一政体，秦始皇所从事的实践都是具有开创意义的。

第二，"士不产于秦，而愿忠者众"的开放性。秦自己培养的人才很少，但是对外来人才不拘一格，这是秦人的一个优良传统。秦穆公时期的百里奚、蹇叔，秦孝公时期的商鞅，秦惠文王时期的苏秦、张仪，秦昭襄王时期的范雎、蔡泽、魏冉，秦始皇时期的吕不韦、李斯、韩非、尉缭、郑国，都是外来的杰出人才，他们不仅在秦国找到了实现其政治抱负的舞台，而且带入了大量外部世界的新信息、新观念，对促进秦人文精神的融合发挥了显著的引领作用。而更值得称道的是秦国统治者对待外来知识分子的姿态，据史书记载，秦孝公当年与商鞅探讨变法图强，常常通宵达旦。每当思想碰撞出火花的时候，双方都情不自禁地向对方的座位移动，以致双膝相促。秦人的这种胸怀，使得秦国成为当时人才云集的舞台。尉缭尽管讲了秦始皇的坏话，但秦始皇为了用这个人才，仍然让他来做最高军事长官国尉，从而使其在统一过程中发挥了重要作用。

第三，"河海不择细流"的包容性。李斯在《谏逐客书》中对秦文化吸纳性的概括有助于我们了解秦人"海纳百川"的人才观。其他诸侯国文化在秦国得到了发扬光大。秦始皇统一全国后，还要将六国的宫殿形式在秦都咸阳复原，这不仅反映了秦始皇执政时期建筑文化的繁荣，更体现出秦人对待外来文化的宽松态度。尽管在秦建都咸阳的144年中，法家思想作为主流意识形态一直占据着主导位置，但事实上从秦孝公建都咸阳时起，咸阳就一直是一个诸子百家都十分活跃的舞台。在商鞅变法的初期，的确存在着"燔《诗》《书》，明法令"的禁绝儒术政策，但这只是一个很短的时期，到秦昭襄王时，学术风气已经出现了"纳六国之士"的可喜变化。特别是在秦始皇执政以后，吕不韦召集六国三千学子于咸阳编撰《吕氏春秋》，兼采各家学说，开了秦国学术的新风。

第四，坚忍不拔、开拓进取的精神。秦人有着执着的进取精神，不管是在西迁还是东进过程中，这种精神都表现得淋漓尽致。秦国从公到王，从王到皇帝，都是统一战争的支持者和推动者。从秦穆公开始，便"益国十二，开地千里，遂霸西戎"①，成为"春秋五霸"之一；秦孝公时，提出要"成帝王之业"；秦惠文王时，张仪劝惠文王"以成伯王之名"；秦武王时，"欲车通三川，以窥周室"；嬴政时，提出"横成则秦帝，从成即楚王"，秦始皇"续六世之余烈，振长策而御宇内"②，只用了十年时间便统一了天下，结束了春秋战国时期长期分裂割据的状态，建立了中国历史上第一个统一的、多民族的大帝国。由此可见，各代秦国君主，都将统一全国作为矢志不移的目标，因此在制定邦交策略时便从统一的前提

---

① 《史记》卷五《秦本纪》，第194页。
② 《史记》卷六《秦始皇本纪》，第280页。

出发,采取不同的方针政策。

第五,管理的科学性与严格性。秦王朝虽然短命而亡,但我们从大量的考古资料中可以看出,秦的管理是严格的,值得我们借鉴。如兵马俑和兵器制作中的责任制,即"物勒工名,以考其诚",便于官府检查与监督。在兵马俑身上目前已经发现了80多个不同的制作者的姓名。在云梦秦简和里耶秦简中也有大量关于严格与科学管理的内容。

第六,尚武风俗。秦人之所以能够百战不殆、攻灭六国、统一天下,尚武的传统是重要因素之一。秦人早期与西北戎狄杂居,由山区而平原,由林牧而农耕,艰难地发展着其独具特色的经济文化。严酷的环境使得他们在建国与扩张的过程中,经常和其他部族为争夺生存空间而进行战争,戎狄强悍的民风对秦人产生了影响。也正因为"秦杂戎翟之俗""秦与戎翟同俗",东方诸国对秦人"夷翟遇之",有着很深的文化隔阂。秦文化尚武倾向的另一面是轻文。如果说秦能实现统一,成之于尚武,那么它的短促灭亡,则肇因于轻文,这么说是符合历史事实的。轻文,还表现在对实用之术的重视和对文化建设的鄙薄,这也是有史为证的。

第七,好大喜功的特征。秦为什么被后代称为"大秦"呢？实际上跟其好大喜功是有关系的。秦都咸阳横跨渭河两岸,无限制地扩展,秦始皇陵园面积达56.25平方公里,以及万里长城的修建,都能体现出这一点。这种文化,有其有利的一面,也有不利的一面。有利的一面是给我们留下了大量的文化遗产,比如有了秦的长城才有了后代的长城。但是这种"好大"的特征,实际上对秦的灭亡也起到了加速的作用。秦帝国只存在了15年的时间,为什么不可一世的大帝国如此快就灰飞烟灭了呢？虽然原因是复杂的,但最关键的一个原因就是好大喜功。秦统一以后是一个烂摊子,本应该发展经济,让老百姓过上安定富裕的生活,但是秦始皇没有这样做,而是把大量的劳动力用在了非生产上,修筑了大型宫殿和陵墓等国家大型工程,修建了纵横全国的道路,加剧了社会矛盾从而加速了秦的灭亡。

秦都邑的发展和秦人的历史一样,也是由小到大的过程。在商鞅变法以前,秦的都邑基本上是仿照他国都城的形式,或者说是吸收周文化因素,按常规发展。商鞅变法以后,秦国很快强大起来,形成了自己的秦文化特色,对旧的东西虽有继承,但更多的是发展自己的风格,咸阳都城不建外郭城正是这种秦文化的反映。崇尚大、多,追求新意,摒弃传统的筑城方法,"左祖右社""面朝后市""城郭制度"对它再没有多少约束力,真可谓"礼崩乐坏"。咸阳都城从设计到建造,很难找到按常规发展的模式,而是按秦人自己的思想设计的。都城设计中加入了"天人合一"的理念,诸如"渭水贯都,以象天汉""横桥南渡,以法牵牛""以象天极"等。都城无外郭城,无限制地扩大,若不是秦末社会动乱,秦王朝快速灭亡,秦的都城还会更大。

第一章　秦早期都邑

秦早期都邑是指秦在建都雍城以前的都邑，笔者之所以这样划分，是因为这一时期的都邑与秦后来的都邑有很大的差别，由于当时秦立国时间不长，国力弱小，因而都邑规模较小，还处于探索发展的阶段。秦建都雍城以后都邑的规模扩大，布局讲究，并且形成了自己的特色。

第一节　秦人早期发展脉络

秦人的历史悠久，秦文化源远流长。秦人崛起于陇右，据司马迁《史记·秦本纪》记载，秦的先世出自颛顼，到商代晚期的中潏时，已经"在西戎，保西垂"。西周中叶，非子居于犬丘，因为在周孝王时养马有功，得为附庸，封邑于秦。

关于秦人来源的研究，20世纪形成了嬴秦由东方到西方，再由西方发展壮大的"东来说"，嬴秦产生于西方而发展壮大的"西来说"，以及"北来说"等观点，后来黄留珠先生又提出了秦文化"源于东而兴于西"[①]的观点。诸观点中以"东来说"和"西来说"为主。

"东来说"最早产生于1933年，由傅斯年先生在《夷夏东西说》中提出，他认为："秦赵以西方之国，而用东方之姓者，盖商代西向拓土，嬴姓东夷在商人旗帜下入于西戎。"[②]作为首次提出秦人的祖先在东方的观点，很有见地。其后卫聚贤先生《中国民族的来源》和黄文弼先生在《嬴秦为东方民族考》论文中亦有相同的观点。20世纪50年代，徐旭生先生在《中国古史的传说时代》中论及华夏、

---

① 黄留珠：《秦文化二源说》，《西北大学学报》1995年第3期。
② 傅斯年：《民族与古代中国史·夷夏东西说》，上海古籍出版社，2012年，第51页。

炎黄、苗蛮三大集团时,提出嬴秦为东夷集团嬴姓,"至于秦、赵为殷末蜚廉的子孙西行以后所建立的国家"①。自从傅斯年先生提出"东来说"以来,70年间,经卫聚贤、顾颉刚、林剑鸣等先生们的发扬光大,使之更加系统化、条理化,得到了不少学者的赞同,特别是近年来的大量考古资料,使"东来说"被越来越多的人认可,成为主流观点。

与"东来说"相反,也有一些学者主张"西来说"。"西来说"的观点产生于20世纪30年代。1936年《禹贡》杂志刊登了蒙文通先生的《秦为戎族考》一文,是最具权威性的"西来说"观点。其后还有熊铁基先生、刘节先生等持此观点。

有意义的是,近几十年来考古学界的学者通过考古发掘资料,也介入这场讨论之中,并由此引发了以物质文化为基础的新的"东来说"和"西来说"的讨论。如果说史学界、文化界的"东来说"和"西来说"之争,是对文献认识的角度不同的话,那么考古学界对现已发掘的地下资料同样持相左的意见,则更显得意义非常。持"东来说"的考古学家以邹衡先生为代表,还有韩伟、牛世山、赵化成等先生利用考古资料支持"东来说"的观点。主张"西来说"的考古学者以近20年为最,这与20世纪考古事业的发展和嬴秦考古资料的增多有关。其中具有代表性的人物是俞伟超、叶小燕、刘庆柱先生等。

目前虽然关于这一问题的讨论还在进行,但从国家文物局组织的五家联合考古队进行早期秦文化考古以来,大量的早期考古文化现象更进一步证明了秦人源于东方的观点并得到了大部分学者的支持和认同。

尽管学术界对秦人来源争论不休,但是大家都承认秦人是从天水一带发展壮大起来的,秦人自中潏迁居西犬丘后,就一直活动在今甘肃天水一带,后世延续下来的秦川、秦城、秦安、秦亭、秦谷等地名,实际上都与秦人的早期活动有关。经过对甘肃天水市清水县李崖遗址、甘谷县毛家坪及天水市董家坪遗址进行考古调查和发掘,发现了西周时期的秦文化遗存,为探讨秦人的早期活动提供了依据。秦人就是在天水一带被周王册封为诸侯并东进关中的。

早期秦文化的考古最早可追溯到20世纪30年代北平研究院发掘的宝鸡斗鸡台11座屈肢葬墓。20世纪40年代后期,文物工作者在甘肃甘谷县毛家坪遗

---

① 徐旭生:《中国古史的传说时代(增订本)》第二章《我国古代部族三集团考》,文物出版社,1985年,第56页。

址发现了早期秦文化遗址,20世纪50年代,甘肃省文物工作部门在对全省进行的文物古迹普查工作中,又对该遗址进行了复查。但对于秦文化的起源进行系统的考古调查研究,则是20世纪80年代以后的事。从1982到1983年,北京大学考古学系和甘肃省文物工作队在甘肃省甘谷县磐安镇毛家坪发掘出了属于西周到春秋时期的秦文化遗存,发现墓葬31座(其中12座属于西周时期)、房基2处、瓮棺葬4组、灰坑37个。[1] 毛家坪遗址是最早在甘肃发现的秦文化遗迹,其重要意义在于首次确认了西周时期的秦文化,为探索秦文化起源提供了一个更早、更可靠的基点,并使大多数研究者把追溯秦文化起源的目光指向了东方,对于研究秦的早期文化具有标志性意义。赵化成先生在此基础上撰写了《寻找秦文化渊源的新线索》一文[2],在学术界产生了重要影响。

2005年和2008年,早期秦文化联合考古队先后两次重点调查了清水县牛头河及其支流,发现各类遗址117处。其中,位于县城附近的李崖遗址,不仅面积大,而且以商周文化为主的文化层堆积丰富,遗址总面积在100万平方米以上。2011年8—10月份,考古队对李崖遗址继续发掘。其中发掘的十余座竖穴土坑墓均为东西方向,头向西、直肢葬、带腰坑、殉狗,与2005年发掘的礼县西山西周晚期铜礼器墓,以及出土了春秋战国时期铜礼器的秦国高等贵族墓葬习俗一致。因而这批墓葬很可能是早期秦人嬴姓宗族的遗存,也是迄今所见年代最早的一批秦族墓葬,对探讨早期秦文化的来源,特别是寻找秦邑所在地意义重大。[3]

2012年,早期秦文化考古队对毛家坪遗址进行了勘探和发掘,确定了遗址的范围和规模,遗址面积不少于60万平方米,遗址的墓葬总数可能近千座,远远超出了原先的估计。如此规模的遗址在甘谷县境内是绝无仅有的,再考虑到其地理位置在战略上的重要性,毛家坪遗址应可以与古文献记载的某处历史名城或县邑对应。甘谷县秦时为冀县,《史记·秦本纪》记载,秦武公十年(前688)

---

[1] 甘肃省文物工作队、北京大学考古学系:《甘肃甘谷毛家坪遗址发掘报告》,《考古学报》1987年第3期。

[2] 赵化成:《寻找秦文化渊源的新线索》,《文博》1987年第1期。

[3] 赵化成等:《甘肃清水李崖遗址考古发掘获重大突破》,《中国文物报》2012年1月20日。

"伐邽、冀戎,初县之"①。秦武公攻伐当地戎人后建立了邽县和冀县,为秦国最早设立的县,是郡县制的滥觞,在历史上有深远的意义。毛家坪遗址以周代秦文化遗存为主,年代从西周延续到战国。从年代、地望及遗址的规模来看,毛家坪遗址极可能是秦武公所设冀县的县治(县城)之所在。毛家坪遗址出土了大量的东周时期西戎文化的遗存(B组遗存),这些遗存在居址和墓葬中往往与秦文化共存,说明除了秦人之外,当时的冀县还生活着不少戎人。这些戎人被认为是《史记》中所记载的"冀戎"。遗址的发掘对探讨当地乃至渭河上游古代民族分布、生活,以及民族融合过程有重要意义。②

秦人是从东夷迁徙而来的,东夷诸部在夏末以前的传统居地是我国东方的济、淮流域,即今日山东省的中南部、河南省的东部及江苏、安徽的北部。那么东夷族为何要西迁呢? 这得从东夷与夏、商的关系说起。夏朝初年,东夷分为九部,史称"九夷",即畎夷、于夷、方夷、赤夷、白夷、黄夷、玄夷、风夷、阳夷。东夷曾在夏启死后乘夏内部混乱之机,袭取夏都安邑,统治夏国和东夷之地。到夏后相子少康时,在有虞和有鬲氏的支持下,杀寒浞,平定了夷人的反叛,恢复了夏王朝,史称"少康中兴"。少康子后杼率领夏军一直打到东海边,使"九夷来御"。到夏桀时,为了转移夏人对腐败内政的注意力而发动了对东夷的战争,出现了"桀为暴虐,诸夷内侵"的局面,这时商族在黄河下游乘机崛起,同东夷联合,消灭了夏王朝。因此,夏桀时期东夷部的反抗斗争实为夏朝灭亡的重要原因之一。自此后,东夷开始西迁,《后汉书·西羌传》载,"后桀之乱,畎夷入居邠岐之间"③。

秦人的第二次西迁发生在商朝末年,是从今山西省汾河流域开始西迁的。《史记·秦本纪》云:"费昌当夏桀之时,去夏归商,为汤御,以败桀于鸣条。大廉玄孙曰孟戏、中衍,鸟身人言。帝太戊闻而卜之使御,吉,遂致使御而妻之。自太戊以下,中衍之后,遂世有功,以佐殷国,故嬴姓多显,遂为诸侯。"④这反映出在商王朝时,秦的力量开始壮大,与商的关系密切,并得到重用。《史记·秦本纪》

---

① 《史记》卷五《秦本纪》,第182页。
② 《甘肃甘谷毛家坪遗址》,中国文物信息网2013年2月27日。
③ [南朝宋]范晔撰,[唐]李贤等注:《后汉书》,中华书局,1965年,第2870页。
④ 《史记》卷五《秦本纪》,第174页。

又载,其玄孙中潏"在西戎,保西垂。生蜚廉,蜚廉生恶来。恶来有力,蜚廉善走,父子俱以材力事殷纣。周武王之伐纣,并杀恶来。是时蜚廉为纣石北方,还,无所报,为坛霍太山而报"①。看来由于秦人对商朝过于忠诚,遂成为西周的眼中钉。到蜚廉的儿子季胜时,"生孟增。孟增幸于周成王,是为宅皋狼。皋狼生衡父,衡父生造父。造父以善御幸于周缪王,得骥、温骊、骅骝、騄耳之驷,西巡狩,乐而忘归。徐偃王作乱,造父为缪王御,长驱归周,一日千里以救乱。缪王以赵城封造父,造父族由此为赵氏"②。皋在今山西省吕梁市离石区西北,赵城在今山西省洪洞县北赵城镇之西南。

季胜及后人虽然投靠了周人,但因其先人俱为殷纣之宠臣,助纣为虐,所以周人对他们并不怎么感兴趣,把他们从肥美的汾河流域迁到了今离石区。

实际上秦人在西迁过程中,一部分迁到山西,还有一部分人迁到了关中地区,前面已提到,夏朝末年就有人迁至邠岐之地。到中潏时"在西戎,保西垂"。到非子时,"居犬丘,好马及畜,善养息之。犬丘人言之周孝王,孝王召使主马于汧渭之间,马大蕃息。孝王欲以为大骆适嗣。申侯之女为大骆妻,生子成为适。申侯乃言孝王曰:'昔我先骊山之女,成戎胥轩妻,生中潏,以亲故归周,保西垂,西垂以其故和睦。今我复与大骆妻,生适子成。申骆重婚,西戎皆服,所以为王。王其图之。'于是孝王曰:'昔伯翳为舜主畜,畜多息,故有土,赐姓嬴。今其后世亦为朕息马,朕其分土为附庸。'邑之秦,使复续嬴氏祀,号曰秦嬴"③。

从上可看出,此时周人和秦人的关系已发生转变,开始向良性发展。更由于这时西戎势力开始强大,直接威胁西周王朝的后方,于是周王朝令秦人伐西戎,保西垂。"周厉王无道,诸侯或叛之。西戎反王室,灭犬丘、大骆之族。周宣王即位,乃以秦仲为大夫,诛西戎。"秦仲在与西戎的战争中被杀,周遂命其长子庄公"与兵七千人,使伐西戎,破之。于是复予秦仲后,及其先大骆地犬丘并有之,为西垂大夫"④。秦庄公时,居其故地西犬丘。"襄公二年,戎围犬丘,世父击之,为戎人所虏。岁余,复归世父。"⑤

---

① 《史记》卷五《秦本纪》,第 174 页。
② 《史记》卷五《秦本纪》,第 175 页。
③ 《史记》卷五《秦本纪》,第 177 页。
④ 《史记》卷五《秦本纪》,第 178 页。
⑤ 《史记》卷五《秦本纪》,第 179 页。

从以上的文献记载来看,秦在西迁过程中曾到达甘肃东部一带,并在这一带得到了发展,建立了秦早期的都邑秦邑和西垂(西犬丘)。

第二节　秦邑

据《史记·秦本纪》记载,非子由于善于养马,得周朝第八代天子周孝王赏识,获封秦地。"邑之秦,使复续嬴氏祀,号曰秦嬴。"秦是地名,嬴是姓,秦嬴说明嬴族人自此有了新的族名。邑,在古代就是城堡,代表的是地方政权。至于非子受封的"秦"邑在何方,《史记》没有明言。学界对此也各有说法。仅就秦非子而言,他算得上是嬴族人中的一个代表人物,封邑也是他对嬴族人的一个贡献,更重要的是封邑也意味着嬴族人向当时的中原文明跨了一大步。此外,封邑让作为周王朝附庸的嬴族人开始由游牧部族转向农耕民族,从这一点来看,秦非子时期是秦早期历史的转折点。

关于秦邑的地望,《史记正义》引《括地志》云:"秦州清水县,本名秦,嬴姓邑。《十三州志》云:秦亭,秦谷是也。"《史记集解》引徐广云:"今天水陇西县秦亭也。"①《汉书·地理志》云:"今陇西秦亭,秦谷是也。"又据《水经注·渭水》云:"(秦)水出东北大陇山秦谷,二源双导,历三泉,合成一水,而历秦川,川有故秦亭,秦仲所封也,秦之为号,始自是矣。秦水西迳陇县城南……过清水城,西南注清水。清水上下,咸谓之秦川。"②

从以上记载来看,秦邑应在秦川,而秦川是由秦水冲蚀形成的。秦川有故秦亭,即是秦的都邑秦。

关于秦邑的所在,学界是有争论的,传统的观点认为就在甘肃清水县的秦亭,即位于清水县城东北20多公里处,这里是秦人当初从甘肃进入关中的地方。但经实际考察发现,这里作为都邑显然是不行的,因为这一带地势狭窄,一条无名小溪仅宽1—2米,溪流两岸无发育较好的台地,也未发现秦的文化遗迹。这

---

① 《史记》卷五《秦本纪》,第178页。
② [北魏]郦道元注,陈桥驿注释:《水经注》卷十七,浙江古籍出版社,2001年,第280—281页。

里的秦亭当与邮驿有关。徐日辉曾撰文考述并对新版《辞海》予以纠正,认为:秦亭不在张家川东,更不在清水东北,而在张家川县城城南之川地上。① 还有学者认为,秦邑就在陈仓(今天的宝鸡市)。秦文公建都汧渭之会至今是个悬而未决的问题,王雷生通过大量史实证明,秦文公在"汧渭之会"所建新都就是秦汉时期的陈仓城,是在非子秦邑旧址上重建的。它是秦文公在岐下大败后,适应戎强秦弱的形势所做出的最佳选择,对秦国转弱为强并最终战胜西戎、夺取周土有着重要意义。② 笔者曾认为秦邑在今张家川县城南的瓦泉,位于清水(秦水)的岸边,符合文献上所讲秦邑位于清水县东北的记载。③ 现在看来是有问题的。

根据近几年的考古勘探与发掘资料,可以看出清水李崖遗址就是非子的秦邑。《史记正义》引《括地志》云:"秦州清水县,本名秦,嬴姓邑。《十三州志》云:秦亭,秦谷是也。"《水经注》则更明确指出,秦水汇流的秦川是秦仲封地故秦亭,以别于清水上游东亭川先有的秦亭。而清水县秦谷正在县城东北40多里处,今秦亭镇秦乐山下秦亭河谷地的秦亭铺村,即秦祖非子的封地秦邑所在地。为了在秦文化研究方面有所突破,搞清秦人早期的发展历程,从2005年开始,早期秦文化联合考古队将调查的重点转移到清水县境内。李崖遗址位于甘肃天水以北的清水县,历史上这里是通关中过陇山的必经要道。从清水县城出发向西北步行1公里左右就到了李崖遗址。该遗址位于县城西北牛头河与樊河的交汇处,西临滴水崖沟,北依邽山,台地发育良好,具备城邑发展的自然条件。遗址面积100万平方米,文化层深厚,遗存十分丰富,现已被公布为国家级重点文物保护单位。山顶古城原残存城墙长50余米,高1—2米,地表采集到大量西周、汉魏时代的陶片,器形有鬲、瓮、盆等。东南侧区域相当一部分为居民区,从断崖处看,遗存更为丰富,地势更开阔,惜已被占用,无法勘探与发掘。遗址北侧全是农业耕作区,地表有大量陶片,时代为史前、商周、汉魏等时期,断崖处有大量盗洞及灰坑。从2009年开始,秦文化联合考古队在清水李崖古城遗址从事为期3年6个月的考古工作,截至2011年11月,已发掘遗址面积数千平方米,清理墓葬近

---

① 徐日辉:《秦亭考》,《文史知识》1983年第1期。
② 王雷生:《秦文公建都"汧渭之会"及其意义——兼考非子秦邑所在》,《人文杂志》2001年第6期。
③ 徐卫民:《秦都城研究》,陕西人民教育出版社,2000年,第47页。

30座,出土陶鬲、陶罐等150余件,灰坑120个,各类标本1万多件。考古专家从墓葬出土器物判断,墓葬属于西周中期,与秦非子牧马封邑时代相符;从墓葬形制看,2010年发掘的4座墓葬均为土坑竖穴,有棺有椁或有棺无椁。墓葬为东西方向(西偏北),头向西,M5、M7、M8仰身直肢葬,M6仰身下肢微屈。四墓均带腰坑,坑内殉狗。M8无随葬品,其余三墓陶器组合为鬲、簋、盆、罐,年代均为西周时期,部分陶器具有明显的殷商风格。墓葬具有典型的秦人葬俗特点,考古专家认为,李崖遗址就是秦非子封邑所在地。①

李崖遗址面积大,西周时期遗存丰富,很少见春秋时期的遗迹或标本,表明遗址的繁荣期在西周时期,进入东周则很快被废弃。这与非子至秦仲四代居秦邑,至庄公迁徙至西犬丘的文献记载大致吻合,因此李崖遗址为非子封邑是有可能的。此外,北魏清水郡城的确定也为探讨非子所封"秦邑"提供了线索。但李崖遗址目前尚未发现夯土居址及较大型的铜器墓等,有必要继续做工作。

梁云先生认为:"李崖型为目前发现的甘肃东部年代最早的秦文化遗存,反映了嬴秦在西迁之初,在葬俗和器用方面还保留着浓厚的殷商遗风。可以说,李崖遗址的发掘,从考古学的角度证实了秦人东来说。墓葬里腰坑、殉狗所占比例之大,商式陶器所占比例之重,在西周遗址中罕见,为同时期周人墓葬远远不及。这些因素不可能是嬴秦在西周时期受他人影响所致。西周时期周人为统治阶层,代表了文化正统和主流,如果嬴秦本为西土民族,不该舍周文化而去学习弱势的殷遗民的旧习。从这个角度说,嬴秦属于广义上的殷遗民,早期秦文化李崖型其实是一支殷遗民文化。"②

第三节　西垂(西犬丘)

西垂和西犬丘究竟为一地还是两地,过去争论较大,随着大堡子山秦公墓地的发现与发掘,这一问题基本得到解决,大部分学者认为是一地两名。

---

① 《秦文化联合考古队考古确定清水李崖遗址为秦非子封邑地》,新华网甘肃频道2011年11月18日。

② 梁云:《论早期秦文化的来源与形成》,《考古学报》2017年第2期。

关于秦西垂都邑的地望,学者们进行了长期的研究,但是仍存在着很大的争论,众说纷纭,莫衷一是。王国维先生撰有《秦都邑考》,他指出:

> 庄公为西垂大夫,以语意观之,西垂,殆泛指西土,非一地之名。然《封禅书》言秦襄公既侯,居西垂,《本纪》亦云文公元年居西垂宫,则又似特有西垂一地。《水经·漾水》注以汉陇西郡之西县当之,其地距秦亭不远。使西垂而系地名,则郦说无以易矣。唯犬丘一地,徐广曰"今槐里也"……此乃周地之犬丘,非秦大骆、非子所居之犬丘也……夫槐里之犬丘,为懿王所都,而大骆与孝王同时,仅更一传,不容为大骆所有。此可疑者一也。又云宣公子庄公,以其先大骆地犬丘,为西垂大夫。若西垂泛指西界,则槐里尚在雍、岐之东,不得云西垂。若以西垂为汉之西县,则槐里与西县相距甚远。此可疑者二也。且秦自襄公后始有岐西之地,厥后文公居汧渭之会,宁公居平阳,德公居雍,皆在槐里以西,无缘大骆庄公之时,已居槐里。此可疑者三也。案《本纪》又云"庄公居其故西犬丘",此西犬丘实对东犬丘之槐里言,《史记》之文本自明白,但其余"犬丘"字上,均略去"西"字。余疑犬丘、西垂本一地,自庄公居犬丘号西垂大夫,后人因名西犬丘为西垂耳。①

徐中舒先生认为位处今陕西兴平的犬丘与位处今甘肃天水西南境的犬丘,秦人都曾居住过(地名随部族而迁),而天水西南之犬丘称"西犬丘",又称"西垂",亦即《史记集解》引徐广所说之秦亭。

段连勤先生则肯定中潏至非子八世皆在犬丘,即西垂,地处今甘肃天水之西南方,而非子所邑之秦,地处今甘肃清水县境内。

史书中关于秦在西犬丘的记载有:庄公时,"居其故西犬丘";文公元年,"居西垂宫"。② 这些早期都邑的迁徙是这一时期秦人发展的缩影。因此,搞清楚这一时期都邑的地理位置及其变化,具有十分重要的意义。

西垂和西犬丘为一地两名,从非子、秦仲到庄公、文公都曾在西垂(西犬丘)居住过或将其作为都邑。《史记正义》引《括地志》云,西垂在"秦州上邽县西南

---

① 王国维:《观堂集林》卷十二,中华书局,1959年,第529—530页。
② 《史记》卷五《秦本纪》,第178—179页。

九十里,汉陇西郡西县也"①。据《汉书·地理志》,陇西郡属县中确有西县,新莽时改名曰"西治",东汉时又复称"西"。王国维先生云:"余疑犬丘、西垂本一地,自庄公居犬丘号西垂大夫,后人因名西犬丘为西垂耳。"

既然西垂和犬丘的地望在西县,那么探讨秦时西县的治所是非常必要的。西县的地望,《史记正义》引《括地志》云"秦州上邽县西南九十里"。清顾祖禹《读史方舆纪要》、王国维《秦公敦跋》、马非百《秦集史》、刘琳《华阳国志校注》,均采天水西南一百二十里之说。《汉书·地理志》注云:"西,《禹贡》嶓冢山,西汉所出。南入广汉白水,东南至江州入江。"《后汉书·郡国志》云:"西,故属陇西,有嶓冢山、西汉水。"这为确定西县故城之所在提供了方位、距离参考,而且有山、水可依。

20世纪90年代,甘肃礼县的大堡子山成为学界关注的焦点,陆续发现了早期秦文化的一些遗迹。特别是秦公大墓在此处的发现,为我们寻找秦的西犬丘提供了十分重要的资料。按照常理,国君墓葬与都城距离很近,以便于祭祀和管理。秦公大墓是秦立国以后的第一个高级墓葬群,其中有一座代表当时诸侯级墓葬的"中"字形大墓,而且墓葬中有丰富的文化遗存,只可惜被盗墓者盗掘和破坏,大批的文物被卖到海外。尽管如此,经过考古工作者的努力,仍然为我们存留了一些考古资料。在该墓葬内还发现了一些青铜器和陶器,这些青铜器和陶器一部分存于甘肃省文物考古研究所,一部分存于礼县博物馆。这些考古资料使我们对此墓葬群有一个大体的了解,也为寻找秦都邑西犬丘提供了难得的第一手材料。

随着甘肃礼县大堡子山成为学界关注的热点地区,不少学者来此考察并撰写相关研究文章。后来李学勤先生在美国纽约发现一对秦公壶,这对壶保存良好,高52厘米,通体覆蓝绿色薄锈。经过对秦公壶的研究,李学勤先生认为此壶年代在周厉王晚期到宣王初年间,即秦庄公时期,壶制作于他即位以后,比不其簋要晚一些。这对秦公壶,很可能出于礼县的墓葬。②韩伟先生曾在法国看到一批金箔饰片,据收藏者讲,该批文物出土于甘肃礼县。这批金箔饰片形制奇特,数量众多,制作精美,前所未闻,实属罕见文物。如此众多且贵重的金饰品,

---

① 《史记》卷五《秦本纪》,第178页。
② 李学勤、艾兰:《最新出现的秦公壶》,《中国文物报》1994年第30期。

非一般人所能拥有,结合大堡子山秦公墓地的发掘情况来推定,应该是秦先公的陪葬品,被盗后被卖往国外。① 随后,上海博物馆从香港购回青铜秦公鼎4件、秦公簋两件,其中最大的一只鼎高47厘米,口径42.3厘米,器腹内铸有铭文2行6字"秦公乍铸用鼎",经研究是礼县大堡子山秦公墓出土的文物。②

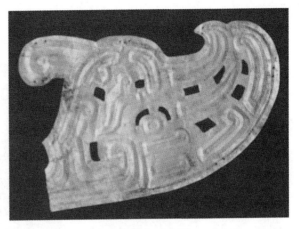

秦公墓出土的金箔

从2003年开始,经国家文物局批准,由北京大学考古文博学院、国家博物馆、甘肃省文物考古研究所、陕西省考古研究所、西北大学文化遗产学院五家联合成立了考古队,展开了对早期秦文化的考古钻探与发掘。十多年来,取得了很大的成绩。他们以礼县大堡子山为线索,在其周围进行了大量的学术考察和考古勘探,取得了一大批学术成果。考古工作者共发现大大小小周秦文化遗址达38处之多,如西山遗址、六八图遗址、赵坪遗址、雷神庙遗址等。后来,考古工作者又对部分遗址进行了发掘,在西山遗址上发现了一个中型秦墓,未被盗掘,出土了一批珍贵文物,这对于我们研究秦的墓葬制度具有重要意义。同时他们还发现了秦的殉马祭祀坑、建筑遗址等。

2006年,考古工作者在礼县大堡子山秦公二号陵西墓道的西南方向又发现了大型的祭祀坑,出土了钮钟、石磬、铜虎等大量国宝级的文物,更加证明这里应是西犬丘的政治中心所在。专家推测该祭祀坑可能是用于祭祀地神的。此次发掘出土的文物中最引人注目的是一套秦早期的青铜编钟,由3只大钟和8只小钮钟组成,外观完整,整体呈深绿色,形状和宝鸡太公庙出土的编钟的形状非常相似,11只钟一字派开,整齐地放在坑道里。这套编钟保存得非常完好,出土后

---

① 韩伟:《论甘肃礼县出土的秦金箔饰片》,《文物》1995年6期。
② 李朝远:《上海博物馆新获秦公器研究》,见《上海博物馆集刊》第7期,上海书画出版社,1996年,第23页。

仍然可以再次演奏出美妙的音乐。同时,在祭祀坑里还有两具人牲的骨架,专家认为这两具骨架是人牲中童男童女的祭祀骨架。人牲就是用人来当作祭祀的祭品,这非常符合秦的历史特征。这是一次极为重要的考古发现,被评为当年的十大考古发现之一。此外,离祭祀坑1000多米的地方还有一座大型的建筑基址,被判断为秦早期的宫殿遗址。总面积约25万平方米,主体为周代城址、城外墓地和居址。城内遗迹主要为秦公墓、大型房屋基址、灰坑及中小型墓。在这个遗址上出土了土夯的城墙和17根大型的柱础基,每一根的直径都接近1米,非常壮观。①

大堡子山遗址钻探面积为129万余平方米,到目前为止共发现各类遗迹699处。城内目前已钻探出夯

大堡子山秦祭祀坑

土建筑基址26处,探明的规模最大的一座建筑基址南北长102米,东西宽17米,平面形状呈"回"字形;另一座东西长70米,南北宽13.5米,形制与前者基本相同。此外,秦公大墓、车马坑及祭祀坑也位于城内。北城墙长约250米,东、西城墙长约1000米,南城墙尚未发现,在东、西城墙的正中有小路横贯城址,形成的缺口可能和城门有关。城墙为夯筑,宽3余米,保存高度2—3米。②

从大堡子山考古遗址的发掘来看,秦的西垂城址应在此附近,因为古代君王的墓葬都在都城附近,秦前期都城更是如此。不管这些"中"字形墓是哪位国君的墓葬,秦的西垂(西犬丘)都应在此附近。这处墓地位于西汉水的岸边,地势

---

① 早期秦文化联合考古队:《2006年甘肃礼县大堡子山祭祀遗迹发掘简报》,《文物》2008年第11期。

② 早期秦文化考古联合课题组:《甘肃礼县大堡子山早期秦文化遗址》,《考古》2007年第7期。

较高,是建都的理想场所。结合西汉水一带优越的地理环境、古代的文献记载及现在的考古发现,笔者认为秦的西垂(西犬丘)就在现在礼县的大堡子山附近。

宗庙和祭祀场所的设置是都城建设中不可或缺的部分,秦刚立国便在西垂设立了祭祀场所——西畤。《史记·秦本纪》云:秦襄公立国后,"与诸侯通使聘享之礼,乃用騮驹、黄牛、羝羊各三,祠上帝西畤"①。祭祀上帝在当时不是一个诸侯国可以做的,只有周天子才有这样的权力,可见秦人的远大理想。

过去在天水附近发现的秦青铜器也折射出秦的奋斗历史。有意思的是,不其簋的盖和主体分别发现于不同的地方。山东滕州市博物馆收藏的"不其簋"的主体,1980年出土于滕州市后荆沟村"居龙腰"遗址一西周残墓中,通高26厘米,腹深13厘米,壁厚1厘米,口径23.2厘米,重8.7公斤。器身椭圆,子母口带盖,盖呈覆盘状,盖顶有圈足形捉手,腹部铸有对称兽首附耳,有珥。圈足外铸三个伏兽形足。盖及器身饰瓦纹和窃曲纹,顶饰蟠龙纹,圈足间饰重环纹。器内底部铸铭文12行,共151字,其中重文3字。据李学勤先生《秦国文物的新认识》一文可知,不其簋是目前所知的最早的秦器。其铭文讲的是秦庄公破西戎的战役,即西周宣王十二年(前816)西北强族猃狁进犯周人西部边境,王命虢季子白率不其御敌于高陵,三战全胜,不其因功受赏的史实。从铸造工艺明显能看出,这件出土的不其簋,盖与器铸造工艺有着明显的差别,器的铸造工艺要优于盖。器的铸造精致规整,盖的铸造粗糙。从纹饰上看,该不其簋的盖与器虽然都是窃曲纹,但是器上所饰是无目窃曲纹,且铸造更精良,纹饰更清晰,与国家博物馆所藏不其簋盖所饰的无目窃曲纹相同。从铭文上看,盖上比器上多一个"搏"字,应是器铭制模中漏掉了该字。从文字章法看,器铭与盖铭非常相似,只是个别字的写法略有不同,这在文字没有统一前是非常正常的现象。郭沫若先生曾对两件青铜器做过考证,根据铸造工艺、纹饰、铭文等方面比对,认为滕州博物馆收藏的不其簋主体与国家博物馆珍藏的不其簋盖应为一器。只是国家博物馆所藏不其簋盖发现于天水附近的庙山,是1919年发现的。当时放羊娃在该山的一块地里掘地玩耍时无意间挖出一件古物,即后来的秦公簋。当时有人认为是香炉,属于庙里祭器,又因当地有"死铁烂铜,拿回家死人"的迷信俗语,故而不敢搬回家,此后便当作废铜卖给了天水人杨衣官在红河镇街上开的"聚源当"。后

---

① 《史记》卷五《秦本纪》,第179页。

被陕西一个姓张的古董商买走,带到兰州,因无识货者,流传至兰州南关商肆,在厨房中盛残浆。幸有识者发现其并非普通古器,以高价收购,自此名声大噪。时任甘肃督军的合肥人张广建闻风以权势占为己有,他于1920年底离开甘肃时将此物带至天津。在天津第一个见到秦公簋的是著名金石学家、文献学家罗振玉,因罗与张是故交,于是罗振玉出面诚邀当时有名的青铜器拓本专家周希丁为该簋拓本。后张广建将其转卖给冯恕,1948年冯恕去世后留有遗嘱,将所藏文物捐献给国家。1950年,其子女将秦公簋等140余件青铜器转交北京故宫博物院收藏。1959年该簋被移交到新建成的中国历史博物馆展出。

笔者曾多次去甘肃礼县一带考察,实地考察了西汉水上游盐官、永兴一带的地理环境。这里素称"秦陇锁钥,巴蜀咽喉",在秦先祖时期环境比现在优越得多,北邻秦岭、岷峨山,西汉水两岸形成了高数米乃至数十米的黄土地,或梯形坡地,或起伏土丘。尤其是黄土台地,因土壤肥沃、气候温暖湿润、临近水源,适宜耕种。早在史前时期,人类就开始在这里生产、生活,今人在此发现了不少仰韶时期的文化遗址。秦人迁居这里后,利用此地优越的地理环境,发展农业和畜牧业,在此定居,并不断扩大自己的势力范围,征服了周边民族,走出陇山,挺进关中平原。

学界对于西垂(西犬丘)的确切地望,目前看法并不一致。康世荣先生依据《水经注》的有关记载,考证认为西犬丘当在今礼县红河乡的岳家庄、费家庄一带。① 王世平先生以大堡子山墓地为据,认为西犬丘故址可能在墓地不远处的汉水北岸一带。② 张天恩先生以大堡子山秦公墓地为坐标,结合位于其东南的永兴乡赵坪遗址,再加上已经发现的圆顶子山春秋秦墓地,指出如果在西汉水与西和河交汇地带再找不到范围更大的周代遗址的话,西犬丘非赵坪遗址莫属。③ 以上看法,所指的范围相对较为接近,均在大堡子山附近一带。随着大堡子山建筑遗址和城墙遗址的发现,这一问题的答案就清楚了。

---

① 康世荣:《秦都邑西垂故址探源》,《秦西垂文化论集》,文物出版社,2005年,第335页。

② 王世平:《也谈秦早期都邑犬丘》,《陕西历史博物馆馆刊》第2辑,三秦出版社,1995年,第121页。

③ 张天恩:《礼县等地所见早期秦文化遗存有关问题刍论》,《文博》2001年第3期。

第四节　汧邑

自秦襄公被封为诸侯后,为了得到周天子许诺的岐丰之地,秦人告别昔日的西垂,越过陇山,进入关中地区。但由于关中地区的戎族势力强大,又不愿放弃所占领地,因而秦人进入关中以后采取步步为营的办法,缓慢东进,先立足汧(今宝鸡陇县东南的边家庄),后沿汧河东南下,建都汧渭之会(今宝鸡市陈仓区千河镇魏家崖),又沿渭河东进,立都平阳(今宝鸡市陈仓区阳平镇附近),经过近百年与戎狄的持续战争,夺得了关中西部的土地,并找到了理想的建都之地——雍城。

秦建都汧的最早记载是《括地志》引《帝王世纪》云:"秦襄公二年,徙都汧。"①对于这一点,有学者持否定态度,而笔者认为徙都汧是成立的。

秦襄公因护送周平王东迁有功,被周封为诸侯,而被"赐以岐以西之地",实际上这是一张空头支票,当时的关中地区随着周的东迁洛阳,几乎被戎狄瓜分殆尽,平王当时讲:"戎无道,侵夺我岐、丰之地,秦能攻逐戎,即有其地。"②虽然是一张空头支票,但对秦来说不失为一个绝好的机会,秦襄公终于可以以诸侯国的名义名正言顺地"尊王攘夷"了。为了得到这一大片的土地,秦襄公及之后的国君进行了不懈的努力。而要完成这一项艰巨的任务,只有越过陇山东进才行。

《史记·秦本纪》云:"襄公二年,戎围犬丘,世父击之,为戎人所虏。"③从此记载可以看出,由于秦襄公徙都汧,西犬丘失去了政治中心的作用,其地位被汧所代替,防守变得薄弱,遂引起了周围戎族对犬丘的进攻。襄公十二年,"伐戎而至岐,卒"④。能伐戎至岐,把都邑仍放在陇山以西也是无法想象的。文公为了养精蓄锐,并为其父守丧,即位后仍"居西垂宫"。三年后,他率兵东进,经过一年的努力,在汧渭之会建都。

---

① 《括地志辑校》,第39页。
② 《史记》卷五《秦本纪》,第179页。
③ 《史记》卷五《秦本纪》,第179页。
④ 《史记》卷五《秦本纪》,第179页。

考古资料也可以证明秦人确实在汧建过都。近几十年来,在陕西宝鸡陇县的边家庄磨儿原,发现了很多春秋时期的秦贵族墓地。该地位于陇县县城东南5公里的汧河南岸台地上,到目前为止,共发掘墓葬30多座。经踏查了解,这些并非该处墓地的全部,仅是墓地东北部临近断崖的一部分,而且往往是五鼎四簋的高级别墓。在边家庄墓地东南约1.5公里的磨儿原村西,有一座古城址,被定为春秋城址,与边家庄墓地处于汧河西岸的同一片台地上,东临汧河,南临川口河。这座城址的东南部至今仍可见到部分夯土城墙。东墙的南段尚断续保存近百米,南墙的东段尚存约二百米,东南角也保存有一部分残墙遗迹,残存高度1—2米不等。夯土层一般厚约10厘米,由于未钻探,西、北城墙和东墙北段及南墙西段的保存情况还不清楚,因而整个城址的范围大小暂时无法得知。笔者也曾在此进行过实地考察,发现了春秋战国时期的遗迹。在该遗址上有春秋时期的代表器物盆、罐、鬲等陶器残片,还有战国时期的陶盆残片、素面半瓦当,内饰麻点、外饰绳纹的板瓦、筒瓦、空心砖等建筑材料残片,说明这一城邑曾使用了较长一段时间。该城址应该和边家庄秦墓有机联系在一起,即边家庄墓地是该城邑的墓葬。

再分析文献资料,《史记正义》引《括地志》云:"故汧城在陇州汧源县东南三里。《帝王世纪》云秦襄公二年徙都汧,即此城。"陇州汧源县即现在的陕西陇县,汧源县是隋代建置,其县治就是陇县县城所在地。

汧作为秦都邑的时间比较短,从襄公二年到襄公十二年共11年。需要说明的是,汧城是基于当时东伐戎以扩张领土的需要所建,城址规模一定不大。因为汧作为都城时间短,当时无暇修建规模较大的都城。

李自智先生认为:"襄公的迁都于汧,事出有因。秦人早期居于陇西时,与西方诸戎杂处,但关系并不融洽,长期以来处于一种敌对状态。相反,秦人一直亲近于中原的商、周王朝。特别是西戎灭犬丘的秦人部族大骆一支,又杀襄公祖父秦仲,秦与西戎结怨日深,西戎成为秦的世敌。襄公二年,西戎围攻秦都犬丘,并俘虏了襄公兄世父,西戎的威逼对秦构成了极大的威胁。襄公为了暂避西戎一时之锋芒,被迫东越陇阪,迁都于汧。可以说,襄公徙都于汧,是迫于无奈。在都城西犬丘面临严重危机之际,暂时迁往有陇山可作为天然屏障的汧地,并在那里建立临时性的都邑,亦不失为一种权宜之计。"①张天恩先生在《边家庄春秋墓地与汧邑地望》一文中也认为汧邑是做过秦都邑的。②

上述观点无疑是正确的。临时性都城的建立在秦的发展过程中起到了积极的作用。襄公虽已徙汧,但秦的祖陵、宗庙等还在西犬丘,一些重大活动仍在西犬丘进行,这说明西犬丘并未因襄公徙汧而失去其作为故都的地位。这种种迹象表明,在襄公的后期阶段,秦的政治重心可能又移回了故都西犬丘。

第五节　汧渭之会

《史记·秦本纪》云:"三年(前763),文公以兵七百人东猎。四年,至汧渭之会。曰:'昔周邑我先秦嬴于此,后卒获为诸侯。'乃卜居之,占曰吉,即营邑之。"③从秦文公四年(前762)在此营建都邑到秦宪公二年(前714)徙居平阳,汧渭之会作为秦的都邑共48年。

"汧渭之会"顾名思义,在汧水和渭水的汇合处。由于历史环境的变迁与河流侧蚀的原因,引起了对其地望的争论,众说纷纭,莫衷一是。目前大体说来,有两种观点:第一,在今眉县附近④;第二,在今宝鸡市东。第二种观点中又有不同的看法,有人认为在陈仓斗鸡台⑤,有人认为在魏家崖⑥,有人认为在汧河西岸千河镇魏家崖一带,有人认为在今宝鸡市东卧龙寺西北。笔者认为汧渭之会在渭河以北的千河镇魏家崖一带,在博士毕业论文《秦都城研究》中进行了阐述。⑦

---

① 李自智:《秦九都八迁的路线问题》,《中国历史地理论丛》2002年第2辑。
② 张天恩:《边家庄春秋墓地与汧邑地望》,《文博》1990年第5期。
③ 《史记》卷五《秦本纪》,第179页。
④ 林剑鸣:《秦史稿》第三章《秦的建国及其领地的扩展》二《由失败走向胜利》,上海人民出版社,1981年,第38页。
⑤ 高次若、刘明科:《关于千渭之会都邑及其相关问题》,《周秦文化研究》,陕西人民出版社,1998年,第582页。
⑥ 蒋五宝:《"千渭之会"遗址具体地点再探》,《宝鸡文理学院学报》(人文社科版)1998年第2期。
⑦ 《秦都城研究》,第61页。

汧水以东的千河镇魏家崖一带，地形高而平，正好在凤翔原（三畤原）的西端，其西为汧河，其南为渭河，无论从地形还是从交通而言，都符合古代建都邑的条件。

根据当时秦人进入关中地区的路线，应为沿着汧河向东南走，先在今陇县东南的边家庄附近建汧都，后继续沿着汧水河谷向东南前行，在魏家崖一带立足，因为这里整个地形优于古陈仓地区，前文已讲过。从情理上讲秦人不可能后退十里然后建都。只有在此建都，秦人才进可攻，退可守。所谓进就是依靠凤翔原，向东进取与戎作战；所谓退就是可以继续沿着汧水向西北而上。

考古资料也可以说明秦人在魏家崖建过都。在此发现过不少秦时的金器、铜器和陶器。而且在魏家崖一带有秦的宗庙即鄜畤，这也是我们判断都城所在的一个主要因素，因为"凡邑有宗庙先君之主曰都，无曰邑，邑曰筑，都曰城"。秦文公十年"初为鄜畤，用三牢"。《史记集解》引徐广曰："鄜县属冯翊。"《史记索隐》云："音敷，亦县名。于鄜地作畤，故曰鄜畤。故《封禅书》曰'秦文公梦黄蛇自天下属地，其口止于鄜衍'，史敦以为神，故立畤也。"①其认为鄜畤在左冯翊是错误的，应在右扶风地区。因为当时秦的势力根本未到达左冯翊地区，更谈不上在其地设畤了。《史记正义》引《括地志》所云："三畤原在岐州雍县南二十里，《封禅书》云秦文公作鄜畤，襄公作西畤，灵公作吴阳上畤，并此原上，因名也。"②唐代李泰认为鄜畤在雍县南原上是对的，但把西畤定在雍县就不对了，西畤应在甘肃的礼县。韩伟先生认为"千（同'汧'）渭之会"在今凤翔县长青乡孙家南头千河东岸，在这里发现了一处两万平方米的秦代宫殿遗址，出土了"蕲年宫当""竹泉宫当""橐泉宫当""来谷宫当"等瓦当，应是战国乃至统一时期秦的蕲年宫等四个宫殿所在。③

而近些年的考古发掘成果更能说明汧渭之会就在汧河以东。2003 年，陕西省考古研究院为了配合宝鸡东岭集团的基建项目，对其所征用的一千余亩土地进行随工清理。在凤翔县西南约 15 公里处的汧河东岸台地上，迄今已发现了

---

① 《史记》卷五《秦本纪》，第 179 页。

② 《史记》卷五《秦本纪》，第 179 页。

③ 韩伟：《远望集——陕西省考古研究所华诞四十周年纪念文集·前言》，陕西人民美术出版社，1998 年，第 4 页。

200余座秦墓,显然是一处大型的秦人墓地。在清理的31座秦人墓葬中,既有平民墓,也有身份较高的贵族墓。墓葬时代均为春秋早中期,应早于秦都雍城的时代。特别是发现了一座随葬铜器为五鼎四簋组合的中型墓葬,墓内有5个殉人,还有一座陪葬车马坑。可以看出绝非一般人的墓葬,当为大夫级的墓葬。这一发现为秦汧渭之会地望的确定提供了更有价值的线索。随着这一考古工作的继续进行,还会有新的发现。①

2014年10月,宝鸡市高新区千河镇魏家崖村八组村民魏炳祥用挖掘机在后院取土时,偶然挖出了12件青铜器和一些青铜残片。随后,在相关文物部门的抢救性清理下,又发现了铜铃、玉玦、兽骨等文物。经清理,文物发现地为春秋早期一个竖穴土坑墓,墓坑长4.6米、宽2.6米,东西向,一棺一椁。墓室大半已残缺,仅存东西两角和北边部分。共出土青铜礼器12件,其中青铜鼎4件、青铜簋4件、青铜壶2件、青铜盘1件、青铜盉1件,另有铜铃8件、陶珠一组356颗、玉玦1件等,共计出土文物30件(组),现存放于宝鸡市陈仓区博物馆。按照西周列鼎制度,天子九鼎八簋,诸侯七鼎六簋,士大夫五鼎四簋,由此可判断,墓主人很可能为士大夫等级,仅次于诸侯。墓中兽骨还未检测,也许为狗骨,是秦人殉狗习俗的反映。这批文物的发现,对研究春秋早期秦人历史,特别是对寻找秦都邑"汧渭之会"提供了新线索。②

综合以上而言,可知汧渭之会就在今汧河入渭河的东北部魏家崖一带。

第六节 平阳

《史记·秦本纪》云:"宁公(宪公)二年(前714),公徙居平阳。"③因为平阳是宪公新立的都邑,又叫"西新邑"。宁公,《史记·秦始皇本纪》后附《秦纪》作"宪公",宝鸡太公庙出土的秦公钟、秦公镈铭文中也作"宪公",因此当称宪公为是。

---

① 焦南峰、田亚岐:《寻找"汧渭之会"的新线索》,《中国文物报》2004年第5期。
② 《村民在后院挖出2500年前青铜器12件》,《华商报》2014年10月23日。
③ 《史记》卷五《秦本纪》,第181页。

《史记·秦本纪》载:"武公元年……居平阳封宫。"①至秦德公即位时,始居雍城大郑宫。由此可以看出,平阳从秦宪公二年到秦武公二十年(前678),共有36年作为秦都城的历史。

关于古平阳的地望,文献中多有记载。《史记集解》引徐广云:"眉之平阳亭。"《史记正义》云平阳封宫"在岐州平阳城内也"。《史记·秦本纪》云:"武公卒,葬雍平阳。"②平阳故城秦时属雍县,秦雍县辖境自今凤翔向南直到渭水之滨,西汉时属郁夷县。《水经注·渭水》:"汧水东南历慈山,东南迳郁夷县,平阳故城南。《史记》秦宁(宪)公二年,徙平阳。徐广曰:故郁之平阳亭也。"③郁即郁夷县,西汉置。东汉废郁夷县,把宝鸡县(今宝鸡市陈仓区)东渭河北岸并入眉县,因而《史记集解》引徐广语改为"眉之平阳亭",当为一地。《史记正义》引《括地志》云:"平阳故城在岐州岐山县西四十六里,秦宁(宪)公徙都之处。"岐山县唐贞观年间即移治今址,今岐山县城向西南距宝鸡陈仓区太公庙村约40里,与《括地志》记载差不多。2003年,在宁王古城遗址中发现"郁夷"瓦当一枚,更进一步说明这里就是西汉郁夷县治所在地。④

1987年元月,原宝鸡县(今陈仓区)太公庙村村民冉怀绪在自家的后院断崖上取土时,发现一套青铜乐器,计有秦公钟5件,秦公镈3件。宝鸡市博物馆得知消息后,即前去清理,发现出青铜器的地方在村子老城墙外一处断崖上的窖穴里。窖穴距崖面约3米,5件青铜乐器在窖内"一"字形排列,3件镈围绕钟作半圆状,坑内尚有炭灰及少量兽骨。断崖高差约4米,断崖下基本上与渭河河滩处于同一平面上。断崖之上全为太公庙村民宅所覆盖,再向北直至塬脚(当地人称"三畤原"或"凤翔原"),地形开阔平坦。

出土的这套乐器为秦宫室重器,5件秦公钟的形制是一致的,仅大小有差。最大的通高48厘米、重24公斤;最小的通高27.6厘米、重6公斤。3件镈的形制基本上也是一致的,最大的通高75.1厘米、重62.5公斤;最小的通高64.2厘米、重46.5公斤。8件乐器上分铸5套铭文,内容完全一致;3件镈上各铸一套,

---

① 《史记》卷五《秦本纪》,第182页。
② 《史记》卷五《秦本纪》,第183页。
③ 《水经注》,第284页。
④ 《"郁夷"瓦当现身宝鸡宁王遗址 五座秦王陵有望找到》,《文汇报》2003年12月17日。

3件秦公钟上分铸两套,但其中较小的3件钟上范铸的铭文缺少一段,说明这套乐器尚少一件。铭文长达135字,铭中开首有"秦公曰:我先祖受天命,赏宅受或(国)。剌剌邵文公、静公、宪公不坠于上,邵合皇天,以虩事蛮方"的句子。"先祖"既"受天命"又"赏宅受国",则非秦襄公莫属。先祖之下紧接着是文公、静公和宪公三世,其中静公"不享国而死",宪公在《史纪·秦本纪》中作"宁公",这与秦世系相吻合。从铭仅叙到宪公,可见铸器者当为宪公之子。而宪公生武公、德公和出子三子。既在平阳铸此"国之重器",显然只有东伐彭戏氏至华山、诛三父夷三族、西伐邽冀之戎、县杜郑、灭小虢的秦武公了。出土秦武公钟、镈的太公庙村,北距古岐州岐山县城近50里,西距今宝鸡市陈仓区阳平镇5里余,同"岐山县西〔南〕四十六里"之记载接近。而且在钟镈出土地还发现有不少的灰坑,显系长期居住所致。所以,这一带必定同平阳故址有关。①

出土地东距今阳平镇7里多,南临渭水,北倚凤翔原,为渭水北岸第一阶地。这片地西起宝鸡陈仓区虢镇,东迄今陈仓区宁王村一带,东西长约30里,南北宽2里余。考古调查和发掘表明,在这一台地范围内的阳平、秦家沟、大王村、南阳村、窑底村、太公庙村、东高泉村、西高泉村、李家堡、贾家崖等地均有堆积丰富的春秋、战国及秦时期的遗物。台地在太公庙村一段,地势高亢、开阔。太公庙村东北距古岐州县城(今岐山县)约40里,古雍城亦在其西北约三四十里处。文献记载与考古发掘情况完全相符。

在太公庙村以东不远处现仍有宁王村,"宁"的繁体字"寧"与"宪"的繁体字"憲"字形近,当是后人因形近而误,实际上应为宪王村,与秦宪公曾经在此居住有关。

宁王遗址位于宝鸡市陈仓区(旧称"宝鸡县")阳平镇东数公里的宁王村北的台地上。南面俯视渭水,北依凤翔原,也就是历史上的三畤塬。现遗址面积东西长约1.5公里,南北宽0.5公里,有两个砖厂一直在由南向北取土,推测遗址原来应向南延伸,宽度更大一些。砖厂取土挖出的秦汉砖瓦残片,堆积如山。从塬面望去,随眼可见到土中夹杂有丰富的瓦片等遗物。通过遗址踏查,可知还有陶窑等遗址。遗址出土物中最有价值的,当数"郁夷"有字瓦当。此类瓦当的出

---

① 卢连成、杨满仓:《陕西宝鸡县太公庙村发现秦公钟、秦公镈》,《文物》1978年第11期。

土,对于汉代郁夷县位置的判定,大有帮助。①

当秦的都城迁至平阳时,秦已相对强大,因而在都城的建设上比以前的规模要大一些。《汉书·郊祀志》载汉成帝时,"雍大雨,坏平阳宫垣",说明秦时的平阳可能有宫城,直到汉时仍作为离宫使用。清阮元《积古斋钟鼎彝器款识》卷九收有平阳封宫中的铜器一件,上刻"平阳封宫"四字,秦篆,阮元定为秦平阳封宫中的器物,秦始皇或秦二世时所作。又有衡器"平阳斤",上刻秦始皇二十六年诏书及秦二世补刻辞,当为平阳宫或平阳城中之物。

2013年,陕西省考古研究院

宝鸡太公庙出土的秦公镈

在宝鸡陈仓区太公庙村附近做考古勘探时,发现了11座古墓,其中最大的一座总长约106米,呈"中"字形,墓道向东西两侧延伸,形制与凤翔秦公一号大墓基本一致。在随后的勘探中,考古人员又先后在大墓的东南侧勘探出"凸"字形车马坑,在大墓东西两侧分别发现了疑似陵园的兆沟设施。此外,考古人员还在墓葬附近发现了城址线索,根据其时代和性质推测,专家认为该城址极有可能是秦的第五处都邑——平阳城,该大墓可能是秦武公的墓葬②。秦武公在位时,先后征服吞并了绵诸、邦戎、冀戎等戎族,初设县制以管理所得之地,次年使秦国势力到达关中渭水流域。秦武公死后葬于平阳,史书记载其墓陪葬者多达66人。武公死后传位于同母弟秦德公。

---

① 史党社、田静:《陕西宝鸡市陈仓区宁王遗址新发现的"郁夷"瓦当的意义》,《人文杂志》2005年第4期。

② 《陕西宝鸡发现秦公大墓 主人疑为秦武公》,新华网2014年8月21日。

第七节　秦早期都邑何以频繁迁徙

在战国以前,迁都之事常见于史书。夏时的都城除考古发现的二里头遗址外,其他都城尚不清楚,近些年的中华文明探源工程为寻找夏王朝的都城提供了重要的资料;商王朝都城迁徙不定,从郑州商城到偃师商城,再到殷墟,史载商代至成汤已八迁,至盘庚迁殷时又已五迁;西周的都城由西而东多次迁徙,从周原到丰镐;春秋战国时大多数国家也常常迁都,战国时的韩国五易其都,楚三易其都,赵也三易其都。

以上这些迁都,其原因有些是主动的,其目的很明确,是要另寻合适的生存环境;当然也有被动的,或者是由于自然灾害,或者是由于外敌入侵。

从秦人早期频繁迁都可以看出,其迁都的原因完全是主动的,是为了更大的目标而选择更合适的地方作为根据地,这也是秦人后来之所以能称霸天下的一个重要原因。在秦前期不到百年的时间里,数易其都邑,其原因在于:

第一,秦在成为诸侯国后,虽得到了周天子的承诺,赐以岐丰之地,但这只是一张空头支票。当时的岐丰之地,基本上为戎狄所控制,其势力强大,连周天子也被逼得东徙洛阳,而秦当时的势力还比较弱,要得到岐丰之地,绝不是容易的事,因此秦人采取步步为营、稳扎稳打的办法,每前进一步,便扎下根,建都邑作为根据地,向四方扩展领土,然后再向前挺进。

第二,在东进的过程中,秦人也对占领区的地形环境进行观察,以便选择较为理想的地方作为都邑。随着占领的土地越来越多,选择的机会也多了起来,因此完全可以说,迁都是优化选择和充分利用优越地理环境的过程。这也是秦德公以前数易其都的原因。

第三,从秦人的东进历史来看,秦立国初期,都邑当有明显的军事功能。因为秦立国后其封地还被戎人所占领,要获得其真正的诸侯地位,控制岐西之封地,必须通过战争去争夺。而取得土地后,便需要继续扩大,占领新的土地,继续迁都。当时由于都邑规模都比较小,人口也比较少,所以迁都相对容易一些。

史念海先生认为:"自然环境应是形成都城的首要因素。不具备自然环境诸条件,是难以成为城的。所谓自然环境,至少应包括地形、山川、土壤、气候、物产等各项。"①虽然各个都城的自然环境诸条件很难全部优越,但总能以各自的特色见长。当然,自然环境是在不断发展变化的,它既是形成都城的基础因素,又可成为都城发展的限制性因素,加之不同历史时期的都城对自然环境利用和要求的方面不同,因此可能导致都城的迁徙。

田亚岐先生认为:"秦国早期不断迁徙都邑的主要原因是摆脱来自外部的军事袭扰,以寻找安全的生存与发展空间,所以雍城地理环境符合秦国择都的首选条件及要求,这也是自秦宪公、武公两代国君在平阳短暂停留之后,德公迁都雍城的主要缘由。"②

总之,秦在德公以前的都城还处在探索阶段,在探索的过程中,频繁更换都城是正常的。而从秦数易其都的情况来看,其所建都邑的地理环境愈来愈好。秦从越过陇山后,不断向东发展,地形愈来愈开阔,土地越来越肥沃、平坦,适于农业生产的发展,交通和文化也愈来愈发达,从汧河岸边到汧渭之会,再到渭河岸边,八百里秦川,土地的开发程度越来越高,这对于秦的发展强大起到了积极的促进作用。

---

① 史念海:《中国古都和文化》三《中国古都形成的因素》,中华书局,1998年,第211页。

② 田亚岐:《秦都雍城布局研究》,《考古与文物》2013年第5期。

第二章　秦都雍城

　　雍城在秦都邑发展过程中具有里程碑式的标志性意义，从此以后秦才真正揭开了其独霸西戎、称雄海内的历史进程。田亚岐先生长期在雍城从事考古工作，他认为："80 年来取得的大量考古资料显现出这座城市所具备的多功能化要素及特征，它既体现了早期城市以自然环境作为适从条件的普遍原则，又反映出秦国面对复杂外部袭扰环境而以完备城防设施作为首选的自身特征。秦雍城由城址、秦公陵园、国人墓葬、郊外建筑及远郊'野人'聚落形成的总体格局，以及各自的摆布规律，对后代都城营建形成了借鉴作用。"①

第一节　定都雍城

　　雍城位于陕西省凤翔县城南。秦为何要把都城选在此呢？这是秦人建国以来对自然环境不断追求、不断探索总结的结果。此前的平阳地处渭河谷地，地势较低，而且夹于渭河、秦岭与凤翔原之间，地窄路隘，无论是东进还是西守，或是向南北扩展都受到比较大的限制。而凤翔原是周原的一部分，位于关中平原的西部，地势高敞，依山傍水。雍城所在地南为雍水，地势平坦，北为汧山，地理位置十分重要，是当时通往西南、西北地区的交通咽喉，而且这里土壤肥沃，利于农业生产的发展。具体而言，以雍城为都，较之以前的几个都邑具有以下几方面优越的条件：

　　其一，优越的地理环境。

　　大凡选择都城，首先会考虑周边的自然环境。《管子·乘马》中记载："凡立

---

　　①　田亚岐：《秦都雍城布局研究》，《考古与文物》2013 年第 5 期。

国都,非于大山之下,必于广川之上,高毋近旱而水用足,下毋近水而沟防省。因天材,就地利,故城郭不必中规矩,道路不必中准绳。"①其意就是国都的选择要考虑到用水及周围的自然环境。史念海先生也认为,自然环境应是选择都城的首要因素,而秦选择以雍城为都也不例外。雍城地处凤翔县城以南,而凤翔一带位于关中平原的西部,依山傍水,地理位置十分重要。

关中之地,历来被认为是统一和巩固政权的重要地区。唐人杜佑认为"雍州之地,厥田上上,鄠杜之饶,号称陆海,四塞为固,被山带河。秦氏资之,遂平海内"。他针对当时有关迁都的论点,强调道:"夫临制万国,尤惜大势,秦川是天下之上腴,关中为海内之雄地,巨唐受命,本在于兹,若居之则势大而威远,舍之则势小而威近,恐人心因斯而摇矣。非止于危乱者哉!诚系兴衰,何可轻议。"②可见这一地区的重要性。张衡在《西京赋》中更明确指出:"秦据雍而强,周即豫而弱,高祖都西而泰,光武处东而约。政之兴衰,恒由此作。"这说明秦强周弱与地理环境有很大的关系。

雍城所在的凤翔县地处秦岭纬向、祁吕贺山字形及陇西旋卷构造体系的复合部位,地形复杂多样,山、川、塬地形俱有,境内地势总特征为北山、南塬、西河谷。南部平原地区海拔649—968米,相对高差319米。横水河、千河自北向南分别入汧河、渭河。雍水河自西北向东南横贯中部,将塬面自然分割为两大块。北为山前洪积扇平原,平坦完整。洪积扇塬区北起北山南缘,南至雍水河岸,东到横水乡,西达陈村镇。东西长约29公里,南北宽约15公里,面积约300平方公里,占全县总面积的25.4%。全扇区气候温和,雨量充沛。城北以雍水河为界,与洪积扇区相望,东至岐山县界,南、西均连宝鸡陈仓区。台塬上为更新统黄土覆盖,厚105—128米,下为更新统洪积沙砾、亚黏土层。地势平缓,土壤肥沃,气候温和,日照充足,霜期较短,为发展粮食生产提供了天然条件。③

---

① [唐]房玄龄注,[明]刘绩补注,刘晓艺校点:《管子》卷一《乘马第五》,上海古籍出版社,2015年,第22页。
② [唐]杜佑:《通典》卷一七四,中华书局,1984年,第4560页。
③ 陕西省凤翔县地方志编纂委员会:《凤翔县志》第二卷第二章《地貌》,陕西人民出版社,1991年,第57页。

凤翔县水环境优越，清顾祖禹云："居四山之中，五水之会"。① 境内的主要河流均源于县境北部的分水岭。河流的季节性很强，水量变化也很明显。夏秋两季随着降水量的增加，河流的流量也在增加，冬春两季则流量减少。流经雍城内的河流共有三条，即千水、雍水河和横水河。其中千水的流域面积较小，在24—33平方公里；而雍水和横水的流域面积较广，有461—538平方公里。同时，凤翔县的地下水储量有1.07亿立方米/年，境内泉和池的分布也很多，其中饮马池相传为秦穆公饮马之地。②

其二，较好的气候条件。

凤翔地处暖温带大陆性季风气候区，属半湿润半干旱气候，年平均气温11.4℃，降水量625毫米，无霜期209天。这里全年四季分明，冬夏时间长而春秋短，雨热同季，有利于农作物生长。全年多遇东南风，风速和风向的变化很大。从降水量方面来看，往往有明显的季节性，且时空分布不均。③ 秦时的气候比现今还要温暖湿润一些，更利于农业生产的发展。

其三，便利的交通。

凤翔县自古即是关中西部的交通枢纽，它东经岐山、扶风，通长安；南接宝鸡，通四川；西控汧、陇，达西域；北行灵台、麟游，通陇东。

《凤翔县志》记载，先民在农牧业生产过程中开创出来的行道，是凤翔古道路的雏形。《汉书》曰："鬼臾区，号大鸿，死葬雍。"黄帝部落发明车后，当有车路至雍。周时，雍城是周王畿。随着生产力的发展和车辆、畜驮的使用，以及民族的迁徙和战争征伐，周人开辟了雍城至各地的道路。古公亶父为了加强周、羌联盟，在与羌人联姻的过程中，开辟了由汧、岐至雍城的道路。武王定都镐京后，开辟了由雍城以东和以南去王城的道路。《诗经》云："周道如砥，其直如矢。"公元前9世纪，擅长畜牧、狩猎、养马和赶车的秦人部落开辟了雍城至汧县（今陇县）、陈仓（今宝鸡市）的道路。由以上可知，在秦定都之前，雍城就已经有了四通八达的交通网络，为秦的进一步发展和军事上的扩张提供了客观的条件。④

---

① ［清］顾祖禹：《读史方舆纪要》卷五五，商务印书馆，1937年，第2412页。五水指汧、渭、漆、岐、雍水。
② 《凤翔县志》第二卷第四章《水文》，第72页。
③ 《凤翔县志》第二卷第三章《气候》，第60页。
④ 《凤翔县志》，第十一卷第一章《道路》，第455页。

当秦人走上雍岭,看到这片辽阔的原野,这片位于周原西部、西周时代为周畿腹地的土地立刻引起了他们的关注。① 这里地势较高,是西去汧陇、南下巴蜀的交通枢纽,再加上西周王朝深厚的文化积淀、繁荣的经济基础、发达的手工业工艺,可谓经济基础雄厚。司马迁说:"关中自汧、雍以东至河、华,膏壤沃野千里,自虞夏之贡以为上田,而公刘适邠,大王、王季在岐,文王作丰,武王治镐,故其民犹有先王之遗风,好稼穑,殖五谷。"②

正因为如此,从秦德公开始,即迁都于此。《史记·秦本纪》云:"德公元年,初居雍城大郑宫……卜居雍。后子孙饮马于河。"③经过两百多年的修建,雍城成为当时列国诸侯中比较有影响力的都城。

第二节　雍城城墙

雍城的防御结构是随着都城的逐步发展而不断变化的。早期是以河为防,悼公时才开始修建城垣。田亚岐先生认为:考古工作者至今没有发现战国以前秦城有修筑城墙的实例,有学者曾提出从秦公陵园兆沟的发现中推断当时是以大河、沟壑作为城周环护设施的观点,后来的实际考古工作逐步证明这种认识是符合情理的。最新考古调查发现,初期雍城外围分别被四周的雍水河、纸坊河、塔寺河以及凤凰泉河环围。由于当时的河水丰沛、河谷纵深,自然河流便成为"以水御敌于城外"的主要城防设施。这种情形与甘肃礼县大堡子山、圆顶子山秦西犬丘城的防御体系如出一辙。这应当便是文献所说的"城堑河濒",即以水围城,并将临水的河谷挖深,使河堤陡直、河岸增高以加强城防安全系数,同时将堑于河内的泥土堆积于岸边,还能起到防御河水漫溢的作用。战国时期,形势突变,列国并存,群雄争霸,战争频仍,攻伐谋略上升,为了适应新的形势,秦国在原"以水御敌"的城防基础上又构筑了城墙及相关辅助设施。20世纪80年代初对雍城城址进行考古调查与勘探,经解剖证实,早年所发现的南北向夯土墙基为雍

---

① 李令福:《秦都咸阳兴起的历史地理背景》,《中国历史地理论丛》1999年第4期。
② 《史记》卷一二九《货殖列传》,第3261页。
③ 《史记》卷五《秦本纪》,第184页。

城西城墙北段的一部分。同时又新发现了属于雍城东、南、西、北四边城墙的残段遗存,初步确认了雍城城墙的基本走向。西墙目前保存较好;南墙沿雍水河方向修筑,蜿蜒曲折;东墙紧依纸坊河;北垣大部分为今县城所压,仅在今凤翔县城内发现部分墙体遗迹残断。① 雍城城外除东、南以纸坊河、雍水等自然河流作为天然屏障外,还在西墙外侧开掘了人工城壕作为防御设施的一部分,以弥补因该区域雍水河面宽阔、河堤较浅而防御性较弱的不足。关于城墙的确切走向与结构,据最新大遗址考古调查结果,经过对已知各城墙遗迹点的梳理与拼合连接,合围成不规则梯形,与早年的认识基本吻合。经解剖性勘探,城墙墙体宽度为8—10米不等,其构筑方法则为中、里、外三重分别建造。在墙体夯土层内发现了秦雍城初期的陶片,以此推断,《史记·秦本纪》"悼公二年,城雍"的记载是可靠的,即秦国在都雍城近二百年之后才正式构筑城墙。在修筑的城墙里侧一周,因筑墙取土所形成的与城墙走向平行的沟壕,与城墙形成了多重防御屏障。②

第三节　雍城的布局和结构

　　经过两千多年的风雨剥蚀及人为破坏,秦雍城地面建筑已荡然无存。目前的研究基本上是利用新的考古资料。田亚岐先生将雍城考古工作历程分为四个阶段:1934—1935年是雍城考古工作的启蒙期,徐炳昶等教授主持宝鸡斗鸡台考古,是考古人进入雍城工作的开始;1959—1966年是雍城考古工作的探索期,开始了寻找雍城的工作;1974—2000年是雍城考古工作的拓展期,城陵结合、发掘墓葬,秦公一号大墓及其周边的考古发现,奠定了雍城的基本格局,宫城、陵墓位置基本明确,但未发现秦郊外祭天祭祀的遗址;2001年至今是雍城考古工作的转型期,在大遗址考古的背景下,为了更好地做到保护和规划,对雍城考古工作提出了新的要求——保护、展示、研究一体化。80多年持续的考古工作为世人再现了一座黄土之下辉煌灿烂的强秦都城。目前对雍城的布局已有了比较清楚的了解。

---

① 陕西省雍城考古队:《秦都雍城钻探试掘简报》,《考古与文物》1985年第2期。
② 田亚岐:《秦都雍城布局研究》,《考古与文物》2013年第5期。

根据勘探得知,雍城城址平面略似正方形,城墙东西长3300米,南北宽3200米,总面积约11平方公里,坐北面南,部分地段依自然地势蜿蜒而筑。西城垣保存较好,南墙次之,东墙和北墙保存较差。城垣一般宽14米左右,城墙基最宽处15米,最窄处7.5米。城墙系黄土夯筑而成,夯窝较小,夯土密实。西墙北段发现有人工构筑的城壕,现长1000米左右,宽12—25米,深约6米,城东、南两面分别有纸坊河和雍水作为天然屏障,北边由于被压在现在的凤翔县城下,是否有城壕不详。目前发现的三个城门均在西城垣,与城内东西向干道中的三条相通,门宽8—10米,大体上由三道组成,中间一道较宽,路土较厚,两边两道较窄,且路土较薄。据推测雍城当有16个城门,车轨间距2.1米。[1]

根据考古工作者最新勘探和发掘资料,从整个城址区遗存分布状况与年代关系判断,可将雍城扩建与沿革划分为三个时期:第一个时期是"城堑河濒"时期,即德公、宣公、成公三位国君执政时期(前677—前660)。这一时期是以军事防御为首要目的的。虽然秦国初都雍城时即选择了较大的环境空间,四周以大河环围,为后来雍城逐步扩建奠定了基础,但起初实际所使用范围仅局限于整个城址的东南角,即今瓦窑头村一带,面积不足1平方公里。城内布局顺应了当时的自然环境。由于雍城西北高、东南低,加之雍山一带的水流从北部通过白起河及多条河流穿城而过,使当时的雍城成为"水"中之城,从而形成了城内布局"顺河而建,沿河而居"的情形。河流成为当时城内便捷的水上通道,河堤沿岸往往有临河道路,同时城内各条道路纵横交错又相互连接。调查发现,当时临河而建的聚落形成多个相对集中的片区,沿河而居则方便地利用了向河中自然排洪的功能,同时通过地下引水管网将河水引向城中各个区间,用于诸如作坊生产、聚落生活以及苑囿池沼用水等。对一座具有多功能的秦都城来说,道路与街区是其基本骨架,是一座城市不可或缺的重要构成部分。明确道路系统,对于厘清整个城市布局至关重要。第二个时期是雍城中期,即穆公、康公、共公、桓公、景公、哀公、夷公、惠公执政时期(前659—前491)。此期处于以综合性防御为首要目的规划"城郭"结构的都城持续发展期。秦穆公通过对外扩张战争和"德威并举,德武力征"的创霸方针,使国力渐趋强盛,最终形成"益国十二,开地千

---

[1] 尚志儒、赵丛苍:《秦都雍城布局与结构探讨》,见《考古学研究》,三秦出版社,1993年,第482页。

里,遂霸西戎"的局势。此时面临新的时势之变:首先,随着雍城人口的急剧增加,早先的城建规模因无法容纳更多人口而必须扩建;其次,列国之间群雄争霸,战争频仍,攻伐谋略上升;再次,当初建城的区间临塔寺河、雍水河与纸坊河的交汇处,遇大水时河堤漫溢,对城市安全构成威胁。秦国遂放弃今瓦窑头一带,而向整个城址的中部即今马家庄一带移动,形成新区。经考古调查与发掘确认,此区间约3平方公里,城内有早年发掘出的马家庄秦宗庙遗址和另外几处大型建筑遗址,还发现了高台建筑以及按照"前朝后市"而设的"市场"等。上述遗址被一条由自然河流与人工沟壕贯通的环壕所环绕,而在其外围又形成另外一重环壕,且多系在自然河流基础上的人工开凿,其涵盖范围约7平方公里。这两重环壕形成较为规则的"回"字形。两重环壕内各类聚居区分布呈现出截然不同的情形,内壕系大型宫室及其附属建筑分布区,当为秦公和贵族所居,内壕与外壕之间则分布平民生产与生活聚居区。这两重壕恰似内城与外城之象征,也成为城市聚落区间分而治之的显著标志。第三个时期为大城郭时期,自悼公执政至秦都迁出雍城(前490—前350)。《史记·秦本纪》载"悼公二年,城雍",置都雍城两百年后,随着城市的再度扩张,才首次出现了夯筑的城墙。经考古调查与勘探,修筑的环城墙里侧一周的沟壕,又与城墙形成了多重防御屏障。至此,雍城已发展为一座功能齐备、规模达11平方公里的大都市,其涵盖范围即现在所确定的城址区。这一时期,在夯筑的大城圈形成之后,过去以内、外两重沟壕所分隔的城市分区便成为主城的区域,分布着各类大型建筑和贵族聚居区;外重沟壕与城墙之间的区域则是平民聚落聚居区。历经三百年的变革与发展,秦都雍城的城市格局与多功能化得以完全形成,成为当时代表性的大都城之一。雍城除建城初期没有专门划定的国君内城区外,此后一直有体现内城与外城相套合的城郭制度,即内城为城,系朝宫、官署和贵族所居之地;外城为郭,系郭城内国人所居之地。雍城三百年来自南向北逐渐扩建,其城市规划布局在悼公时期完成。[①]

关于雍城的道路系统,20世纪有学者曾做过初期研究工作,并提出"四纵四横"的观点,认为城内共有干道八条,纵横交错,东西、南北向各四条,"井"字形交叉排列,呈棋盘状,把城内分成25个似后代都城中的"坊"的结构。八条干道

---

① 田亚岐:《秦都雍城考古录》,《大众考古》2015年第4期。

宽8—10米，相邻干道之间的距离不等，一般在650—800米之间，最宽的1300米，窄的400多米，其走向不甚端直，相互之间亦不平行。根据20世纪90年代考古工作者的勘探和试掘资料，城内道路沿河流走向伸展。① 过去的结论缺乏地层学与类型学的比对数据，因为在城址范围内各时代道路错乱叠压，而从中梳理出真正属于秦雍城时期的路况信息才是解决问题之关键。近年在相关发掘中，关于此问题终于获得一些重要的信息。2011年在秦雍城城址北部共发掘出6处古代道路遗迹，分别处在不同的层位下，按历年来在雍城遗址确立的地层年代关系，压在②层下的即为明清时期的道路，路面宽4—5米，路土中包含瓷片及明清时期砖瓦碎片等；压在③层下的即为唐宋时期的道路，路面宽3—4米，路土中包含同期瓷片、砖瓦等；压在④层下的即为汉代道路，路面宽18—21米，路土中包含东周时期瓦片、西汉时期砖瓦碎片等；而压在⑤层以下、生土之上的即为雍城时期道路，路面宽9—11米。虽然当年将发现的道路信息几乎都排除在雍城道路之外，但为随后针对秦雍城时期道路开展工作提供了明晰的指向和参照。近年通过对秦雍城道路系统的专门调查发现，因城市布局"顺河而建，沿河而居"的特点，道路也往往形成"顺河而设"的走向与格局，不过还有各功能区间的互通道路，尽管不临河，也仍然是城内道路系统的组成部分，越河的地方应该存在搭建的木桥。②

雍城的宫殿建筑是十分华丽的，早在秦穆公时，都城尚处于发展和建设时期，当时的戎族使者由余来到秦国，当他看到处于修建中的雍城时，不禁感叹道："使鬼为之，则劳神矣；使人为之，亦苦民矣。"③

《史记·十二诸侯年表》载，秦德公二年"初作伏，祠社"。可知雍城有社。依"左祖右社"之制，社当位于秦公朝寝即马家庄三号建筑群遗址之西。

在雍城发现了"市"的遗址，位于城的北部，在北城墙南面偏东300米处。经详细勘探，知其是一个近似长方形的全封闭空间，四周围以夯墙，西墙长166.5米，南墙长230.4米，东墙长156.6米，北墙长180米，墙体宽1.8—2.4米。钻探时于四周围墙中部都发现有"门塾"遗址，一般宽21米以上，进深14米

---

① 尚志儒：《秦都雍城的总体布局与考古发掘》，《中国文物报》1990年6月28日。
② 田亚岐：《秦都雍城布局研究》，《考古与文物》2013年第5期。
③ 《史记》卷五《秦本纪》，第192页。

左右。墙体两侧均有瓦片堆积,应是夯墙上的覆瓦。围墙内为露天市场,面积3万平方米左右。① 与四川汉画像砖上的市亭图基本一样。

西墙的市门已经发掘,南北长 21 米,东西宽 14 米,建筑呈"凹"字形。进门入口处有大型空心砖踏步,从门四周的柱洞及瓦片堆积情况推断,门上有四坡式大屋顶建筑。遗址内出土有秦半两钱、鹿纹等图案瓦当及一件钤有"咸□里□"的陶器残底。雍市遗址与《周礼·考工记》所记载的"面朝后市"的格局一致。从布局来看,市周围有围墙,四边开门,市门上有楼。市的交易限时限地,分门别类,集中管理。在西南市门外,还发现两道南北向车辙,可见此"市"处于南北向和东西向干道之间,既便于货物流通,也有助于对"市"的规划设置和对其交易状况的了解。据出土文物种类及纹饰推测,这座"市"建筑的建造和使用时间当为战国早期至秦汉之际。根据《周礼·考工记》所记载的"面朝后市"的布局原则,并结合出土的战国早期至秦汉之际文物标本,"初步推断为当时的市场"②。近年,田亚岐先生经过勘探与研究,认为过去推断的这个市场遗址是有问题的。"随着对雍城城址的全面调查,过去对一些文化遗存的传统认识也发生变化。诸如早年在城址北部的高王寺村西经考古调查勘探发现一近似于长方形的封闭空间,四周为夯墙,四周墙上有门,面积达 3 万平方米左右……当初所谓'前朝后市'的位置关系是因其在马家庄宫室的北侧而得出的结论,但是两者的年代一早一晚,难以对应。"③据田亚岐先生见告,目前已经勘探发现了新的市场遗址,有 800 平方米的踩踏面,比过去发现的市场遗址要早一些。

官营市场的一个重要形态特征即设立有市墙。文献中虽未记载市场有墙垣,却记载有市门。《韩非子·内储说上》:"商太宰使少庶子之市,顾反而问之曰:'何见于市?'对曰:'无见也。'太宰曰:'虽然,何见也?'对曰:'市南门之外甚众牛车,仅可以行耳。'太宰因诫使者'无敢告人吾所问于女'。因召市吏而诮之曰:'市门之外何多牛屎?'市吏甚怪太宰知之疾也,乃悚惧其所也。"④这说明此市有市吏管理,很明显属于行政管辖下的市场,而且市场设有南门。有门必然

---

① 尚志儒:《秦都雍城的总体布局与考古发掘》,《中国文物报》1990 年 6 月 28 日。
② 尚志儒:《秦都雍城的总体布局与考古发掘》,《中国文物报》1990 年 6 月 28 日。
③ 田亚岐:《秦都雍城布局研究》,《考古与文物》2013 年第 5 期。
④ 李维新等注译:《韩非子·内储说上》,中州古籍出版社,2008 年,第 242 页。

有墙垣圈围,成一封闭式布局。另外,《史记·吕不韦列传》中载有"咸阳市门",《史记·商君列传》中载有"国都市南门""北门"。这些记载至少说明,国都中属于行政管理范围内的市场,其形态呈明显的封闭式格局,有墙垣环绕,有门出入。这一特征也得到了考古学上的证明。

虽然东周时期的城址中此类遗址目前仅发现这一处,但1986年在汉长安城的西北部发现的东市和西市遗址与雍城内的市遗址在布局上相似:东市和西市的四周均筑有市墙,墙宽5—6米;东市和西市各有8座市门(每面各有两门)。据此推测,这种封闭式布局的市场形态应当存在了较长时间。尽管这种市场形态一直延续到汉代以后,但在东周时期的城址中可能并不具有普遍性,即东周其他城市中的市场形态可能与雍城内的市场形态并不完全一致,而是存在着多元化的发展状态。但是不管其具体形态如何,对应于"集中市制"的封闭式市场形态应是东周城市发展的必然趋势。

《周礼·冬官·考工记》载:"匠人营国,方九里,旁三门。国中九经九纬,经涂九轨,左祖右社,面朝后市,市朝一夫。"这条资料对市场的位置记载很明确,即市位于王宫之后。王宫通常为坐北朝南,这一点已在考古学上得到证实,那么市场就是位于王宫的北面。又据《周礼·天官·冢宰》载:"凡建国,佐后立市。"这说明市场直接受控于王室后宫,属于上层统治者直接管辖之市。此外,市场还设立了若干官吏进行日常管理。因为此条资料属于营国之制,故这一市场指的当是王朝国都中直接由王室控制的市场。"面朝后市"可能反映了周王朝城市建筑的主要礼制思想。而在目前考古发现的东周时期各诸侯国都城遗址中,只有秦都雍城找到了与市场相匹配的考古遗存,其他同时期的都城中尚未发现。曲英杰依据雍城的考古资料判断,鲁都曲阜故城内市场应位于周公庙高地北部、盛果寺村南一带;又认为楚郢都纪南城内的市场可能位于宫城之北,龙桥河古河道之南。[①] 这一带的考古遗迹也表明此处应属繁华区,在今龙桥河南岸松柏鱼池遗址中曾发掘出墙基、散水、下水道、水井,出土许多日用陶器及筒瓦、板瓦等建筑材料,时代属春秋晚期至战国早中期。[②]

---

① 曲英杰:《先秦都城复原研究》,黑龙江人民出版社,1991年,第282页。
② 湖北省博物馆江陵工作站:《纪南城松柏鱼池探掘简报》,《江汉考古》1987年第3期。

关于"工贾近市",《管子·大匡》载:"桓公使鲍叔识君臣之有善者,晏子识不仕与耕者之有善者,高子识工贾之有善者,国子为李,隰朋为东国,宾胥无为西土,弗郑为宅。凡仕者近宫,不仕与耕者近门,工贾近市,三十里置遽委焉,有司职之。"① 这是有一定道理的。

从以上的社和市遗址所在位置看,雍城的布局基本符合《周礼·考工记》"左祖右社,面朝后市"的记载,都城的设施比较齐全。宗庙、社稷、市场是都城中不可或缺的部分,与都城有机地联系在一起。

据《史记·秦始皇本纪》附《秦纪》载,"康公享国十二年,居雍高寝","共公享国五年,居雍高寝","桓公享国二十七年,居雍太寝","景公享国四十年,居雍高寝","躁公享国十四年,居受寝",这说明雍城的高寝、太寝、受寝是秦公的宫殿。在雍城城址范围内,目前发现的时代与文献吻合的三处宫室可能是上述记载中的三个"寝",即瓦窑头为康公所居之雍高寝,那么康公之前的德公、宣公、成公、穆公也当居于此宫;马家庄为桓公前后若干代秦公所居之雍太寝;铁沟、高王寺为躁公前后若干代秦公所居之雍受寝。按此推断,若大型建筑与寝宫有关,系秦国王权中心,为秦公所居,那么中型建筑或为国家官署和贵族居室,小型建筑或为国人居所。这种等级建筑组合反映出当时城内所居者应当包括秦国国君、秦国贵族和其他阶层的"国人"。②

姚家岗宫殿区 为一处隆起的台地,位于雍城中部偏西,距雍城西垣约500米,当地人称之为"殿台"。主体建筑位于姚家岗村及其东南部,面积约2万平方米。考古工作者先后在此发现宫殿遗址一处、铜质建筑构件三窖、凌阴遗址一处。宫殿遗址的东部已被破坏,北部尚未清理,仅发掘了西南的部分。夯土基的西南两侧各有河卵石铺就的散水一道。出土文物主要有素面半瓦当、槽形三角形几何纹板瓦、绳纹与三角几何纹相间的筒瓦、饕餮纹贴面砖等。

在宫殿遗址附近发现三窖64件铜质建筑构件,其类型有:阳角双面蟠虺纹曲尺形,阳角三面蟠虺纹曲尺形,双面蟠虺纹楔形中空形,双面蟠虺纹单齿方筒形,单面蟠虺纹单齿方筒形,双面蟠虺纹双齿方筒形,单面蟠虺纹双齿片状,小拐头,等等。

---

① 《管子·大匡》,第132页。
② 田亚岐:《秦都雍城布局研究》,《考古与文物》2013年第5期。

文物考古工作者根据有的构件内仍有朽木遗存,推断这批构件是与木构结合在一起使用的,"方筒形构件的截面为正方形,因此,无论单齿或双齿的双筒形构件的施用,应与截面呈正方形的枋材有关","小拐头从其较小的形制来看,应施作门窗装饰,但具体部位尚难推断"①。同时,发掘者还认为,方筒形构件的形制和后世的枋心彩画有一事实上的渊源关系。杨鸿勋先生对构件的分类提出了不同看法,认为"大件的形制,大体上可分为内转角、外转角、尽端(单向齿饰)和中段(双向齿饰)四个类别;另外还有少数小型转角和梯形截面的构件"。同时还指出:"大型铜件所附着的木构件截面,小于一般殿堂的主要承重构件;又鉴于器物多数仅有一、二面铜版并施纹饰,其余为粗糙的框架,即此件安装后仅一、二面露明,其余各面为暗藏(为其他建筑部件遮挡)。据此可以判断,它们可能是加固版筑墙所用的壁柱、壁带之类的附件。"所以可以称为"釭"。"大型的用途当属统治阶级宫殿壁柱、壁带之类上面所加的饰件。小型转角一类……应是门窗构件。""在建筑史上,春秋秦釭的发现,为我们关于木构交接自早期扎结到晚期健全榫卯之间,曾存在使用金属件加固阶段的设想提供了依据。"②这种建筑构件,1930年曾在燕下都遗址中发现124件。笔者曾经在海内外的多家博物馆看到战国时期其他国家的铜建筑构件,但均没有秦的建筑构件漂亮、实用。可见当时的宫廷建筑已经普遍使用铜建筑构件,使得秦宫显得更加辉煌华贵。

雍城建筑材料——金釭

凌阴遗址位于宫殿遗址的西北,为一座平面近方形的夯土台基,夯土基的四边有南北长17.1米、东西宽16.5米的夯筑土墙,墙内以细泥抹光。夯土基的中部为一座南北长11.4米、东西宽10米的长方形窖穴,窖内四壁呈斜坡状,窖穴四周为回廊,通道上有平行的五道槽门,在第二槽门之西的底部铺设水道一条,与白起河相

---

① 凤翔县文化馆、陕西省文管会:《凤翔先秦宫殿试掘及其铜质建筑构件》,《考古》1976年第2期。

② 杨鸿勋:《凤翔出土春秋秦宫铜构——金釭》,《考古》1976年第2期。

通,显然是窖穴的排水设施。该遗址面积达 190 立方米。① 凌阴遗址中出土的主要遗物有板瓦、排水管道、铜质建筑构件残段及玉璧、玉圭、玉玦等。凌阴遗址的设置反映出该宫殿建筑豪华、设备齐全。其发现也印证了《诗经·豳风·七月》"二之日凿冰冲冲,三之日纳于凌阴"记载的正确性,这也是考古上的首次发现。后来在秦都咸阳遗址中也有发现。

根据《史记·秦始皇本纪》附《秦纪》的记载,笔者推测姚家岗宫殿区很可能是春秋时期秦康公、共公、景公居住的雍高寝。

马家庄宫殿区 马家庄共发现了四座宫殿及宗庙遗址。

一号建筑群坐北朝南,平面为长方形,位于雍城中部偏北。南北残长约 76 米,东西宽 87.6 米,面积约为 6660 平方米。由大门、中庭、朝寝、亭台及东西厢等部分组成。整个建筑四周有围墙环绕,布局井然有序,规矩整齐。大门由门道、东西塾、回廊、散水等部分组成。

在一号建筑遗址内,出土有各种陶瓦、铜质建筑构件。在中庭、东西厢南侧及祖庙东厢内,发现各类祭祀坑 181 个,牛羊有全牲、无头和切碎三种祭祀形式,坑与坑之间存在着复杂的打破关系,可以看出是多次祭祀的结果。根据遗址祭祀坑中出土的遗物、建筑的总体布局及有关史籍记载,初步认为一号建筑群的建筑年代应为春秋中期,废弃时间应在春秋晚期,其为宗庙性质的建筑是毫无疑问的。②

一号建筑群是包括祖庙、昭庙、穆庙、祭祀坑等在内的一座较完整的大型宗庙遗址。它的发现,无疑对探讨秦宫室宗庙制度、祭祀仪式及秦的建筑史有重要意义。《左传》云:"国之大事,在祀与戎。"《礼记·曲礼》云:"君子将营宫室,宗庙为先。"祭祀在中国古代是非常重要的事情。先秦时代是崇尚鬼神、祖先的时代,研究其礼制建筑、祭祀形式,有利于了解当时的社会政治制度和意识形态。先秦时期宗庙之类的礼制建筑,文献中记载很多,但考古发掘出来保存较完整的大型先秦礼制建筑,目前只有这一个,它是迄今发现的规模最大、保存较完整的

---

① 尚志儒、赵丛苍:《秦都雍城布局与结构探讨》,见《考古学研究》,三秦出版社,1993 年,第 482 页。

② 陕西省雍城考古队:《凤翔马家庄一号建筑群遗址发掘简报》,《文物》1985 年第 2 期。

先秦高级建筑,在商周到秦汉建筑的发展过程中具有承上启下的重要地位。①刘庆柱先生认为:"马家庄三号建筑遗址在一号建筑遗址以西500米,应为宫殿建筑基址。就目前考古资料来看,先秦时代都城的宫殿与宗庙主体建筑的形制结构(主要指二者殿堂基址平面)已有所不同,但是自二里头遗址宫城之中的宫殿与宗庙并列分布宫城之中的二元布局至东周时代仍然未变。"②

二号建筑群与一号建筑群相距15米,坐北向南,由于破坏严重,目前仅保存有门塾、隔墙、围墙及水井、输水管道等几部分。

三号建筑群位于雍城中部偏北稍西处,东距马家庄宗庙建筑约500米,西距姚家岗宫殿区约600米。基址坐北朝南,除南部取土破坏外,保存基本完整。南北全长326.5米,北端宽86米,南端宽59.5米,总面积达21849平方米。平面布局严谨规整,四周有围墙。由南至北可分为5座院落、5个门庭。第一院落长59.5米,宽52米,南墙和东墙有一道门,前门有三段土墙,好像是屏,即后代的照壁。第二院落长59.5—60.5米,宽49.5米,南墙和西墙各有一道门,院中部偏北西侧各有一处长方形建筑。第三院落长82.5米,宽60.5—62.5米,东西墙各有两道门,南墙有一道门。正中有面积达586平方米的长方形建筑一座。第四院落长70米,宽51米,东、西、南围墙各有一道门。第五院落长86米,宽65米,东墙中部有一道门,院内正中偏北及前方两侧各有一座建筑呈"品"字形排列。院内南部有两座长方形建筑,中有一条通道与第四院落相连。各院落的南门均宽于其他门,应是主要门道。

三号建筑遗址出土的建筑构件有"凹"字形板瓦、绳纹及抹光带相间的各式筒瓦,还有饰粗绳纹的厚瓦片及散水石等。根据建筑形制分析,该遗址为雍城的朝寝,此朝宫与附属建筑面积达四五万平方米。

宋人李如圭《仪礼释宫》曰:"《周礼》:建国之神位,右社稷,左宗庙。宫南乡而庙居左,则庙在寝东也。"③马家庄三号建筑群遗址位于宗庙遗址以西,且时代相近,规模较大,故推测这一处遗址可能是寝宫所在。韩伟先生在《秦公朝寝钻

---

① 韩伟、焦南峰:《秦都雍城考古发掘研究综述》,《考古与文物》1988年第5、6期合刊。

② 刘庆柱:《中国古代都城遗址布局形制的考古发现所反映的社会形态变化研究》,《考古学报》2006年第3期。

③ [宋]李如圭:《仪礼释宫》,中华书局,1985年,第1页。

探图考释》一文中,对马家庄三号建筑群各部位名称进行了推定,对各门及有关建筑的形制、功能进行了探讨,认为马家庄三号建筑的五座院落即为五重曲城,五个门庭即所谓皋、库、雉、应、路五门,并以此证实先秦时代的天子五门制度及秦公的僭越行为;同时还考证了外、治、燕三朝的位置及功能等。①

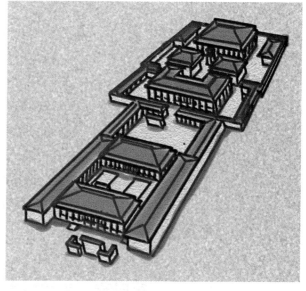

雍城宫殿复原示意图

四号建筑群遗址位于二号建筑群遗址以东,相距50余米,遗址高于周围地面,破坏严重,散水石到处可见,残存面积达2万平方米,夯土墙基已残缺不全,出土有"凹"字形板瓦、筒瓦、陶水管、散水石等。

马家庄朝寝、宗庙、二号、四号四座建筑群由西向东依次排列,组成了规模较大、保存较完整的马家庄宫殿宗庙区。马家庄一、二、四三座建筑群的年代均为春秋中晚期,这同秦桓公居"雍太寝"的时间相近,由此推断,马家庄宫殿宗庙可能是"雍太寝"之所在。

铁沟、高王寺宫殿区 铁沟、高王寺宫殿区位于雍城北部,北起铁沟凤尾村,南至高王寺,西到棉织厂、翟家寺。凤尾村遗址位于纸坊乡铁沟行政村,由于破坏严重,现存面积约4万平方米。暴露在断崖上的夯土基高约1.4米,地面堆积瓦片很多,板瓦、筒瓦俯拾皆是,曾在此采集到"奔兽逐雁"纹瓦当、板瓦、筒瓦等多件。从形制上看大多为战国早中期的遗物。

秦躁公"居受寝"的时间同铁沟、高王寺宫殿遗址的上限大致相近,故铁沟高王寺宫殿很可能是"受寝"。

雍城的国君陵区在雍城以南,位于凤翔县尹家务乡至宝鸡市陈仓区阳平镇

---

① 韩伟:《秦公朝寝钻探图考释》,《考古与文物》1985年第2期。

的南原上,东西绵亘30余里,埋葬着德公至出公等18位国君。

由以上可以看出,雍城经过两百多年的发展完善,已形成了完备的都城的结构与布局规划,且规模很大。除了鳞次栉比的宫殿外,秦还在都城中修建了台观馆舍等建筑,有繁华的商业区。国君和大臣的陵墓集中在一起,城外又有供秦公狩猎游玩的北园、具园等苑囿,这在石鼓文中有记载。

雍城是秦都城中遗址保存较好的一个,整个都城的情况已基本勘探清楚,除以上介绍的三大宫殿区外,还在城内发现各种手工业作坊多处,如青铜作坊有雍城南部的史家河、中部的马家庄村北、城外北部的今凤翔县城北街等地;炼铁作坊在史家河和南郊的东社、高庄一带;制陶作坊在城内东部的瓦窑头及城外杨家小村、八旗屯均有发现。

第四节 雍城畤文化

畤文化是秦文化的重要组成部分。"畤"字在考古资料中最早见于春秋早期的秦子簋盖铭文中,文献中最早见于《左传》,但均为地名。"畤"字的含义是不断发展和变化的,到了秦汉时期,畤祭成为专门祭祀五帝的场所,"畤"的含义又延伸为"祭祀五帝的地方"。

在东方各诸侯国系统的祭祀建设陷于停顿的情况下,秦人却对其予以超常规的重视。秦自襄公八年(前770)建立西畤到献公十七年(前368)建立畦畤,在四百多年的时间内,先后建立了西畤、鄜畤、密畤、吴阳上畤、吴阳下畤、畦畤六畤,祭祀白帝、青帝、炎帝和黄帝,祭祀的礼仪也逐渐成熟。

秦人刚立国时,便在其政治中心西犬丘设置西畤,以祭祀上帝。畤祭的设立和开展随秦势力的不断扩大而向外延伸,到雍城后,畤祭更加完善和发达。雍城有许多祭祀天地鬼神的建筑。"自古以雍州积高,神明之隩,故立畤郊上帝,诸神祠皆聚云。"①司马贞《史记索隐》谓:"畤,止也,言神灵之所依止也。亦音市,谓为坛以祭天也。"②畤祭逐渐摆脱了原始的农业祭祀性质,而发展为主要指一

---

① 《史记》卷二八《封禅书》,第1359页。
② 《史记》卷五《秦本纪》,第179页。

种神灵祭祀。

《史记·封禅书》为我们保留了不少关于秦畤文化的记载：

> 秦襄公既侯，居西垂，自以为主少皞之神，作西畤，祠白帝，其牲用骝驹黄牛羝羊各一云。其后十六年，秦文公东猎汧渭之间，卜居之而吉。文公梦黄蛇自天下属地，其口止于鄜衍。文公问史敦，敦曰："此上帝之征，君其祠之。"于是作鄜畤，用三牲郊祭白帝焉。
>
> 自未作鄜畤也，而雍旁故有吴阳武畤，雍东有好畤，皆废无祠。或曰："自古以雍州积高，神明之隩，故立畤郊上帝，诸神祠皆聚云。盖黄帝时尝用事，虽晚周亦郊焉。"其语不经见，缙绅者不道。
>
> 作鄜畤后九年，文公获若石云，于陈仓北阪城祠之。其神或岁不至，或岁数来，来也常以夜，光辉若流星，从东南来集于祠城，则若雄鸡，其声殷云，野鸡夜雊。以一牢祠，命曰陈宝。
>
> 作鄜畤后七十八年，秦德公既立，卜居雍，后子孙饮马于河，遂都雍。雍之诸祠自此兴。用三百牢于鄜畤。作伏祠。磔狗邑四门，以御蛊灾。
>
> 德公立二年卒。其后（六）〔四〕年，秦宣公作密畤于渭南，祭青帝。……
>
> 其后百余年，秦灵公作吴阳上畤，祭黄帝；作下畤，祭炎帝。
>
> 后四十八年，周太史儋见秦献公曰："秦始与周合，合而离，五百岁当复合，合十七年而霸王出焉。"栎阳雨金，秦献公自以为得金瑞，故作畦畤栎阳而祀白帝。①

从以上记载来看，畤文化确实是秦文化的重要内容，在秦发展过程中愈来愈得到重视，也可以看出秦人是多神崇拜的。

畤是秦汉时期祭祀天地及五帝的固定场所，相当于后来的天坛，是秦人在特定的历史环境下所形成的独特的宗教文化产物。它前后共存在了近八百年之久，伴随着秦人兴衰的全过程，并且对西汉王朝产生了极为重要的影响。

畤祭源于生活在今甘肃东部的秦人的祖先祭祀神灵的礼俗。秦襄公时，畤祭逐渐摆脱了原始的民间农业祭祀性质，而发展为一种国家宗教行为。秦人从

---

① 《史记》卷二八《封禅书》，第1358—1365页。

民间到官方都是多神崇拜的,因此其祭祀对象也非常复杂,上自天界的各种神灵,下至自然界的万物鬼怪,以及宗祖。

围绕畤所发生的一系列文化现象被称为"畤文化",其核心是秦人祈求神灵能够给予他们恩赐和保护的崇神思想。因畤的祭祀方式与周人的宗教礼仪形式不同,西汉以后这种畤文化的称谓便随即告终。因此,畤文化是秦人独创的。

畤出现于秦立国早期,置畤的地点多选在雍城。自襄公设立西畤,畤祭这一祭祀活动便开始在秦地兴盛起来,随后陆续有秦文公、秦宣公、秦灵公、秦献公等的畤祭活动。从开国国君秦襄公到秦献公共设置了六畤,其中有四畤分布在雍地。只有两畤不在雍地,一个在甘肃礼县,秦襄公攻戎救周,被封为诸侯,自认为是借助了少昊氏的神灵,于是在西犬丘(今甘肃礼县)建立了西畤,用来祭祀白帝,这是秦最早的畤。二是在栎阳设置了畦畤,也是祭祀白帝。这两畤虽然在秦人畤文化中占有重要的位置,但从其产生的时间、地点及其影响上来看,均不能形成秦人畤文化的中心。而秦文公所建鄜畤、秦宣公所建密畤、秦灵公所建立吴阳上畤和吴阳下畤均在雍地,这四畤是构成秦人雍地畤文化的主体。

秦公起先立畤时没有什么明显的规律和礼制限制,但在庆典、徙都以及重大的军事行动前都要祭祀祖宗、告慰先公以求神灵保佑则是明显的。西畤、鄜畤、畦畤祭祀的对象是白帝,与秦人发展壮大于西方有密切关系,因为白帝是西方的少昊神。这三畤中鄜畤在雍地,所以鄜畤就成了使用最频繁的祭祀场所。史载文公时期以牛、羊、豕作为祭品,在鄜畤举行了隆重的祭祀活动。德公徙都雍城时,第一件大事便是用牲牢祭祀鄜畤,不但规模超过了之前,而且使雍地诸畤祭祀活动自此日趋活跃。密畤祭祀的对象是青帝,青帝即东方神太昊。灵公置吴阳上下两畤,其祭祀对象是黄帝和炎帝,是因为这一时期炎黄二帝在人们的心目中占有重要的地位。

到秦都雍城时已经有六畤,分别祭祀白、青、黄、炎(赤)四帝,充分显示出秦人的多神崇拜,也是秦维护其统治的有效方法。一方面表明秦是受天神保护的,为其政权涂抹上一层神圣色彩,有利于巩固统治;另一方面采用天神崇拜这种形式,容易收拢人心,共同对付外部的侵袭。

秦人建畤的背后有强烈的政治企图,畤祭活动如此丰富与秦政治密不可分。秦畤祭的兴起和发展同时也是秦政治活跃的表现,畤祭大力提倡的背后是秦势力的步步向外扩展。据《史记》载:"太史公读《秦记》,至犬戎败幽王,周东徙洛邑,秦襄公始封为诸侯,作西畤用事上帝,僭端见矣。《礼》曰:'天子祭天地,诸侯祭其域内名山大川。'"①秦人一方面通过设畤加强统治,神化政权;另一方面,秦人从称霸西戎后,开始向东、向北扩张,对土地的要求日渐强烈;再者,秦人希望通过畤祭,特别是通过祭祀华夏文明的两位始祖——黄帝和炎帝,来提高自己在诸侯国中的地位,希冀改变在东方诸侯眼中被称为"夷狄"的形象。

汉承秦制,汉高祖在雍城立北畤祠黑帝,使五色畤齐备。五色帝从此成为国家祭祀中最尊之神灵。到汉成帝时,改革国家祭祀制度,因雍五畤不符合儒家之礼而被罢废。也正是由于秦汉时期长达七百余年的郊雍畤祭活动的影响,凤翔原曾被称作"三畤原""五畤原"。

考古工作者一直以来致力于寻找秦都雍城的祭祀遗址,在2016年取得了突破性的进展,由陕西省考古研究院、中国国家博物馆、凤翔县文物旅游局、宝鸡市考古研究所和凤翔县博物馆联合组队发掘的凤翔雍山血池秦汉祭祀遗址,发掘了2000平方米,同时也结束了数年来对这处总面积达470万平方米的大型遗址的考古调查工作,目前共确认相关遗迹3200余处,包括各类建筑、场地、道路、祭祀坑等。雍山血池秦汉祭祀遗址位于陕西省凤翔县城西北的柳林镇血池村东至沟南村之间的山梁与山前台地上,东南距秦雍城大遗址15公里。这里沟壑纵横,植被丰茂,且处在秦汉时期重要的水陆交通要道上。整个遗址区覆盖于东西排列、南北走向的三道崾梁及阳坡一面,遗迹相对密集。发掘区间分别遴选两处遗迹性质不同的"夯土台"和"祭祀坑"进行。"夯土台"位于东侧山梁上的小山头上,其北侧有一个更高的山头。台为圜丘状,通高5.2米,基座直径23.5米,下部为粗夯,上部为密实夯,从台顶面的迹象和台周围出土的秦汉时期及更晚期的陶质屋顶建筑判断,当时在台上可能还建有亭、阁类小型建筑,且秦汉之后还曾沿用过。围绕"夯土台"的是一个环状"壝"(即环围夯土台的围沟),整个环"壝"的直径31米,口径宽5米,底径宽4.1米,深1.5米。在"壝"的外侧有三重台阶平地,临近处踩踏面坚实,其他两重阶台地由于历代耕种,踩踏面已几近消失。在对整个"夯土台"周边进行调查勘探时,曾发现从山下不同方向通向这里的道路遗迹。根据"夯土台"发掘点已有的信息,结合其所处的地理位置、环境地貌,以及《史记·封禅书》《汉书·郊祀志》等文献的记载,它完全符合秦汉时

---

① 《史记》卷一五《六国年表第三》,第685页。

期置"畤"的条件,即选址应该在"高山之下,小山之上",筑坛须有"封土为坛、除地为场、为坛三垓"的形式和规模。此外,发现的道路遗迹则很可能与当时不同身份等级的参祭人员所走的行道不同有关联,即文献所记载的"神道八通"。在对山梁高处古遗迹的调查中,发现不少夯土基址和战国至西汉早中期的板瓦、筒瓦、瓦当等建筑材料。由于处在滚水坡上,遇雨冲毁,加之历代山地牧耕蚕食,整体建筑结构遭受破坏,但从其规模上仍然可区分出从大型宫殿到一般小型建筑之大小不同等制,这与文献所载雍畤应该有能够提供皇帝亲往主祭的"斋宫"、祠官常驻的管理场所与祭具存放场所的建筑群落的背景相吻合。雍山血池遗址数量最多的遗迹是分布较为密集的三类祭祀坑。A 类是车马祭祀坑,有三种不同形制,其一为较大的竖穴深坑,长 3.5 米,宽 2 米,深 3—4 米;其二为窄长形的直筒竖穴坑,长 2—2.5 米,宽 0.8—1.2 米,深 1—1.5 米;其三为竖穴带头龛坑,大小与窄长形竖穴坑相近,但坑前带有头龛,头龛深度 0.3—0.6 米。尽管各类坑体较大,但坑内的"车马"及其随葬器却制作精巧且形体很小,其"木偶"性的明器化特征突出。从车马祭祀坑中的三类形制分析,其与文献记载历代持续对雍畤祭祀的背景有关。B 类坑绝大部分呈不规则形,全部为马、牛、羊的牲肉埋葬坑。部分祭祀坑虽经后代盗扰,但出土器物仍然十分丰富,截至 2016 年 1 月,已在各类祭祀坑中出土 2109 件(组)文物,主要有玉器,如玉人、玉璜、玉琮、玉璋、玉璧残片;青铜车马器,如盖弓帽、车軎、车輨、马衔、马镳、铜环、铜泡、铜管、弩机、铜镞以及小型木车马等专门用于祭祀之物。C 类则系极少数"空坑"。上述各类祭祀坑的内涵与文献记载的三牲献食、玉贝、"车马"之祭品种类相符,而以坑埋藏则即文献记载的对祭品"瘗埋"的重要处理方式。目前考古现场已采集到"空坑"内的土样标本,以检测是否有"血祭"的成分,同时通过对其他出土文物的器表检测,以检验是否有文献所记用火"燔烧"的痕迹。遗址所在的血池村为古地名,或与当时祭祀用牲的宰杀与采血场地有关。该遗址是首次在雍城郊外发现的与古文献记载吻合、时代最早、规模最大、性质较为明确、持续时间最长且功能结构趋于完整的"雍畤"遗存,是由秦国国君和西汉多位皇帝亲临主祭的国家大型祭天之固定场所,这不仅是正史记载中关于在雍地开展的一系列国家祭祀行为的印证,而且成为从东周诸侯国到秦汉大一统国家祭祀活动最重要的物质载体和实物体现,对于深化秦汉礼制、政治及中国古代礼制文化等方面的研究均具有重要的学术价值。①

第五节 雍城手工业作坊

手工业作坊是都城的重要组成部分,历次考古调查先后于雍城城墙内外发现各种手工业作坊多处。如在史家河、马家庄和今凤翔县城北街一带发现青铜作坊遗迹的线索,在史家河、东社、高庄一带发现炼铁作坊,制陶作坊发现于城内豆腐村、铁丰、瓦窑头以及城外的姚家小村、八旗屯等地,陶制生活用器则发现于邓家崖东岗子一带。作坊一般分布于四周城墙的内侧,作坊临近的小型建筑可能为工匠族系所居。②

凤翔豆腐村遗址为战国早期向秦都雍城各类建筑专门提供瓦类陶质建材的作坊所在。该遗址范围较大,南北长 220 米、东西宽 150 米,总面积达 3.3 万平方米,而且遗迹丰富,堆积较厚。在遗址范围的东侧和南侧又发现断续的夯墙遗迹,初步判断它可能分别与雍城西城墙和北城墙连接,以形成"雍城内城作坊区"。2006 年发掘清理的区间属于雍城时期的早期秦文化层,已在秦文化层中发掘并能确认的遗迹有陶窑、纯净土采集坑、泥条存储袋状坑、给作坊输水的地下陶水管道、水井和用于其他拌和材料存放的长方形竖穴坑等。发掘出的 2000 多件遗物中,主要有方砖、槽形板瓦、弧形板瓦、筒瓦、瓦当、贴面墙砖、陶鸽、陶俑,以及制作和烧制时所需的各类工具,如打泥石夯、陶锤、水容器和支垫等,此外还发现了尚未焙烧的泥坯。

在出土文物中,最具特征的是一批动物纹瓦当,有鹿蛇纹、凤鸟纹、蟾蜍纹、獾纹、虎雁纹、鹿纹、虎鹿兽纹和虎纹等,另外还有一批云纹和素面瓦当。出土的瓦当中,有少部分确因烧制过程中的不当因素出现爆裂、变形或流变等而成为废品,而另外一大批完好的瓦当也被废弃可能是由于与之相套接的筒瓦出现了质量问题。另外还发现一件由多个筒瓦、瓦当变形粘连在一起的烧结块。尽管这

---

① 《凤翔雍山血池秦汉祭祀遗址取得重要考古发现》,西部网-陕西新闻网 2016 年 12 月 8 日。
② 田亚岐:《秦都雍城布局研究》,《考古与文物》2013 年第 5 期。

次发掘出的瓦当数量多，但大多数种类在以往雍城城内及郊外行宫建筑遗址上都曾发现过，说明那些建筑上的材料可能来自这里。

在此次发掘出的文物中，早期方砖系首次在雍城被发现，这种砖厚重，不规整，没有足够的承重力，且多数在烧制过程中出现变形和开裂，显现出秦砖的原始雏形。半圆形贴面砖、陶俑和各种脊兽的发现，为判断当时建筑墙面及屋顶装饰提供了重要的实物资料。在发现的各类动物纹瓦当中，有些图案内容还是首次被发现，丰富了东周时期秦瓦当的内容。另外，该遗址还发现了制作几种动物纹瓦当的模具，为了解当时瓦当制作过程中独立模制、边轮添加，以及与筒瓦的工艺套接过程提供了实物资料。

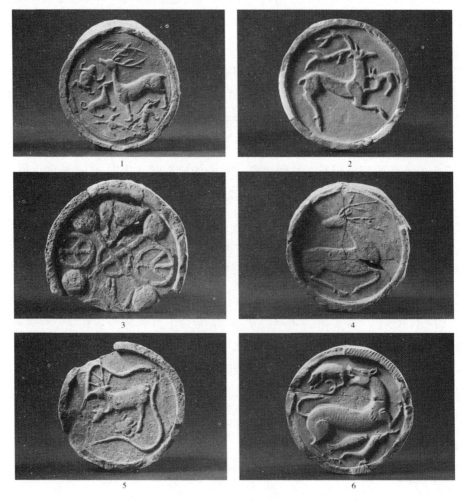

凤翔豆腐村出土的秦瓦当

以往在雍城发现的秦汉瓦当中,大多数是通过多年来在地面采集或民间征集而来,作为秦汉这段较长历史时期内的各类瓦当,其制作风格、形制特征和图案内容都因时间的差异而有所区别,因此对瓦当年代尤其对各类图像瓦当年代的判断就比较困难,而本次对豆腐村遗址的发掘,则从地层层位关系上明确了出土数量非常多的瓦当时代。根据目前已取得的考古收获,初步确认豆腐村遗址即为战国早期向雍城各类建筑专门提供瓦类陶质建材的作坊所在。由于采土量的限制,以及临近处兴建新窑比较容易的缘故,各时段的作坊区可能就近多次移位才形成雍城较大的作坊区,在发掘区的附近应该还有早于春秋晚期或者晚于战国早期的遗存。

豆腐村作坊遗址的发现,为秦都雍城陶质建材的来源,尤其是制作和烧制工艺及流程的探讨提供了重要的实物资料。[①] 结合20世纪80年代在该遗址附近发现的铜建筑构件和新近发现的夯墙,初步判断,在当时雍城的西北角可能存在一个相对封闭和独立的手工业作坊区,其门类除陶质建筑材料外,还有类似金属冶炼、木材加工,以及用于军事、祭祀和日常所需物资的制作。作坊区及其周边夯墙的发现,为进一步研究秦都雍城的总体布局和该城是否有外郭城提供了重要的依据。

在城关北街发现一处春秋战国时期秦国手工业作坊遗址,内有青铜窖藏,出土了28件青铜器,包括鼎、镶嵌射宴壶、盘等10余件中原和吴、楚等国铜器,其中一只鼎内铸"吴王孙无土之鼎"。这批中原、吴楚之器在雍城出土,反映了秦和吴、楚之间的交往关系。

此外,三大宫殿区内发现有大量陶器,有盆、罐、缸、瓮、鬲、钵、豆、盂、绳纹水管道、井圈、板瓦、筒瓦以及云纹、葵纹瓦当等。

第六节 雍城的特点及其对后世都城的影响

秦都雍城在中国都城史上应占有一席之地,在秦的都邑发展史上更是具有承前启后的作用,对之后都城的建设具有一定的借鉴作用。雍城的特点表现在:

---

① 田亚岐:《秦雍城豆腐村制陶作坊遗址发掘简报》,《考古与文物》2011年第4期。

其一，选择有利的地形环境。

雍城地理位置优越，被雍水和纸坊河环绕，地势开阔，北有汧山阻挡，地形优越，交通发达，易守难攻。

其二，不筑外郭城。

春秋战国时期，随着社会的变化，都城的形制也在发生变化，战争的频繁与残酷使各诸侯国除了修建宫城外，一般还要修建高大的外郭城，但雍城则未发现外郭城，只在宫室外修建宫城。秦国选择这种与诸侯国有区别的建筑形式，其原因何在呢？尚志儒、赵丛苍二位先生认为，与雍城在战国中期之初已不再是都城有关。① 此说虽有一定道理，但并不全面，实际上应与秦人的筑城观念有关。一般来讲，其都城的建设是先建筑宫殿，后修宫墙。而据《史记·秦始皇本纪》云，悼公"城雍"，说明在悼公时才开始修建城墙。不只是雍城无外郭城，栎阳、咸阳亦均无外郭城，关于这一点后文中会详论。

其三，离宫别馆、苑囿遍布城郊。

在都城外建设离宫别馆在春秋战国时期各国中是较少见的。雍城郊外的离宫别馆有的在近郊，有的在远郊。在雍城郊区，发现了"蕲年宫""橐泉宫""年宫""来谷宫""棫阳宫"等遗址。这些离宫均为秦宫汉葺。有些学者认为秦时无文字瓦当，但从雍城发掘的文化层来看，秦时是有文字瓦当的。② 蕲年宫是秦代著名的宫殿，秦王政曾行加冕礼于此。在雍城附近还有北园、具园等苑囿，以供统治者休闲狩猎。

这些宫苑均为秦雍城的离宫别馆，相对于春秋战国时期其他诸侯国的都城，雍城在都城外建设离宫别馆可能是其强大国力的体现。这可能是因为自秦穆公以来，秦的国家实力不断增强，有经济实力建设为数甚多的离宫，同时也有军事实力保护这些建筑不受外来军事集团的侵扰。离宫别馆制度在商代就已萌芽，商早期伊尹流放太甲的"桐宫"，以及商末年帝乙迁都的朝歌就是著名的离宫，只是由于文献和考古资料的欠缺，我们对这些离宫并不太了解。雍城附近的离宫与商代相比，距离都城更近，分散在都城郊区，在帝王不远离政治中心的情况下，离宫更能发挥休闲娱乐的功能。这种城郊设离宫别馆的形式到秦咸阳、汉长

---

① 尚志儒、赵丛苍：《秦都雍城布局与结构研究》，见《考古学研究》第 485 页。
② 焦南峰等：《秦文字瓦当的确认和研究》，《考古与文物》2000 年第 3 期。

安城时发扬光大。

其四,朝寝在都城中的地位提高。

《墨子·明鬼》云:"昔者虞、夏、商、周三代之圣王,其始建国营都,必择国之正坛,置以为宗庙。"《礼记·曲礼下》亦云:"君子将营宫室,宗庙为先,厩库次之,居室为后。"自从西周推行血缘宗法制以后,宗庙不仅是血亲关系的象征和本族人心目中的神圣殿堂,而且是族权和政权相结合的象征,国家的主要活动都在此进行,宗庙自然成为政治统治中心。

秦虽然也受到西周宗法制的影响,但秦人比其他诸侯国更功利一些,更突出人的作用,在都城规划中明确提出"重天子之威"的指导思想,城内建筑以朝宫为中心。秦都雍城的宗庙与宫室已经形成两个独立的建筑,也都位于雍城中部南北中轴线的两侧,说明这时的秦人已把宗庙和宫室看得同等重要,也说明人的地位上升,宗庙不再像以前那样处于至高无上的地位。在这一点上秦人的思想要比当时其他诸侯国的人更解放一些。

在秦都邑发展过程中,雍城尚处于过渡阶段,宗庙和宫室同等重要,到了秦统一前后的咸阳,宗庙的地位已降至次要,宫室建筑则处于主要地位,七庙位于咸阳宫的南面。到了秦始皇时,"重天子之威"的思想已完全体现出来,朝宫修建在都城的最南面,汉的未央宫也是如此,而宗庙都位于城的北面。这是社会发展到一定阶段的产物。据研究,秦当初营建雍城时,仍以宗庙为主,大郑宫即为一座以宗庙为主的建筑。前面讲到姚家岗遗址发现了牛羊祭祀坑及祭祀用玉器,说明大郑宫确为宗庙性质的建筑。其后经过一百多年,秦国社会逐渐走上变革的道路,思想意识也由重祖宗向重君主的方向发展。这种思想变化体现在宫室规划上,便是"朝"与"庙"的分离,于是便于姚家岗宫殿区之东,分别建造了独立的宗庙和朝宫。这样一来,就使得雍城的主体格局呈现出一种过渡形式。这确是中国古代都城发展中重要一步,填补了商周到秦汉间都城制度史上的空白。

第七节 雍城在秦发展过程中的作用

自从德公居雍城大郑宫后,秦的历史开辟了一个新时期,特别是秦穆公时期,文治武功兼备,他任用贤才,西取东进,使秦的领土面积显著扩大。在西边,"用由余谋伐戎王,益国十二,开地千里,遂霸西戎",在东边"是时秦地东至河"①。可以说这是秦在孝公以前最辉煌的时期。在雍城的十多位秦公励精图治,不断开拓疆土,整顿内政,使秦成为春秋时期的五霸之一。有学者指出:"如果说秦襄公受封立国是秦国历史上的一件划时代的事件的话,那么,秦建都雍城则是在此之后的又一件具有时代意义的大事。秦国只有在建都雍城以后,才真正揭开了其争霸中原、称雄海内的历史画卷,也只有在此以后,秦族才真正跨入了中华民族大家庭的行列。"②

雍城作为秦都城的二百多年里,秦的社会经济也得到了长足的发展,农业水平得到了较大的提高,生产工具得到了较大改善。尽管秦立国比较晚,使用铁器的历史却是诸侯国中比较早的,而铁器和牛耕是当时最重要、最先进的生产工具,大大提高了生产效率,因此极大地促进了秦社会经济的发展。目前考古工作者在雍城秦公一号大墓中发现铁制生产工具 10 余件,在凤翔高庄秦墓中出土铁器 50 件,可见当时铁农具的使用比较广泛。这种情况在其他诸侯国中是少见的。"泛舟之役"反映出当时秦农业的发展情况。

关于秦手工业的发展情况,只要我们看一看秦都雍城的考古发掘工作即可以搞清楚。从 1962 年至今,考古工作者对城址进行了大面积的勘探和发掘,出土了数以万计的文物,有金器、银器、铜器、陶器等,制作工艺先进。其中以陶器为主,有盆、罐、鬲、钵、豆、盂等生活用具,还有水道、筒瓦、槽形板瓦、瓦当等建筑材料,以及用于生产的石磨等工具。在青铜器方面,姚家岗出土的青铜建筑构件为新发现的器形,其纹样为蟠虺纹,这是春秋战国时代秦国流行的纹样。在制陶领域,秦人立国后又有所创新和发展,突出地展现在砖瓦建材方面,如雍城宫殿遗址出土的槽形板瓦,以及各式各样的瓦当等,鲜明地体现了秦文化的特征。在仿铜器礼器方面,彩绘大耳壶、大口罐等,都是新出现的秦的典型代表性器物。秦公一号大墓出土的彩色丝织物及木胎髹漆猪、金鸟、金兽,以及玉器、骨器等,反映了秦国的丝织、漆器、金器制作等各种手工业都发展起来了,且达到了相当

---

① 《史记》卷五《秦本纪》,第 189 页。
② 王学理主编:《秦物质文化史》,三秦出版社,1994 年,第 71 页。

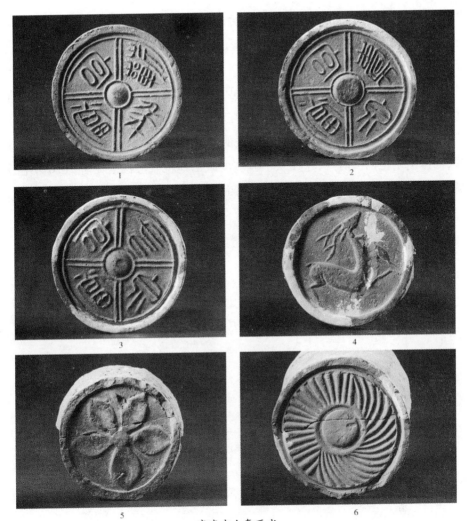

雍城出土秦瓦当

高的水平。① 手工业门类比较齐全，工艺水平也相当高，因此，我们可以肯定地说，秦都雍城作为春秋战国时期关中地区著名的经济都会，其手工业已十分发达，由此可以看出当时的商业应该也是比较繁荣的。

秦都城迁离雍城后，雍城仍然具有重要的经济地位，许多手工业作坊仍然存在，又处于交通要道，所以史念海先生认为："远在春秋战国之际，……关中这时已有三个经济都会，即雍、栎阳和咸阳。栎阳即阎良区武屯镇东北，雍和栎邑不

---

① 袁仲一：《从考古资料看秦文化的发展和主要成就》，《文博》1990年第5期。

作为政治都会之后,依然保持着经济都会的地位。"① 此外,秦先公的陵墓及宗庙还在雍城,保持了其"圣都"的地位。由于秦雍城建都时间长,所以先公的墓葬很多。关于宗庙,《史记·秦始皇本纪》云:"先王庙或在西、雍,或在咸阳。"② 此处"西"指当时的西县,即今天的甘肃礼县,"雍"就是雍城了。这说明雍城有很多先公庙、先公陵,因此,后代的秦公秦王乃至秦始皇都必来此祭祀。秦王政二十二岁行冠礼时还必须到雍城去。雍城的许多宫殿及离宫别馆因此被保留了下来,甚至沿用至西汉时期,这反映了雍城的政治地位。考古工作者2016年在雍城雍山发现的大型汉代祭祀遗址就是明证。

---

① 史念海:《陕西在秦汉时期历史中的地位》,《文史知识》1992年第6期。
② 《史记》卷六《秦始皇本纪》,第266页。

第三章　秦两个临时性的都城
——泾阳和栎阳

雍城作为都城无疑是不错的地方，但秦国要继续向东扩展领土，都雍城则有鞭长莫及之感。于是在肃灵公时建都泾阳（今咸阳市泾阳县境），到献公时更向东迁都至栎阳（今西安市阎良区武屯）。通过这两次迁都，秦人在对晋国、魏国的战争中开始由弱势变为强势，乃至由守势变为攻势，实现了献公提出的复穆公之故地的夙愿。同时临时都城也完成了其历史使命，于是到孝公时迁都咸阳。

笔者之所以称泾阳、栎阳为临时性都城，是因为：其一，当时的圣都仍然在雍城，宗庙也在雍城，特别是住在泾阳的国君薨逝后仍然要葬到雍城秦公陵园中。其二，泾阳的都城规模比较小，建筑形式也比较简单，都城的设备和设施也不齐全。正因为是临时性的都城，所以司马迁在《史记·商君列传》中记叙秦都城咸阳时，认为"自雍徙都之"。其三，迁都泾阳、栎阳的军事目的很强，达到军事目的后即离开这里。

秦之所以把都城从雍迁到泾阳，进而迁到栎阳，其主要目的很明确，就是为了扩大土地。秦穆公时曾一度夺得晋河西地区，但由于雍城在当时的交通条件下统治河西地区鞭长莫及，河西地得而复失，为了巩固已取得的土地，必须把国都迁往东部，一则利于国君指挥战争，二则易于控制得来的土地，以便得寸进尺。虽然泾阳和栎阳为临时性的都城，但在秦的发展史上起了很大的作用，是秦国发展史上的一个转折时期，在这里秦国由弱变强，由小变大。特别是定都栎阳期间，进行了"献公改革"和第一次"商鞅变法"，其制定的改革政策影响了秦以后的发展和历史进程。

第一节　泾阳

《史记·秦始皇本纪》云："肃灵公，昭子子也。居泾阳，享国十年。"①《史记·秦本纪》亦云："献公元年，止从死。二年，城栎阳。"②从以上记载来看，从灵公到献公二年，秦以泾阳为都邑。在秦灵公和献公之间，还有秦简公享国15年，惠公享国13年，出子享国2年，加上灵公的10年，从公元前424年至前383年，共计42年。

关于秦以泾阳为都，王国维先生在《秦都邑考》中指出：

  《史记》于《始皇本纪》论赞后，复叙秦世系、都邑、陵墓所在，其言与《秦本纪》相出入。所纪秦先公谥号及在位年数，亦与《本纪》及《六国表》不同，盖太史公别记所闻见之异辞，未必后人羼入也。其中云肃灵公（即《秦本纪》之灵公）居泾阳，为《秦本纪》及《六国年表》所未及。泾阳一地，注家无说，余曩作《猃狁考》，曾据此及泾阳君、高陵君之封，以证《诗·六月》之泾阳，非汉安定郡之泾阳县。今更证之，考春秋之季，秦晋不交兵者垂百年，两国间地在北方者，颇为诸戎蚕食。至秦厉共公十六年，始堑河旁，以兵二万伐大荔，取其王城，则今之陕西同州府大荔县也。二十一年，始县频阳，则今之蒲城、同官二县间地也。至灵公六年，晋城少梁，秦击之，十三年，城籍姑，皆今之韩城县地。然则厉共公以后，秦方东略，灵公之时，又拓地于东北，与三晋争霸，故自雍东徙泾阳。泾阳者，当在泾水之委（今之泾阳县地），绝非汉安定郡之泾阳也。且此时义渠方强，绵诸未灭，安定之泾阳与秦中隔诸戎，势不得为秦有，即令秦于西北有斗入之地，而东略之世，决无反徙西北之理。③

王国维先生认为，秦灵公时将都城从雍城东徙至泾阳，以泾阳为都邑，并指明泾阳就在现在的陕西泾阳县。笔者赞成王国维先生的观点，在此，笔者想就秦

---

① 《史记》卷六《秦始皇本纪》，第288页。
② 《史记》卷五《秦本纪》，第201页。
③ 《观堂集林》卷十二，第531—532页。

都邑泾阳再补充一些资料。

由于泾阳优越的环境、地理位置及战略上的需要,秦灵公便从雍城迁于此。泾阳位于咸阳之北,地理位置至关重要。当秦穆公独霸西戎之后,其后的秦诸公便将攻击的矛头指向东方,当时的东方是先进文化地区,晋国与秦国为争夺河西地区进行了频繁的战争,出于对东方战争进行指挥的需要,秦灵公便"居泾阳"。实际上,在秦灵公之前,秦公已开始把对外战争指向东方。秦桓公和景公时期,秦虽有东进的决心,但由于统治者的无能及内部争权夺利的宫廷斗争,秦国一度出现了积贫积弱的局面,东邻的晋国不时西侵秦国,对秦国构成很大的威胁。其中有两次,晋国的军队已西进至泾水,甚至越过泾水。《史记·秦本纪》载:秦桓公二十六年,"晋率诸侯伐秦,秦军败走,追至泾而还"①。秦景公十八年,"晋悼公强,数会诸侯,率以伐秦,败秦军。秦军走,晋兵追之,遂渡泾,至棫林而还"②。这两次战争给秦人以深刻的教训和启示。此后的晋国因六卿的内部斗争,国力消耗,正是秦东进的良好机会。《史记·秦本纪》载:秦厉共公十六年,"堑河旁。以兵二万伐大荔,取其王城。二十一年,初县频阳。……三十三年,伐义渠,虏其王"③。

秦灵公执政,迁都泾阳后,加大对东方晋国的进攻力度,"灵公六年,晋城少梁,秦击之。十三年,城籍姑"④。可见秦灵公迁都确实是为了东伐。到简公时,也曾多次东伐,"简公二年,与晋战,败郑下";"七年,堑洛城重泉"⑤;简公十二年,韩、赵、魏三家分晋后,秦与晋的战争变成与魏的战争,"十四年,伐魏,至阳狐"⑥。直到秦献公时,始觉得要对付三晋,"复缪公之故地",必须再往东迁,于是在献公二年"城栎阳",开始了进一步对魏国的战争。由于国都的再次东迁,对魏国的战争进入一个新阶段,取得了一系列的胜利,真正取得了河西的土地,为进入河东打下了坚实的基础。

那么秦都邑泾阳到底在什么地方呢?根据文献记载及地形考察,应在泾水

---

① 《史记》卷五《秦本纪》,第196页。
② 《史记》卷五《秦本纪》,第197页。
③ 《史记》卷五《秦本纪》,第199页。
④ 《史记》卷五《秦本纪》,第200页。
⑤ 《史记》卷一五《六国年表》,第708页。
⑥ 《史记》卷一五《六国年表》,第710页。

之阳,即现在的陕西省泾阳县所在区域内。泾阳所在地,地势平坦肥沃,又可借用泾水以浇灌土地,发展农业有得天独厚的条件,正因为如此,时人在谈到秦国形势时指出:"秦地遍天下,威胁韩、魏、赵氏,北有甘泉、谷口之固,南有泾渭之沃。"①

有人认为,泾阳设县是前秦苻坚所为,在此之前,并无泾阳县。实际上"泾阳"一名早即有之,最迟在秦昭襄王时,即有泾阳之名,《史记·秦本纪》载昭襄王时,封其同母弟悝为泾阳君。有秦一代,被封君者为数甚少,所封者均在比较重要之地。关于秦都泾阳的具体位置目前还难以确指,文物工作者已在泾阳县发现了两个秦汉时期的大型建筑遗址,笔者推测当与秦灵公居泾阳有关,属于秦宫汉葺。一处位于泾阳县白王乡杨赵村,面积约40万平方米,文化层厚0.4—0.6米,遗存有一座方形夯土台基,边长20米,残高2米,夯层厚4—6厘米,采集有绳纹板瓦、筒瓦、铺地方砖等。另一处位于泾阳县口镇,面积约90万平方米,文化层厚约2米,遗址北部暴露有夯筑墙垣一段,残长120米,高3.3米,基宽2.4米,采集有绳纹板瓦、筒瓦、陶水管道、几何纹铺地砖、云纹及"宫"字瓦当,以及灰陶绳纹罐、盆、瓮等的残片。

笔者认为口镇的自然环境更符合作为秦都城的条件,秦人当时建都,由于生产力及技术水平的限制,都城既要建在高处,又要离水较近,口镇一带的地形正符合秦人的需要,其附近有一条河流叫冶峪河,因而是建都的理想之地。在口镇发现夯筑墙垣一段,就建在水边。在此之前,秦人的都城汧渭之会、平阳、雍城大都建在水边,直到献公迁都的栎阳也是如此。

第二节　栎阳

秦都栎阳城遗址位于西安市阎良区武屯街道办事处关庄和御宝屯一带,是全国重点文物保护单位。西南距今西安市临潼区栎阳街道(唐时建)约25公里,南距渭水约7.5公里,东北与富平为邻,北距康桥镇仅隔一条石川河。栎阳在秦汉时期具有重要的历史和文化地位。学术界对于秦是否在栎阳建都有不同

---

① 《史记》卷八六《刺客列传》,第2528页。

的意见。① 从文献记载和考古发掘资料来看,栎阳确实做过秦的临时性都城,而秦是出于军事目的而在此建都的。

那么,秦献公即位后为何又要把都城从泾阳迁至栎阳呢? 首先是因为灵公迁都泾阳后,虽然多次发动对东方的战争,但由于当时内政混乱,"秦以往者数易君,君臣乖乱,故晋复强,夺秦河西地"②。在此四十多年时间里,"会往者厉、躁、简公、出子之不宁,国家内忧,未遑外事"③。多次发生宫廷政变,大大消耗了国家实力,使秦一蹶不振。要打破这种局面,迁都是必要的,这样可以摆脱旧贵族统治的不利局面。其次,栎阳的地理条件要比泾阳好,这里是交通要道,商业发达,"北却戎翟,东通三晋"。最后,从军事方面来讲,迁都栎阳比泾阳更利于对东方的战争。栎阳距东方的魏国更近,更利于国君指挥战争及巩固已获得的土地。迁都栎阳后,献公推行了一系列改革。

据《史记·秦本纪》载:献公"二年,城栎阳。……二十四年献公卒,子孝公立……十二年,作为咸阳,筑冀阙,秦徙都之。"④ 从秦献公二年(前383)到秦孝公十二年(前350),秦在栎阳活动了34年之久。

《史记·秦本纪》载:"献公元年,止从死。二年,城栎阳。"⑤ 又云"献公即位,镇抚边境,徙治栎阳,且欲东伐"⑥。这里的"徙治"即"迁都"之意。因为司马迁在《史记·魏世家》中把"迁都大梁"也写作"徙治大梁"。《史记·货殖列传》又云:"献(孝)公徙栎邑。"《帝王世纪》亦载"至献公即位,徙治栎阳","孝公自栎阳徙咸阳"。《帝王世纪》是西晋皇甫谧所著,起自三皇,止于曹魏,专记帝王事迹,所述秦以前史事博采经传杂书,可补《史记》之不足,对研究曹魏以前帝王事迹颇有帮助。《元和郡县图志·关内道二》载:"栎阳县,本秦旧县,献公自雍徙居焉,属左冯翊。项王立司马欣为塞王,亦都之。"⑦ 以上文献记载可证明秦确曾迁都栎阳。

---

① 王子今:《栎阳非秦都辨》《考古与文物》1990年第3期。
② 《史记》卷五《秦本纪》,第200页。
③ 《史记》卷五《秦本纪》,第202页。
④ 《史记》卷五《秦本纪》,第201—203页。
⑤ 《史记》卷五《秦本纪》,第201页。
⑥ 《史记》卷五《秦本纪》,第202页。
⑦ 《元和郡县图志》卷二,第27页。

1964年，考古工作者曾对栎阳城址进行了勘探和调查，结果探出了3条街道、6座城门和500多米夯土城墙，发现了7处重点建筑。① 1980—1981年，中国社科院考古研究所对遗址进行了勘探和试掘，发现了南、西二城墙和3处门址、道路13条、建筑基址等15处，其东、北城垣可能被水冲毁。② 也有学者认为本身不存在东城墙和北城墙，应是以石川河为自然屏障。经过勘探和发掘发现，秦栎阳故城应有10座城门，即南门二、北门二、东门三、西门三。几处大型遗址均分布在城的中部，其中一号遗址尤为庞大。其范围东西和南北均达350米。城内几条主要干道都通向此遗址。从道路分布情况也可以看出遗址在都城中所占据的重要地位。此遗址内，有几处夯土基址，规模可观。出土有大量瓦片、红烧土及汉代砖瓦残块，当为栎阳宫遗址。城址西南部二号遗址范围较大，出土有板瓦、筒瓦、瓦当、空心砖、铺地砖等，当为一处秦汉时期的重要建筑遗存。四号遗址曾发现一个战国晚期铜釜，内装金饼8枚，其中一枚阴刻篆书"四两半"，可知为秦金币，当有显贵或大贾居留于此。三号遗址出土有大量铁渣，当为一处冶炼作坊遗址。

　　根据"面朝后市"的都城制度，宫城之北当设"市"。《史记·货殖列传》载："献公徙栎邑，栎邑北却戎翟，东通三晋，亦多大贾。"③其"市"的规模当不会太小。《史记·商君列传》载，商鞅在秦国初次变法，为了赢得人们的信任，先导演了"南门徙木"的活剧，"令既具，未布，恐民之不信，已乃立三丈之木于国都市南门，募民有能徙置北门者予十金"④。可知此"市"至少应设有南、北门。

　　为了进一步确定栎阳城遗址保护范围和内涵，为栎阳城保护规划的制定提供科学资料，从2013年开始，由中国社会科学院考古研究所、西安市文物保护考古研究院组成的阿房宫与上林苑考古队，开始重启秦汉栎阳城的考古工作，取得了重要的成果。2015年，重点开展栎阳城三号古城、栎阳城二号古城路网、栎阳城北大型沟渠的勘探工作。在对栎阳城三号古城的发掘中，出土了一件残破的陶壶，上面的陶文引起了专家的重视，陶壶口有"栎阳"两个字，是首次在该地发

---

① 田醒农、雒忠如：《秦都栎阳遗址初步勘探记》，《文物》1966年第1期。
② 刘庆柱、李毓芳：《秦汉栎阳城遗址的勘探和试掘》，《考古学报》1985年第3期。
③ 《史记》卷一二九《货殖列传》，第3261页。
④ 《史记》卷六八《商君列传》，第2231页。

现带有"栎阳"二字的器物,此前在别的地方考古发现过"栎市"字样的文字,而"栎阳"一词则一直仅限于文献记载,此次是"栎阳"作为地名第一次以实物形式出现,进一步佐证了栎阳城在秦汉时期的重要性。考古专家还在现场发现了不少大型建筑基址和夯土等遗迹,确认其时代是战国中期到西汉早期,其存在时间跟战国到汉初的栎阳城(秦都栎阳)的时间相当,加上此次"栎阳"的陶文,从而佐证了秦都栎阳确在此地。目前在该地发现了三座古城址,其中三号古城址时间为战国秦到西汉早期,二号可能为汉代中晚期。由于考古发掘面积较小,很多内容需要进一步研究。从出土文物特别是秦封泥看,此地有栎阳工室,可证其在当时是重要的生产中心,而且秦简里记载这里有当时除咸阳外最大的粮仓。此外,考古人员在栎阳城遗址的勘探中,在石川河西侧发现东西向两条大型沟渠,初步认定应与秦汉时期著名的水利工程郑国渠和白渠有关,为研究栎阳城的整体空间、历史格局等提供了新思路。①

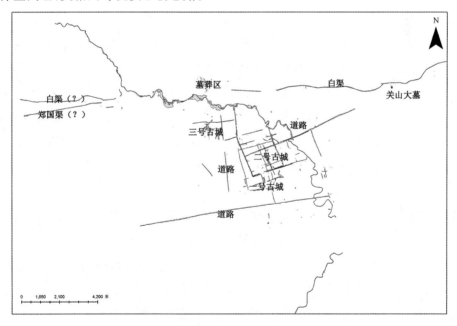

栎阳城勘探遗存示意图(刘瑞提供)

考古工作者通过勘探,复探了1980—1981年考古勘探的南墙、西墙,并在局

---

① 《考古发现写有"栎阳"陶壶 确认秦都在今阎良》,《华商报》2016年1月19日。

部地段发现了城址北墙,将该城址编号"一号古城"。勘探初步确定,城址南北长约2430米;东墙未发现,据现有资料,城址东西至少长约1900米。在寻找一号古城东墙的过程中,在遗址东北御宝屯一带,勘探发现一条东西向墙基,向东延伸至石川河边北折后被石川河冲断,又向西延伸,勘探得知该墙基东西长3100米左右。后在其东西墙的西端发现南北向墙基,向北延伸到石川河南岸后被冲毁无存,勘探得知该墙基南北长3800米左右。其所围城圈编号为"二号古城"。在城墙的解剖发掘中,于城墙之下的墙基中出土五铢钱,据此确定二号古城的上限不早于武帝元狩五年(前118)。而在城墙南侧发掘中,发现城南环城道路被新莽时期墓葬破坏,表明城址的废弃时间大体在汉末新莽时期。在勘探二号古城西墙的过程中,在其西墙向西约1500米处发现夯土遗存(F1),判断其应为另一古城的建筑遗址,该古城编为"三号古城"。为确定该遗址的时代与性质,对F1进行了试掘。在解剖沟中,在地层及遗迹中出土有花纹砖、葵纹瓦当、动物纹瓦当、云纹瓦当、素面瓦当等建筑材料,并在H51中出土槽形板瓦残块。后经解剖确定,在F1之下仍叠压有早期夯土遗存,而在该遗存下尚有东西向人工沟渠存在,其内出土有动物纹半瓦当等遗物。在进一步的勘探中,于F1东北发现一座东西105米、南北约100米的近方形院落。该院落东、北、西侧为宽10米左右的廊房遗迹,北侧廊房中间有宽约5.6米的门道,南侧中间门道宽约7.3米,两侧为边长14米左右的近方形夯土台基,向外通过宽约2米的围墙可以与东西廊房连接。院内尚未勘探发现建筑遗存。在院落北门向北260米处发现南北向四座夯土建筑基址,其大小规格不同。

在对以三号古城内前述大型院落为中心的大面积勘探中,尚未发现城墙、城壕等设置,三号古城的大小范围尚需经后续考古工作确定。鉴于在小范围内密集分布三座古城的情况,考古队以三座古城为中心,在周围开展了大范围勘探,以确定秦汉栎阳城遗存的分布范围。经勘探确定,遗址东侧跨过石川河,位于今石川河以东,距二号古城东南角1700米左右。遗址南侧边缘大体位于武屯街道办的任家村、王北村、任赵村、三合村、耿东村、耿西村一带,南距一号古城南墙1500米左右。西侧边缘大体位于武屯街道耿西村、新兴街道槐树村、仁和村、屈家村、张大夫村、官路村一带,向北至石川河,西距一号古城西墙2600米左右。北侧边缘大体位于康桥镇的槐园、菩萨坡一带,北距二号古城北墙1000米左右。受石川河分割影响,栎阳城遗址可分为石川河西、石川河东、石川河北三区,面积合计约 36.51 平方公里。通过勘探与试掘,目前已基本确定栎阳城遗址的四至范围。而三号古城中遗存的发掘显示,其建筑上限不早于战国中期,到西汉早期已被破坏无存,其时间范围与文献所载的秦建都栎阳的时间基本相合。而该地点出土的动物纹瓦当、槽形板瓦特征明显,不仅与凤翔秦雍城遗址的同类遗物形制大体相近,且前后时代基本衔接。①

2016 年,在三号古城遗址又有了新的发现。在命名为三号建筑遗址的西北角夯土建筑之下,发现了一个柱础密布、方砖铺地的近 1 米高的地下室,南北长 5 米多、东西宽 4 米多,面积 20 多平方米。除在宫殿南侧发现了作坊遗址之外,考古人员还在宫殿建筑北侧的一处东西向排房中,意外发掘出一座罕见的保存完整的壁炉,为研究古代宫殿取暖设施等提供了实物资料。李毓芳指出,这种地下室的下沉式结构建筑,原来只见于汉长安城的桂宫和长乐宫等后宫的建筑中。该地下室的发现,使我们对整个建筑有了一个明晰的认识。此外,在地下室的倒塌堆积里,考古人员发现了原来只在秦始皇陵、碣石宫和黄山宫才有的夔纹瓦当残片。这种巨型瓦当王的残片,确实都是秦时的东西,而且是高等级的建筑才有,它为整个建筑的性质和时代提供了重要佐证。②

刘瑞认为,在三号古城试掘中,出土了大量内饰麻点外饰细绳纹、中绳纹的筒瓦、弧形板瓦、槽形板瓦和素面瓦当、动物纹瓦当、云纹瓦当等建筑材料,其时代特征明显,与秦雍城、秦咸阳城、秦汉上林苑、汉长安城遗址同类遗物形制、纹饰相近,显示其上承雍城,下接秦咸阳,并延续到西汉前期。在清理过程中,不仅出土了可拼对基本完整的长 73 厘米、最大径 63 厘米的巨型筒瓦,还发现了多个与辽宁碣石宫遗址 B 型大瓦当纹饰相近的瓦当残片。从三号古城中的清理情况看,三号建筑的半地下室建筑,四号建筑的浴室、壁炉,三号建筑的空心砖踏步、巨型筒瓦、瓦当等指标性遗迹遗物,均将三号古城试掘发现的夯土遗存指向秦最高等级的宫殿建筑。而发掘出土器物上"栎阳""宫"等文字和大量的"栎市"陶文,则明确表明该遗址所在地即为文献所载的栎阳。从考古发现看,三号

---

① 刘瑞、李毓芳等:《西安秦汉栎阳城考古新进展 确定战国栎阳城位置并发现汉唐白渠》,《中国文物报》2015 年 9 月 11 日。

② 冯国:《商鞅变法地秦都栎阳考古发现罕见地下室及壁灶》,新华社 2017 年 1 月 16 日。

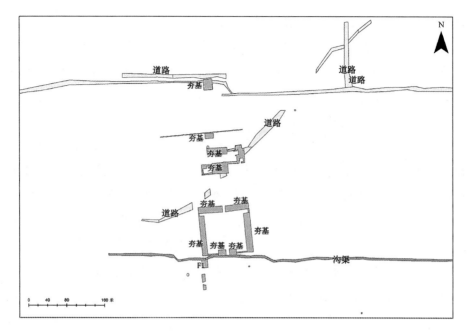

栎阳三号古城遗址示意图(刘瑞提供)

古城建筑上限不早于战国中期,与文献所载秦献公、孝公建都栎阳的时间吻合,应为战国时期秦都栎阳所在。从城址延续到西汉前期看,亦应是秦末汉初项羽所封三秦之一塞王司马欣之都,并为汉初之都栎阳的所在。①

虽然栎阳作为秦的都城只有 34 年,但它是秦从弱到强至为关键的 34 年,献公和孝公都是在秦历史上具有开拓性贡献的国君,励精图治,为之后秦统一全中国奠定了基础,而他们的大部分活动则是在栎阳进行的。

献公改革的主要内容有:(1)废除了秦历史上长期的奴隶制残余——人殉制度,规定"止从死";(2)实行"五家为伍"的户籍制度;(3)推行县制,建立了 4 个县;(4)"初行为市",发展商品生产。秦献公的改革,使秦的国力增强了,在向东发展中取得了重大胜利。献公在位 23 年,对秦国的发展确实起了很大作用,因而秦"至献公以后,常雄诸侯"。献公死后,太子渠梁即位,即秦历史上有名的支持商鞅变法的秦孝公。他发奋图强,立志改革,发出求贤令,"宾客群臣有能

---

① 刘瑞、李毓芳等:《陕西西安秦汉栎阳城遗址考古取得重要收获——发现三座古城,确定三号古城遗址为秦汉栎阳所在》,《中国文物报》2018 年 2 月 23 日。

出奇计强秦者,吾且尊官,与之分土"①。商鞅经人推荐,三说孝公,得到了孝公信任,进行了历史上有名的商鞅变法。

商鞅变法共进行了两次,变法的内容主要有:(1)废除世卿世禄制。商鞅针对"有罪可以得免,无功可得尊显"的旧风俗,制定二十等爵的军功爵制,规定国君的亲属(宗室)没有军功的不能列入宗室的属籍,只要立了军功,不管以前的地位如何,都可以得到土地和爵位。这一法令的制定,激发了人们在对外战争中奋勇杀敌的积极性,从而也提拔了一批立有军功的新官僚,使国家兵力强大起来。(2)重新整顿了献公时

栎阳出土的大瓦当(刘瑞提供)

"为户籍相伍"的制度。公元前356年,"令民为什伍",实行连坐法,鼓励互相监督。(3)奖励耕织,规定"僇力本业耕织致粟帛多者复其身"。就是说,凡是努力从事农业生产缴纳租税的,免去其徭役。(4)鼓励个体小农的发展。规定男子成年必须与父母分居,另立门户,女子到一定年龄必须出嫁,以促进小农经济的发展,增加国家的赋税和兵役、徭役来源。

商鞅变法取得了重大成果,沉重打击了旧贵族势力,壮大了新兴地主阶级力量,稳定了统治秩序,发展了社会经济,增强了秦国的军事力量。公元前352年,商鞅由左庶长升为大良造,他率军东渡黄河,几次打败魏国,一直打到魏国的国都安邑。商鞅变法后,秦国"兵革大强,诸侯畏惧"②,"家给人足。民勇于公战,

---

① 《史记》卷五《秦本纪》,第202页。

② 《战国策·秦策一》,第75页。

怯于私斗,乡邑大治"①。变法也使秦国"移风易俗,民以殷盛,国以富强,百姓乐用,诸侯亲服"②。

栎阳作为秦的临时都城,加上在交通上的优势,其经济得以迅速发展。献公七年,"初行为市",对商品经济的发展起了重要作用,出现了"亦多大贾"的局面。考古发掘中多次发现陶文"栎市",也证实了史书记载的正确。栎阳的农业经济也发展得很快,云梦睡虎地秦简《仓律》载,各县入谷仓,万石一积,而栎阳两万石一积,咸阳十万石一积。很明显,栎阳的农业在秦国占有相当重要的地位。此外,栎阳还是秦代军工生产的重要基地。虽然孝公十二年迁都咸阳,但是栎阳的经济地位并未降低,仍然是秦当时经济发达的城市,对秦的历史发展起着重要作用。

秦孝公时都城迁到咸阳,是因为栎阳已完成了作为临时都城的军事任务。经过献公、孝公的改革,秦国力日益增强,多次打败魏国,魏国已无力与秦抗衡,只有派龙贾沿洛河修起一道长城,以阻止秦国向东扩展。同时,魏惠王在公元前364年把国都迁往大梁,从而减轻了对秦河西地区的威胁。这时秦的发展已不限于河西一隅,更重要的目标则是向函谷关外发展,以吞并东方六国、统一天下。

---

① 《史记》卷六八《商君列传》,第 2231 页。
② 《史记》卷八七《李斯列传》,第 2542 页。

第四章　秦都咸阳

咸阳因位于九嵕山之南、渭水之北而得名，山南水北皆为阳，故名"咸阳"。咸阳作为秦的都城时间长达144年，从秦孝公十二年（前350）第二次变法到秦灭亡（前206年），即从战国秦到统一后的秦代。咸阳作为秦都城，大体可分为三个发展时期：孝公时期为初创时期，惠文王到庄襄王时期为发展时期，秦始皇时期为鼎盛时期。咸阳在秦乃至中国古代都城发展中具有举足轻重的地位。正是在这里，秦完成了对东方六国的吞并，实现了全国的统一；也正是在这里，秦制定了一系列巩固统一的措施，影响中国历史两千多年，"百代皆行秦政事"，正如柳宗元《封建论》所云："秦制之得，亦以明矣。继汉而帝者，虽百代可知也。"

第一节　秦都咸阳的选址

秦之所以把都城从栎阳迁到咸阳，是因为咸阳作为国都的条件较栎阳要更优越一些。

其一，从战略上来讲，栎阳已完成了作为临时军事性都城的任务。从泾阳徙都栎阳后，随着献公、孝公的改革，秦国在和魏国的战争中逐渐占上风，收复了失地。而魏国由对秦的攻势转为守势，遂把国都从安邑往东迁至大梁（今河南开封），转而与中原各国进行争夺战争去了。而且魏国在洛河东边修建了一条长城，以防御秦国的进攻。秦人迁都栎阳的任务已完成，想要继续扩大对东方的战争，完成统一大业，只有迁都咸阳才合适。

其二，咸阳作为国都较栎阳交通更为便利。交通是否便利是自古迄今君王选定都城必优先考虑的因素。咸阳附近道路密集，可谓交通枢纽，也是一个重要的渡口，著名的关中八景"咸阳古渡"正反映了这一情况。当时关中通往外地的主要道路有函谷道、武关道、渭北道等。函谷道也称"渭南道",与渭北道东西相贯,沿渭而行,古今同为崤函陇蜀间所必经之处。渭河在咸阳附近呈"西南—东北"转折,其东函谷道由黄河南岸延伸而来,其西渭河南岸已迫近秦岭山麓,地势起伏,有碍行旅,渭河北岸则较为平坦,大道由此渡渭最为便捷。大道渡口正是建立都城的理想场所,咸阳正处于这个交叉路口上,秦孝公由栎阳迁都咸阳,首先就是为了控制这一渡口,东出函谷以迎天下;南渡渭河即可控制武关道,东南进取楚国;加之咸阳靠近渭河,通过渭河可进行漕运,秦穆公时已将此付诸实施,著名的"泛舟之役"就是秦国利用渭河进行漕运的范例。

其三,地形优越,易守难攻。咸阳南临渭水,东北依泾水,南边逶迤起伏的秦岭与北边嵯峨、九嵕诸山遥遥相望,东和北有泾水阻挡,进可攻,退可守,是建都的理想场所。

其四,经济上的条件也优于栎阳。咸阳一带土地肥沃,是周代丰镐的近畿地区,开发较早,比栎阳一带的盐碱地更利于发展农业。

李令福先生认为:"咸阳位居名山环峙的关中平原的中部,控制着东南趋向函谷关与武关的交通大道,同时,又具有原隰相间、向南开放的小环境。勇敢进取的秦人能够审时度势迁徙自己的都城以适应政治军事形势的变化,在变法图强、志在东进逐鹿中原之时,秦孝公选择了咸阳作为都城,有着深刻的历史地理战略眼光,而最终咸阳也成就了秦人扫灭六国的重任。"[①]

总而言之,秦迁都咸阳既有地理环境方面的考虑,又出于战略上的需要。正如《咸阳县志》所云,咸阳"南临渭水,北倚九嵕,左挟崤函,右控巴蜀"。

第二节　秦都咸阳的规模和形制

秦都咸阳自秦孝公十二年(前350)"筑冀阙,秦徙都之"开始,经过秦惠文王"取岐、雍巨材,新作宫室。南临渭,北逾泾,至于离宫三百"[②],到秦昭襄王"欲通二宫之间造长横桥",再到公元前221年,秦始皇兼并天下,"因北陵营殿,端门

---

① 李令福:《秦都咸阳兴起的历史地理背景》,《中国历史地理论丛》1999年第4期。
② 《三辅黄图校释·序》,第2页。

四达,以则紫宫,象帝居。渭水贯都,以象天汉;横桥南渡,以法牵牛"①,成为秦帝国的政治、经济、文化、交通中心,可以看出其规模一直在发展扩大。

关于秦都咸阳的位置范围,传统的观点认为位于当时的渭河以北,而实际上惠文王以后,秦的都城咸阳已不再局限于渭河以北地区,开始向渭河以南发展,并在渭河以南修建了兴乐宫、甘泉宫、信宫、诸庙、章台、上林苑等建筑,成为都城的一部分。因此确切地说,秦都咸阳北至泾水,南到终南山,大体可分为渭北宫室和渭南宫室两大部分。

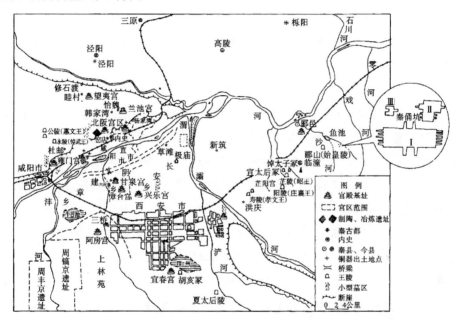

秦都咸阳布局示意图(王学理提供)

50多年来,经过考古工作者的钻探、试掘,基本上可以确定秦都咸阳渭北的范围,西起石桥乡的何家、杨村,东至红旗乡的柏家嘴,东西长24里。渭北咸阳的南部由于历史上渭水的北移被冲毁了一部分,北边到泾水。王学理先生在《咸阳帝都记》中指出:"咸阳作为秦帝国的首都,范围确实很大。其市中心至少包括了今西安市北郊、西郊和咸阳市东窑店乡之间渭河两岸的广阔地域。渭北区以长兴到三义为东西区间,北起咸阳原的二道原腹部,往南跨越渭河,至阿房、

---

① 《三辅黄图校释》卷一,第22页。

汉城、灞西一线,构成市中区;郊区延伸颇远,西北到今咸阳市东郊的塔儿坡、市北的'公陵',东南可达今临潼县西韩峪乡秦芷阳故地。南北长19公里,东西斜跨约63公里。"① 近年许卫红撰文认为:"以秦都咸阳城(北区)遗址功能区的摆布情况,对西界点位置进行分析。首先否认西界在长陵火车站处,应再向西;但不会到任家嘴一线,更不会到碱滩范围。其次,根据瓮棺墓葬的差异,提出长陵车站、路家坡等地瓮棺墓葬分布区含陈爱金币出土点均属于城内边缘区。又以夯土建筑、水井、排水管道等分布情况,提出西界南段点应在长陵车站长兴村西不远处。最后根据2014年勘探得知的冶家台秦道路、宫殿区以北沟渠遗迹等材料,推断北段点当在海拔420米左右的黄家沟与路家坡之间。"②

历史上渭水北移的原因有三:一是地球自转引力的作用;二是渭水以南,由于山高坡陡,从秦岭高处流下来的河水水流湍急,对渭河北岸造成了巨大的冲力;三是河岸地质结构的影响。对于渭水北移冲毁秦都咸阳的问题,有的学者认为冲毁较多,几乎找不到秦都咸阳的踪迹。③ 有的学者则主张虽冲毁了一部分,但秦都咸阳的主体仍在,目前咸阳原上的建筑遗址即是咸阳城的中枢所在。④ 笔者同意后者的观点。因为史书记载,当时的宫殿应建在地势较高的"北陵"上,也就是建在咸阳原上。

那么历史上渭河究竟北移了多少呢?据《汉书·文帝纪》苏林注云,渭桥"在长安北三里"。此渭桥即秦时的横桥,秦昭襄王建,秦始皇时曾加以修缮和扩建,汉沿用。《三辅旧事》载:"秦于渭南有兴乐宫,渭北有咸阳宫,秦昭襄王欲通二宫之间,造长横桥,三百八十步。"考古工作者在咸阳市窑店镇南的东龙村以东150米处的渭河北岸上发现一条南北道路,东西宽50米,路土厚0.3米,上距地表1.4米,该路是秦都咸阳遗址中发现的最宽的道路,往渭河南延伸恰与汉长安城的横门相对,北为牛羊村东西的二道原和半原地,西起胡家沟、东至山家沟为秦都咸阳的宫殿区。⑤ 考古工作者沿横门往北,也发现了一条道路,向北延伸1250米后再无路土,表明西汉时长安与渭水相隔不足3里。而今天长安城到

---

① 王学理:《咸阳帝都记》,三秦出版社,1999年,第100页。
② 许卫红、苏庆元:《秦都咸阳城(北区)西界点的分析》,《北方文物》2016年第1期。
③ 武伯纶:《西安历史述略》,陕西人民出版社,1979年。
④ 刘庆柱:《试论秦咸阳城布局形制及其相关问题》,《文博》1990年第5期。
⑤ 孙德润等:《渭河三桥初探》,《考古与文物丛刊》1983年第3号。

渭河北岸的距离约13里,说明渭河北移约10里。据刘庆柱先生考察,渭水在这一带从秦迄今约北移了8里,两者相差不甚多。由此可见,冲掉的多为手工业作坊遗址及商业区之类,当时的人绝不会把宫殿等建在离渭水较近的地区,因为他们长期与渭水打交道,对渭水的习性是了解的。据史书载,当时咸阳"因北陵营建",陵即大土山,也就是说建在咸阳二道原上,今天发现的咸阳主体宫殿即在咸阳二道原上。李令福先生认为:"除汉西渭桥处的渭河基本没有侧蚀变动外,中渭桥、东渭桥两地的渭河都向北移动了较大距离,中渭桥处汉末至今1808年间渭河向北移动了3630米,平均每年北移2米左右;东渭桥处唐末至今1118年间渭河北移了2600余米,平均每年北移2.3米有余。影响渭河发生侧蚀北移的原因主要为新构造地质运动、水文特点与两岸土质等自然环境要素,而人为活动也起到了不应忽视的作用。"[1]而刘瑞等先生通过对历史上渭河桥的发掘认为:厨城门一号桥"康熙通宝"等清代遗物的发现,表明至迟到康熙时期渭河的主河道尚在发掘区附近,而西安段渭河的大规模北移,应不早于康熙时代,这对渭河变迁史和关中环境变迁的研究具有重要价值。[2]如果这一结论成立的话,秦都咸阳渭河以北在渭水北移过程中不会受到影响。

考古工作者对秦都咸阳的钻探试掘工作已进行了50多年,在遗址范围内共发现各类遗迹230余处,其中6处已经过试掘和重点发掘,揭露面积15000平方米,清理战国秦墓数百座,出土和采集文物5000余件。[3]

一 渭北宫室

根据新发现的秦封泥的资料,秦当时有关北宫的封泥有:北宫、北宫榦丞、北宫工丞、北宫工室、北宫宦丞、北宫库丞、北宫私丞、北宫弋丞、北宫御丞等,非常丰富。总品数近40枚,其中有些是少府属官,有些纯粹是后宫属官。

---

[1] 李令福:《论西安咸阳间渭河北移的时空特征及其原因》,《云南师范大学学报》2011年第4期。

[2] 陕西省考古研究院、中国社会科学院考古研究所渭桥考古队、西安市文物保护考古研究院:《西安市汉长安城北渭桥遗址》,《考古》2014年第7期。

[3] 陈国英:《秦都咸阳考古工作三十年》,《考古与文物》1988年第5、6期合刊。

(一) 咸阳宫

咸阳宫是秦都咸阳的主要宫殿之一，也是在秦都咸阳修筑最早的宫殿。秦的许多重大事件发生在这里，重大的议事、朝会活动都在此举行。它也是项羽入关后首先烧毁的宫殿。其遗址即考古工作者发现的一、二、三号等宫殿遗址，是由一个庞大的建筑群组成的。

下面就已发掘的几个建筑遗址予以介绍：

一号宫殿遗址，位于窑店镇牛羊村北原上，发掘前夯土台东西长60米，南北宽45米，高出地面6米，揭露面积3100平方米。通过对揭露出的遗迹现象进行复原研究，发现这是一座地跨牛羊沟、东西向展开，由夯土筑起三层的平台重叠高起的楼阁建筑，其西端长约130米，南北纵深40米，高约17米，由于北部中心内收，在平面上形成"凹"字形。其台顶中部是两层楼堂构成的主体宫室，四周有上下不同层次的较小宫室，主体宫室东南面和西侧有卧室和浴室。室内设有冷藏食品的竖井和取暖的壁炉，还有一套由倾水池、引水陶管和渗井组成的供水、排水系统。地面平整光滑、坚硬且呈暗红色，墙壁上多绘有黑色几何纹图案或彩色壁画。底层建筑周围有回廊环绕，可相互通达，室、台、榭、廊、道排列灵活。夯土土质纯净、坚硬，夯层一般厚6—9厘米，夯层清晰，呈半球形，一般是平夯，径7—8厘米。夯土台的顶部是主体殿堂，编号为1室。出1室东门是过厅，为2室。2室以南有一处居室，即3室。1室以西为斜坡道，可登1室西侧高起的平台。台以西又有南北两室，南为4室，北为5室。下部台基北侧有两大室，即6、7室。台基南侧由东向西为盥洗沐浴用房（8室）和居室（9—11室）。台基下部的南、西、北三面都有回廊及散水遗迹。出1室北门有走廊，6、7室与北廊间有过道。台基上下分别发现了4个排水池和7个窖穴。

在1室中央，发现一个直径达64厘米的柱子，这和《史记·刺客列传》中记载的荆轲刺秦王时秦王"环柱而走"的柱子可相互为证。墙壁全部用草泥抹面，外施白粉，做法是先用粗麦秸拌泥打底，厚3—4厘米，再用麦糠拌细泥抹平，厚1—2厘米，最后用白色粉刷。地面为朱红色，结构系夯土台基上垫一层厚10—15厘米的砂土，上置厚约10厘米的粗草拌泥打底，再抹上1—2厘米的碎草拌泥，表面施朱红色，证实了《三辅黄图》所载的"土被朱紫"。各室之间以回廊连接，有东北、北、西、南几部分，其中东北、北和西回廊相通，且均为直角，墙壁构筑与房屋同，地面只用草泥处理。南廊残长50余米，有檐柱14个，西廊通长28

米,回廊东西各有一处踏步。西踏步正对 6 室北门,东踏步在 7 室以北,两处踏步均为六步五级,用长方形空心砖铺设。东北角为曲尺形回廊。回廊外有散水,北廊散水宽 90 厘米,两边平行铺方砖一排,中置卵石。东北角散水用残破砖铺里边,外置卵石。

一号宫殿建筑遗址上,发现了各种各样的建筑材料和构件。出土壁画残块 440 多块,其中最大的一块长 37 厘米、宽 25 厘米。壁画颜色有黑、赭、黄、大红、朱红、石青、石绿等,以黑色比例最大,赭、黄其次,饱和度很高。壁画五彩缤纷,鲜艳夺目,规整而又多样化,风格雄健,具有相当高的造诣,显示了秦文化的艺术特色。从该建筑地坪的水平测量来看,在 50 米距离范围内标高误差不超过 1 厘米,即相对误差控制在千分之二范围内,体现了古代劳动人民高超的工程技术水平。①

根据一号宫殿遗址出土物的特征判断,此遗址建于战国晚期。从发掘情况来看,该建筑艺术高超,为土木混合结构,对各房间的使用功能、通道、采光、排水及结构方面都做了合理安排,平面有主有次,统一而不呆板,将一般宫观的分散布局方式集中在一个空间范围内,结构相当紧凑,布局高下错落,主次分明,在使用和外观上都收到了较好的效果。唐代李商隐《咸阳》一诗云:"咸阳宫阙郁嵯峨,六国楼台艳绮罗。自是当时天帝醉,不关秦地有山河。"

二号宫殿遗址位于一号遗址的西北,仍然是以夯土台为基的大型台榭建筑,且规模更大。基址东西长 127 米,南北宽 32.8—45.5 米,其东南与一、三号遗址以回廊相通。地基采用纯净的黄褐色土夯打而成,层次清晰。有宫室五处,三处位于夯台顶部,属台上建筑,现存部分柱洞和室内地面残迹。有两座宫室位于夯台东半部北侧的底层,保存较好。围绕高台建筑的底部有依台修筑一周的回廊,其中东廊、南廊、北廊保存较好,西廊较差。在二号遗址发现竖管 18 个,分布于回廊和庭院地面上,推测是用来插放旗杆的;还发现了许多建筑构件。壁画发现于回廊地面堆积中,均属残块,计 350 余件,其最大者为 31×17 厘米,能识别者为马、凤羽、枝叶、蔓草等。从二号遗址发掘情况来看,仍是以夯台为中心、土木构架为主要结构形式的多层台榭建筑。以台上的宫殿为主体,辅以依台壁修建的一圈回廊和服务于宫室的东西对称的两处廊下盥洗室。通过回廊与一、三号

---

① 刘庆柱、陈国英:《秦都咸阳第一号宫殿建筑遗址简报》,《文物》1976 年第 11 期。

遗址相连。该遗址可能是咸阳宫中处理政务的一处主要场所。①

三号宫殿遗址位于一号遗址的西南，相距近百米。据钻探得知，三号遗址东北角与一号遗址西南角有建筑相连，也位于夯土台基上。遗址东西长约117米，南北宽约60米。清理了遗址西部一部分，发现廊道两条，屋宇两座。三号宫殿遗址最大的考古收获是出土了大量壁画，主要出于廊东西坎墙墙壁上，有车马出行图、仪仗图、建筑图、麦穗图等。车马图每间2—3组不等，每组四马一车，共7套车马；马有枣红色、黑色、黄色三种，皆作奔腾状。仪仗图现存人物11个，均残缺；分上下两列，人物均身着长袍。建筑图有南、北二楼，均为两层；每楼南北两端各一角楼，北楼北端角楼共四层，"人"字形顶。全长32.4米的画廊，画面主题突出，并辅以松柏等植物及各种几何纹或其他图案衬托，构图新颖多变，设色浓淡相间，富有古朴的现实主义感。②

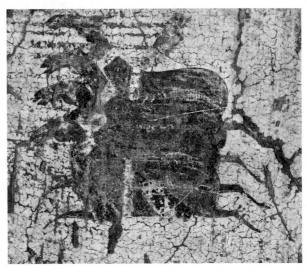

咸阳宫驷马拉车壁画

三号宫殿遗址也是战国晚期的，是秦都咸阳宫的一部分，但稍晚于一号遗址，是宫廷活动的场所。其遗址中出土的壁画，无疑在秦代绘画和建筑史上均具有重要意义。在建筑史上，虽有文献记载春秋战国时期主要建筑物上已有壁画出现，秦汉时期在宫室建筑中已广为普及，但之前均未发现实物，秦咸阳宫中壁画的发现，填补了宫室建筑史上秦代绘画的空白，也证实了文献中关于秦汉时期建筑中有壁画的记载。后来在长安城长乐宫中也发现了壁画遗存。

---

① 秦都咸阳考古工作站：《秦都咸阳第2号建筑遗址发掘简报》，《考古与文物》1986年第4期。

② 秦都咸阳考古工作站：《秦都咸阳第三号宫殿建筑遗址发掘简报》，《考古与文物》1980年第2期。

咸阳宫是一组宫殿建筑群的统称，其中有许多宫殿台榭建筑，见于记载的有：六英之宫，《七国考·秦宫室》引《广记》云："主父（赵武灵王）入秦，直至昭王所居六英之宫，而人不觉。"①斋宫，《史记·秦始皇本纪》云："子婴遂刺杀高于斋宫，三族高家以徇咸阳。"还有曲台之宫，《汉书·邹阳传》："臣闻，秦倚曲台之宫悬衡天下。"应劭注曰："始皇帝所治处也，若汉家未央宫。"

咸阳宫是秦都咸阳的主要宫殿，许多重要的活动均在此举行。如公元前227年，秦王政"见燕使者咸阳宫"，在此演出了一幕惊心动魄的"荆轲刺秦王"的活剧。即使后来在渭南修建了许多宫殿，秦始皇三十四年（前213）仍"置酒咸阳宫"，三十五年（前212）仍然"听事，群臣受决事，悉于咸阳宫"②，反映出咸阳宫在秦时的重要性。

在咸阳都城的渭河以北，除了咸阳宫之外，还有冀阙、仿六国宫室、兰池宫、望夷宫等宫殿建筑。

（二）冀阙

实际上在秦都咸阳最早的宫观是"冀阙"，秦孝公十二年（前350），"作为咸阳，筑冀阙，秦徙都之"③。冀阙是秦孝公十二年迁都咸阳之前由商鞅监修，仿照鲁国和卫国的建筑形式建造的，"营如鲁卫"④。《史记正义》引刘伯庄云："冀犹记事，阙即象魏也。"《史记索隐》云："冀阙即魏阙也，冀，记也。记列教令，当于此门阙。"阙实质为类似于大门的建筑，用来发号施令，与观的作用相同。《三辅黄图》云："阙，观也。周置两观以表宫门，其上可居，登之可以远观，故谓之观。人臣将朝，至此则思其所阙。"⑤由上可以看出，冀阙实质上应为宫殿的门阙，是秦定都咸阳以后的第一个建筑。秦阙目前在地面上已经看不到了，秦始皇陵的东西门经考古钻探均为三出阙。汉代的门阙，考古和地面均有发现。

（三）仿六国宫室

《史记·秦始皇本纪》云："秦每破诸侯，写放其宫室，作之咸阳北阪上，南临

---

① ［明］董说：《七国考》卷四，中华书局，1956年，第148页。
② 《史记》卷六《秦始皇本纪》，第257页。
③ 《史记》卷五《秦本纪》，第203页。
④ 《史记》卷六八《商君列传》，第2234页。
⑤ 《三辅黄图校释》卷六，第387页。

渭，自雍门以东至泾、渭，殿屋复道周阁相属。所得诸侯美人钟鼓，以充入之。"①又据《后汉书·皇后纪》云："秦并天下，多自骄大，宫备七国，爵列八品。"②秦之所以修建仿六国宫室，是为了彰显统一六国的功绩，同时也具有美化都城的作用。六国宫室的建造，集中了当时六国中的能工巧匠，是战国时期各国建筑文化的杰出代作。从目前发掘的六国都城的情况可见一斑，赵邯郸、燕下都、楚都郢、齐都临淄、韩国新郑的规模都很大，且建筑技术高超。

关于仿六国宫室的具体地望，《史记·秦始皇本纪》记载在咸阳北阪。笔者认为咸阳北阪是指咸阳北原，但在此应限定范围。此处司马迁之所以提出咸阳北阪，是与咸阳渭河南的南原相区别。因为到秦始皇时，秦都咸阳已不局限于渭北咸阳，渭河南也在秦都咸阳的范围之内，秦咸阳都城已是"渭水贯都"。据陈国英先生调查，在咸阳宫城西的聂家沟发现秦建筑遗址两座，宫城东发现建筑遗址数座，宫城北也有建筑遗址，且可能延伸到长陵以北。在长陵邑所在的怡魏村发现两座秦大型建筑遗址，这些遗址虽尚未发掘，但据其位置推测可能是六国宫殿遗址。王丕忠先生曾在怡魏村采集到瓦当三品，一是双兽树枝纹半瓦当，一是树枝菱角纹半瓦当，一是云水纹半瓦当，这三品瓦当与齐都临淄出土的瓦当相同，证明在怡魏村有仿六国宫室遗址。

笔者认为仿六国宫室在今咸阳窑店北怡魏村一带。目前在咸阳原上的秦建筑遗迹达33处之多③，因为尚未出土文字性的东西，故难以确定其名称，只有根据遗址出土的文物来判断其建筑的时间。

仿六国宫殿的修建，体现了秦始皇对六国文化的接纳与吸收。"在秦始皇嬴政的统一事业中，有以秦人传统为基点的文化扩张和文化征服的鲜明特征。而另一方面，嬴政也表现出对东方文化的内心尊重……在咸阳——复制被征服国的宫殿，在建筑文化史上传为美谈。"④

（四）兰池宫

兰池宫因位于兰池之旁而得名，是秦时国君常游幸之地。兰池，据《三秦

---

① 《史记》卷六《秦始皇本纪》，第239页。
② 《后汉书》卷十上《皇后纪》，第399页。
③ 陕西省考古研究所：《秦都咸阳考古报告》，科学出版社2004年，第20页。
④ 王子今：《秦皇扫六合，虎视何雄哉——论秦始皇嬴政的统一功业》，《光明日报》2009年7月28日。

记》云:"秦始皇作长池,引渭水,东西二百里,南北二十里,筑土为蓬莱,刻石为鲸鱼,长二百丈,亦曰兰池陂。"这是当时秦在咸阳宫以东修建的一个自然景观,湖上可以荡舟游览,湖中有蓬莱山、鲸鱼石等景观。秦始皇认为自己德兼三皇,功过五帝,无所不能,于是幻想长生不老,东海边的方士投其所好,骗他说东海里有三座神山,即蓬莱、方丈、瀛洲,这三座神山上有长生不老药。秦始皇虽然费尽心机想要获取,最终却只是徒劳。兰池中蓬莱山的修筑,是秦始皇对东巡求长生不老药而不得的一种补偿,因而这里成为秦始皇常游幸之地,有时甚至夜宿于此。《史记·秦始皇本纪》记载:三十一年(前216),"始皇为微行咸阳,与武士四人俱,夜出逢盗兰池,见窘,武士击杀盗"①。

兰池宫位于何处?据《元和郡县图志》云:"秦兰池宫,在(咸阳)县东二十五里。"②按里程推算,其具体位置即今咸阳宫遗址以东的杨家湾,这里现在是一条呈簸箕形的大湾,北、西、东三面有高约5米的岸畔,南面开阔平坦,与渭河之滨相连。杨家湾在20世纪50年代平整土地时发现淤泥层甚厚,在渭河发电厂扩建时钻探得知,覆盖有秦汉以来20个文化层,浅处30米可见生土,深处70米才见生土层,可见当时的兰池宫水深达70米左右。据考古调查,在杨家湾西面的原上柏家嘴一带采集到大量秦铺地砖、空心砖、瓦当、陶片等,其形状、纹饰与秦咸阳宫一样,显然是一处秦建筑群遗址。而此地又在兰池的西岸,当为秦末被项羽焚毁的秦兰池宫所在地。考古工作者在此处钻探发现了六处大小不等的夯土建筑遗址。20世纪80年代末,陕西省渭河发电厂在此扩建厂房时,于8米深处出土已腐朽的圆木三根,直径均在15.6厘米左右。③

(五)望夷宫

秦始皇时修建,是秦都咸阳在北部的哨所,南距咸阳宫遗址约8公里,在泾水南岸。由于当时北边有匈奴的存在,经常骚扰内地,秦始皇便在咸阳东北的泾水南修建了望夷宫,作为瞭望哨所。其具体地望,据《三辅黄图》云:"在泾阳县界长平观道东,北临泾水,以望北夷,以为宫名。"④《史记正义》引《括地志》云:

---

① 《史记》卷六《秦始皇本纪》,第251页。
② 《元和郡县图志》卷一,第13页。
③ 《秦都咸阳考古报告》,第15页。
④ 《三辅黄图校释》卷一,第60页。

"在雍州咸阳县东南八里。"1989 年,咸阳市文物普查队依据史料记载,对泾阳县蒋刘乡五福村和二杨庄一带进行考察,发现一处夯土高台,此地恰好在泾阳东南的泾水边。笔者曾去考察过,现存夯土台基东西长 98 米,南北宽 34 米,距地表深 0.75 米,宫殿基址由于河流两千年的冲刷,已被蚕食很多。在遗址范围内采集到各种瓦当,有云纹、凤尾纹、素面、葵纹,还有筒瓦、板瓦、回纹空心砖、素面空心砖、回纹方砖、太阳纹方砖、素面方砖等,还发现了壁画残片及大量的红烧土层。在遗址的东西两侧有回廊,东、西、南三面有大量建筑倒塌堆积物遗存。① 另外,还采集到一端大、一端小、高 5.5—5.8 厘米不等的两块槽形板瓦瓦片,这种板瓦曾出土于凤翔雍城马家庄遗址。② 这座宫殿毁于项羽的一把火。秦二世就是在此被杀的。当时项羽入关,身为中丞相的赵高害怕秦二世归罪于自己,便先发制人,于公元前 207 年派他的女婿咸阳令阎乐逼杀秦二世胡亥于望夷宫。

二 渭南宫室

秦为何把都城咸阳向渭河南发展呢? 这是因为渭河北在交通、水利、农业和休闲游赏的环境等方面都不如渭河以南优越。

首先,秦都咸阳在刚建时,位于渭河以北的咸阳原上,秦惠文王时,在渭水以北得到了较大的发展,正如《三辅黄图》所云:"惠文王初都咸阳,取岐、雍巨材,新作宫室,南临渭,北逾泾。"③秦都咸阳受到泾水的限制,无法继续向北扩展,坐北面南的都城只有向渭河以南发展了,这是秦都城向渭河南发展的关键原因。后来的阿房宫建在咸阳都城的最南端,以南山为阙,正是这种面南坐北设计理念的反映。

其次,渭河以南相对渭河以北而言,用水方便。渭河以北咸阳原上地势高亢、缺水,城市供水困难是秦咸阳逐步南迁的原因之一。而渭河以南地势低平,河流纵横如网,沣河、滈河、潏河等既为都城提供了用水的方便条件,也为农业的发展提供了灌溉的方便条件。

---

① 《秦都咸阳考古报告》,第 17 页。
② 尹申平:《泾阳县秦都咸阳望夷宫遗址》,见《中国考古学年鉴·1985》,文物出版社 1985 年,230 页。
③ 《三辅黄图校释·序》,第 2 页。

再次,在渭河以南建宫是秦战略目标转移的需要,自从秦和魏为河西进行了一番争夺后,魏国已处于劣势,于是把都城迁至大梁(今河南开封),变对秦的攻势为守势,秦人遂把战略重点转向东方。而对东方用兵,在交通方面,渭南要优于渭北,渭南既可以通过函谷关向东方挺进,也可以东南通过武关向楚国进攻。

最后,咸阳渭河以南地区是周王朝的建都之地,开发程度高。秦始皇三十五年,"始皇以为咸阳人多,先王之宫廷小,吾闻周文王都丰,武王都镐,丰镐之间,帝王之都也"①。随着秦国力的增强,国都人口的不断增加,特别是秦始皇迁移全国十二万户于咸阳,对渭北咸阳形成压力,只有向渭河南发展才有广阔的空间。正如史念海先生所言:"既然秦孝公最初在渭北营建咸阳还是未能忘怀对于魏国的防御,时过境迁之后,秦人顺应地理环境向渭南发展,也就毫不足怪了。"②当然,秦都向渭南发展,也有仿周都之意。周文王都丰,武王都镐,中隔沣水,这种建都形式对美化都城环境也有好处。秦人和周人一样,发展轨迹也是由西向东,仿建周都的示范区营建咸阳,把渭水置于都城中,形成"渭水贯都"的优越环境。

秦在渭河南地区也建造了众多的宫殿,据新出土的秦封泥,目前可以看到的南宫类有"南宫尚浴""南宫郎丞""南宫郎中""章台"等。

南宫郎丞封泥

(一) 章台

章台是秦都咸阳在渭河南岸的主要宫室建筑之一,秦王的许多重要外交活动都在这里举行。历史上著名的完璧归赵的故事就发生于此,《史记·廉颇蔺相如列传》载,"秦王坐章台见相如"③,《史记·楚世家》载,"楚王(怀王)至……朝章台,如蕃臣,不与亢礼"④。章台也被作为秦国的象征,苏秦说楚威王曰:"今

---

① 《史记》卷六《秦始皇本纪》,第 256 页。
② 史念海、辛德勇:《中国七大古都·西安》,中国青年出版社,1991 年,第 92 页。
③ 《史记》卷八一《廉颇蔺相如列传》,第 2440 页。
④ 《史记》卷四十《楚世家》,第 1728 页。

乃欲西面而事秦,则诸侯莫不西面而朝于章台之下矣。"①这说明章台在当时的作用很大。

《史记·秦始皇本纪》云:"诸庙及章台、上林皆在渭南。"②章台具体在渭南什么地方,观点不一,笔者认为在汉长安城内的未央宫前殿。

现在的未央宫前殿台基南北长350米,东西宽200米,考古工作者曾在前殿遗址的汉代建筑之下发现有叠压的战国时代秦砖瓦及瓦当等遗物,当为秦章台的建筑构件。《史记·樗里子甘茂列传》云:"昭王七年,樗里子卒,葬于渭南章台之东。"③《论衡·实知篇》云:"樗里子卒,葬于渭南章台之东,曰:'后百年,当有天子挟我墓。'至汉兴,长乐宫在其东,未央宫在其西,武库正值其墓,竟如其言。"西汉武库遗址已找到并进行了发掘,位于长安城内中南部,即今刘寨村东;长乐宫也已勘探清楚,在武库以东。结合考古发掘资料,未央宫前殿遗址应是在秦章台的基础上营建的。

《汉书·赵尹韩张两王传》云:张敞"无威仪,时罢朝会,过走马章台街"。孟康注曰:章台街"在长安中"。臣瓒注曰:"在章台下街也。"④章台街因章台而得名,故章台也应在长安城中。张敞朝事活动在未央宫,罢朝后走马章台街,说明章台街就在汉未央宫内及附近。汉长安城西面自南数第一门为章城门,之所以城门名章,当与章台有关。由章城门向东有一条东西向大路横穿未央宫,在前殿南边经过,然后向南出西安门。前殿坐北朝南,罢朝后应从南出,然后走马章台街。

从新近出土的秦封泥及文献记载来看,过去把章台称为章台宫是不正确的,因为文献中多为"章台",而且新近出土封泥中也为"章台",而非章台宫。

(二) 兴乐宫

兴乐宫是秦在渭河南修建的宫殿建筑群。战国后期的秦国,由于国力强大、人口增多,咸阳宫显然太小,于是便在咸阳宫南的渭河南建筑宫殿。

《三辅黄图》云:"兴乐宫,秦始皇造,汉修饰之,周回二十余里,汉太后常居

---

① 《史记》卷六九《苏秦列传》,第2259页。
② 《史记》卷六《秦始皇本纪》,第239页。
③ 《史记》卷七一《樗里子甘茂列传》,第2310页。
④ 《汉书》卷七六《赵尹韩张两王传》,第3222—3223页。

之。"①实际上兴乐宫应是在秦昭襄王时建造的,秦始皇时加以扩大。《史记·孝文本纪》正义引《三辅旧事》云:"秦于渭南有兴乐宫,渭北有咸阳宫。秦昭襄王欲通二宫之间,造横桥,长三百八十步。"②由此可以看出,当时的兴乐宫已具有相当大的规模,成为国君经常临朝之处。既然如此,其建筑当富丽堂皇。汉长乐宫是在秦兴乐宫的基础上加以扩充修成的,现在汉长乐宫的地望已得以确认,秦时兴乐宫的地望当在今汉长安城的东南方。

秦始皇时大肆扩建兴乐宫,建了不少大殿台阁,如大夏殿、鱼池台、酒池台,还筑有鸿台,高达40丈,台上有楼观屋宇,秦始皇常在此射落大雁,因以为名。

(三) 甘泉宫

目前学术界对秦甘泉宫的所在地有四种不同的意见,其一认为在渭河以南,即现在的汉长安城遗址内;其二认为在淳化县甘泉山;其三认为在乾县的注泔乡南孔头村;其四认为在鄠县(今西安市鄠邑区)。笔者赞成第一种意见,即认为秦甘泉宫位于渭河以南与秦咸阳遗址南北相对的汉长安城遗址内,具体位置就在汉长安城西北角桂宫遗址一带。

认为秦甘泉宫在淳化县者,犯了一个致命的错误,即误把汉甘泉宫当作秦甘泉宫,因而认为秦甘泉宫在淳化县西北的甘泉山上。甘泉山上秦时虽有离宫,但秦时名为林光宫,是秦二世时修建的。《三辅黄图》云:"林光宫,胡亥所造,从广各五里,在云阳县界。"③云阳县,秦置,西汉因之,治所在今陕西淳化县西北。秦林光宫宫址位于今淳化县西北约25公里的甘泉山上,宫在甘泉山南坡。据考古调查,在淳化县梁武帝村、董家村、坡前头村一带,有宫城城墙夯土残迹,实测总周长5668米,当是秦林光宫、汉甘泉宫的宫城。在董家村附近出土的蟾蜍玉兔纹瓦当和龟、蛇、雁纹瓦当,是典型的秦代动物纹瓦当,应是秦林光宫建筑用瓦。林光宫建筑秦末幸免于火,汉遂利用之,并在其旁建甘泉宫和庞大的甘泉苑,之所以名为甘泉宫、甘泉苑,就是因为其建在甘泉山上。

从上可以看出,秦的甘泉宫没有建在淳化的甘泉山上,而当时甘泉山上的离宫名为林光宫。至于《史记·范雎蔡泽列传》中讲的"北有甘泉、谷口,南带泾、

---

① 《三辅黄图校释》卷一,第45页。
② 《史记》卷十《孝文本纪》,第415页。
③ 《三辅黄图校释》卷一,第62页。

渭",其甘泉是指甘泉山,并不是甘泉宫。甘泉山是秦时北边的要塞之地,"夫睢指甘泉谷为秦北面之塞,即云阳县甘泉山也"①。

认为秦甘泉宫在鄠县的是南宋程大昌,他在《雍录》中指出:"古以甘泉名宫者三:秦之甘泉在渭南,一也;汉之甘泉在云阳县磨石岭上,二也;隋之甘泉在鄠县,三也。"又云:"甘泉前后必近上林,即鄠县也。则秦之甘泉与隋之甘泉正同一地,安知隋宫不袭秦旧耶?"②南宋时,秦甘泉宫的所在位置已不清楚了,程大昌猜测隋甘泉宫是在秦甘泉宫基础上建造的,这是缺乏根据的乱猜,和《史记·秦始皇本纪》所载"乃迎太后于雍而入咸阳"相距甚远。

秦甘泉宫在渭水之南,隔渭河与咸阳相望,其具体修建于何时,史无记载,但至迟在秦宣太后时已经有甘泉宫了,秦宣太后曾诈杀义渠戎王于甘泉宫。嫪毐发动叛乱后,秦始皇曾把与嫪毐勾搭成奸的母亲囚禁于棫阳宫中,后听从齐人茅蕉的劝说,从雍把母亲接回来,"秦王乃迎太后于雍而入咸阳,复居甘泉宫"③。《史记·吕不韦列传》记载:"秦王乃迎太后于雍,复归咸阳。"《史记集解》引徐广语:"入南宫。"④《表》:"咸阳南宫也。"从宣太后和秦王政母亲皆曾居于甘泉宫来看,甘泉宫应在咸阳附近,绝不会在距离咸阳太远的地方。因为宣太后当时握有实权,经常上朝处理国家大事,不可能离咸阳太远。昭襄王自己也讲:"寡人宜以身受命久矣,会义渠之事急,寡人旦暮自请太后,今义渠之事已,寡人乃得受命。"⑤这明确告诉我们,宣太后在诱杀义渠王之前,住在离咸阳不远的甘泉宫,所以昭襄王才能早晚与太后相见。甘泉宫和咸阳宫仅隔一条渭河,过横桥即是。

"南宫"是相对于渭河北的咸阳宫殿而言的,在长安城相家巷村新近出土的封泥中有"南宫郎丞"印⑥,是南宫中的侍吏之印,这说明秦甘泉宫又名"咸阳南宫"是对的。

既然有南宫,就应该有北宫,新出土的秦封泥资料也证明如此。关于"北

---

① [宋]程大昌撰,黄永年点校:《雍录》卷二,中华书局,2002年,第43页。
② 《雍录》卷二,第42—43页。
③ 《史记》卷六《秦始皇本纪》,第227页。
④ 《史记》卷八五《吕不韦列传》,第2512页。
⑤ 《史记》卷七九《范雎蔡泽列传》,第2406页。
⑥ 周晓陆等:《秦代封泥的重大发现——梦斋藏秦封泥的初步研究》,《考古与文物》1997年第1期。

宫"的封泥有"北宫""北宫榦丞""北宫工丞""北宫弋丞""北宫私丞""北宫宦丞"等。① 这里的北宫封泥之所以如此多,是因为北宫指谓北咸阳宫殿,反映出北宫当时仍然很重要。目前在咸阳原上发现了27处高台建筑群遗址,乃秦咸阳北宫,因而北宫即指咸阳宫。北宫中的官吏众多,均是侍候王侯将相的。

到秦始皇时曾扩建甘泉宫,"自极庙道通郦山,作甘泉前殿。筑甬道,自咸阳属之"②。前殿是指宫殿群中最高级、最高大的殿堂,如阿房宫前殿、汉未央宫前殿、汉建章宫前殿,至今都留存有巨大的夯土台基,这也说明秦甘泉宫的规模是相当大的,当不亚于兴乐宫的建筑。李斯曾在甘泉宫求见秦二世,"二世方作觳抵优俳之观"③,这说明秦甘泉宫中有专门供皇帝娱乐的场所。

那么秦甘泉宫到底位于渭南何处?《三秦记》云:"桂宫一名甘泉,武帝作迎风台以避暑。"又《初学记·岁时部上·夏第二》注引《关中记》云:"桂宫一名甘泉,又作迎风观、寒露台以避暑。"可见直到东汉魏晋时,仍把桂宫称作甘泉宫,但作者又把汉桂宫遗址下的秦甘泉宫和淳化的汉甘泉宫混淆在一起,因而出现了甘泉宫可以避暑的记载,形成了自相矛盾的内容。桂宫是汉武帝在长安城中营建的宫殿,其遗址在今夹城堡、民娄村、黄家庄和铁锁村一带。在未央宫以北,南临直城门大街,北以雍门大街为界,西靠西城墙,东近横门大街,汉桂宫是在秦甘泉宫的基础上扩建的,因此汉时人们仍沿用秦时的称谓。汉时在淳化已有甘泉宫,不可能再在长安城中建甘泉宫。据汉城考古队人员讲,在汉桂宫文化层下,确实有秦的文化层。20世纪90年代在甘泉宫遗址附近一带发现了数千枚秦封泥,其内容大多是当时中央官府及王室的印章,从而可以证明这里原来是秦王朝的重要办公处所,与渭河南的甘泉宫地址是相吻合的。也正由于是秦王朝的办公场所,才留下如此多的封泥。

(四)阿房宫

阿房宫的修建开始于何时,史书记载不一。《史记·秦始皇本纪》认为是秦始皇时开始建造的,"始皇以为咸阳人多,先王之宫廷小……乃营作朝宫渭南上

---

① 周晓陆等:《秦代封泥的重大发现——梦斋藏秦封泥的初步研究》,《考古与文物》1997年第1期。
② 《史记》卷六《秦始皇本纪》,第241页。
③ 《史记》卷八七《李斯列传》,第2559页。

林苑中。先作前殿阿房,东西五百步,南北五十丈,上可以坐万人,下可以建五丈旗"①。《三辅黄图》认为是秦惠文王时建造的,"阿房宫,亦名阿城。惠文王造,宫未成而亡。始皇广其宫,规恢三百余里。离宫别馆,弥山跨谷,辇道相属,阁道通骊山八十余里。表南山之颠以为阙,络樊川以为池。"②按照秦始皇的设想,要以阿房宫为中心,把咸阳及其周围三百里的离宫别馆用辇道、阁道连接起来,形成一个规模空前的帝都。阿房宫从秦始皇三十五年(前212)开始扩建,当时参与这项工程和修秦始皇陵的人数共计达70万,如果各占一半,营建阿房宫的人数则有35万,尽管如此,到秦始皇死时,营建前殿的工程还未竣工,由秦二世胡亥继续营建,但最终仍未完工。

  前殿遗址的巨大夯土层今仍在,在今北至车张村、南至上堡子、东至皂河岸、西至纪杨村这个约14平方公里的范围内,几乎到处都可以看到秦汉瓦片。据近年调查,地面上留有夯土台基的建筑遗址有19处。其前殿遗址虽经两千多年的剥蚀,现仍为中国古代最大的夯土建筑台基。现存夯土台基东西长1270米,南北宽426米,现高7—9米,略呈长方形。经过钻探,在遗址北边,有东西走向、宽约15米的凸起土梁,略似城墙残垣。1975年,曾在遗址上发现一个直径50厘米的夔凤纹巨型瓦当,可反映出该建筑的规模。同年,在距前殿遗址约1公里的小苏村,出土了铜制的柱础、门砧和户枢。③ 建筑的豪华可见一斑。

  在阿房宫村南附近,即从东边的聚驾庄、赵家堡直到西边的古城村,夯土逶迤不断,形成一座长方形台地,面积约为60万平方米,被称为"郿坞岭"。前殿东北200米处,有一"北司"建筑遗址,发现大型石柱础100多个,排列有序,并有螺旋形环道遗迹。绳文瓦片上有陶文"北司""右宫""左宫""宫甲""宫寅""宫戊""宫辰"等小篆文字,应是宫名或宫室编号。由此可知阿房宫内之宫室是按天干编号的,可见其宫室之多。在阿房宫村正北高窑村发现了"高奴禾石铜权"。在前殿北约3公里的后围寨村北,有一三层高台建筑遗址,高达6米,出土有用花纹空心砖筑的踏步,衔接长达一二十米的下水道及排列有序的石柱础。④

---

① 《史记》卷六《秦始皇本纪》,第256页。
② 《三辅黄图校释》卷一,第49页。
③ 韩保全:《秦阿房宫遗址》,《文博》1996年第2期。
④ 《咸阳帝都记》,第147—148页。

2012年以来,中国社会科学院考古研究所与西安市文物保护考古所联合组队对阿房宫遗址进行勘探和发掘,取得了不少的成果。根据勘探和试掘的资料,阿房宫前殿遗址夯土台基东西长1270米,南北宽426米,现存最大高度(从台基北部边缘秦代地面算起)为12米,夯层厚5—15厘米,夯窝直径5—8厘米。其中遗址东部长426米、宽400米,西部长426米、宽70米,被现代村庄所压。考古队对阿房宫前殿遗址进行了一年多的考古勘探和发掘,在汉代堆积层内出土了不少秦代板瓦片、筒瓦片,但是目前还未发现秦代宫殿建筑中最常见也是必不可少的建筑材料——瓦当及其残块;考古勘探和发掘中也未发现阿房宫前殿被大火焚烧的痕迹。①

这一考古成果公布后,在学术界产生了重要的影响,因为推翻了过去的文献记载,引起了比较大的争议。赞成者有之,反对者也有之。赞成者如刘庆柱先生认为:长期以来,秦阿房宫被描述得无比恢宏、壮丽、奢华,而最终却被项羽焚毁,变成一片焦土。但是近年来的考古调查、勘探和发掘,向传统的看法提出了尖锐的挑战。新的考古资料证实,秦阿房宫前殿没有建成,只是构建了前殿基址。至于秦阿房宫的恢宏壮丽更是无从谈起,传说中的阿房宫"秦始皇上天台"遗址、"磁石门"遗址、"烽火台"遗址,不是建于秦代晚期,而是始建于战国中晚期。其遗址所反映的形制不是"宫门""烽燧"一类建筑,而应为上林苑宫馆性质的高台建筑。阿房宫在秦代以后,被人们越说越大,尽管人们是出于"善意",以秦之暴政、急政而速亡为戒,但是历史事实不能随意"夸大",尊重历史的真实性,是历史学作为一门科学的基础。② 而王学理先生则对这种观点持否定态度。③

到底阿房宫的修筑情况如何,两千余年来,不时成为人们的话题。很多人对此进行研究,也有不少的文献记载,最著名的要算唐代杜牧的《阿房宫赋》:"六王毕,四海一。蜀山兀,阿房出。覆压三百余里,隔离天日。骊山北构而西折,直走咸阳。二川溶溶,流入宫墙。五步一楼,十步一阁。廊腰缦回,檐牙高啄。各

---

① 中国社会科学院考古研究所、西安市文物保护考古所、阿房宫考古工作队:《西安市阿房宫遗址的考古新发现》,《考古》2004年第4期。

② 刘庆柱:《秦阿房宫遗址的考古发现与研究——兼谈历史资料的科学性与真实性》,《徐州师范大学学报》2008年第2期。

③ 王学理:《"阿房宫""阿房前殿"与"前殿阿房"的考古学解读》,《文博》2007年第1期。

抱地势,钩心斗角。"这篇脍炙人口的赋文使历史上的阿房宫一再引起后世人们的注意,也使阿房宫成为千古之谜。

目前考古工作者在阿房宫前殿遗址周围发现了六处建筑遗址。一号建筑遗址位于阿房宫前殿遗址西 1150 米处,分为南北两部分。南部为宫殿区,其部分夯土台基在现地表以上尚存高 7 米,自秦代地面以上现存高 9 米。台基已惨遭破坏,现存东西最大长度 250 米、南北最大宽度 45 米,面积为 11250 平方米。在南部宫殿区西部边缘进行了发掘,发现散水东西宽 0.67 米,其东西沿有拦边砖。内为板瓦残片栽置,板瓦内面大部分朝南。北部为园林区,因破坏严重,其范围已不可考,仅发掘了一处流水景观遗存。该遗存现存长 31.2 米,呈曲尺形分布。其中部有一段流水遗存,为东西向石渠(距地表 1.1 米)。石渠东西通长 11 米、南北范围通宽 2.9 米(即包括渠外南北三排卵石宽度);石渠内长 8.9 米,内宽 0.4 米,内深 0.12—0.15 米。渠底铺装两层卵石,上层卵石较小,下层卵石较大。石渠南壁、北壁为大卵石砌成,卵石呈东西向垒砌,朝渠内一面均较平整。卵石最大者东西 32 厘米、南北 23 厘米、厚 12 厘米;最小者东西 18 厘米、南北 24 厘米、厚 12 厘米;卵石间距 4—12 厘米。渠南、北壁垒砌卵石之下垫铺一层大卵石,其大小与上面垒砌卵石相同。石渠南壁、北壁外侧均铺装南、北三排大卵石,其布局以渠北壁外侧三排铺装卵石为例说明。北壁北侧南数第一排卵石位于渠北壁北 22—31 厘米(与渠北壁卵石间距 7—20 厘米),分布较密,间距为 3—12 厘米。该排卵石与北壁卵石间加铺零散小卵石。南数第二排卵石与第一排卵石间距 8—17 厘米。卵石分布较稀,其间距 30—40 厘米。南数第三排卵石与第二排卵石间距 11—15 厘米,两排卵石南北呈"品"字形分布。南数第三排卵石间距 20—42 厘米。渠北壁南数第三排卵石北沿南北通宽 1.25 米。渠南壁南面三排卵石东、西部分已无存。石渠东端南拐之拐角处已遭破坏,卵石被扰动,但还能看出大概形状,即垒砌大卵石为渠壁,渠底铺装小卵石,下面垫一层大卵石。石渠东端南拐呈南北向渠,经钻探和试掘了解到,石渠遭破坏严重,仅存零散大小卵石,排列无规律,现存南北长 17.4 米。石渠西端北拐呈南北向渠,拐角处亦遭破坏。通过勘探了解到,石渠南北向现存长 4.9 米。通过勘探资料了解到,一号建筑遗址夯土台基的北面,在生土上面普遍垫铺了一层较纯净的土,厚约 0.4 米,且对其进行了粗加工,石渠应是在垫土过程中垒砌、铺装卵石而成。该遗址出土遗物以砖、板瓦、筒瓦、瓦当等建筑材料为主。铺地砖有几何形纹和绳纹两种。拦边砖 2 件，均为长条形，纹饰可分为细密方格纹和顺长粗绳纹两种。板瓦表面均为细交错绳纹，内面为素面，一般厚 1.2—1.8 厘米。筒瓦均表面为细直绳纹，内面为粗大麻点纹（个别筒瓦内面有手抹成的明显凸棱，而没有麻点纹），泥条盘筑痕迹明显。瓦当 5 件，制作粗糙，背面凹凸不平，绳切痕迹特别明显。此外，还出土了一件凤纹瓦当残块（仅见凤头上端），厚 3 厘米。探沟第三层建筑倒塌堆积层内还出土了一些草泥墙皮碎块（已被大火烧成粉红色），一般通厚 5 厘米（由粗草泥、细泥和白灰面组成）。

该遗址建筑倒塌堆积层内的建筑材料中，板瓦、筒瓦、瓦当都有被大火烧过的痕迹，此外还有大量被火烧毁的墙皮残块出土，这些现象都说明该建筑遗址曾经遭遇过很大的火灾。从该遗址出土的板瓦、筒瓦形制来看，板瓦表面为细密交错绳纹，筒瓦表面皆为细绳纹，内面为麻点纹或手抹成的凸棱，泥条盘筑痕迹明显，出土拦边砖之纹饰为顺长绳纹和细密小方格纹，这些均具战国时代的特征。此外，出土瓦当当面纹饰及瓦当制法，亦具战国时代特征。总之，上述出土建筑材料，无论从纹饰特征还是从制作粗糙、表面不光滑、纹饰较浅、纹路不清晰等方面来看，均与秦都咸阳之咸阳宫出土的建筑材料特征相同。又，该遗址出土的板瓦和筒瓦瓦片明显早于阿房宫前殿遗址北墙顶部倒塌的瓦片，故该建筑应早于阿房宫的建筑。[①] 这段水渠修筑精致，蜿蜒流淌，比较窄，也很浅，与其他地方如汉长安城发现的专门排水的水渠大不相同，应该是战国时秦人在渠南的大型建筑后院的园林景观流水水渠，两边向外的两排石头可能是渠水漫出后作嬉戏踏步用的。[②]

二号建筑遗址位于一号建筑遗址正南 500 米、阿房宫前殿遗址西南 1200 米处，即是传说中的"阿房宫烽火台"遗址。该建筑分为两部分，上部为建筑，下部为夯土台基。台基又分为两层，上层南北 42.1 米、东西现存 73.5 米；下层比上层南边沿向南延伸 3.3 米，夯土厚 2 米。同样，台基下层亦比上层北边沿向北延伸 3.3 米，低于台基上层，现存顶面 1.6 米、厚 2 米。台基下层南北 48.7 米，东

---

① 阿房宫考古队：《咸阳上林苑 1、2 号建筑遗址考古发掘取得重要收获》，《中国文物报》2005 年 12 月 9 日。

② 杨永林：《阿房宫前殿西侧发现战国秦景观流水遗存》，《光明日报》2004 年 11 月 11 日。

西现存73.5米。台基夯土通厚3.6米,夯层厚5—7厘米。在台基上层南沿南2米处,发现东西向建筑物倒塌的瓦片带,宽约3米。台基上面为建筑物,据知情者回忆,解放初该建筑还保存较大,后来因群众拉土盖房、垫圈、平整土地等原因,使得该建筑不断缩小。现还残存一部分,位于台基中部偏南,距台基南沿北5.5米,距台基现存东沿西27米。该建筑物亦夯筑,夯层厚5—7厘米。其底部大(东西13.2米、南北28米),顶部小(东西5.5米、南北9米),现存高4.1米。在其底部和中部残存一些未扰动和扰动过的花岗岩质的础石。根据这些础石的位置推测,该建筑底部和中腰应有房屋和回廊一类的建筑。二号建筑遗址出土遗物主要为一些板瓦、筒瓦的残片,从它们的制法和形制来看,板瓦片表面均为细密交错绳纹,筒瓦片表面均为细绳纹,内面为麻点纹,且泥条盘筑痕迹明显。不管是板瓦片还是筒瓦片均制作粗糙。[1] 此外,还采集了一些残砖块。

三号建筑遗址在西安市未央区后围寨村北,位于阿房宫前殿遗址北约3800米处,其形制与秦咸阳宫一号建筑遗址基本相似,为一座典型的战国高台宫殿建筑遗址。多年来,由于当地农民取土、平整土地,遗址已遭到严重破坏,仅北部残留有建筑物。遗址分为上部建筑和下部夯土台基两部分。下部夯土台基现存南北长92米、东西宽84米、厚1.2—2米。台基偏南部向西延伸长59米、宽15—20米。在所发掘的探方内,夯土台基北面为加工过的院子地面。上部建筑仅存于遗址西北部,现呈不规则状,通高7米,夯层厚0.06—0.1米,分为顶部、中部和底部建筑。底部建筑现亦呈不规则状,现存东西最大长度54米,南北最大长度42米,原建筑物已无存。中部建筑亦呈不规则状,现存基址南北最大长度28米,东西最大长度24米。其上残存部分为廊房建筑遗迹。北部廊房进深约5.1米,其南壁尚存一壁柱痕迹,壁柱北2.8米处有一明柱痕迹,柱洞呈圆形。廊房北面为廊道,宽约2.6米。在所发掘的探方南部,有一廊房内未扰动的壁柱础石。在中部建筑偏西一廊房内还存有未扰动的明柱础石。从中部建筑倒塌堆积出土的草泥墙皮残块和朱红地面残块可知,草泥墙皮通厚3.71厘米,其中一残块中还有壁画痕迹;朱红地面通厚4.3厘米。因该遗址上部已被取土近2米,故顶部建筑物没有留下痕迹。现存基址南北最大长度为21米,东西最大长度为

---

[1] 阿房宫考古队:《咸阳上林苑1、2号建筑遗址考古发掘取得重要收获》,《中国文物报》2005年12月9日。

19米。该遗址出土了砖、瓦和瓦当等建筑材料及少量的货币、钱范残块。上部建筑之中部廊房的倒塌堆积内出土了大量制作粗糙的板瓦片和筒瓦片,其特征与战国秦上林苑一号建筑遗址出土的瓦片基本相同。又在底部建筑倒塌堆积中发现不少战国时期的绳纹铺地砖和山形云纹及素面半瓦当,与秦都咸阳宫建筑遗址所出土的铺地砖和半瓦当基本相同。此外,在该遗址底部建筑倒塌堆积中,还出土了不少表面饰粗绳纹、内面为素面板瓦片和表面饰中粗绳纹或粗绳纹、内面均为粗布纹的汉代筒瓦片。在中部的倒塌堆积中还出土了西汉五铢钱。由此看来,这座建筑遗址在西汉时期沿用并被改建或翻修过。据文献记载,西汉武帝时,在秦上林苑的基础之上又扩建了汉上林苑。故该座建筑遗址应原为战国秦上林苑的建筑,后来为汉代上林苑所沿用。从该遗址出土遗物来看,未见比西汉更晚的东西,故该建筑应该毁于西汉末年。①

四号建筑遗址(传说为"秦始皇上天台"),位于阿房宫前殿遗址东500米,是以一座高台宫殿建筑为核心的宫殿建筑群。20世纪50—70年代,人们曾在遗址上取土、修梯田,进行过大规模土地平整等,故该宫殿建筑群的遗址已惨遭破坏。该遗址中部偏西为高台宫殿建筑,以此为核心,其东面、西面、北面均有附属建筑,南面未见建筑遗迹。通过勘探了解到,高台宫殿建筑北面的附属宫殿建筑结构复杂,面积较大,位于高台宫殿建筑北30米,其范围东西长240米,南北宽118—148米。高台宫殿建筑东侧附属建筑位于其东62米,其范围东西长85米,南北宽21米,面积1785平方米。高台宫殿建筑西侧附属建筑紧临其西边缘,其范围东西长122米,南北宽15—23米,面积约1830平方米。高台宫殿建筑南侧及东南侧均为沙地。为了彻底搞清以高台宫殿建筑为核心的宫殿建筑群的时代,考古队选择三处建筑遗迹进行了发掘。第一处即高台宫殿建筑遗址,为宫殿建筑群的核心。该遗址下部为高台宫殿建筑的夯土台基,现存东西111米,南北74米,夯土厚2.5米。从勘探资料看,其西部向西伸出东西25米、南北36米;东北部伸出东西30米、南北40米。该遗址上部为宫殿建筑,通高15.2米,可分为三层建筑。底部建筑已无,现存基址东西50—73米,南北62米,基址高8.1米;中部建筑现存长5.1米,宽1.9—2.5米,高0.9米;顶部建筑无存,现存

---

① 阿房宫考古工作队:《陕西西安发掘上林苑3号和5号建筑遗址》,《中国文物报》2006年11月1日。

基址东西 21 米,南北 13 米,高 6.2 米。从勘探和发掘来看,该建筑没有发现火灾痕迹。从该建筑遗址形制来看,下部为夯土台基,上部为宫殿建筑。这与秦都咸阳宫一号宫殿建筑遗址的形制基本相同,是较典型的战国高台宫殿建筑。从出土的板瓦和筒瓦片来看,亦均与战国秦一号建筑遗址出土的板瓦和筒瓦的制法、形制和纹饰相同。第二处建筑遗迹位于高台宫殿建筑北面 30 米,是以高台宫殿建筑为核心的宫殿建筑群的一座附属建筑,建筑遗迹基本被破坏无存。考古队对该座遗址进行了局部发掘。发掘部分位于该座建筑物基址的拐角处,上面的建筑遗迹绝大部分都在平整土地时被破坏。东西向建筑基址长 91 米、宽 75 米,现存高出南侧廊道地面 0.82 米,这应为宫殿建筑殿址的基址。南北向建筑基址南北长 65 米,东西宽 7.5 米,现存高 0.2—0.82 米,这应为宫殿建筑内的一条通道基址。限于树木繁多,考古队对该座建筑遗址西部进行了发掘。揭露的宫殿建筑部分基址东西长 8 米、南北宽 1.74 米,通道基址现揭露南北长 4.24 米、东西宽 1.1 米。宫殿基址南壁夯土外面还残存部分草泥墙皮,自里向外分为粗草泥、细草泥、细泥、白灰面,墙皮厚 6—7 厘米。宫殿基址南侧有用木坎墙封闭的廊道,宽 0.8 米,木墙墙基厚 0.1 米,廊道地面存不少黑木灰。封闭廊道南侧为开放式廊道,宽 1.3 米,上面残存铺砖地面。完整的砖,一面为密集小方格纹,一面为素面,长 36.2 厘米、宽 34 厘米、厚 3.3 厘米。从勘探和发掘来看,该宫殿建筑遗址曾遭受大火焚烧。遗址出土了大量制作极为粗糙的筒瓦片,表面均饰细密绳纹、内面为麻点纹,泥条盘筑痕迹明显;还出土了大量的素面瓦当及少量的葵纹瓦当,当背绳切痕迹清晰,所连筒瓦均与出土筒瓦的制法和纹饰完全相同;另外还出土了一定数量的表面为细密交错绳纹、内面为素面的板瓦残片。上述出土物都明确无误地显示了早期瓦的特征,故该建筑应建于战国时期。此外,还有大量表面为粗绳纹的汉代板瓦片和少量厚的素面铺砖残块出土,也有汉代的五角水管残片、汉半两钱和汉代建筑物中常见的铁直角钉出土,说明该建筑沿用到了汉代。第三处建筑遗迹位于高台宫殿建筑东面 19—32 米。现存东、西两组排水管道。东组排水管道现发掘南北长 23 米,通过勘探了解到,水管道向南延伸 4 米后无存,即水管道残存长 27 米。发掘表明,管道铺于一条沟中,排水管道沟系在生土中挖成,在地表以下 0.7 米处。在沟底部铺好陶水管道后,沟内填土稍加夯筑,大部分被扰动。水管道由竖直管道和平铺管道组成,均为陶质。竖直管道套接一水管弯头连接平铺的水管道。竖直管道、水管弯头和平铺水管道均为东、西两行并列铺就。竖直管道东西两行各残存一节,残高43—33厘米、壁厚1.2厘米。东西二水管弯头高24厘米、长12厘米、厚1.3厘米。平铺水管道东行残存41节水管,西行残存37节水管。水管一头粗一头细,每节长58—62厘米,粗端径28—35厘米,细端径24—26厘米。水管表面饰细直、交错及斜绳纹,内面为麻点纹,有泥条盘筑痕迹。竖直管道上面的渗水井和漏斗等设施均无存。根据发掘情况判断,排水管道水流方向应为自北向南流。该排水管道的形制与上林苑五号建筑遗址水管道的形制相同,应为战国时期宫殿建筑铺设的排水管道。它与上林苑四号遗址中战国高台宫殿建筑的时代是一致的,应为上林苑四号遗址中以高台宫殿建筑为核心的宫殿建筑群内的排水管道。西组排水管道位于东组排水管道遗迹西20—28米,呈"东南—西北"方向。从勘探可知,排水管道还断续向南、向北延伸,现发掘水管道长25米。通过勘探和发掘了解到,西组排水管道水流大方向应从南向北流(该段长152米),后西折(该段长58米),再向北折(该段现存长210米),即现存水管道通长420米。所用水管与秦都咸阳宫内排水管道水管形制相同,与五号建筑遗址排水管道所用水管相似,应为战国时期铺设的水管道,应是四号遗址内以战国高台宫殿建筑为核心的宫殿建筑群内的排水管道。从上述三处建筑遗迹的发掘资料来看,四号建筑遗址应是战国时期的秦国在渭河以南建造的一个以高台宫殿建筑为核心的宫殿建筑群,从遗址中出土遗物来看沿用到了汉代。①

五号建筑遗址位于阿房宫前殿遗址东北角外500米处,向东与四号建筑遗址连为一体。战国文化层内含战国时期的建筑倒塌堆积物,出土砖、瓦和瓦当等。该建筑遗址主要为排水管道遗迹。经过进一步钻探发现,该遗址的房屋建筑遗迹已被破坏殆尽,仅厂房废墟深坑的北壁上残留少许夯土。发掘的排水管道遗迹,第1组由东西向和南北向的管道组成,呈曲尺形。东西向段,其东端继续向东延伸,西端与南北向段呈直角相连接。东西向管道长59米,南北管道长10米,其北端向北继续延伸。该组管道为在生土中挖沟后铺设水管而成,管道上面垫土为五花土夯筑。第1组水管道南北向段经勘探,北端向北延伸30米后继续向前延伸,因其上为某化工厂水泥地面,故已无法进行考古勘探和发掘。

---

① 李毓芳、王自力:《西安秦汉上林苑四号、六号建筑遗址发掘》,《中国文物报》2007年7月6日。

第2组水管道位于第1组南北向部分的西侧,间距21.5米。现发掘水管道长18米,亦为在生土中挖沟铺设水管而成,管道上面垫土未经夯筑。该组管道向南、向北延伸。向南延伸61.7米后继续向前,但因上面有建筑物,故无法再进行勘探工作。从土层来看,管道向北延伸部分钻入了生土洞。土洞宽0.7米,高1米。因土洞上面为建筑物,亦已无法再勘探和试掘。水管道均由3条圆筒形陶水管套接而成,横剖面呈"品"字形。水管道所用水管长0.57—0.58米,一端粗,一端细,粗端直径0.32米,细端直径0.23米,水管壁厚0.08—0.1米。水管表面周身饰细绳纹、中粗绳纹和粗绳纹,绳纹分直绳纹、斜绳纹和交错绳纹,内面为麻点纹,有泥条盘筑痕迹。第1组水管道每条管道现存水管105节。第2组水管道上层水管已被压成碎片,下面两条管道保存尚好,各存留水管33节。该遗址内出土了一些砖、瓦和瓦当等建筑材料。所出土的铺地砖残块上面为几何纹和密集小方格纹,砖较薄,且几何纹砖背面有绳纹。此外,出土的瓦和瓦当制作均特别粗糙,其特点与秦都咸阳宫遗址出土遗物相似,且所出土葵纹、连云纹和蘑菇形纹等纹饰均为早期瓦当特征。此外,排水管道所用水管亦与秦都咸阳宫出土水管相同。①

六号建筑遗址在阿房宫前殿遗址东北2000米(位于今中国人民武装警察部队工程大学校园内),传说这里是阿房宫"磁石门"遗址。通过考古勘探了解到,该遗址是一处南北长、东西窄的高台宫殿建筑遗址,分为下部夯土台基和上部宫殿建筑两部分(夯层一般厚5—8厘米)。下部夯土台基形状不规则,现存南北最大长度57.5米,东西最大宽度48.3米,自现地表向下,夯土厚3.7米。上部宫殿建筑原建筑物已无存,现仅存基址,形状不规则,现存南北最大长度45米,东西最大宽度26.6米,高出现地表1.5—2.4米。从建筑物倒塌堆积中出土了大量建筑材料板瓦、筒瓦及少量瓦当,板瓦、筒瓦均为灰色。从该建筑遗址出土物看,既有战国时期的板瓦、筒瓦,又有属于西汉前期的板瓦、筒瓦、瓦当,应为战国时期所建,而又沿用到了西汉。从该建筑遗址的建筑结构来看,它应为一座

---

① 阿房宫考古工作队:《陕西西安发掘上林苑3号和5号建筑遗址》,《中国文物报》2006年11月1日。

高台宫殿建筑,而不是一座门址。①

阿房宫有复道、阁道通往咸阳宫和临潼的秦始皇陵。秦始皇及二世经常在此处理国家大事。这里还有环境幽雅的上林苑。后来的王朝,在阿房宫地区还进行了不少的活动。前秦苻坚时,曾植梧桐数千于阿城。唐太宗时,曾驻兵于此。到宋时,仍有三面城墙。

(五)信宫

《史记·秦始皇本纪》云:秦始皇二十七年,"作信宫渭南,已更名信宫为极庙,象天极。自极庙道通郦山……"②。从记载可以看出,信宫修建在渭水以南。"章太炎云:案《春秋传》再宿曰信,《诗》言有客信宿,则信宫者暂宿之宫。"③又据《三辅黄图》云:"信宫,亦曰咸阳宫。"其意为信宫的作用可以代替咸阳宫,是秦始皇将都城南移的具体行动之一。

《史记》称"已更名信宫为极庙",说明信宫不久便改作极庙。所谓极庙,乃是一座宫殿的宗庙,也叫"宫庙"。古人"宫""庙"界限区分不甚严格,宗庙也是从活人的宫室转化过来的。司马贞《史记索隐》云:"为宫庙象天极,故曰极庙。"极庙象征天上的天极星座,天极星即北极星,是群星所拱卫的最为尊贵的星,秦始皇之所以将信宫改为极宫,实际上正是采用邹衍的阴阳五行学说,而把天上的星座与地上的君臣相比附,为其中央集权制制造理论根据,以表现他"德兼三皇,功过五帝"的功绩,把自己作为世俗皇帝在天宫的代表。

很明显,信宫是秦始皇为自己修建的庙,是秦在渭南所修诸庙之一。"今始皇为极庙,四海之内皆献贡职,增牺牲,礼咸备,毋以加。"④秦始皇驾崩后,秦二世将极庙改为始皇庙,《史记·秦始皇本纪》云:"二世下诏,增始皇寝庙牺牲及山川百祀之礼。令群臣议尊始皇庙。群臣皆顿首言曰:'古者天子七庙,诸侯五,大夫三,虽万世世不轶毁。今始皇为极庙……先王庙或在西雍,或在咸阳。天子仪当独奉酌祠始皇庙。自襄公已下轶毁。所置凡七庙。群臣以礼进祠,以

---

① 李毓芳、王自力:《西安秦汉上林苑四号、六号建筑遗址发掘》,《中国文物报》2007 年 7 月 6 日。
② 《史记》卷六《秦始皇本纪》,第 241 页。
③ 马非百:《秦集史》,中华书局,1982 年,第 539 页。
④ 《史记》卷六《秦始皇本纪》,第 266 页。

尊始皇庙为帝者祖庙。'"①这说明秦二世时把秦始皇庙作为皇帝祖庙,以后按二世庙、三世庙向下排,以建立新的七庙。

宗庙是有一定格局、一定规模的建筑,与陵墓有密切的关系,因此才有"自极庙道通郦山"的记载,这里的郦山是指秦始皇陵,秦始皇陵原名"丽山"。既然信宫是作为始皇庙而修建的,为什么一开始不称"庙"而称"宫"呢?这是因为秦始皇正当英年,"宫"是讳言死事的一种称呼,和把其陵墓称作"丽山"一个道理。这在《汉书·景帝纪》中也能找到类似的例子,景帝"四年春三月,起德阳宫"。注云:臣瓒曰:"是景帝庙也,帝自作之,讳不言庙,故言宫。"

极庙位于渭南,但具体地望则仁者见仁、智者见智。何清谷先生认为在汉长安城的北宫,即北宫可能是在极庙的废墟上建立起来的,位置在今西安市北郊的南徐寨一带。②《吕氏春秋·慎势》云:"古之王者,择天下之中而立国,择国之中而立宫,择宫之中而立庙。"极庙所处位置南是章台,东南是兴乐宫,西是甘泉宫,北隔渭水是咸阳宫。正处于诸宫之中,符合立庙的原则。聂新民先生认为信宫即西安北郊阎家村建筑遗址。③ 刘致平在《西安西北郊古代建筑遗址勘查初记》中认为这是一处汉代建筑遗址。④ 聂新民先生则认为该遗址为秦遗址,是一处宗庙遗址,极有可能是信宫——秦始皇的七庙遗址。王学理先生在《咸阳帝都记》一书中也持此观点。

笔者认为极庙应在渭南的诸庙附近。关于诸庙的位置,《史记·樗里子甘茂列传》载:"樗里子疾室在于昭王庙西渭南阴乡樗里,故俗谓之樗里子。至汉兴,长乐宫在其东,未央宫在其西,武库正直其墓。"⑤樗里子是秦的著名大臣,号称"智囊",是秦丞相中唯一的嬴秦宗室人物。他住在昭王庙的西边。秦在渭南的诸庙有7个,贾谊《过秦论》云:"一夫作难而七庙堕。"又《史记·秦始皇本纪》云:"子婴度次得嗣,冠玉冠,佩华绂,车黄屋,从百司,谒七庙。"⑥这七庙当然包

---

① 《史记》卷六《秦始皇本纪》,第 266 页。

② 何清谷:《关中秦宫位置考察》,《秦文化论丛》第 2 辑,西北大学出版社,1993 年,第 149 页。

③ 聂新民:《秦始皇信宫考》,《秦陵秦俑研究动态》1991 年第 2 期。

④ 刘致平:《西安西北郊古代建筑遗址勘察初记》,《文物参考资料》1957 年第 3 期。

⑤ 《史记》卷七一《樗里子甘茂列传》,第 2310 页。

⑥ 《史记》卷六《秦始皇本纪》,第 292 页。

括极庙在内。如果按照昭穆制度建置宗庙,极庙当离昭王庙不远,其所在位置应在秦甘泉宫以南、兴乐宫以北。

综上所述,秦都咸阳是由一个庞大的建筑群组成的,是秦的政治、经济、文化、军事中心,其都城从战国时期延续到秦灭亡。特别是统一后,咸阳城得到了很大的发展。

第三节　秦都咸阳的设计理念

都城的设计建造是当时意识形态的反映。秦都咸阳横跨战国时期和秦代,这一时期是中国历史上的大变革时期,可谓"百家争鸣,百花齐放"。秦在商鞅变法后采用的是以法家为主的统治思想,这种思想反映在其都城的设计上,对于传统的都城设计思想虽有继承,但更多的是改革,以体现对秦统治者至高无上思想的崇尚。

前文已对咸阳都城的总体布局进行了论述,从其布局和结构中可知,都城的设计体现了法家思想和"法天"思想。

法家思想主张实行中央集权制,认为皇帝是至高无上的,要树立统治者的权威。秦始皇统一天下后,实行中央集权制,认为自己"德兼三皇,功过五帝",功绩卓越,除实行一系列巩固中央集权制的措施外,在都城建设上也表现了出来,突出地表现在"创新""尊严"和"博大"上。

所谓"创新",就是既要不同于过去的王城,又要有别于古代割据列国的国都。在规划格调上,要求超越旧制、旧习的束缚,富于创新,以便把创新的精神推向更高层次的发展;所谓"尊严",即是在规划气质上,要充分体现"履至尊而制六合"的君主专制权威的尊严,反映出千古一帝的气势;所谓"博大",是要有广阔而坚实的基础,博大的胸怀和气质,足以表达空前大一统的声势。"创新""尊严""博大"三者并不是孤立存在的,就秦都咸阳规划的整体而言,这三者是相互作用、相辅相成、有机统一的。

制定壮丽、宏伟、威严、豪华的都城规划,使秦都咸阳远远超过西周时期丰、镐二京和战国时期东方六国的都城规划,象征着古代皇权的统治和对东方六国战争的胜利。秦都咸阳是在其他六国都城基础上的升华,以充分显示天下唯我独尊的气势和超越所有君王的魄力,以及作为专制皇帝的合理依据。《史记·秦始皇本纪》云:二世时,右丞相去疾等"请且止阿房宫作者",二世拒绝说:"且先帝起诸侯,兼天下,天下已定,外攘四夷以安边竟,作宫室以章得意,而君观先帝功业有绪。"①《汉书·高帝纪》也记载:"萧何治未央宫……上见其壮丽,甚怒,谓何曰:'天下匈匈,劳苦数岁,成败未可知,是何治宫室过度也!'何曰:'天下方未定,故可因以就宫室。且夫天子以四海为家,非令壮丽亡以重威,且亡令后世有以加也。'上说。"②秦作阿房宫"以章得意"与汉治未央宫"非令壮丽亡以重威"是相同的目的。阿房宫的营建,与秦始皇欲传之万世为君的皇权思想是一致的,借高大的秦皇宫而达到威慑的目的。巩固皇权是古代社会都城营造的核心思想。

在强调中央集权制的同时,都城的建设规划中也体现出"法天"的思想。"廿七年……焉作信宫渭南,已而更名信宫为极庙,象天极。""三十五年……为复道,自阿房渡渭,属之咸阳,以象天极阁道绝汉抵营室也。"③"始皇穷极奢侈,筑咸阳宫。因北陵营殿,端门四达,以则紫宫,象帝居。渭水贯都,以象天汉;横桥南渡,以法牵牛。"④

把咸阳都城营建和天极观念结合起来,是为了显示王权至上和君权神授的思想,从其整个实施过程可看出二者具有上下对应关系。所谓对应关系,是指都城建筑物平面各点与空中星象平面各点具有垂直的投影关系。秦人在其都城的设计中,把冬至前后傍晚位于咸阳天顶的银河和仙后星座傍围的主要星宿与渭河横桥附近的主要宫苑的位置,安排在一条垂直线上,使天象与地面互相对应。

以渭河代表天汉,天汉即现在的银河,冬季每夜横亘天空,各个星宿分布于银河中及其两岸,璀璨夺目;地面上渭河东西横穿咸阳,两岸宫殿林立,与天上的星群一样。

以咸阳宫代表紫宫,紫宫即"紫微宫",是天帝所居的宫室,即咸阳宫的设计仿效天上的紫微宫,"因北陵营建,端门四达,以则紫宫"。古代的星象学,把天

---

① 《史记》卷六《秦始皇本纪》,第 271 页。
② 《汉书》卷一《高帝纪下》,第 64 页。
③ 《史记》卷六《秦始皇本纪》,第 256 页。
④ 《三辅黄图校释》卷一,第 22 页。

上的星象分为五大星区,称为"五宫",即东宫、西宫、南宫、北宫、中宫。中宫在天空星宿的分布中属于居中位置。既然中宫星区是天上星宿的中心,当然也是主宰万物的天帝的居所,所以又称"紫宫"。而处于紫宫即中宫星区最中心位置的便是天极星,即北极星。显然北极星是位置最尊贵的星。《论语·为政篇》云:"北辰(即北极星),居其所,而众星拱之。"北极星是太一常居处,太一即泰一,是天帝的别名。天帝居北极星,是"天之枢也"。人间的皇帝是天子,即天帝的儿子。皇帝在人间的居所皇宫当然要和天帝的居所紫宫相对应,于是历代帝王不惜一切财力、物力,大修其人间的紫宫即皇宫。从秦始皇的紫宫到明清时的紫禁城反映的都是这种思想。

以横桥代表阁道。"横桥南渡,以法牵牛",横桥是秦为了连接渭河两边的都城咸阳而修建的,以象征天上的星象。以阿房宫代表营室,"自阿房渡渭,属之咸阳,以象天极阁道绝汉抵营室也。"《三辅黄图》亦云:"二十七年,作信宫渭南,已更命信宫为极庙,象天极。"天极即北极,是天帝所居星宿。横过天河的六星为阁道,通过天河的一星叫"营室"。以阿房宫象征天帝所居的营室,天帝从天极出来,经过阁道,横渡天河而达于营室、紫宫,而皇帝如天帝降临人间来统领万民。借此为其长久统治制造舆论。实际上秦始皇是把自己这个人间皇帝比作天帝。

秦都咸阳的建筑布局,以渭河为纬向轴线,以咸阳宫为经向轴线,以两线交点横桥为中心向四周散布,形成了以咸阳宫和阿房宫为中心的都城区及向外扩展的京畿地区(即内史区),形成"北至九嵕、甘泉,南至鄠、杜,东至河,西至汧、渭之交,东西八百里,南北四百里,离宫别馆,相望联属。木衣绨绣,土被朱紫,宫人不移,乐不改悬,穷年忘归,犹不能遍"①的大都城区。

咸阳都城横跨渭河南北两岸,以地势高亢之渭河南北区为主体,呈俯瞰全城之势。这种地理条件确有利于运用天体观念规划,以展新姿,从而显示帝都之尊。

从前文有关选择"天极"的叙述中可以看出,秦始皇是用心良苦的,可惜最后选定的"天极"——阿房宫尚未完成,其改造意图未竟全功,所以不得不以咸阳宫权且充作现实的"天极",因而形成了上面所说的以渭北为主体的规划格

---

① 《三辅黄图校释》卷一,第 25 页。

局。显然，这种格局不过是权宜之策，并非秦始皇改造咸阳的最终方案。

以广阔京畿为规划基础，又与运用天体规划的观念巧妙结合，这是秦咸阳改造规划结构的又一新发展。秦人又修建了甬道、复道、阁道等，将咸阳城周围二百里内大批宫观连成一个有机整体，模拟天体星象，环卫在咸阳城外围，更加显示"天极"——咸阳宫的广阔基础，也突出了它的威严。如果再结合以咸阳城为中心的全国水陆交通网络来观察，更令人感受到这套规划结构的磅礴气势和君临天下的宏伟构想。这是秦始皇好大喜功性格的具体体现。

第四节　秦都咸阳无外郭城

考古工作者目前已经发现了咸阳宫宫城遗址。1973年11月至1974年4月，秦都咸阳考古工作站探测出宫城遗址呈长方形，西墙压在十三号公路上，东墙区在姬家道，南墙在牛羊村的塬下，北墙在一号遗址北。南墙长902米，北墙长843米，西墙长576米，东墙基保存较差，估计周长2956米。墙基宽5.5—7.6米，距地表深1.4—2.2米。断代与"冀阙宫廷"同属战国时期。宫墙内分布着八处大型宫殿建筑遗址，其中一号遗址位于城北部偏西，四号遗址位于城北部偏东，西南是三号遗址，西北是二号遗址。塬下城内有多处路土和小面积夯土。

关于秦都咸阳有无外郭城，学界一直争论不休。主张有外郭城者认为，战国时期的各国都城都有外郭城，仿咸阳而建的秦始皇陵也有外郭城，所以秦都咸阳应有外郭城。主张没有外郭城者，其根据一是考古工作者迄今未发现外郭城遗迹；二是秦都咸阳从秦孝公开始建设起，一直在扩大之中，因此不可能用外郭城来限制城的发展。笔者是赞成咸阳无外郭城的。

首先，古人筑城郭的目的是为了防卫。《吴越春秋》云"筑城以卫君，造郭以守民"，很明确地指出了修筑城郭的目的和意义。春秋战国时期各国竞相筑造城郭正是为了卫君守民，这在战国时期其他诸侯国中表现得很明显。而秦国都咸阳则不是这样，秦都咸阳虽经考古工作者的苦心钻探，至今仍未发现外郭城。这是因为秦人是一个勇敢善战的民族，从秦襄公建国开始，统治者一直把对外扩展领土作为主要任务，秦人不断向东发展，都城也不断向东发展迁移。秦人并没有筑外郭城进行防御的习惯,特别是从秦穆公独霸西戎以后,秦孝公改革强大,秦始皇进行统一战争,秦人总是在不断扩大自己的领土,这正是秦民族勇往直前、不畏艰险的精神所决定的,故而更不需要筑外郭城用来防守。秦还有几个军事性质的都城连宫城都没有,只是修建一两个宫殿供皇帝居住,以便于指挥战争而已。

关于这一点,还可以从秦人把墓葬建在城外看出来。战国时期,不少国家因害怕先人墓葬遭毁掠,便把墓葬修在城内;而秦人则从雍城开始,便一直把陵墓修在城外。雍城的陵墓在城南,栎阳的在城东北,咸阳的在城西北、城东南,这并不是秦人不怕列国掠夺和抢劫,而是由秦民族的特性决定的。

其次,秦所处的优越的地理位置使其没有必要修建外郭城。因为秦政治中心位于关中地区,东有函谷关、黄河天险,东南有武关,西有散关,南有秦岭,北有北山,形势险要,易守难攻。这样的地理环境使秦在春秋战国时期很少受到列国入侵,特别是秦占领整个关中地区后,凭借着优越的地理形势,把战场都放在其他诸侯国中,并始终处于攻势。关于这一点,历代多有人指出。《史记·苏秦列传》云:"秦四塞之国,被山带渭,东有关河,西有汉中。"《史记·刺客列传》云:"北有甘泉、谷口之固,南有泾、渭之沃,擅巴、汉之饶,右陇、蜀之山,左关、崤之险。"张固《西都赋》云:"左据函谷二崤之阻,表以太华终南之山,右界褒斜龙首之险,带以洪河泾渭之川,众流之隈,汧涌其西,华实之毛,则九州之上腴焉,防御之阻,则天地之隩区焉。"

最后,从秦都城的整个营建过程来看,也不可能修外郭城。秦人建都城是先修宫殿,而后再筑宫墙,从史书记载中"居西垂宫""居平阳封宫""居雍大郑宫""居阳宫"等都可以看出这一点。秦德公时已将雍城作为都城,到怀公时才"城雍"。有人认为这里的"城雍"是修补的意思,笔者则认为是在宫殿周围开始修建宫城,而并非外郭城。

秦都咸阳的修建,可以说是随着秦国势力不断增强而扩大的,从秦孝公十二年的"秦徙都之"到秦惠文王的"初都咸阳,取岐、雍巨材,新作宫室。南临渭,北逾泾",再到秦昭襄王时"渭水贯都,以象天汉",都城已扩展到渭河南北两岸,且愈来愈大。到秦始皇时,更修阿房宫,其原因就是咸阳人多,先王之宫廷太小。

秦国在商鞅变法以后,国力不断增强,在与诸侯的战争中处于越来越有利的形势,秦始皇"续六世之余烈,振长策而御宇内"。之所以会出现山东六国合纵抗秦的形势，与秦国力的强大对山东六国形成巨大的压力有很大关系。但由于种种原因，山东六国仍然不是秦的对手，一个个被分化、瓦解、征服。随着秦在战争中立于不败之地，修建"卫君守民"的外郭城已失去了意义，秦都咸阳也无限制地扩大，形成"咸阳北至九嵕、甘泉，南至鄠、杜，东至河（黄河）、西至汧、渭之交，东西八百里，南北四百里，离宫别馆，相望联属"的规模。秦始皇要"表河以为秦东门，表汧以为秦西门，表中外殿观百四十五，后宫列女万余人，气上冲于天"①，实际上是要把整个关中地区作为其都城，只是由于秦的快速灭亡，秦始皇的这一夙愿未能实现。尽管如此，秦在关中还是修建了众多离宫别馆。因此，秦都咸阳根本无法修筑外郭城。秦国在战国后期战争中的不断胜利，也使秦人不必修建外郭城。如果非要说咸阳有外郭城的话，则是秦人以自然山川险阻为其外郭城，即东边的黄河、西边的陇山、南边的秦岭、北边的北山等。

在这里我们必须澄清史籍中有关秦咸阳有城门的若干记载。《史记·滑稽列传》云"二世立，又欲漆其城"②；《七国考》卷一三载"昭襄王二十七年，地震坏城"③；《史记·白起王翦列传》载"武安君既行，出咸阳西门十里，至杜邮……遂自杀"④；《史记·项羽本纪》载"章邯恐，使长史欣请事。至咸阳，留司马门三日"⑤；《史记·绛侯周勃世家》记载有"棘门"。主张秦咸阳有外郭城者，很多便以以上这些记载为依据。实际上，只要认真分析这些材料，就会知道它们所指均为宫城门或者宫门，并非外郭城城门，下面将逐一进行分析。

《史记》中的"欲漆其城"和"地震坏城"是指宫城而言。秦咸阳的宫城已被考古工作者发掘出来，"宫城呈长方形，其中北垣长843米，西垣长576米，南垣长902米，墙厚约4.6米，夯土墙基本上构成一个东西长方形的城"⑥。为了弄清夯土墙基的时代，考古工作者在北墙中段进行了试掘，墙基在秦文化层之中，其中夹有较多战国时期板瓦、筒瓦残片和少量战国时期的瓦鬲、釜、盆、罐等陶器

---

① 《史记》卷六《秦始皇本纪》正义引《三辅旧事》，第239页。
② 《史记》卷一二六《滑稽列传》，第3203页。
③ 《七国考》卷一三，第380页。
④ 《史记》卷七三《白起王翦列传》，第2337页。
⑤ 《史记》卷七《项羽本纪》，第308页。
⑥ 《秦都咸阳考古报告》，第12—13页。

残片,根据这些遗迹遗物判断,此墙基为战国时代所修筑。① 在这个长方形的夯土墙基以内分布有八处秦宫殿建筑遗址,从已发掘的三处秦宫殿建筑遗址的地望、规模、布局和建筑工艺来看,它们无疑是秦宫中的重要建筑物。宫城的发现也说明当时"欲漆"之城和"地震坏城"均是指宫城而言。

至于"出咸阳西门十里,至杜邮"的记载,只要弄清了杜邮的地望,西门所在便迎刃而解。杜邮的具体地望,《民国重修咸阳县志》卷一"川原"云:渭水"又东有漆河亦来入,又东即杜邮亭,汉西渭桥在焉,亭东五六里即故渭城,又东十五里过窑店镇"。渭水南岸的漆渠河今仍在,位于沙岭村东约 500 米,于航校农场以西 750 米处入渭。与此南北相对的渭水北岸为石家堡,其东邻摆旗寨,因而杜邮亭大约在摆旗寨附近。《括地志》云:"今咸阳县,古之杜邮,白起死处。"②《史记·白起王翦列传》索隐按:"杜邮,今在咸阳城中。"③这均为唐人的著述,因而只要找出唐咸阳城所在,即可找到杜邮。唐代咸阳城,北距汉义陵 8 里,西北距渭陵 7 里,西北距康陵 9 里,西北距延陵 13 里。④ 根据以上记载,李令福先生认为,唐咸阳县城原位于今咸阳市渭城区渭城乡三姓庄附近,在三姓庄西有当地人所谓的白起墓,从另一侧面证明了杜邮亭的所在。⑤ 由三姓庄往东 10 里(汉里),即 4700 余米,差不多就是宫城的西垣,因此,西门应为宫城的门。

司马门即宫中之门,《史记·项羽本纪》集解曰:"凡言司马门者,宫垣之内,兵卫所在,四面皆有司马,主武事。总言之,外门为司马门也。"《史记·项羽本纪》索隐:"天子门有兵阑,曰司马门也。"⑥很明显,司马门指宫廷之外门。棘门,《史记·孝文本纪》正义引孟康云:"秦时宫门也。"关于棘门地望,《长安志》卷一三云在"(咸阳县)东北十八里"。《长安志》是北宋宋敏求的作品,当时一里折合为今 545 米,唐宋咸阳城在今渭城区摆旗寨附近,那么其东北 18 里,当在今咸阳市窑店的牛羊村与姬家道之间,因而应是宫门,而非外郭门。

---

① 陈国英:《秦都咸阳考古工作三十年》,《考古与文物》1988 年第 5、6 期合刊。
② 《括地志辑校》,第 18 页。
③ 《史记》卷七三《白起王翦列传》,第 2337 页。
④ 《元和郡县图志》卷一,第 14 页。
⑤ 李令福:《秦都咸阳若干问题的探索》,《中国历史地理论丛》1998 年增刊。
⑥ 《史记》卷七《项羽本纪》,第 309 页。

根据以上史书中所记载的各门情况，可以明显看出都是宫城之门而非外郭城之门。假如当时有外郭城的话，就不大可能会发生秦惠文王和昭襄王时两次"狼入咸阳市"和秦始皇"逢盗兰池"的事件了。

有学者根据《吕氏春秋》的记载和古代"事死如事生"的礼制，遂由秦始皇陵的建制来推测秦都城咸阳，指出："秦始皇陵园西部的长方形小城，相当于咸阳建有宫廷的西部小城；陵园东部直到兵马俑坑，相当于咸阳的东面大郭。三个兵马俑坑，象征着咸阳守卫东郭门一带的屯卫军。"①这是牵强附会的类比，因而是难以成立的。

我们分析一下《吕氏春秋》的记载，《吕氏春秋·孟冬纪·安死》云："世之为丘垄也，其高大若山，其树之若林，其设阙庭、为宫室、造宾阼也若都邑。"②前文说过，秦都咸阳在不断扩大中，不可能修建外郭城。更重要的是，"若都邑"，其"若"字是好像、象征的意思，既然是象征意义，那么陵墓绝对不会和都城一模一样，事实上陵墓受到各种限制，也不可能和都城完全一样，这是有目共睹的、不争的事实。如秦咸阳都城中有手工作坊和居住区，秦始皇陵墓中不会有，也没有必要有。王学理先生指出："陵墓制度有其本身发展的规律，形成独立的序列。它必然也必定在此基础上增减内容，也绝不可能脱离这一轨道去仿首都。"③赵化成先生也认为："秦始皇陵园布局结构并非模仿都城，而它与其他战国国君陵园乃至中国历代帝王陵园一样，都只是模仿宫城而设计的。当然，这种模仿绝非是照搬，而是根据陵墓的特点和礼制的需要大致而为之，准确地说只是宫室、宫城建筑的一般性象征。"④明显可以看出，秦始皇陵是仿照咸阳宫而并不是仿照咸阳城建筑的。

还有学者根据成都的都城形制推论秦都咸阳应有内外城。对此我们有必要先对史料进行分析。《华阳国志》卷三《蜀志》云："（秦）惠王二十七年，仪与若城成都，周回十二里，高七丈；郫城周回七里，高六丈。临邛城周回六里，高五丈。

---

① 杨宽：《中国古代都城制度史研究》，上海人民出版社，2003年，第100页。
② ［汉］高诱注，［清］毕沅校，徐小蛮点校：《吕氏春秋》，上海古籍出版社，2014年，第197页。
③ 王学理：《秦始皇陵研究》，上海人民出版社，1994年，第127页。
④ 赵化成：《秦始皇陵布局结构的再认识》，见《远望集》，陕西人民美术出版社，1998年，第501页。

造作下仓,上皆有屋,而置观楼射兰。成都县本治赤里街,若徙置少城。内城营广府舍,置盐、铁市官并长丞,修整里阓,市张列肆,与咸阳同制。"①《太平寰宇记》卷七二《剑南西道一》引《蜀王本纪》亦云:"秦惠王遣张仪、司马错定蜀,因筑成都县之。都在赤里街,张若徙置少城内,始造府县寺舍,令与长安同制。"这是有关成都城最早的两处记载,后来的《水经注·江水》中根据前两书的记载又进行了发挥,遂产生了"以象咸阳"的记载。无论是"与咸阳同制",还是"以象咸阳",在情理上都不能理解为成都城同咸阳城是完全一样的,更不能由成都的东西二城便推论秦咸阳也是由东、西两城构成的,即西城东郭。② 这是因为:

首先,成都城当时是蜀郡的郡治所在,与秦都咸阳不可同日而语,在当时的中央集权制度下,绝对不可能允许郡城和国都的建制完全一样。即使郡可以仿照都城的形式,也不会是一模一样的。

其次,当时蜀郡土地肥沃,号称"天府",和关中地区的地形环境较相似,容易给人造成"与咸阳同制"的印象。

再次,文献记载和实际发掘情况也说明,咸阳的城制和成都是不一样的,秦咸阳只发现了宫城,没有外郭城。正如王学理先生在《秦始皇陵研究》中所讲:"秦都咸阳是随秦国由兴盛到统一而发展起来的城市。秦都咸阳早期的政治中心在渭河以北,具体地点当在今咸阳城区窑店镇的北原上;秦昭襄王以后,政治中心转向渭河南岸,集中在章台、信宫、兴乐宫和阿房宫。可见,张若修筑成都城时,仿效的乃是咸阳某一王宫的宫城。"③

最后,以董说《七国考》中所称"小咸阳",来说明咸阳和成都城一样,也站不住脚,只能说在城市建造上有相似之外,绝不可能完全一样,比如现在有人把韩城称作"小北京",但绝不可能说韩城和北京是完全一致的。

实际上成都和咸阳一致之处即"与咸阳同制"的地方表现在"置盐、铁市官并长丞,修整里阓,市张列肆"上,王学理和罗开玉两位先生均持此观点。④

因此笔者认为,李令福先生在《秦成都"与咸阳同制"考辨》一文中的观点是

---

① 《华阳国志》,第 29—30 页。

② 《中国古代都城制度史研究》,第 108 页。

③ 《秦始皇陵研究》,第 27 页。

④ 罗开玉:《秦在巴蜀的经济管理制度试析——说青川秦牍、"成亭"漆器印文和蜀戈铭文》,《四川师院学报》1982 年第 4 期。

正确的,他指出:成都与"咸阳同制"指的不是城的规模大小,也不是城的平面布局,因而也无法推论出秦都咸阳的布局为西城东郭。成都"与咸阳同制"指的是"造府县寺舍","置盐、铁市官并长丞,修整里阓,市张列肆",即政治、经济上推行的秦国制度。①

在政治和经济上推行同都城咸阳一致的制度,反映出秦对成都的治理是卓有成效的,因为当时的成都一带是秦国的后方根据地,在秦后来的发展中起着非常重要的作用,正如《战国策》卷三所云:"蜀既属,秦益强富厚,轻诸侯。"

第五节　秦都咸阳附近的离宫别馆

秦都咸阳附近的离宫别馆是都城建设的一部分,是为了帝王行幸、狩猎而建的。修建离宫别馆并非秦所开创,早在商纣王时就有,据《史记正义》引《竹书纪年》载:"自盘庚徙殷至纣之灭二百五十三年,更不徙都,纣时稍大其邑,南距朝歌,北据邯郸及沙丘,皆为离宫别馆。"②秦的离宫别馆大多集中在离都城较近的关中地区,据载,当时关中地区有离宫三百,众多的离宫别馆犹如满天星斗散落在关中平原上。据《三辅黄图》云:"北至九嵕、甘泉,南至鄠、杜,东至河,西至汧、渭之交,东西八百里,南北四百里,离宫别馆,相望连属。木衣绨绣,土被朱紫,宫人不移,乐不改悬,穷年忘归,犹不能遍。"③秦在咸阳附近的离宫别馆,由于秦末项羽入关后大肆烧掠和两千多年的风雨剥蚀,不仅地面建筑尽成废墟,有很多离宫别馆连位置也不能指。近年来,考古工作者在咸阳周围发现了一些秦的离宫别馆遗址,下面依据文献和考古资料进行叙述。

一　关中渭河以南宫殿

(一)步寿宫

《水经注·渭水》云,酋水"迳秦步高宫东……历新丰原东而北迳步寿宫西,

---

① 李令福:《秦成都"与咸阳同制"考辨》,《陕西师范大学学报》1998年第1期。
② 《史记》卷三《殷本纪》,第106页。
③ 《三辅黄图校释》卷一,第25页。

又北入渭"①。酋水即今天渭南市沈河。从以上记载可知,步寿宫在沈河以东。

1988年,文物工作者在渭南市临渭区沈河以东的崇凝乡靳尚村发现一处秦代宫殿遗址,东西长600米,南北宽约300米。中心是两座东西并列的主体建筑基址,东边的长36米,宽2米;西边的长40米,宽35米,均建于平整的台地上。在其南面和西面环以深沟。基址断面的夯土层非常清晰,规整密实,显示出秦建筑的标准形制。在夯土层断面和附近地面发现了大批秦时的建筑材料,其中有龙凤纹空心砖、几何纹方砖、云纹方砖等。据专家考证,该遗址是秦始皇时期建造的,属秦始皇的行宫。② 从其所在位置和时代推测,这座离宫应为秦步寿宫的遗址。

（二）步高宫

该宫的位置,据《三辅黄图》云:"在新丰县,亦名市丘城。"③经过对文献的分析和实际调查,笔者认为其位置应在今渭南市临渭区南的阳郭镇张胡村东北一带。为何如此认为呢？首先,新丰是西汉时设立的,因汉高祖刘邦的父亲思念故乡丰县,欲南归丰邑,刘邦便在秦丽邑的基础上仿其家乡丰邑建造新丰城,后改作新丰县。其治所在今西安市临潼区东北阴盘城,即今天的新丰镇西。当时的新丰县辖地很广,东到今渭南市华州区与赤水交界的赤水河,南至秦岭,与蓝田为邻。因此,今渭南市渭河以南当时均归新丰县管辖。《元和郡县图志》卷一载:"渭南县,本汉新丰县地。"直至今天,渭南市临渭区沈河以东原地,仍称丰原,是历史地名遗留的缘故。

其次,《水经注·渭水》云:"酋水南出倒虎山,西总五水,单流迳秦步高宫东……历新丰原东而北迳步寿宫西,又北入渭。"酋水即今渭南市的沈河,从渭南市临渭区的南山流下,经两原之间的沈河川向北流,注入渭河。这与史书记载吻合。笔者曾经与何清谷先生及陕西师范大学、西北大学有关专家去渭南市临渭区阳郭镇张胡村踏查过,发现了大片夯土台基,南北长约80米,高1米,夯土厚9—10厘米;又发现了大量的秦建筑材料,有筒瓦、板瓦、云纹砖、云纹瓦当等;同时在此处还发现了一段高出地面的夯土墙垣,高达4米,长约30米,厚约5米,

---

① 《水经注》卷十九,第306页。
② 王兆麟:《渭南发现秦行宫遗址》,《西安晚报》1988年11月18日。
③ 《三辅黄图校释》卷一,第34页。

夯层厚9—11厘米。在当地,秦建筑材料砖瓦俯拾皆是,是一处相当大的秦宫殿建筑遗址。①

《元和郡县图志》云:"秦步高宫在县(渭南)西南二十里。"《长安志》云:"秦步高宫一名市丘城,在县(渭南)西南三十里。"从以上记载可以看出步高宫在渭南市临渭区西南,而现在的阳郭镇张胡村正好在渭南市临渭区的西南,且距离渭南市临渭区30里左右。

(三)骊山宫

骊山自古及今都以其雅秀山峰及山下著名的温泉而驰名天下。周幽王时曾在此建离宫,并修建烽火台,历史上著名的"褒姒一笑失诸侯"的故事便发生在这里。这里苍柏翠松、花卉遍野,自然景观异常优美,加之离秦都咸阳很近,因而秦始皇时期在此筑离宫——骊山汤。

我们可以从文献和考古资料两方面来探究。《三辅黄图》云:"阿房宫,亦曰阿城。惠文王造,宫未成而亡。始皇广其宫,规恢三百余里。离宫别馆,弥山跨谷,辇道相属,阁道通骊山八十余里。"②从上记载可以看出,秦始皇扩建阿房宫时,专门修了一条阁道通往骊山。所谓阁道乃复道的一种改造,复道为上下有道,中间用木板隔开;阁道即是在木构桥梁上加有顶盖和栅栏的空中楼廊,这种道路既能遮风避雨,又安全保密,说明秦始皇时常来这里沐浴游玩,要不然怎么会花如此代价。《三秦记》云:"人行桥上,车行桥下。今石柱犹存。"③

秦"骊山宫"目前地面上部分已荡然无存。1996年,考古工作者在发掘华清池内唐御汤遗址时,在唐文化层下发现有地层很厚的黑褐色文化层,内含大量粗细绳纹秦汉板瓦、筒瓦和细绳纹条砖、小方格纹方砖及房屋坍塌的檩条。出土的秦汉檩条共7根,粗细匀称,排列有序,长4.3米,直径25厘米左右,其木质保存完好,卯榫清晰可见。同时还发现有用鹅卵石和砖铺的路面遗存、秦五角形水道和直径30多厘米的秦圆形绳纹水管及用不规则石块砌成的长约50米的水道。此次发掘出土遗物中的板瓦、筒瓦、条砖、方砖、五角形陶管道和瓦当等与秦雍城、芷阳、咸阳宫殿遗址及秦始皇陵园、汉长安城遗址、秦汉甘泉宫、汉代诸陵陵

---

① 何清谷:《关中秦十宫觅踪》,《陕西师范大学学报》1988年第2期。
② 《三辅黄图校释》卷一,第49页。
③ 刘庆柱:《三秦记辑注》,三秦出版社,2006年,第60页。

园出土的同类器物大多相同,证明此遗址时代为秦汉无疑。《长安志》引《三秦记》曰:"骊山汤,初,始皇砌石起宇,至汉武又加修饰焉。"据此记载,骊山温泉在秦汉时的行宫名"骊山汤"。宋程大昌《雍录·温泉》记载,温泉有三所,在骊山西北,即今华清池内。秦汉时代骊山温泉能溢出地面自流的有几处,已无从考证。根据近年来在东起寺沟、西迄牡丹沟一带进行的考古勘探,再结合在各有关单位基建施工现场的调查,既没有发现秦汉建筑遗迹和遗物,又没有发现自溢温泉,证明秦汉时代的骊山温泉出水处均集中在今华清池"温泉总源"附近。由此可证,此次考古发掘出土的建筑遗址就是史书记载的"骊山汤"遗址。

秦汉建筑是中国古建筑发展的重要阶段,承前启后,继往开来。但由于时代久远,加之木建筑梁架易糟朽、怕火的致命弱点,早已荡然无存,时至今日只留下了坚固结实的夯土台基。这次考古发掘出土的保存比较完整的古建筑梁架、木构件,在国内尚属少见,对研究秦汉时期古建筑梁架结构、布局设计,无疑是一批重要的、也是最直观的实物资料。关于中国古代建筑屋面上板瓦、筒瓦的铺设及其相互结合使用的技术,经历代学者的研究,已有定论。骊山汤遗址出土的覆盖瓦倒塌堆积,为了解秦汉木构建筑屋面施瓦技术增加了弥足珍贵的实例。[①] 事实证明,秦始皇时期这里已有离宫存在。

(四)芷阳宫

芷阳宫位于西安市临潼区韩峪乡油王村一带,考古工作者在村南发现古建筑遗址一座,夯土基址南北长29米,残宽3米;清理出一长方形水池,池底发现一陶罐,底上有阴文模印"芷"字;池西可能是一座贮藏食物的地下建筑,内有秦器物残片甚多。"芷"为芷阳的省文,当是芷阳陶窑产品的戳记。同时,在此还发现四枚秦半两钱及一个半两钱铜范,证明此地是具有铸币权的官府所在。此外,还发现十多枚动物纹、植物纹、云纹瓦当,是典型的战国时期秦宫殿纹饰瓦当。这些发现说明此建筑物当为秦的离宫芷阳宫宫址。[②] 而且在此遗址还发现了"长乐未央""长生无极"等文字瓦当,以及"延寿万年"虎纹砖等建筑材料,说明秦芷阳宫西汉时继续沿用。

此宫殿修建于秦穆公时期,为了表彰秦穆公独霸西戎的功绩,当时将"滋

[①] 唐华清宫考古队:《秦汉骊山汤遗址发掘简报》,《文物》1996年第11期。
[②] 张海云:《芷阳遗址调查简报》,《文博》1985年第3期。

水"改为"霸水",并在其旁筑霸宫。秦昭襄王时,对宫殿进行扩充,并改名为"芷阳宫"。芷阳宫所在地理位置十分重要,它是从武关西入秦都咸阳的必经之地,而且秦始皇的父母、祖父母等人的陵园也在此宫附近,故推测此宫的规模很大、很壮观,但因是随工清理,宫殿的整体规模还不确定。后来考古工作者又在附近发现了不少秦时陶窑遗址。

(五) 宜春宫

据《三辅黄图》云:"宜春宫,本秦之离宫,在长安城东南,杜县东,近下杜。"① 杜县,秦武公时设置,在今西安市南及长安区樊川一带。下杜为秦杜县的治所,即今天西安市南郊雁塔区杜城村,在此地曾发现秦杜虎符一枚。据考古调查及文献资料,宜春宫当在大雁塔东南的曲江一带,秦二世胡亥墓亦在这里。《史记·秦始皇本纪》载:"葬二世宜春苑中。"宜春苑是在秦宜春宫基础上营建的。刘庆柱先生认为,宜春宫当在今曲江池南的春临村西南。汉仍沿用秦宜春宫,司马相如陪汉武帝游玩打猎路过此地时,曾作《哀秦二世赋》,"登陂陁之长阪兮,坌入曾宫之嵯峨。临曲江之隑州兮,望南山之参差"②。"曾宫",曾,重也,指宜春宫中的多层宫殿。经过曲江池东边的"长阪",才能进这座"曾宫",此宫当时高低错落,属高台楼阁建筑,气势壮观。秦汉时利用曲江池西侧地下泉水和周围的自然景观,广植竹木,辟为皇家园林,取名宜春苑。苑内有"隑州",颜师古注:"言临曲岸之洲,今犹谓其处曰曲江。"其遗迹就是现在的曲江池,其主体建筑在今曲江池南的凤栖原上。陈直《关中秦汉陶录》中云,在春临西南的秦汉建筑遗址上采到一瓦,筒部有"十二二月令"五字刻款,出土"富贵毋央"瓦当一品,可能就是宜春宫建筑用瓦。

(六) 蒇阳宫

秦惠文王时建,位于今陕西西安鄠邑区。据《水经注·渭水》云:甘水"出南山甘谷,北迳秦文王蒇阳宫西,又北迳五柞宫东"。甘水即西安鄠邑区西部的甘河,甘谷即今终南山北部的甘峪沟。从《水经注》记载可知,蒇阳宫当在甘河中游的东侧。另,《三辅黄图》云:蒇阳宫"在今鄠县西南二十三里"③。《元和郡县

---

① 《三辅黄图校释》卷三,第 206 页。
② 《史记》卷一一七《司马相如列传》,第 3055 页。
③ 《三辅黄图校释》卷一,第 27 页。

图志》云："秦萯阳宫,在(鄠县)西南二十三里。"① 由此推断,萯阳宫当在甘峪口一带。此宫西汉时修葺沿用。

1982年,户县县志办修撰《户县志》时,在户县西南二十三里的曹村,发现了元代延祐六年(1319)立的《创建崇真观碑》,碑文中写道:"秦王萯阳宫故址在焉,信夫天壤间自昔为佳处也。"这应该是关于萯阳宫所在地的确切记载。后在山上田野禾苗、瓦砾中发现新石器时代石斧、石圭及残损的石璧等原始工具和祭器若干件。2002年10月,又在此发现秦汉瓦当残片3件,其中秦汉云纹瓦当残片两件,文字瓦当残片1件。其中一件云纹瓦当为半圆残片,直径为16厘米,与秦咸阳遗址出土的秦瓦当无异。据曹村堡的老人们所讲,萯阳宫遗址在元代以前已被部分破坏,20世纪70年代平整土地时被彻底破坏。因此,考古资料也无法直接确证此宫的地望。在曹村堡东北一里半处,有一村庄名为"富村窑",但本地人仍按旧俗呼之为"萯阳村"。另外,在曹村东北约8里的南丈八寺村,村民皆言该村旧称"富阳村",这一点值得注意。颜师古于《汉书·宣帝纪》"萯阳宫"句下引李斐曰"萯音倍",于《东方朔传》"倍阳宫"下注曰"倍阳即萯阳也。其音同耳,宫名"。盖因年代久远,后人不知"萯"为宫名时应读为"bèi",而误为草名之音"fù",这种现象在地名中很常见。这种误读恰恰证明今之"富阳"即古之"萯阳"。这里地势明显较周围高出许多,东依涝河,南对秦岭,视野开阔,是宫殿的理想选址。②

(七)长杨宫

秦昭襄王时修建,位于秦岭以北的周至县。《三辅黄图》载:"长杨宫在今盩厔县东南三十里,本秦旧宫,至汉修饰之以备行幸。宫中有垂杨数亩,因为宫名,门曰射熊观,秦、汉游猎之所。"③ 具体位于周至县何处呢?《水经注·渭水》云:"东有漏水,出南山赤谷,东北迳流长杨宫。"漏水即今周至县东的赤峪河,从秦岭北麓的赤峪流出,东北流经今终南镇东。据何清谷先生实际调查,在周至县终南镇东南3公里的竹园头村,村南有地名为"圪垯顶",原有高达3米的大型夯土台基,20世纪70年代平整土地时被挖平。当时周至县文化馆做了抢救性发掘,

---

① 《元和郡县图志》卷二,第31页。
② 程义、王亚涛:《秦汉萯阳宫地望考》,《咸阳师范学院学报》2006年第1期。
③ 《三辅黄图校释》卷一,第37页。

得到大量秦汉宫殿建筑材料,有云纹瓦当、绳纹板瓦等。其地望和《水经注》所记基本吻合。①

射熊馆是长杨宫门上的楼台建筑,"馆"与"观"秦汉时通用,"观"即门阙,所以射熊馆(观)当与长杨宫位于一处,因秦时皇帝常登其上射熊,故名。

此宫秦末幸免于难,汉时沿用。这里地形复杂,是理想的狩猎、游玩之处,因而秦时国君常来此游猎,是秦离宫中建筑比较辉煌的一个。

(八)黄山宫

黄山宫位于兴平市田阜乡侯村北,是1987年发现的一处兼有多种文化的重要遗址,采集了大量的瓦当、建筑材料,特别是"黄山"瓦当的出土,为找到黄山宫遗址提供了十分重要的证据。该遗址东西长1000米,南北宽400米。根据考古工作者的调查,当地家家都有用建筑材料砌成的厕所、猪圈等,建材多为铺地砖、板瓦残片;院内排水均用排水管道,有五角形、圆形两种。特别值得提出的是在此处还发现了巨型夔龙、夔凤纹瓦当。② 五角形下水道和夔凤纹瓦当的发现,证明这里就是秦黄山宫遗址。过去有文献记载,此宫是汉惠帝时期修建的,这是错误的,考古资料证明,秦时已经修建了黄山宫,汉代加以修缮沿用。

(九)成山宫

成山宫位于眉县城西8公里处的第五村。南临巍巍太白山,北依渭水,遗址中心区面积30万平方米,文化层堆积最厚处达2米。在部分地段发现有1—2米的夯土遗迹和用鹅卵石铺成的散水遗迹。遗迹中出土物主要有板瓦、筒瓦、瓦当、空心砖、条形砖、铺地砖、半两钱等秦汉遗物,瓦当有素面瓦当、夔凤纹半圆瓦当、云纹圆瓦当、文字瓦当等。特别是出土的秦式云纹瓦当及与秦始皇陵园所出土瓦当相同的大型夔凤纹半圆瓦当,说明该建筑群营建于秦时。从遗址多处暴露的断层观察,文化堆积距地表很浅,很多地方现代文化层下就是秦汉时期的堆积,保存情况不佳。调查发现多处夯土台基、灰坑、散水、水井、排水设施等,规模较大的夯土台基有三处。发现的一枚大瓦当当面饰高浮雕夔凤纹一对,左右对称,图案整体线条较宽粗,凤鸟躯体上还以细棱勾出简单的羽毛状图案。当背有较粗的竖行绳纹,边沿处残留有10厘米长的筒瓦。面径78.3厘米、高53厘米、

---

① 何清谷:《关中秦十宫觅踪》,《陕西师范大学学报》1988年第2期。
② 陕西省考古研究所:《陕西兴平侯村遗址》,三秦出版社,2004年,第7页。

边轮宽 1.9 厘米,是迄今为止发现的最大的秦瓦当。成山宫遗址规模之大,所出瓦当数量之多、规格之高,为关中西部渭水南岸秦汉遗址所罕见。发现的半圆形瓦当的Ⅰ型、Ⅱ型,圆形瓦当的Ⅰ型、Ⅱ型 1 式、Ⅱ型 2 式以及一些弧形板瓦、筒瓦等,在制法上显现较多的原始性,与凤翔雍城战国秦的同类出土物在纹饰、形制上基本一致,因此应为同一时代。据此推断,成山宫应始建于战国,兴盛于秦代,而汉承秦制,西汉时期加以修葺沿用。①

成山宫夔纹大瓦当

在遗址发现带有"成山"字样的瓦当 10 余件,眉县文化馆还藏有这种瓦当数块。西安博物院藏有无盖成山宫鼎,口径 15.2 厘米,高 17.5 厘米,最大腹径 19 厘米,足高 7 厘米。原盖与器子母扣,其合成一个扁圆体,附耳微曲,底承三兽形足,在腹中部有一道凸弦纹,腹上有三处铭文共 49 字:"第十六陈仓成山共(宫)金鼎一合容一斗并重十斤十四两""斄成山宫,容一斗重八斤十五两名曰十""容一斗一升,口重七斤五两"。在铜鼎下原有铸刻铭文已磨掉,但能辨认出"一斗九斤"字样。从字体与磨掉的字样看,腹部最后一段为第一次刻,现仅能辨认其容量的字样,其余为后刻。陈仓,秦代置县,故城在今陕西省宝鸡市东。斄即斄县,汉置斄县,在今武功县西南 30 里。铭文和遗址吻合。

另据 1998 年 9 月 15 日《西安晚报》报道:眉县县城西南 8 公里处的第五村村民李建平将他藏的直径 74 厘米的夔纹瓦当交给政府。这种纹饰的瓦当是典型的秦代文物,在秦始皇陵、兴平秦宫殿、辽宁秦碣石宫等地也有出土,反映出成山宫的建筑是非常豪华的。

---

① 陕宝鸡市考古工作队、眉县文化馆:《陕西眉县成山宫遗址试掘简报》,《文博》2001 年第 6 期。

二 关中渭北宫殿

(一) 曲梁宫

据《元和郡县图志》云:"秦曲梁宫,在(三原)西南十五里黄白城内。"而黄白城据《元和郡县图志》云:"(三原)县西南十五里。后汉李傕乱政,天子东迁,三辅饥歉,乃移保黄白城,即其地也。"①这说明东汉时该离宫仍存在。

(二) 林光宫

秦二世时修建。据《三辅黄图》云:"林光宫,胡亥所造,从广各五里,在云阳县界。"②从记载可看出此宫规模很大。其遗址在今淳化县西北约25公里的甘泉山,宫在甘泉山南坡,从林光宫沿慢坡北行就是通往子午岭的直道。③那么为何要在此建宫呢?笔者认为与当地优越的自然环境和独特的地理位置有关。这里山水俱佳,夏天气候凉爽,是理想的避暑之地,也是保卫京都咸阳、防御北方入侵的关键所在。

林光宫一直沿用至汉,程大昌《雍录》云:"秦之林光,至汉犹存,汉武元封二年即磨盘岭山(今称"车盘岭")秦宫之侧作为之宫,是为汉甘泉矣。孟康注《郊祀志》曰:'甘泉一名林光。'师古曰:'汉于秦林光旁起甘泉宫,非一名也。'师古之说是也。"④即林光宫与汉甘泉宫同时并存。汉武帝时还"行幸林光宫",成帝时"震电灾林光宫门",说明林光宫至汉末仍被作为离宫别馆。汉的甘泉苑便是在林光宫、甘泉宫的基础上营建的。

(三) 梁山宫

梁山宫是秦始皇时修建的离宫,因位于陕西乾县梁山脚下而得名,又名"望山宫"。同时因宫城用"文石"砌筑,又名"织锦城",可见此宫当时的建造是十分华丽的。

梁山宫是秦始皇经常光临的离宫,因为这里环境优美,夏天又是避暑的好地方。《史记·秦始皇本纪》载:秦始皇三十五年,"幸梁山宫,从山上见丞相车骑

---

① 《元和郡县图志》卷一,第8页。
② 《三辅黄图校释》卷一,第62页。
③ 史念海:《秦始皇直道遗迹的探索》,《文物》1975年第10期。
④ 《雍录》卷二,第43页。

众,弗善也。中人或告丞相,丞相后损车骑。始皇怒曰:'此中人泄吾语。'案问莫服。当是时,诏捕诸时在旁者,皆杀之"①。

关于梁山宫的具体位置,《水经注·渭水》云:"(莫)水出好畤县梁山大岭东南,迳梁山宫西。……水东有好畤县故城。"莫水即今漠西河,发源于永寿县永平乡山中,东南流入乾县境,穿越梁山关头一带的山岭向东南流,从梁山宫西面流过。又据《史记正义》引《括地志》云:"(梁山宫)俗名望宫山,在雍州好畤县西十二里,北去梁山九里。"好畤县,秦置,西汉沿用,治所在今乾县县城东5公里好畤村附近。

《中国文物报》1993年4月11日刊载:陕西乾县县委何汝贤同志在乾县西郊的鳌盖秦宫遗址处,从群众栽果树时挖出的成千上万的秦汉瓦片中,发现了数块压印有篆体"梁宫"二字的秦代筒瓦和板瓦以及云纹瓦当、回形纹铺地砖和散水石、文石等建筑材料。经过对大量出土文物的考察,并结合文献分析,证实这里就是著名的秦始皇梁山宫遗址。这一发现解决了自宋以来对梁山宫地望的争论问题。

笔者曾实地考察过该秦宫殿遗址,东西长约1000米,南北宽约600米,总面积达60万平方米,处在一个较宽阔的龟背形缓坡台地上,北面正好对着乾陵。至今仍留下一大型夯土建筑遗址。笔者认为该遗址就是梁山宫遗址,理由有三:其一,这儿发现了很多带"梁宫"字样的板瓦和筒瓦,"梁宫"即"梁山宫"的省称,这种省称在秦汉文献中屡有发现。其二,遗址和史书记载的梁山宫地望相符。其三,在遗址所在地发现较多的文石,与史书中所云"梁山宫城皆文石,名织锦城"也相符。在西安博物院藏有"梁山宫薰炉"一件,盖、腹各有铭文,盖3行8字,腹5行10字。铭文为:"梁山宫元凤五年造,梁山宫囗薰炉并重二斤半,元凤五年造。"是汉昭帝刘弗陵元凤五年(前76)制作的。

(四)高泉宫

《汉书·地理志》注云:"(美阳)有高泉宫,秦宣太后起也。"②高泉宫在今陕西扶风县东北20里的法门镇,城因在美水之阳而得名,城垣遗址至今犹存。

---

① 《史记》卷六《秦始皇本纪》,第257页。
② 《汉书》卷二八上《地理志》,第1547页。

(五)棫阳宫

据《三辅黄图》载:"棫阳宫,秦昭王所作"。① 嫪毐之乱后,秦王政曾软禁其母于此宫。遗址在今凤翔县城南的东社、南古城及史家河一带。1962 年,此地曾发现云纹瓦当,上有一"棫"字,应是棫阳宫的残当。1982 年,又在凤翔县南东社遗址上采集到一个完整无缺的"棫阳"云纹宫当,同时还发现战国斗兽纹、树纹、云纹瓦当等。《汉书·李广苏建传》载有"从至雍棫阳宫",《小校经阁金文》中也有"雍棫阳宫共厨鼎",可见该宫应在雍城南郊一带。此宫汉时修葺沿用,《汉书·文帝纪》记载:文帝"二年夏,行幸雍棫阳宫。"②《汉书·郊祀志》亦云:"是岁,雍县无云如雷者三,或如虹气苍黄,若飞鸟集棫阳宫南。"③

(六)橐泉宫

秦孝公时建造,其位置据《三辅黄图》引《皇览》云:"秦穆公冢,在橐泉宫祈年观下。"④《汉书·刘向传》也云"秦穆公葬于雍橐泉宫祈年馆(观)下"。"馆"与"观"汉代通用,说明橐泉宫与蕲年观相距不远。据马振智先生考察,蕲年宫在今凤翔县长青乡孙家南头。那么橐泉宫应在此地不远处,而且这两座宫很可能在同一宫城中。⑤ 考古工作者还在蕲年宫遗址附近发现一眼古泉,水质甘美,四季常涌,宫当因此而得名。

此宫汉时经过修葺沿用,还在此设橐泉厩,以养马匹。后世发现的橐泉宫当,当为此宫之物。

(七)蕲年宫与年宫

蕲年宫又叫"蕲年馆"(或观),"蕲"即"祈",祈祷之义,祈年即祈祷丰收之年。在此宫曾发生过秦史上非常重要的事件,即秦王政二十二岁在蕲年宫举行冠礼时,嫪毐因与秦王政母亲私通事发,遂先发制人,盗用秦王御玺和太后玺征发军队攻打蕲年宫,想一举除掉秦王政,但阴谋未遂,被秦王政率军迅速平息了。秦王政的加冕礼能在此举行,说明此宫的重要。

蕲年宫位于何处呢?史书记载有歧异。考古工作者在雍城西南 30 余里、千

---

① 《三辅黄图校释》卷一,第 28 页。
② 《汉书》卷四《文帝纪》,第 129 页。
③ 《汉书》卷二五下《郊祀志》,第 1247 页。
④ 《三辅黄图校释》卷一,第 32 页。
⑤ 马振智、焦南峰:《蕲年、棫阳、年宫考》,《考古与文物丛刊》1983 年第 3 号。

河东岸的凤翔县长青乡孙家南头堡子壕发现了"蕲年宫当"。堡子壕遗址是一处秦汉时期的建筑遗址,面积达 2 万平方米。遗址中出土大量文字瓦当,字类有"橐泉宫当""蕲年宫当""来谷""竹泉"等四类五种,动物纹有双獾、鹿、朱雀等,植物纹及图案有花纹、葵纹、云纹等,另有空心砖、板瓦、筒瓦等物。从出土的文字瓦当来看,此地到汉代时不止蕲年、橐泉两宫殿,还有来谷宫、竹泉

蕲年宫当

宫。蕲年宫、来谷宫瓦当的出土,证明此宫是祭祀性质的宫殿。① 显然这是秦的离宫,西汉时修葺沿用。② 过去认为秦没有文字瓦当,但在这里发现的文字瓦当确实在秦的文化层中。因而,秦时有无文字瓦当还需要进一步研究。

蕲年宫的用途与祭祀有关,是秦惠公为祭祀后稷、祈求丰年而修建的专用建筑。此后作为秦汉帝王的离宫。

在雍城南郊也曾发现"年宫"瓦当,有人认为"年宫"是"蕲年宫"的省略,但也有人认为是另外一个宫。究竟是不是指同一个宫,还有待以后的考古发掘来证明。

(八) 羽阳宫

秦武王时修建。据《汉书·地理志》"陈仓"县下注:"有羽阳宫,秦武王起也。"③后世多有发现带"羽阳"字样的瓦当,《渑水燕谈录》卷八载:"秦武公作羽阳宫,在凤翔宝鸡县界,岁久,不可究知其处。元祐六年正月,直县门之东百步,居民权氏潴池得古铜瓦五,皆破,独一瓦完。面径四寸四分,瓦面隐起四字,曰'羽阳千岁',篆字随势为之,不取方正,始知即羽阳旧址也。其地北负高原,南临渭水,前对群峰,形势雄壮,真胜地也。"关于其地望,陈直先生认为"今在宝鸡

---

① 焦南峰等:《秦文字瓦当的确认和研究》,《考古与文物》2000 年第 3 期。
② 马振智、焦南峰:《蕲年、棫阳、年宫考》,《考古与文物丛刊》1983 年第 3 号。
③ 《汉书》卷二八上《地理志》,第 1547 页。

东关外火车站对岸,宋时即有羽阳瓦出土"①。凤翔县长青乡马道口行政村在1973年11月平整土地时,发现4件铜器,其中有"羽阳宫"鼎,上有铭文"雍羽阳宫鼎容一斗二升,重六斤七两名卅九",可见它确是羽阳宫中所用之鼎。② 王光永先生认为该鼎的出土地为一处遗址,该遗址应该是史书中的"羽阳宫"。该遗址距雍城约17.5公里,距秦武公所在的平阳城约30公里。③ 笔者认为,遗址在今宝鸡市陈仓区渭河边。《新编秦汉瓦当图录》中有"羽阳临渭"瓦当一品,"羽阳"瓦当的发现可表明其宫殿所在,而"羽阳宫"鼎可能是羽阳宫的铜器。此宫也是秦宫汉葺。

(九)虢宫

《汉书·地理志》注云:"虢宫,秦宣太后起也。"④宣太后是秦昭襄王母亲,是中国历史上第一位被称为太后者,在秦史上是一个比较重要的人物。由于秦昭襄王在位时年龄尚小,实权掌握在宣太后的手中。在宣太后统治时期,秦国力有所增强,她曾诈杀义渠王于甘泉宫,因而虢宫在她统治时期修建是完全符合情理的。

关于其具体位置,当在今宝鸡市陈仓区的虢镇。虢县,春秋秦置,治所就在今陈仓区虢镇一带。

三 有遗址而佚名的宫殿

秦离宫别馆非常多,但留下宫名的不是很多,因而有许多现在发现的宫殿遗址,不知其秦时为何名。以下所列即为有遗址而佚名的宫殿:

(一)长安秦宫殿遗址

该遗址位于西安市长安区东马坊沣河西岸,东距沣河2里多。原为一处夯土高台,平整土地时被破坏,现存高台东西长50米,南北宽32米,高7.6米,夯层厚7厘米。高台的南段面中部,暴露出一座房子的地面,东西17米,距台上地表约1.6米,房地面上有一层烧土,瓦片堆积厚达50厘米,是被烧毁而坍塌的屋

---

① 陈直:《汉书新证》,天津人民出版社,1979年,第198页。
② 李仲操:《羽阳宫鼎铭考辨》,《文博》1986年第6期。
③ 王光永:《凤翔县发现羽阳宫铜鼎》,《考古与文物》1981年第1期。
④ 《汉书》卷二八上《地理志》,第1547页。

顶。整个遗址的建筑布局是错落有致的夯土高台建筑。建筑方法是,在夯土台的上面和周围挖出房屋空间,再在空间中设立梁架结构,因而房屋的两边或三边墙壁全部或部分都是原有的夯土台,这与咸阳宫的建筑为同一类型,是盛行于战国时期的宫殿建筑形式。在遗址中发现了大量的建筑构件,有板瓦、筒瓦、瓦当、圆形陶水管、方砖、空心砖及生活用具等。从该遗址建筑物件的形式、花纹等来看,属战国晚期的建筑,是秦在渭河以南所建宫馆之一,秦朝末年被焚毁。①

(二) 渭河北岸秦宫殿群遗址

这是陕西省文物工作者进行文物普查时发现的。距咸阳故城 15 公里的兴平市田阜乡侯村就建在一处规模巨大的秦汉宫殿遗址上,后文物工作者沿渭河向西探去,发现每隔 7.5—10 公里便有一处建筑遗址,共发现六处,连接今兴平、武功、杨凌三地,分别距渭水 1—2.5 公里,这是秦时由咸阳通往雍城进行宗庙祭祀的必经之地。文物工作者认为,新发现的六处行宫遗址区属于秦汉皇帝行宫。六处遗址均建在高大的夯土台上,规模最大的侯村遗址,主体部分东西长 1100 米,南北宽 400 米,气势雄伟。两千年前的石柱础、不同规格的陶质水管道遍地皆是。在遗址上发现了龙纹空心砖以及饕餮纹、虎纹等秦汉皇室级别使用的空心砖、瓦当等。②

(三) 洛南秦宫殿遗址

该遗址位于洛南县西 15 公里的卫东镇刘村旧传为"李密冢"的高丘上。主体为一处长方形高台基,西高东低,分为两阶,东西长 55 米,南北宽 45 米,面积 2400 平方米,西部最高处高于地表 11 米。台基表面分布有少量绳纹瓦砾,表土之下存有一层厚约 40 厘米的红烧土层,其下为倒塌的建筑堆积及建筑地面等,采集到具有战国晚期至秦代特征的瓦当、板瓦、筒瓦、铺地砖、空心砖等残块。在一个倒塌堆积断面上,可观察到淡紫色和白色两种墙皮,另有草泥土、土坯块等遗物。该断面暴露出的建筑地面,系多次处理而成,结构复杂,最上为一层淡红色硬壳结构。地面经过打磨,平整光亮,十分豪华。地面发现于台基中下部,高于地表 3 米多,推测该建筑至少有 3 层。台基四周均有秦瓦砾分布,其中东西向延伸最远,东侧可达百米之外,西侧延伸 250 米。台基周围还发现有础石一类的

---

① 魏效祖:《长安县东马坊的先秦建筑遗址》,《考古与文物》1986 年第 4 期。
② 《陕西发现六处秦汉滨渭宫殿建筑遗址区》,《光明日报》1988 年 8 月 19 日。

巨石埋藏，一般距地表0.5米，平面向上。这些现象表明，该处确系一处大型秦宫殿建筑遗址。其主体台基与已发掘的秦咸阳宫一号建筑遗址相似，当为秦筑于洛水上游的离宫性质的建筑，应该是秦关内270多处宫观之一。该大型宫殿的发现和确定，纠正了多年来一直将其传为李密家的讹误，丰富了我们对秦宫殿遗址分布和建筑选址的认识。①

（四）凤翔凹里秦宫殿遗址

1986年，在东距雍城20公里的横水乡凹里村发现一处秦汉遗址，现存遗址西北一隅，面积约650平方米。遗址中除发现夯土基址和一条南北长约200米的地下排水管道外，还出土有鱼鸟、双獾、云纹等战国秦瓦当和"长生无极"、"大宜口子"、云纹等大量秦汉瓦当。此遗址疑是秦汉时期咸阳、长安通往雍城的行宫之一。②

（五）旬邑沟老头秦汉宫殿遗址

2006年，咸阳市文物考古研究所、咸阳市文物钻探管理处和旬邑县博物馆联合对旬邑县沟老头秦汉宫殿遗址进行了为期10天的抢救性钻探、发掘清理，取得了重要收获。沟老头秦汉遗址位于陕西省咸阳市旬邑县排厦乡沟老头村附近，面积达150万平方米。此次共发掘210平方米，清理出一处建筑基址和一条长27、宽2.4米的道路。建筑基址由夯土、础石和排水管道等组成，出土的遗物中，以绳纹瓦片最多，遗址内遍地皆是。瓦当有文字瓦当和云纹瓦当，文字瓦当有"长乐未央""长生未央"，以前者常见，瓦当直径16.5厘米。云纹瓦当以云朵形、蘑菇形比较常见，当面中心或为米字、方格和菱形网状纹，或为双十字线交叉状，基本为秦时的风格。也有个别外圆饰一周网状纹、中心饰乳丁和连珠纹的云纹瓦当，属于西汉时期风格。另外还有五角形下水道、素面及几何纹铺地砖块、柱础石等。其中出土的大量具有秦代风格的云纹瓦当、瓦片和排水管道等遗物表明其始建于秦，西汉时期又加以修葺和扩建。③

---

① 秦建明：《洛南发现大型秦宫殿遗址》，《中国文物报》1992年7月26日。
② 陕西省考古研究所雍城考古队：《陕西凤翔凹里秦汉遗址调查简报》，《考古与文物》1989年第4期。
③ 《陕西旬邑沟老头秦汉宫苑遗址清理取得收获》，《中国文物报》2006年8月23日。

(六)澄城良周宫殿遗址

遗址位于澄城县王庄镇良周村西北,北依壶梯山和社公山,处于良辅河、县西河之间的平坦高地上,地势较高,取水方便,风景优美,是古代建筑宫殿的理想场所。1995年,经陕西省文物保护中心考古调查,证实遗址整体保护完好。遗址东西长约1000米,南北宽约800米,总面积约80万平方米,其中宫殿密集区约20万平方米。遗址东、西、北各有一条沟,推断是护城壕,沟边土层下还发现了古代驿道路面。在遗址南部的剖面上可以看到文化层,厚4米;夯土层规整明显,厚7—8厘米,夯土层上为厚约1米的瓦砾堆积层,地表面随处可发现绳纹板瓦、瓦当碎片。在遗址的北部中心位置现残存有夯土台基,台基南北残长17米,东西残长12.8米,残高4米。台基及其周围东西长120米,南北宽40米,为遗址的地面主体建筑。遗址内遗物非常丰富,发现和采集的有瓦当、空心砖、板瓦、筒瓦等,其中文字瓦当有"宫"字瓦当、"与天无极"瓦当、"千秋万岁"瓦当等,卷云瓦当有周饰卷云纹、方格纹、斜格纹等,空心砖有大型玉璧纹和几何纹等。据考古工作者推断,该宫殿始建于战国晚期的秦国,在西汉末年被废弃。此遗址是一处面积巨大、内涵丰富、保存完整的秦汉大型宫殿建筑遗址,对研究秦汉时期的政治、军事、建筑、交通、祭祀等,具有很高的保存和研究价值。[①] 该遗址2001年6月被国务院批准为第五批全国重点文物保护单位。

(七)三原新兴宫殿遗址

在2007年第三次全国文物普查中,文物工作者在三原县新兴镇惠家村发现了秦汉宫殿遗址,面积达40万平方米。普查人员在该遗址上发现了疑似夯土的地点两处,普查标本30多件,包括大型几何纹空心砖、方砖、瓦当等,规格很高,其中有些瓦当形式还是首次发现。[②] 该遗址可能是秦都通往淳化秦林光宫、汉甘泉宫的一处重要的行宫遗址。

(八)周至西峪宫殿遗址

西安市文物工作者2009年在位于周至县竹峪乡西峪村东的台地上,发现一处秦汉时期的大型城址,该遗址南北长约500米,东西宽约400米,面积达20万平方米。遗址范围内暴露有多处断面,文化层堆积厚约1.5米。在遗址东部沿

[①] 姜宝莲、赵强:《陕西澄城良周秦汉宫殿遗址调查简报》,《文博》1998年第4期。

[②] 《三原发现大型秦汉宫殿遗址,面积达40万平方米》,《华商报》2007年11月1日。

竹峪沟断崖处发现现存长度约300米、高约2米的城墙一段,城墙系分层夯筑而成,极为坚硬,夯土内夹杂有细碎的陶片、石块等。遗址内散落有大量的绳纹板瓦、绳纹筒瓦和少量的麻点纹筒瓦,一些地方还发现有少量排水管道的残片、几何纹铺地砖及底部有圆球形装饰的铺地砖残片。此外,附近的村民家中还收藏有遗址中出土的长0.78—0.81米完整的五角形排水管道和云纹、葵纹瓦当。据文物工作者介绍,麻点纹应为战国时期筒瓦的特征,绳纹板瓦和筒瓦则为汉代遗物,大型夯土城墙、五角形排水管道、云纹瓦当等多见于秦汉时期的大型建筑中,所以该遗址应当为一处秦汉时期的大型宫殿遗址。周至、户县(今西安鄠邑区)一带为西汉时期的上林苑所在地,西峪遗址的发现为研究汉代上林苑宫殿分布提供了重要资料。[1]

(九)千阳宫殿遗址

宝鸡千阳宫殿遗址是在第三次全国文物普查时发现的。遗址位于千阳县南寨镇一处台塬边,地势北高南低,呈阶梯状。南北长约400米,东西宽约300米,面积约12万平方米;遗址北部断面上暴露有夯土层,长约23米,高约0.9—1.5米;采用平夯法夯筑,土质坚硬,每层厚5厘米左右。同时发现的还有壁厚达7厘米的陶水管,以及板瓦、筒瓦、空心砖残片等物。有关专家认为,此处遗址规模大、内涵丰富,是宝鸡地区罕见的战国时期行宫遗址,属宝鸡地区首次发现,对研究战国时期的行宫分布、建筑材料等有重要价值。[2]

(十)尚家岭宫殿遗址

该遗址位于陕西千阳县南寨镇冯家堡村,东为汧河支流涧口河,南临蜿蜒开阔的汧河河湾台地。遗址所在地属南寨塬,山清水秀、风景宜人。该遗址总分布范围约22000平方米,布局结构、内涵及时代沿革清晰,始建于战国,沿革至西汉时期,具有离宫与驿站的属性。2010年对该遗址两处夯土基址(分别编为Ⅰ区、Ⅱ区)全部及外围墙局部进行了考古发掘。这是继陇县磨儿原、凤翔孙家南头、宝鸡魏家崖等处秦汉大型聚落遗址之后,在汧河流域的又一次重要考古发现。早在2006年,当地村民在取土时发现了大范围夯土和陶质井圈,遂引起当地文物主管部门的重视,并采取保护措施。2008年全国第三次文物普查时曾对该遗

---

[1] 都红刚:《陕西周至发现一处秦汉时期大型城址》,新华网2009年9月4日。
[2] 《宝鸡发现战国行宫遗址 面积超过10个足球场》,《西安晚报》2008年12月4日。

址周边区域进行调查,确认为秦汉建筑遗址。随后的关中地区秦汉离宫别馆调查项目进行时,再次对该遗址的性质进行认定。遗址规模较为宏大、等级较高,其位置处在古代陇东至关中地区东西通行大道沿线,也正好处在汧河水道与回中道之间。战国时期,这条通道是秦国战西戎并逐步走向强盛的最重要的交通线路。秦代至西汉时期,两代皇帝西行巡察与郊祀活动也主要是走这条线路。遗址首次发掘出土了大量陶质柱础,其在建筑基址上的位置分布及建筑物的本体特征,为进一步了解秦汉时期离宫别馆及相关建筑内涵提供了重要的实物资料。①

秦的离宫别馆规模都很大,气势雄伟壮观,有些宫殿竟成为国君、皇帝后来的办公理政之处,充分说明了其重要性。之所以会有如此多的离宫别馆,一方面是由于秦始皇在统一全国前后,奢侈享受,好大喜功;另一方面是由于秦始皇受迷信思想的影响,欲做"真人",而"真人"则要"居宫毋令人知"。于是他修筑许多离宫别馆,往来穿梭于各个宫殿之间。为了严密起见,在关中的众多宫殿之间,他还修了阁道、复道、甬道、辇道,"令咸阳之旁二百里内宫观二百七十复道甬道相连,帷帐钟鼓美人充之,各按署不移徙。行所幸,有言其处者,罪死。始皇帝幸梁山宫,从山上见丞相车骑众,弗善也"②。

秦的离宫别馆,据记载,关中有300处,关外有400余处,仅咸阳近旁200里内宫殿就有270处。其中许多遗址至今还没有被发现。近些年,随着全国性的文物普查和基本建设的进行,一些遗址才得以揭示出来。

秦的离宫别馆和秦宫城一样,也都建在高大的夯土台上,雄伟壮观,建筑结构等都同都城中的宫殿一样。

从都邑史的角度来看,先秦时期,由于各个国家的国土面积不大,所以离宫别馆很少;秦统一后,由于统治范围的扩大,统治者要到全国各地巡幸,以维护其统治,便需要在全国各地建许多行宫。众多离宫别馆的兴修,应该是秦始皇开其端,后来的汉及其他朝代均沿袭这种风气。汉代的离宫别馆,多是"秦宫汉葺",即汉代继续沿袭使用秦代宫馆。

---

① 田亚岐等:《陕西千阳尚家岭秦汉建筑遗址发掘简报》,《考古与文物》2010年第6期。
② 《史记》卷六《秦始皇本纪》,第257页。

第六节　秦都咸阳的对外交通

尽管咸阳周围有优越的自然环境作为防御,但为了确保都城的安全,秦仍然在险要的地方修建了不少的关隘。秦的东大门有函谷关把守,函谷关的故址在今河南西灵宝旧城西南。最早称"函谷关"是在公元前318年,此年"苏秦约从山东六国共攻秦,楚怀王为从长。至函谷关,秦出兵击六国"。函谷关之所以重要,是因为这条道路是秦通往东方最便捷的通道,战略地位非同一般。秦若能控制函谷关,进可以出兵关东,退可以守住关中大门。"秦孝公据崤函之固,拥雍州之地,君臣固守而窥周室,有席卷天下,包举宇内,囊括四海之意,并吞八荒之心。"①事实正是如此,函谷关在秦东进过程中起了很大作用,到战国后期,随着秦国力日益强大,统一全国成为不可抗拒之势,于是东方六国便联合起来对付秦国,秦凭借函谷关的有利地势,多次挫败东方各国的联攻。

武关是通向东南的重要通道,由于位于函谷关以南,因而成为其南侧翼关,是进攻关中可利用的迂回之路。秦始皇东巡,曾三次经行此道,秦末时刘邦也是由此路先于项羽入关。秦只要能守住此关,就可以在对楚国发动进攻时,掌握主动权。秦之所以能战胜强大的楚国,与此关有一定的关系。

大散关自古以来就是秦蜀咽喉,是秦与巴蜀、汉中的交通要冲。《读史方舆纪要》载,大散关"扼南北之交,北不得此,无以启梁益,南不得此,无以图关中"②。大散关东临绝涧,北倚高峰,居于南北道路的最高处,对南北两侧均具有高屋建瓴之势。通过大散关的孔道,历史上称为"陈仓道",只要守住此关,秦在对东方的战争中就无后顾之忧,从而保障统一战争的顺利进行。

萧关,位于今宁夏固原东南。六盘山山脉横亘于关中西北,为其西北屏障。自陇上进入关中的通道主要是渭河、泾河等河流穿切而成的河谷低地。渭河方向山势较险峻,而泾河方向相对较为平缓。萧关即在六盘山山口依险而立,扼守自泾河方向进入关中的通道。萧关是关中西北方向的重要关口,屏护关中西北

---

①　《史记》卷六《秦始皇本纪》,第278页。
②　《读史方舆纪要》卷五二,第2293页。

的安全。

作为都城，必须有完善的交通路网，才能有高的办事效率，才能实现有效的统治，这一点对于刚刚平灭六国、实现统一的秦显得尤为重要。秦定都咸阳后，为了加强统治、加快统一的步伐，修建了不少道路，特别是在统一天下以后，更是大规模修建了通往全国的道路，使得咸阳通达各地的交通非常方便。下面分为都城内、外两部分来叙述。

一 都城内交通

咸阳宫是秦建都咸阳后在咸阳原上修建的最早的宫殿，"因北陵营殿，端门四达"，后来随着秦国力的不断加强，以及都城发展的需要，秦便将都城向渭河以南发展和迁徙，在渭河以南修建了众多的宫殿及宗庙。到秦始皇时，明确提出在渭南修建朝宫，都城明显向渭河南面扩展和迁徙。《史记·秦始皇本纪》云，始皇帝三十五年，"以为咸阳人多，先王之宫廷小，吾闻周文都丰，武王都镐，丰镐之间，帝王之都也。乃营作朝宫渭南上林苑中"[1]。后又修建了兴乐宫、章台等，形成了"渭水贯都，以象天汉"的都城布局。

既然秦已把都城向渭河以南发展，因此营建一座大桥贯通渭河南北是非常必要的，横桥便应运而生。横桥的修建始于秦昭襄王时，《史记正义》引《三辅旧事》云："秦于渭南有兴乐宫，渭北有咸阳宫，秦昭王欲通二宫之间，造长横桥。"其规模据《三辅黄图》卷一云："广六丈，南北二百八十步，六十八间，八百五十柱，二百一十二梁。"[2]据文物考古工作者考察，在咸阳市窑店镇南东龙村以东150米处的渭河北岸发现了一条南北向道路，东西宽50米，路土厚0.3米，上距地表深1.4米；该道路是秦都咸阳遗址中发现的最宽的道路，向南恰与汉长安城的横门相对，北为牛羊村，在村东西的二道原和半原区，是秦都咸阳的渭北宫殿区。此路迹无疑是秦都咸阳南北交通的干道，南接横桥。[3]

除了横桥以外，经2012—2013年度考古调查、钻探与发掘二号桥后，于汉长

---

[1] 《史记》卷六《秦始皇本纪》，第256页。
[2] 《三辅黄图校释》卷一，第24页。
[3] 孙德润、李绥成、马建熙：《渭河三桥初探》，《考古与文物丛刊》1983年第3号。

安城以北及东北已发现3组7座渭桥①,充分反映出秦汉时期渭河南北繁忙的交通情况。

除此而外,秦还在离宫别馆之间修建了复道、阁道、甬道。

秦始皇二十七年(前220)筑驰道的同时,又在秦始皇陵墓和几座大宫殿之间"筑甬道,自咸阳属之"。甬道是两侧筑墙的通道。《史记正义》引应劭的解释:"谓于驰道外筑墙,天子于中行,外人不见。"《史记集解》引应劭云:"筑垣墙如街巷。"②此后甬道愈筑愈长,关中凡通宫殿的驰道,道中都筑有夹墙作为甬道,专供皇帝乘金根车通行,"乃令咸阳之旁二百里内宫观二百七十复道甬道相连,帷帐钟鼓美人充之,各案署不移徙。行所幸,有言其处者,罪死"③。

复道也筑得不少,秦始皇二十六年(前221)筑六国宫殿时,"自雍门以东至泾、渭,殿屋复道周阁相属";三十五年建阿房宫时,又"为复道,自阿房渡渭,属之咸阳"④。裴骃《史记解集》引如淳的解释:"上下有道,故谓之复道。"⑤即在宫殿楼阁之间有上下两重通道,上面是用木料架设的空中通道,类似现在的天桥。从秦渭北宫殿殿址之间尚存带状夯土连接的迹象看,下面是夯筑,上面是木构,复道的木构部分就建筑在夯土之上,通过复道可以直接到达宫殿的高层。

根据现有资料可知,秦始皇时筑了两条阁道。一条是阿房宫前殿到终南山的,"周驰为阁道,自殿下直抵南山"⑥。另一条是从阿房宫到临潼丽山的,"阁道通骊山八十余里"⑦,这里的"骊山"即丽山(秦始皇陵原名丽山)。这一条原是甬道,后来改为阁道,把朝宫和秦始皇陵园连接起来。

二 咸阳通往全国各地的交通

春秋战国时期,诸侯割据,"车涂异轨",城防巨堑,关塞亭障,严重阻碍政治

---

① 陕西省考古研究院、中国社会科学院考古研究所、西安市文物保护考古研究院渭桥考古队:《西安市汉长安城北渭桥遗址》,《考古》2014年第2期。

② 《史记》卷六《秦始皇本纪》,第241—242页。

③ 《史记》卷六《秦始皇本纪》,第257页。

④ 《史记》卷六《秦始皇本纪》,第256页。

⑤ 《史记》卷五五《留侯世家》,第2043页。

⑥ 《史记》卷六《秦始皇本纪》,第256页。

⑦ 《三辅黄图校释》卷一,第49页。

的统一和经济文化的交流。秦始皇为了维护全国统一的局面,修建了由咸阳通往全国各地的道路,四通八达。不仅修建了驰道,还修了直道。

秦始皇统一六国后,从公元前220年开始大修驰道,一直持续到秦灭亡。驰道就是驰骋车马的宽广道路。路中央供皇帝通行,列树标明,两旁任其他人行走。据《汉书·贾山传》云,秦"为驰道于天下,东穷燕齐,南极吴楚,江湖之上,濒海之观毕至。道广五十步,三丈而树,厚筑其外,隐以金椎,树以青松"[1],充分反映出驰道的雄伟和宽阔气势。

这些驰道都是以咸阳为出发点,伸向四方,是我国古代的伟大工程。它对于全国政令的通达,抵御落后部族对内地先进地区的侵扰,加强各地文化的交流,促进统一的多民族国家的发展,有着非常重要的意义。秦始皇沿驰道五次出巡,其目的之一,就是要从政治上慑服原六国的统治者和贵族。

从秦都咸阳通往全国各地的驰道如下:

第一,从咸阳顺着渭河以南东行,出函谷关到关东。这条道路就是前面说到的"东穷燕齐,南极吴楚"之道,其在关中的大体路线为咸阳、霸上、豁口、斜口、零口、潼关等。这条道路历史悠久,春秋战国时,该道路上的往来更加频繁。它在诸侯争霸和秦始皇统一六国的战争中起着重要作用。汉以后与东方和东南的联系基本上也是通过这条道路。

第二,由咸阳向西行的道路叫"回中道",因中途建有回中宫而得名。这条驰道当是从国都咸阳出发,沿泾水,过今淳化县向北到甘肃省的宁县、合水、庆阳,然后向西南方向折至今渭源、陇西、天水,再东北通过陇山,沿洮河经今陇县、千阳、凤翔向东至咸阳。秦始皇第一次出巡,所经地区大体就是沿着这条路行进的。

第三,从长安向东南,经蓝田、商洛,出武关,到河南、湖北等地。因途经蓝田关和武关,所以称"蓝武道"或"武关道"。这条利用丹江和汉江流域的交通道路,在对楚国的战争和交流过程中发挥了重要作用。

第四,由咸阳向东北,经栎阳、大荔,渡蒲津,过黄河,到太原。秦晋间的交通,在周秦时期并不在河南的崤函附近,而是在渭河以北及涑水流域。这可从秦晋或秦魏两国间发生战争所涉及的地区得到证明。这条道路在秦与晋、秦与魏

---

[1] 《汉书》卷五一《贾邹枚路传》,第2328页。

的战争中发挥了重要的作用。

第五,由咸阳向西南,过子午道、陈仓道、褒斜道等到达巴蜀。秦在通向南及西南的交通要道口上均设有县,如杜县、周至县、户县、眉县、陈仓县等,可见此路交通的重要性。史念海先生在《汉中历史地理》一文中认为:秦国在秦岭修筑的栈道,至少有两条。刘邦破秦之后,受项羽封号,称汉王,王巴、蜀、汉中,都南郑。刘邦就国南郑时,是由杜县南行。杜县在现在的西安市长安区。这分明是后来所称的子午道。后来由南郑北归,却是别由故道。故道是秦汉时的县名,故址在现在宝鸡市凤县附近。县名以故道相称,意为以前的道路。由这条路向北行,就到了秦岭之北的陈仓。

20世纪80年代,考古工作者在咸阳的钓台附近发现两处古桥遗址,经过发掘及进行年代分析,认为是秦汉时期的,但对这究竟是什么桥则意见不一,一种意见认为是汉唐西渭桥遗址,另一种意见认为是古沣河桥遗址。笔者同意第二种观点,即认为这座桥是当时秦通向西南过沣河的必经之地。首先是因为桥下之河就是古沣河,《水经注·渭水》云:"丰水出丰溪,西北流分为二水,一水东北流为枝津,一水西北流。"沙河正是西北流的那支河流,因此从秦汉到隋唐时期在沙河古道上建立的桥只可能是沣河桥。

而认为此桥为西渭桥的理由为:沙河是渭河北移后留下的渭河古道。笔者认为这种观点值得商榷。虽然渭河在咸阳至西安一带有北移现象,但并不是每一段都如此,特别是吕村至咸阳这段,由于河道狭小,这一段的渭河两岸均为黑红色胶泥掺杂姜石土层,非常坚硬,河水不易侧蚀。渭河河床在这一段较窄,就是河水侵蚀不动的有力证据。从大量的考古、文物普查资料看,在今渭河以南的马家寨、胡家村均保存有西周、秦、汉等时期的遗址,也证明了渭水在此区间并无大幅度移动的情况。1989年文物普查时,在渭河北岸两寺渡村以南至吕村沿渭河一带,发现了大面积汉代建筑遗址,除出土大量的汉代柱础石、砖、瓦等外,还出土了"百万石仓"瓦当。经有关专家考证,认为是汉细柳仓遗址。它的发现不仅成为研究沣、渭交点位置的有力证据,同时也是渭水在此处并未北移的又一证明,因为据有关史籍记载,汉细柳仓位于渭水之北,沣、渭交汇之处。这一切都说明渭河河道在该段自秦汉以来是基本稳定的,从而否定了沙河桥是古西渭桥这一观点。况且,修建西渭桥是为了出汉长安城便门过渭河直趋茂陵,如果把沙河桥认定为汉唐西渭桥,其一绕路行走,不能体现出方便;其二沙河桥为南北向,又

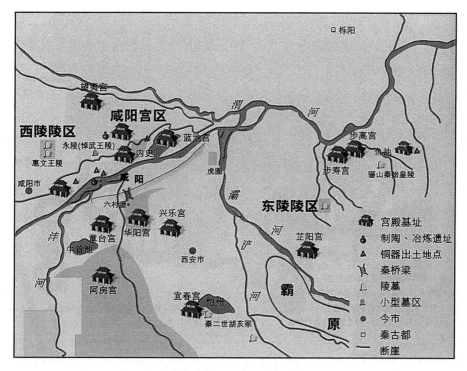

秦都咸阳道路系统示意图

不能体现"其道易直",当时的人绝不会舍近求远,先西南而行,渡桥后,再西北"以趋茂陵"。

实际上,西渭桥遗址之前已被人们发现,只是未经发掘而已。咸阳市文物工作者曾经实地考察过西渭桥遗址,1978年大旱时,在咸阳西南文王嘴一带的河床内暴露出一座古桥址。

由上可看出,沙河桥遗迹应为秦汉时期的沣河桥。为什么要修建这座桥呢?这是因为秦汉时代,鄠县(今西安市鄠邑区)、盩厔都是关中设置较早的大县,当时属秦汉皇家苑囿范围之内,因而便成为帝王贵族常去之地;同时,通过这里又是进入汉中、巴蜀的要道,所以修建一座横跨沣河的桥梁是非常必要的。

秦除了修建通往全国各地的驰道以外,还修建了可谓中国最早的军事高速公路——直道。《史记·秦始皇本纪》载:秦始皇三十五年,"除道,道九原,抵云阳,堑山堙谷,直通之"①。《史记·蒙恬列传》亦云:"始皇欲游天下,道九原,直

---

① 《史记》卷六《秦始皇本纪》,第256页。

抵甘泉,乃使蒙恬通道,自九原抵甘泉,堑山堙谷,千八百里。"司马迁随汉武帝北巡时路经秦直道,他说:"吾适北边,自直道归,行见蒙恬所为秦筑长城亭障,堑山堙谷,通直道,固轻百姓力矣!"①从这些记载可以看出,直道的兴建,是秦始皇下令的,而监修这条路的是镇守长城沿线的将军蒙恬。另外,这条路是由都城咸阳和林光宫直抵北部边境城镇九原的一条军事性质的道路,是为了对付北方的强大民族匈奴而修建的,因此需修建成一条便近快捷的道路,以笔直为至上要求,"堑山堙谷",而不能循河流绕道而行,这样才能缩短行程,节省时间。

对秦直道,学人多有研究和考察,史念海先生对直道遗迹的一些现状和途经路线有较深的研究,认为秦直道起由秦林光宫,沿子午岭主脉北行,经旬邑县石关、黄陵县艾蒿店、陕、甘两省交界处的五里墩,至黄陵县兴隆关(沮源关)后,沿子午岭主脉西侧的甘肃省华池县东,至铁角城、张家崾岘,又直北经陕西省定边县东南,复折东北方向达内蒙古乌审旗红庆河、东胜县西、昭君坟东,至内蒙古包头市西,即秦九原郡治所九原县。②这是有史以来首次对秦直道沿途所经路线的较详尽的描述。此后吴宏岐、吕卓民、李仲立等相继发表文章支持史先生的观点。但是学术界对直道的行经路线也有不同的看法。1984年,《光明日报》及《瞭望》周刊相继刊发了画家靳之林考察秦直道的相关报道,靳之林认为,从甘泉经上郡,在昭君坟过黄河,然后到达九原的一条路为秦直道,沿子午岭山脊的道路为秦通向西北的故道。此为秦直道东线说之开始。秦直道东线说的提出,引发了关于秦直道走向的讨论,但是靳之林所称之线路只有报道,没有地图和照片,略显不足。1986年,王开先生在对靳之林所描绘的秦直道路线进行考察后,发表了《秦直道新探》③,还与贺清海合撰了《毛乌素沙漠中秦汉"直道"遗迹探寻》④一文,在靳之林"秦直道东线说"的基础上提出了新的秦直道路线。靳之林的学生孙相武在考察秦直道后撰写了《秦直道调查记》⑤一文,附带《秦直道考察路线图》,认为秦直道经过榆林,但将秦直道的起点定在咸阳是明显疏漏,并且

---

① 《史记》卷八八《蒙恬列传》,第2566、2570页。
② 史念海:《秦始皇直道遗迹的探索》,《文物》1975年第10期。
③ 王开:《秦直道新探》,《成都大学学报》(社会科学版)1989年第1期。
④ 贺清海、王开:《毛乌素沙漠中秦汉"直道"遗迹探寻》,《成都大学学报》(社会科学版)1989年第1期。
⑤ 孙相武:《秦直道调查记》,《文博》1988年第4期。

与之前相关报道中所说的靳之林路线相异。延安地区文物普查队《延安境内秦直道考察报告之一》①《延安境内秦直道考察报告之二》②及姬乃军《秦直道走向考辨》③提出，直道至兴隆关后，分为两条岔路，一条沿子午岭主脉向西北延伸，一条沿古道岭向东北方向延伸，秦直道经过富县、甘泉、志丹、安塞、靖边等县。淳化县博物馆的姚生民先生支持此说。虽然靳之林与王开等人所调查的路线不尽相同，但相差不大，且都异于史念海先生的观点，所以将类似观点统归为东线说。争论还在进行，观点各方目前都无法说服对方，因此还需要做更多的考古勘探工作。

直道南北长约700公里，南起秦林光宫，其遗址在今淳化县的梁武帝村，它既是行宫别墅，供皇帝避暑时用，又可以说是北方防御匈奴的指挥部。由这里急行军，快马加鞭，三天三夜即可直至阴山脚下，抗击匈奴南犯；皇帝也可由此线北巡边疆，来回便捷、省时。据现在勘察情况看，直道在修建时充分利用了各种有利地形，尽可能取直。

咸阳的对外交通在都城建设及以后的都城巩固中都起到很重要的作用。秦统一六国后，面临六国旧贵族势力的反抗和匈奴的侵扰两大问题，兴修驰道乃是巩固中央集权的一项重要措施。驰道经过六国的一些旧都，就是为了能够及时运兵镇压旧势力的反抗。楚国先后都于郢和寿春，从咸阳出武关的驰道可以通达郢，寿春又是彭城至衡山的驰道所经之地。太行山东麓的驰道可以到达赵都邯郸和燕都蓟。秦始皇利用驰道巡视过许多地方，统一六国之前有三次到关东，一次至洛阳，一次到邯郸，一次到陈（今河南淮阳）；统一六国后，五次出巡，第一次到陇西、北地，后又到关东四次。可见驰道在保卫政权、保卫国都方面作用是明显的。

除了以上所讲到的陆路交通以外，秦时还利用关中多水的有利条件，进行水上运输，特别是利用渭河的有利条件，将东方的大量物资运至咸阳，以满足都城物资所需。

---

① 延安地区文物普查队：《延安境内秦直道考察报告之一》，《考古与文物》1989年第1期。

② 延安地区文物普查队：《延安境内秦直道考察报告之二》，《考古与文物》1991年第5期。

③ 姬乃军：《秦直道走向考辨》，《秦文化论丛》第2辑，第241页。

第七节　秦都咸阳所辖县

内史是秦都咸阳所在地,地理位置尤其重要。至于内史中究竟有多少县,学术界意见不一。

关于秦县的研究,由于史料缺乏,很少有人涉猎。班固虽距离秦的时代较近,但在《汉书·地理志》中只列出 10 余个县。史念海先生在 20 世纪 30 年代就秦的置县在《禹贡》半月刊第七卷上发表过一篇长篇论文《秦县考》,以后便很少见到此类文章。之所以如此,是因为一则史念海先生对此问题的研究已很深入,二则本身资料太少。近年来,随着考古资料的不断丰富,特别是一些关于秦县的资料被发现,为研究秦都咸阳所辖县提供了第一手的资料。

秦人置县始于秦武公时。《史记·秦本纪》载,武公"十年伐邽、冀戎,初县之。十一年,初县杜、郑"①。商鞅变法后,秦进一步扩大置县。到秦王朝统一天下后,为了巩固统一的成果,实行中央和地方两级建置:在中央实行三公九卿制,在地方实行郡县制。秦都咸阳附近由内史管辖,内史的地位和级别与郡虽然是等同的,但由于处于京畿,故其实际地位明显高于郡守。在内史之下,设有若干县进行管理。秦内史所管辖的地区与汉时的三辅管辖地区既有相同的地方,也有不一致的地方,正如《汉书·地理志》所云,京兆尹、左冯翊、右扶风,"本秦京师为内史"②。

秦的内史地区大体相当于关中地区,但又大于关中,还包括了今天的陕西省商洛市和河南省灵宝市。由于位于秦都咸阳周围,地理位置十分重要,故可称之为京畿地区,因而在其范围内的置县也是非常重要的。当时内史地区到底有多少县,由于史书缺载,不得其详。据《史记·秦本纪》记载,孝公十二年,"并诸小乡聚,集为大县,县一令,四十一县"③。由于当时秦国的统治地盘还不大,这 41 个县大多在关中地区。后来随着秦的发展和统一天下,所管辖的县的数量持续

---

① 《史记》卷五《秦本纪》,第 182 页。
② 《汉书》卷二八下《地理志》,第 1639 页。
③ 《史记》卷五《秦本纪》,第 203 页。

增加,但作为内史的置县,变化并不是太大。本文中将论及44个县。

一 咸阳

《史记·秦本纪》载,孝公十二年,"作为咸阳,筑冀阙,徙都之"①。咸阳为秦国都,自孝公至秦亡共9世,达144年。咸阳隶属内史,级别虽同县,但其地位特殊。始皇帝死后,赵高专权,任命女婿阎乐为咸阳令,控制国都。故城在今咸阳市东30里。

在咸阳县之下还有众多的乡和里的建置。其乡有长安乡、阴乡、建章乡等。新出秦封泥中有"咸阳丞印",为当时咸阳县级官吏所用印。目前发现的与咸阳有关的里名约40多个,均是从地下发掘出来的。主要有:屈里、完里、右里、泾里、当柳里、阳安里、沙寿里、东里、新安里、成阳里、如邑里、壮易里、巨阳里、白里、商里、于里、中里、牛里、禾里、陈里、高里、咸里、重里等。随着考古工作的继续进行,还会有新的里被发现。咸阳县管辖的范围大体包括今天咸阳市的渭城区、秦都区及西安市的莲湖、碑林、新城、未央四区的一部分。

二 杜

其地为古杜伯国,故名。《史记·秦本纪》载,武公"十一年,初县杜、郑"②,《史记·李斯列传》云,"十公主矺死于杜",《史记·秦始皇本纪》记载,"六公子戮死于杜",即此。秦二世

秦杜虎符

死后,葬于杜南宜春苑中,其遗址在今西安市南。1973年,在西安南郊山门口乡沈家桥村出土一枚秦杜虎符,铜质,有铭文数行。由此证明,秦之杜县当在此附近。杜县之下有樊乡,《史记·樊郦滕灌列传》云:"(哙)灌废丘,最……赐食邑杜之樊乡。"③其地当在今西安市长安区樊川。杜县管辖今西安市雁塔区、长安

---

① 《史记》卷五《秦本纪》,第203页。
② 《史记》卷五《秦本纪》,第182页。
③ 《史记》卷九五《樊郦滕灌列传》,第2655页。

区,商洛市柞水县西部及安康市宁陕县东北部。

三 芷阳

《汉书·地理志》注云:"霸陵,故芷阳,文帝更名。"①秦为芷阳县,汉文帝更名为霸陵。秦穆公成为春秋五霸后,筑霸宫于此,秦昭襄王时改为"芷阳宫"。据《史记·秦始皇本纪》记载,昭襄王去世后葬于芷阳。孝文王、庄襄王死后,也葬于芷阳,其陵区被称为"东陵",遗址在今西安市临潼区韩峪乡东部骊山西麓。在这一带已发现4座秦大型陵园,其中有3座"亞"字形大墓、两座"中"字形墓、"甲"字形墓及大量带有"芷阳"文字的陶片及一些陶窑遗址。②芷阳管辖今西安市临潼区西部和灞桥区东部。

四 废丘

《汉书·地理志》注云:"槐里,周曰犬丘,懿王都之。秦更名废丘。"③《水经注·渭水》:"古犬丘邑也。周懿王都之,秦以为废丘,亦曰舒丘。"《史记·项羽本纪》:"项王乃立章邯为雍王,王咸阳以西,都废丘。"④《集古遗文》中收有"秦废丘鼎",《十钟山房印举》中有"秦废丘左尉印"。其为秦县无疑。故城在今兴平市东南11里。张家山汉简《二年律令·秩律》:"槐里……秩各千石,丞四百石。"新出秦封泥中有"废丘丞印""废丘"等。废丘管辖今咸阳市的兴平市。最近虽然在西咸新区沣西新城发现了带有"废丘"陶文的陶器,但笔者认为把此地作为废丘还为时尚早,此现象也许与陶器的使用、交易有关。

五 栎阳

《史记·秦本纪》载:"(献公)二年,城栎阳。"⑤自献公二年(前383)至秦孝公十二年(前350),秦将栎阳作为临时都城共34年时间。项羽入关后曾封司马欣为塞王,都栎阳。汉初刘邦亦曾以此为都。《史记·六国年表》记载,献公十

---

① 《汉书》卷二八上《地理志》,第1544页。
② 徐卫民:《秦公帝王陵》,中国青年出版社,2002年,第73页。
③ 《汉书》卷二八上《地理志》,第1546页。
④ 《史记》卷七《项羽本纪》,第316页。
⑤ 《史记》卷五《秦本纪》,第201页。

一年"县栎阳"。栎阳故城在今西安市阎良区武屯乡。近几年,考古工作者在此进行了新的考古勘探与发掘,证明秦都栎阳确在此地。新出秦封泥中有"栎阳丞印""栎阳右工室丞""栎阳左工室丞"等。其管辖范围为今西安市阎良区和临潼区渭河以北地区。

六 丽邑

栎阳丞印封泥

《史记·秦始皇本纪》载,秦王政十六年,"魏献地于秦,秦置丽邑"①。这是秦始皇为了其陵墓而设置的陵邑,目的是加强对秦始皇陵修建和祭祀的管理。《史记·秦始皇本纪》云:"始皇享国三十七年。葬丽邑。"②秦始皇陵原名"丽山",故名。其级别相当于县一级,但其地位要高于县。新出秦封泥中有"丽邑丞印"。丽邑汉时改名为新丰。自从秦设置了丽邑之后,汉承秦制,也在汉帝陵附近设置了7个陵邑,相当于汉时的卫星城。此后这种在陵旁设置陵邑的制度便消失了。

丽邑的具体遗址在秦始皇陵以北2.5公里的刘家村一带,此处发现了三处大型的秦建筑遗址,其中的刘家寨遗址占地75万平方米,文化堆积层厚约0.5米,出土有很多建筑材料。其西北的沙河村、苗家寨遗址面积达150万平方米,在此还发现一段城墙。其管辖范围为芷阳以东、渭河以南、骊山以北、郑县以西。③

七 高陵

《史记·秦本纪》载,秦昭襄王封其弟为高陵君,高陵是其食邑也。《元和郡县图志》:"高陵县,本秦旧县,孝公置。"④《碧葭精舍印存》中载有秦"高陵司马

---

① 《史记》卷六《秦始皇本纪》,第232页。
② 《史记》卷六《秦始皇本纪》,第290页。
③ 《秦始皇陵研究》,第3页。
④ 《元和郡县图志》,第26页。

印"。清吴卓信在《汉书地理志补注》卷二中指出:"高陵为秦孝公所置,昭王封其同母弟显为高陵君,范雎说秦王曰'高陵进退不请',并即此。"《清一统志》卷二二八云:"高陵故城在(西安府)高陵县西南。"新出秦封泥中有"高陵丞印"。其管辖今西安市高陵区。

八　鄠

古崇国,夏为有扈氏居之,《尚书》所云"启与有扈战于甘"即此,秦据之改为"鄠邑"。故城在今西安市鄠邑区北二里。鄠县有秦的萯阳宫、五柞宫、长杨宫等离宫别馆,秦的上林苑延伸于鄠县。其管辖今西安市鄠邑区及周至县东部。

九　蓝田

《史记·六国年表》:"献公六年,初县蒲、蓝田。"①蓝田是秦较早设置的县之一。公元前312年,楚怀王纠集大军攻秦至蓝田,秦与之战,并大败楚军。《战国策·秦策》:"以不韦为相,号曰文信侯,食蓝田十二县。"据《汉书·高帝纪》,公元前207年,沛公引兵"击秦军,大破之蓝田南。遂至蓝田"②。汉初曹参、周勃、靳歙等人皆曾战于蓝田。蓝田产玉之历史悠久,玉之次者为蓝,故名。《清一统志》云:"蓝田故城在(西安府)蓝田县西。"新出秦封泥中有"蓝田丞印"。其管辖今西安市蓝田县和商洛市柞水县东部。

一〇　泾阳

泾阳在秦灵公时曾作为秦的临时都城,秦献公时从泾阳迁都至栎阳。③《史记·穰侯列传》记载,昭襄王母弟曾被封为泾阳君,泾阳是其食邑。此泾阳乃陕西泾阳县。汉代亦有泾阳县,地望在安定郡(今甘肃平凉附近),与秦泾阳并非一地。在泾阳县已发现秦汉时期的大型建筑遗址多处,笔者认为口镇发现的遗址应为秦泾阳县之所在。秦泾阳管辖今咸阳市泾阳和三原两县地。

---

① 《史记》卷一五《六国年表》,第715页。
② 《汉书》卷一《高祖纪》,第22页。
③ 徐卫民:《泾阳为秦都考》,《中国历史地理论丛》1998年第1期。

一一 谷口

战国时设立,因县城位于泾水出山之口,故名谷口县。此地有秦著名的谷口宫。《史记·刺客列传》云:"北有甘泉、谷口之固,南有泾、渭之沃,擅巴汉之饶。"①秦谷口管辖今咸阳市礼泉县地。

一二 下邽

《史记·秦本纪》:武公"十年,伐邽、冀戎,初县之"②。《水经注·渭水》:"秦伐邽,置邽戎于此,有上邽,故加下也。"据《太平寰宇记》记载,下邽在华州下邽县东南,本是秦旧县。下邽地名今仍在,位于渭南市临渭区下邽镇,历史上曾有"下邽三贤"之称。新出秦封泥中有"下邽丞印"。秦下邽管辖今渭南市临渭区渭河以北地区。

一三 频阳

《史记·秦本纪》云,厉共公"二十一年,初县频阳"③。《汉书·地理志》注云:"频阳,秦厉公置。"④秦将王翦即此县人。《史记·白起王翦列传》记载,秦王政欲派王翦带兵出击楚国,王翦婉言谢绝,"始皇闻之,大怒,自驰如频阳,见谢王翦"⑤。故城在富平县东北50里。新出秦封泥中有"频阳丞印"。秦频阳管辖今渭南市富平县及铜川市的南部。

一四 郑

《史记·秦本纪》云,武公"十一年,初县杜、郑"⑥。《水经注·渭水》:"东经郑县故城北,《史记》武公十一年县之,郑桓公友之故邑也。"《史记·商君列传》:

---

① 《史记》卷八六《刺客列传》,第2528页。
② 《史记》卷五《秦本纪》,第182页。
③ 《史记》卷五《秦本纪》,第199页。
④ 《汉书》卷二八上《地理志》,第1545页。
⑤ 《史记》卷七三《白起王翦列传》,第2340页。
⑥ 《史记》卷五《秦本纪》,第182页。

"商君既复入秦,走商邑,与其徒属发邑兵北出击郑。"①其地为郑桓公之故地,故名。故城在今渭南市华州区北,管辖今渭南市华州区西南部及临渭区渭河以南地区。

一五 武城

《秦本纪》:康公"二年,秦伐晋,取武城"②。《史记·六国年表》:秦惠公十年,"与晋战武城"③;秦孝公十九年,"城武城"④。《史记·樊郦滕灌列传》:"赐食邑武成(《汉书》为'城')六千户。"⑤武城为秦县无疑。故城在今渭南市华州区东北,管辖今渭南市华州区东北部及华阴市西部。

一六 宁秦

《水经注·渭水》:"春秋之阴晋也,秦惠王五年,改曰宁秦。"《史记·六国年表》《秦本纪》皆载惠文君六年,"魏纳阴晋,阴晋更名宁秦"⑥。纵横家公孙衍即为阴晋人。宁秦原属晋、魏,后归之于秦,秦始皇时更名为华阴。《史记·秦始皇本纪》:"三十六年……使者从关东夜过华阴平舒道。"⑦故城在今华阴市东南。新出秦封泥中有"宁秦丞印"。秦宁秦管辖今华阴市东部及潼关县地。

一七 重泉

《史记·秦本纪》:"简公六年……堑洛,城重泉。"《史记正义》引《括地志》云:"重泉故城在同州蒲城县东南四十五里也。"⑧《史记·樊郦滕灌列传》中记载秦骑士李必、骆甲为重泉人。《元和郡县图志》卷一:"奉先县,本秦重泉县。"《秦金文录》中收有"商鞅方升",上刻有"重泉"地名。据《清一统志》云,重泉故城

---

① 《史记》卷六八《商君列传》,第 2237 页。
② 《史记》卷五《秦本纪》,第 195 页。
③ 《史记》卷一五《六国年表》,第 713 页。
④ 《史记》卷一五《六国年表》,第 725 页。
⑤ 《史记》卷九五《樊郦滕灌列传》,第 2661 页。
⑥ 《史记》卷五《秦本纪》,第 205 页。
⑦ 《史记》卷六《秦始皇本纪》,第 259 页。
⑧ 《史记》卷五《秦本纪》,第 200 页。

在（同州府）蒲城县东南。今蒲城县龙池乡仍有一村名为"重泉"。新出秦封泥中有"重泉□印"，缺字疑为"丞"字。张家山汉简《二年律令·秩律》："重泉……秩各八百石，有丞、尉者半之。"其管辖今渭南市蒲城县地。

一八　临晋

《汉书·地理志》注云："故大荔，秦获之，更名。"①其地临晋国，秦筑高垒以临晋国，故曰"临晋"。《史记·秦本纪》载，厉共公十六年，"伐大荔，取其王城"。《史记解集》引徐广曰："今之临晋也。临晋有王城。"②《清一统志》："冯翊故城，今（同州）府治，本古临晋也。"故城在今朝邑县西南20里。新出秦封泥中有"临晋丞印"。张家山汉简《二年律令·秩律》："临晋……秩各千石，丞四百石。"其管辖今渭南市大荔县北部。

一九　郃阳

《史记·魏世家》：文侯十七年，"西攻秦，至郑而还，筑雒阴、郃阳"。《史记正义》引《括地志》云："郃阳故城在同州河西县南三里。"③《史记·六国年表》："秦孝公二十四年，大荔围合阳。"④汉高祖曾封刘喜为合阳侯。据《清一统志》记载，故城在同州府合阳县东南，管辖今渭南市合阳县地。

二〇　徵

《国语·楚语》："秦有徵、衙。"秦公子鍼曾受封于徵、衙。《左传·文公十年》所云"秦伯伐晋，取北徵"，即指此地。汉代设徵县，故城在澄城县南22里，管辖今渭南市澄城县地。

二一　衙

《史记·秦本纪》："武公元年，伐彭戏氏。"⑤春秋时，秦晋战于彭衙。故城在

---

① 《汉书》卷二八上《地理志》，第1545页。
② 《史记》卷五《秦本纪》，第199页。
③ 《史记》卷四四《魏世家》，第1838页。
④ 《史记》卷一五《六国年表》，第726页。
⑤ 《史记》卷五《秦本纪》，第182页。

白水县东北。至今在白水县东北角仍有"南彭衙"和"北彭衙"两个地名,应是历史地名延续之故。其管辖今渭南市白水县北部。

另,《史记·秦始皇本纪》云,"宪公享国十二年,居西新邑。死,葬衙",出子亦"葬衙"。① 此处之"衙",不是彭衙,也不是指今天的白水县,而应在雍城附近的三畤原上,因为武公和出子不会葬在距离雍城如此远的地方。

二二 杜平

《史记·六国年表》:"孝公七年,与魏惠王会杜平。"②《史记·樊郦滕灌列传》:"赐婴爵列侯,号昌文侯,食杜平乡。"③故城在今澄城县境,管辖今渭南市澄城县地。

二三 怀德

《史记·绛侯周勃世家》载,高祖"还定三秦,至秦,赐食邑怀德"④。《水经注·渭水》:"渭水之阳即怀德县界也,城在渭水之北,沙苑之南,即怀德县故城也。世谓之高阳城,非矣。"怀德在秦时已为县。故城在朝邑县西南十三里。新出秦封泥中有"褱德丞印""壊德□□"。张家山汉简《二年律令·秩律》:"壊德……秩各六百石,有丞尉者半之。"其管辖今渭南市大荔县南。

二四 夏阳

《史记·秦本纪》载,"灵公六年,晋城少梁,秦击之"⑤;惠文王十一年,"更名少梁曰夏阳"⑥。《史记·魏世家》《汉书·地理志》《水经注·渭水》所记皆同。夏阳古为梁伯国,故名少梁,秦获之,更名。汉初,韩信带兵击魏,即从夏阳渡河袭安邑。《清一统志》:"夏阳故城在(同州府)韩城县南。"呼林贵先生于1986年发现了夏阳遗址,位于今韩城市南10公里处,其地属芝川镇瓦头村、吕

---

① 《史记》卷六《秦始皇本纪》,第285页。
② 《史记》卷一五《六国年表》,第722页。
③ 《史记》卷九五《樊郦滕灌列传》,第2668页。
④ 《史记》卷五七《绛侯周勃世家》,第2067页。
⑤ 《史记》卷五《秦本纪》,第200页。
⑥ 《史记》卷五《秦本纪》,第206页。

庄村和嵬东镇的堡安村,大体是在瓦头村之西、吕庄村之北、堡安村之东一带。东南约 2 公里是司马迁祠。澽水流其东,芝水绕其南,尸乡沟环其西,嵬山依其北,东面即黄河,有夏阳渡口。遗址背山面原,居水陆交通之要道,战能攻,退能守,是理想的筑城遗址,也与史书记载位置吻合。在此发现十处夯土建筑基址、城门遗址、砖瓦窑遗址、冶铁遗址及墓葬区。① 其管辖今韩城市地及延安市黄龙县东南部。

二五　白水

秦孝公十二年(前 350)设立,因白水河得名。《通典》:"秦文公分清水为白水,即此。"《郡县释名》:"秦置白水县,以县临白水也。"在相家巷发现的秦封泥中就有"白水苑丞""白水之苑"封泥,说明秦在此地建有苑囿,反映出当时白水县的地位是比较重要的。其管辖今白水县南部。

二六　雍

《史记·秦本纪》:"德公元年,初居雍城大郑宫。"② 何谓雍?"四面高曰雍。又四望不见四方,故谓之雍。"③雍作为秦的都城达 255 年,在秦的发展过程中发挥了十分重要的作用。《括地志》:"岐州雍县南七里故雍城。"④ 其都城的位置已勘探清楚,都城遗址在今凤翔县南。在其都城内发现了三大宫殿区、市场区和手工业作坊区,在其南还发现了当时的秦公陵区。雍县有秦的橐泉宫、蕲年宫、棫阳宫、来谷宫等。新出秦封泥中有"雍丞之印""雍工室印""雍工室丞"等。其管辖今宝鸡市凤翔县地。

二七　虢

《史记·秦本纪》载,武公十一年,"灭小虢"⑤。据史料,虢故城在今宝鸡市陈仓区虢镇。此地有秦的虢宫。其管辖今宝鸡市陈仓区东部,凤翔县虢王、彪角

---

① 呼林贵:《陕西韩城秦汉夏阳故城遗址勘察记》,《考古与文物》1987 年第 6 期。
② 《史记》卷五《秦本纪》,第 184 页。
③ 《元和郡县图志》,第 41 页。
④ 《括地志辑校》,第 33 页。
⑤ 《史记》卷五《秦本纪》,第 182 页。

两乡,及岐山县渭河以北地区的西南部。

二八 陈仓

《史记·高祖本纪》:"还,袭雍王章邯。邯迎击汉陈仓。"①《元和郡县图志》:"宝鸡县本秦陈仓县,秦文公所筑,因山以为名。"②秦文公十九年(前747),获星陨石于陈仓北阪城,以一牢祠,命曰"陈宝"。陈仓有秦的羽阳宫。其管辖今宝鸡市金台、渭滨两区,陈仓区的汧河、清水河以西地区及甘肃省天水市麦积区东部。

二九 美阳

《元和郡县图志》:"孝公作四十一县,斄、美阳、武功,各其一也。"③《读史方舆纪要》:"美阳城在(武功)县西北二十五里,秦孝公所置县。"故城在武功县西北25里。《秦金文录》载有秦"美阳权",美阳为秦县无疑。西安北郊相家巷新出秦封泥中有"美阳丞印"。张家山汉简《二年律令·秩律》:"美阳……秩各六百石,有丞、尉者半之。"秦高泉宫即在美阳。秦美阳县管辖今宝鸡市扶风、岐山两县北部。

三〇 武功

孝公任用商鞅进行变法时设置的县。今眉县有武功山,斜谷水亦曰武功水,县以山水为名。故城在眉县东,管辖今宝鸡市眉县、岐山县的渭河以南地区及太白县东部。

三一 斄

《元和郡县图志》:"孝公作四十一县,斄、美阳、武功,各其一也。"④《清一统志》:"故城在武功县西南。"西安北郊相家巷新出秦封泥中有"斄丞之印"。张家

---

① 《史记》卷八《高祖本纪》,第368页。
② 《元和郡县图志》,第42页。
③ 《元和郡县图志》,第32页。
④ 《元和郡县图志》,第32页。

山汉简《二年律令·秩律》："斄……秩各八百石,有丞尉者半之。"秦斄县管辖今宝鸡市武功县和扶风县的东南部。

三二　郿

《史记·白起王翦列传》："白起者,郿人也。"①《史记·樊郦滕灌列传》："攻赵贲,下郿。"②《元和郡县图志》："郿县,本秦县,右辅都尉理所,在今县东一十五里,有故城。"③故城在郿县东北。新出秦封泥中有"郿丞之印"。秦郿县管辖今宝鸡市眉县渭河以北地区、岐山县渭河以北地区南部及扶风县西南部。

三三　杜阳

因位于杜水之阳而得名。《史记·樗里子甘茂列传》"封小令尹以杜阳",《史记索隐》"杜阳亦秦地"④,《麟游县志》"古雍州城也,公刘居杜",即此。《清一统志》："故城在(凤翔府)麟游县西北。"秦杜阳县管辖今咸阳市麟游县地。

三四　汧

《史记·秦本纪》："三年,文公以兵七百人东猎。四年,至汧渭之会。曰:'昔周邑我先秦嬴于此,后卒获为诸侯。'乃卜居之,占曰吉,即营邑之。"⑤《水经注·渭水》云,汧水"又东经汧县故城北"。秦文公时曾以汧作为秦的都城,遗址就在今宝鸡陇县东南的边家庄一带。在此发现大量春秋时期秦的规格较高的墓葬和一座春秋时代的城址。⑥ 其管辖今宝鸡市陇县东部和南部。

三五　好畤

《史记·吕不韦列传》："毐败亡走,追斩之好畤。"⑦《史记·高祖本纪》："雍

---

① 《史记》卷七三《白起王翦列传》,第 2331 页。
② 《史记》卷九五《樊郦滕灌列传》,第 2655 页。
③ 《元和郡县图志》,第 43 页。
④ 《史记》卷七一《樗里子甘茂列传》,第 2313—2315 页。
⑤ 《史记》卷五《秦本纪》,第 179 页。
⑥ 《秦都城研究》,第 56 页。
⑦ 《史记》卷八五《吕不韦列传》,第 2513—2514 页。

兵败,还走;止战好畤。"①《史记·曹相国世家》:"击章平军于好畤。"《汉书·文帝纪》注引孟康曰:"好畤,县名。"《读史方舆纪要》云,"废县(好畤)在(乾)州东南四十里",即今乾县东南。秦梁山宫遗址就在好畤县,其具体位置已得到确认。新出秦封泥中有"好畤丞印""好畤"等。张家山汉简《二年律令·秩律》:"好畤……秩各千石,丞四百石。"其管辖今咸阳市乾县及永寿县南部。

三六 漆

战国晚期设立,因漆水而得名。《史记·绛侯周勃世家》:"北攻漆。"《史记正义》:"今豳州新平县,古漆县也。"②"豳"同"邠",即今之彬县。西安北郊相家巷新出秦封泥中有"漆丞之印"。《清一统志》:"新平故城在今(邠)州治,古漆县也。"秦漆县管辖今咸阳市彬县地及永寿县北部。

三七 栒邑

《史记·樊郦滕灌列传》:"破雍将军焉氏,周类军栒邑。"③《读史方舆纪要》:"栒邑城在(三水)县东北二十五里,本秦邑,汉初郦商破雍将周类军于栒邑,即此,汉置县。"顾祖禹认为,汉时置县之说是错误的,栒邑之名秦已有之。《秦金石刻辞》中载有秦"栒邑权",则秦置县无疑。秦栒邑管辖今咸阳市旬邑县西部。

三八 鄜

《史记·秦本纪》:"(文公)十年,初为鄜畤。"《史记集解》引徐广云:"鄜县属冯翊。"《史记索隐》云:"音敷,亦县名。于鄜地作畤,故曰鄜畤。"④《说文解字》亦云:"鄜,左冯翊。"《史记·秦始皇本纪》中有"麃公"为将军之记载,《史记集解》引应劭曰:"麃,秦邑。"古鄜、麃通用,麃公即为鄜县之人。《清一统志》:"故城在(鄜州)洛川县东南。"

---

① 《史记》卷八《高祖本纪》,第368页。
② 《史记》卷五七《绛侯周勃世家》,第2067—2068页。
③ 《史记》卷九五《樊郦滕灌列传》,第2661页。
④ 《史记》卷五《秦本纪》,第179—180页。

笔者认为,此鄜县不应在左冯翊,而应在右扶风。因为如果说鄜县因鄜畤而来,那么鄜畤的位置应在秦当时的都城汧渭之会附近,而汧渭之会的遗址即在当时的汧河与渭河的交汇处,也就是今天的千河入渭河的东岸魏家崖一带,因此,鄜县的位置应离此地不远。而鄜县实际的位置则在今天的洛川县。

三九 胡

《史记·范雎蔡泽列传》:"王稽辞魏去,过载范雎入秦,至湖关。"《史记索隐》:"《地理志》京兆有湖县,本名胡,武帝更名湖,即今湖城县也。"①《汉书·地理志》注云:"湖,故曰胡,武帝建元元年更名湖。"②《水经注·河水》:"河水又东经湖县故城北,昔范叔入关遇穰侯于此矣。"可见胡亦为秦时县。故城在故陕州阌乡县东40里。位于函谷关以西,属内史管辖。具体位置在今天的陕西、山西、河南三省交界处。

四○ 弋阳

《汉书·地理志》注云:"阳陵,故弋阳,景帝更名。"③说明在汉景帝以前阳陵称"弋阳"。汉阳陵邑所在可能就是秦弋阳之所在。故城在今咸阳东40里,管辖今西安市高陵区西南部、泾阳县东南部及咸阳市渭城区正阳乡等地。

实际上,阳陵之名秦已有之。《史记·高祖功臣诸侯年表》即有"阳陵侯傅宽"。今传世阳陵虎符,有人以为是汉虎符,王国维在《秦阳陵虎符跋》中明确指出,"实秦虎符也"。后来考古工作者在湖南湘西发现的里耶秦简牍中有不少关于秦阳陵的记载,此阳陵所指是否和阳陵虎符为同一地方,还须依据更多资料进行研究。

四一 云阳

《史记·秦始皇本纪》载,秦王政十四年,"韩非使秦,秦用李斯谋,留非,非

---

① 《史记》卷七九《范雎蔡泽列传》,第2402—2403页。
② 《汉书》卷二八上《地理志》,第1544页。
③ 《汉书》卷二八上《地理志》,第1545页。

死云阳","三十五年,除道,道九原,抵云阳","因徙三万家丽邑,五万家云阳"。① 故城在泾阳县西北30里。云阳有秦的林光宫。新出秦封泥中有"云阳丞印""云阳"等。秦云阳县管辖今咸阳市淳化县地。

四二 华阳

芈戎是宣太后的弟弟,曾为华阳君,封于此。华阳原为楚地,秦华阳夫人亦食邑于此。一云华阳在富平县东南三十里,误也。《古今图书集成》《陕西通志》及《富平县志》均载秦王政降华阳公主与王翦为婚之事,值得怀疑。因为此时王翦已病老归家,秦王政岂能嫁公主于王翦?笔者认为,华阳应在靠近楚国的地方,因为华阳夫人是楚国人。新出秦封泥中有"华阳丞印""华阳禁印"。秦华阳县管辖今天的洛南一带。

四三 商

《左传·文公十年》载,楚使子西"为商公"。杜预注:"商,楚邑,今上雒商县。"后归之于秦。《史记·商君列传》:"卫鞅既破魏还,秦封之於、商十五邑,号为商君"。②《汉书·地理志》注云:"商,秦相卫鞅邑也。"③《清一统志》:"故城在今(商)州东。"新出秦封泥中有"商丞之印"。张家山汉简《二年律令·秩律》:"商,……秩各六百石,有丞尉者半之。"近年来,考古工作者在丹凤县城西的丹江北岸台地上发现了一座大规模的战国时期古城址,为商邑之所在。遗址南北长1500米,东西宽1100米,出土了带有"商"字的瓦片及其他铁器、陶器等文物。④ 新出土的秦封泥中有"商丞之印"。

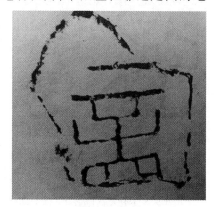

"商"字瓦当

---

① 《史记》卷六《秦始皇本纪》,第232、256页。
② 《史记》卷六八《商君列传》,第2233页。
③ 《汉书》卷二八上《地理志》,第1549页。
④ 王子今等:《陕西丹凤商邑遗址》,《考古》1989年第7期。

四四　平阳

平阳在秦宪公时曾作为秦的都城。《史记·秦本纪》载,"宁(应为宪)公二年,公徙居平阳""武公元年……居平阳封宫"。《史记正义》引《括地志》云:"平阳故城在岐州岐山县西四十六里,秦献公徙都之处。"①考古工作者曾在平阳附近的太公庙发现了当时宫室使用的重器秦公钟和秦公镈,上有众多的铭文,为当时祭祀所用的礼乐器。近年来,考古工作者又在平阳发现了秦公大墓,发现地与史书记载其所在位置吻合。秦平阳县管辖今宝鸡市陈仓区汧河、清水河以东地区。

据上所云,秦内史县的设置有以下几个特点:①县城大多位于渭河两岸,也就是在今天的关中平原上。②凡做过秦的政治中心之地,也均为秦的县置。如咸阳、雍、栎阳、汧、平阳等。③交通要冲之处,必为县治所在。如蓝田、杜、郿、陈仓、谷口等。④战略要地必为秦县所在。与东方晋国和东南楚国交界之处就设置了很多的县,如临晋、夏阳、重泉、徵、衙、白水、郑、武城、宁秦等。⑤从全国置县情况来讲,内史地区无疑是最多的。秦县之总数,据杨守敬统计,"当八九百也",分属40多个郡管辖,平均每郡约管辖20个县,而内史地区管辖40余县,充分反映了内史地区的重要性。⑥在秦始皇陵所在地设置陵邑,为秦人首创,而且直接影响了汉王朝。汉在长安城附近设置了众多的陵邑,作为长安城的卫星城。

秦是当时置县最早的国家之一。最初设置于边远地区,后来逐渐发展为地方一级行政建置。到秦统一全国以后,为了加强中央集权,废除了分封制,在地方实行郡县两级制,其最高长官由皇帝亲自任命,这种制度对中国社会产生了深远的影响,直到今天我们仍然实行县一级管理。

第八节　营造秦都城对当时环境带来的负面影响

关中作为秦的都城所在地长达数百年,是当时全国的政治、经济、文化中心。因此,势必有众多的人口集中在这一地区,从事农业、手工业、商业等活动。事实

---

①　《史记》卷五《秦本纪》,第181—182页。

上，关中地区是当时全国人口最为稠密的地区之一。秦时政府多次征调外地人以充实关中地区，秦始皇二十六年（前221），"徙天下豪富于咸阳十二万户"①；秦始皇三十五年（前212），又"徙三万家丽邑，五万家云阳"②。除了这些移民之外，还有大量的官吏、军队等集中在关中地区。人口的大量增加，要求首先必须增加粮食供应，因而必然要大量增加耕地面积，这便意味着对森林和植被的破坏，也就意味着会造成水土流失，导致河流中含沙量大，形成水患，留下一系列后遗症。

作为政治中心的都城，势必要建造大量宫殿及离宫别馆，修建帝王陵墓，而这些建筑必然带来对森林的砍伐。中国古代的宫殿均为土木结构，因此木材用量特别大。加之秦人好大喜功，都城咸阳规模宏大，横跨渭水两岸，在咸阳周围的离宫别馆达300座，"东西八百里，南北四百里，离宫别馆，相望联属。木衣绨绣，土被朱紫，宫人不移，乐不改悬，穷年忘归，犹不能遍"③。当时"自雍门以东至泾、渭，殿屋复道周阁相属"④，必然造成对林木的大量破坏。秦阿房宫的修建更是大兴土木，"规恢三百余里"，造成"阿房出，蜀山兀"。近年来虽然有学者提出秦阿房宫并未建成，但是这种观点其实是值得商榷的，阿房宫本身是一个庞大的建筑群，有众多的建筑，目前我们最多只能说阿房宫前殿尚未建成，但在阿房宫周围发现的众多的建筑遗址，均为阿房宫建筑群的一部分，这些也耗费了大量的木材。

当时修建秦始皇陵所用木材，"其总数恐将达数万立方米"⑤。正在发掘中的秦兵马俑坑，其上全用棚木覆盖。二号坑现清理出的棚木有1310多根，大多是圆木，以松木为主，直径多在30—40厘米之间，最大达61厘米；长度一般在4米左右，最长为12米。从目前的考古发掘来看，秦始皇陵的其他陪葬坑也均用到大量木材。秦始皇陵地面上还修建有大型的寝殿、便殿和其他礼制建筑，也耗费了大量木材。

---

① 《史记》卷六《秦始皇本纪》，第239页。
② 《史记》卷六《秦始皇本纪》，第256页。
③ 《三辅黄图校释》卷一，第25页。
④ 《史记》卷六《秦始皇本纪》，第239页。
⑤ 袁仲一：《从秦始皇陵的考古资料看秦王朝的徭役》，见《秦俑学研究》，陕西人民教育出版社1996年，第1186页。

考古工作者在秦都雍城已发现 14 座大型陵园,发现了 22 座"中"字形国君大墓,地宫中采用的"黄肠题凑",就是用木材堆积而成的,为了防潮和防盗,用了大量的木炭。仅发现的秦公一号大墓,椁体像一座巨大的平顶木屋;主椁有三层,用巨型方木套接;椁木为松木,用长短方木两千根以上。"黄肠题凑"墓要用很多木材。不仅雍城秦公陵区大墓如此,秦东陵区、秦始皇陵也是一样的,而且有过之而无不及。因此,当时关中地区的山林必然遭到很大的破坏。这些史实可以说明,当时有识之士有关"宫室奢侈,林木之蠹也"的警告,是有事实根据的,并非危言耸听。《潜夫论·浮侈》批判厚葬之俗,也涉及陵墓对山林的破坏,"京师贵戚,必欲江南檽梓豫章梗柟;边远下土,亦竞相仿效。夫檽梓豫章,所出殊远,又乃生于深山穷谷,经历山岑,立千步之高,百丈之溪,倾倚险阻,崎岖不便,求之连日然后见之,伐斫连月然后讫,会众然后能动担,牛列然后能致水,油溃入海,连淮逆河,行数千里,然后到雒","东至乐浪,西至敦煌,万里之中,相竞用之"①。

实际上,对关中地区环境的破坏是一个渐进的过程。西周以前,关中西部的周原地区环境很好,原上森林、草原相间,是一个气候湿润、土肥水美之地。周人在这里定居以后,就对这里的林木进行砍伐和清理,他们砍伐枯树、死树,修剪灌木、小树,芟除河柳、椐树,剔除山桑、柘树,将柞树、棫树连根拔掉,辟地种田,使周原开始出现一派农业繁荣的景象(见《诗经·大雅·皇矣》)。但当时此处森林很多,若干年之后,这里还是野鹿成群,野鸡栖息,树木葱茏(见《诗经·小雅·吉日》《小雅·正月》《大雅·生民》《大雅·桑柔》等),生态环境还相当良好。西周至春秋时期,泾渭流域的关中平原地区,农业生产发展得愈来愈好,为西周灭商提供了重要的物质条件,但农业规模扩大的结果当然是森林和草原植被愈来愈少。

农地的开垦是使环境生态恶化的重要原因之一。开垦农地一定会破坏森林植被,继而影响到周围生态。战国时期,周原所在的关中平原为秦国的辖境。秦相当重视农田开垦,并以大量开辟荒地作为强国的政策。商鞅在秦国实行变法,十分重视农业的发展,发布《垦草令》,招徕三晋农民到秦国开垦土地;进行了

---

① [汉]王符著,[清]汪继培笺,彭铎校正:《潜夫论笺》,中华书局,1979 年,第 134 页。

"坏井田,开阡陌"的改革,规定"僇力本业,耕织致粟帛多者复其身"①,为称霸诸侯打下了坚实基础。发展农业必然要充分利用土地,秦统治时期,关中平原的土地得以大量开垦,森林和草原植被大量减少。

总之,秦建都关中地区后,这里成为全国的政治经济中心,同时也对周围环境造成了极大的负面影响。虽然历代秦统治者都提出了相关的保护环境的政策,但是一方面由于都城的庞大建设,尤其是都城中的土木结构建筑,必须使用大量的林木,另一方面大量人口的迁入,必须开垦大量的农田,也会造成大量的林木被用作燃料资源等,必然对环境造成较大的破坏。

---

① 《史记》卷六八《商君列传》,第 2230 页。

第五章　秦都城工商业的发展

秦都城中的手工业与商业是其都城的重要组成部分,特别是战国时期以后更为明显。关于秦雍城以前都城中的手工业和商业情况,缺乏文献和考古资料。雍城以后,都城中的手工业与商业情况发生了重要的变化,已经有官营和私营的区别。尽管中国古代的统治者大多实行的是"重农抑商"政策,但是手工业和商业仍然不断得到发展。官营的作坊当然是由王室控制的,私营的作坊则是小型的私人手工业。私营手工业是春秋晚期以后随着土地私有制的确立才发展起来的,但直到西汉,官营手工业所占比重仍很大。

第一节　秦都城工商业发展概况

《史记·货殖列传》记载,"及秦文、德、缪居雍,隙陇蜀之货物而多贾",《说苑·臣术》云"秦穆公使贾人载盐,征诸贾人",反映出雍城时期的工商业是比较繁荣的。雍城在今凤翔县城南,作为国都的时间达250多年,此期是秦发展史上的转折点。1987年,雍城考古队在雍城遗址上发现了当时的市场遗址,具有极为重要的意义。据考古发掘可知,雍城市场分布于雍城宫殿的后部,市场面积近3万平方米,四周以厚1.5—2米的土围墙封闭。平面呈长方形,东西长180米,南北宽160米。四面墙中部各开"市门"一座,市门上有四坡式大建筑,围墙内是封闭的露天市场。雍城市场建制表明其与《周礼·考工记》中"面朝后市"制一致,应是模仿周市场建立的。

献公七年(前378)在栎阳"初行为市",此后市场在各大城市甚至各县相继出现。"北却戎翟,东通三晋,亦多大贾"①,正是当时栎阳商业繁荣的写照。在这些贩运商中,经常有其他诸侯国的富商大贾,当时叫"邦客"。"邦客"入秦必须有秦官方发给的经商许可证,当时叫"符",没有许可证是不得进入市场的。秦法律规定,外商进入市场前必须拿出"符"让管理人员检查,不经检查而擅自进入市场进行交易的,将施以物质处罚。② 市场上占主流的商品主要来自民间,包括三个方面:①个体小农或中小地主的部分农副产品;②民间小商贩贩运的商品;③私营大工商业主的商品。③

商鞅变法前夕商品市场的活跃,是在新的制度建立和发展的过程中发生的,它本身反映了社会的进步。战国中后期,随着秦经济的发展和政治的强大,市场在各地普遍发展起来,市场贸易出现了第二次活跃。商鞅变法时,由于推行了农战政策,对商人予以一定的限制,不但"重赋税"和"壹山泽",限制了商人的继续发展,而且政府加强了对市场的干预管理,市场一度萎缩。商鞅死后,秦法虽然未败,整个社会气氛却有所松缓,一些旧有的私商大贾重操旧业,市场又开始缓慢发展。至战国中后期,政治、军事上的强大和经济的发展,社会不断发展的需要,使市场再度活跃起来。

个体小农或中小地主的部分农产品投入市场主要是从商鞅变法以后开始的。商鞅变法后,秦确立了以个体小农和中小地主为主的个体家庭。个体家庭虽然以男耕女织为主,过着自给自足的生活,但这种自给自足的自然经济与商品经济有着必然的联系。④ 除了基本的生产生活资料外,还有许多生产生活资料依然依赖市场,这正是民间商品成为市场商品主流的根本原因。从史料记载来看,商鞅变法时就有"夫卖兔者满市"之言。⑤ 到战国中后期,秦简里记载的商品就更多了,有牛、衣、丝、猪、鸡等。牛马市,就是专门买卖牛马的市场。战国中后期,奴隶在秦国的市场上是被当作商品买卖的,正如《汉书·王莽传》所载,是和牛马圈在一起出卖的。关于奴隶买卖,国家规定了一定的价格,当时称为"市正

---

① 《史记》卷一二九《货殖列传》,第 3261 页。
② 《睡虎地秦墓竹简·法律答问》,第 137 页。
③ 何清谷:《秦始皇时代的私营工商业》,《文博》1990 年第 5 期。
④ 经君健:《试论地主制经济与商品经济的本质联系》,《中国经济史研究》1987 年第 2 期。
⑤ 蒋礼鸿:《商君书锥指》,中华书局,1986 年,第 145 页。

价"。云梦睡虎地秦简《告臣》中提到一次奴隶买卖即以市正价成交。关于奴隶的具体价格,当时一个奴隶值粟 365 石,值布 199 匹。秦市场上,不仅有秦地的商人,一些外地的富商大贾也经常出没其中。

孝公迁都咸阳后,同样建有市场。惠文王时,蜀守张若在成都建有市场。《华阳国志》记载,惠文王二十七年(前 311),蜀守张若治成都,"置盐、铁市官并长丞,修整里阓,市张列肆,与咸阳同制"①。从中也可以从侧面看出咸阳的市场情况。

都城咸阳的市场分布在咸阳原下,与《周礼》的"面朝后市"恰好相反,这应该是"因天材,就地利"规划布局的结果。咸阳市场的具体位置,由于尚未发现遗址,无法断定,但咸阳有市场确定无疑。文献中记载,吕不韦将《吕氏春秋》公布于"咸阳市门"②;秦公子 12 人被"僇死咸阳市"③;丞相李斯被"腰斩咸阳市"④,都可证明咸阳有市。历史上的刑罚"弃市",正是因为市场人多,来来往往,在此执刑可以起到杀一儆百的作用。咸阳的市场,据文献记载有多处,如直市在渭桥北,秦文公造,另外还有平市、奴市、军市等,或者统一叫作咸阳市。

另外,近些年来考古发现了许多战国中后期的秦漆器、陶器上刻有"咸亭""安亭""郑亭"等铭文、陶文⑤,据研究,它们分别是"咸阳市亭""安陆市亭""郑市亭"等的省称。四川青川发现的秦漆器刻有"成亭",是"成都市亭"的省称。⑥陕西西安长安区张堡村和陕西清涧李家崖分别出土了刻有"杜市"陶文的陶器⑦,"杜市"即杜县之市。所有这些发现表明,市场在这些地方都已建立。不同市场的器物在异地发现,也表明当时市场商品流通的范围是相当广泛的。与此

---

① 《华阳国志》,第 29—30 页。
② 《史记》卷八五《吕不韦列传》,第 2510 页。
③ 《史记》卷八七《李斯列传》,第 2552 页。
④ 《史记》卷八七《李斯列传》,第 2562 页。
⑤ 袁仲一:《秦代的市、亭陶文》,《考古与文物》1980 年第 1 期。
⑥ 四川省博物馆:《青川县出土秦更修田律木牍——四川青川县战国墓发掘简报》,《文物》1982 年第 1 期。
⑦ 陈尊祥、钱屿:《陕西长安张堡秦钱窖藏》,《考古与文物》1987 年第 5 期;陕西省考古研究所、陕西考古工作队:《陕西清涧李家崖东周、秦墓发掘简报》,《考古与文物》1987 年第 3 期。

相类的陶文在栎阳、芷阳、丽邑、焦等地县均有发现。① 因此可以说,至战国中后期,秦国市场已在各地普遍发展起来。

从云梦睡虎地秦简《日书》可以看出,当时的人们在日常生活中热衷于商业,表现在关注什么日子生子女,将来会在商业上有成就,所以"庚寅生子,女为贾,男好衣佩而贵"②成为一个基本的准则。与此相类的准则,还有"宇,南方高,北方下,利贾市"③。"宇"即房屋,按当时人的习俗和信仰,要使自己将来在市场上顺利获利,房屋建造时就应当南高北低。如果说以上史料反映了人们对经商的向往,那么怎样才能更好地获利呢?人们又以天干地支来推算上市或进货的好日子,当时称为"市日"或者"市良日"。如,"市良日,戊寅、戊辰、戊申戌,利初市,吉"④,"己亥、己巳、癸丑、癸未、庚申、庚寅、辛酉、辛卯、戊戌、戊辰、壬午,市日以行有七喜"⑤。另外,还有选择上暮市的好日子,"辛亥、辛巳、甲子、乙丑、乙未、壬申、壬寅、癸卯、庚戌、庚辰,莫(暮)市以行有九喜"⑥。这些经占卜推算的日子,或者告诉商贩什么日子上市大吉大利,或者告诫他们什么日子不可出货、入货。暮市相当于现在的夜市,反映出当时的市场经营形式灵活多样。虽然这些推算的日子未必能真的带给商贩厄运或吉利,却从侧面反映了当时的商贩为了获利是如何绞尽脑汁的。

秦始皇时期的手工业得到了长足发展。从文献记载和近年来出土的陶器印文可知,秦咸阳市内的手工业作坊达33处之多。其周围还有麜市(今西安市杨凌区)、槐里市(今兴平市)、杜市(今西安市长安区)、栎市(今西安市阎良区)、丽市(今西安市临潼区)、平市(今咸阳市秦都区)、直市(《长安志》云:在渭桥北)、芷阳(今西安市灞桥区)、美阳(今宝鸡市扶风县)等市场。此外还有专业市场,如"奴市""军市"等。为了管理好这些市场,当时在市井中心设立了"市亭",并制定了校正度量衡器的《效律》、货币折算的《金布律》、商品交换的《关市律》等一系列市场管理的法律体系。国家对官府市的管理相当严格,《关市律》规

---

① 袁仲一:《秦代的市、亭陶文》,《考古与文物》1980年第1期。
② 《睡虎地秦墓竹简》,第203页。
③ 《睡虎地秦墓竹简》,第210页。
④ 《睡虎地秦墓竹简》,第194页。
⑤ 《睡虎地秦墓竹简》,第222页。
⑥ 《睡虎地秦墓竹简》,第222页。

定:"为作务及官府市,受钱必辄入其钱缿中,令市者见其入,不从令者赀一甲。"官府市的商品主要由官府作坊即"为作务"提供。另外,官府不用的其他器物如旧工具、废铜铁等也投放市场。《仓律》载,官府的"猪、鸡之息子不用者,买(卖)之,别计其钱",多余的家禽、家畜也可以在市场上出售。

秦始皇时期仍然实行"重农抑商"政策,秦始皇二十八年(前219)东巡,登上东方海滨的琅琊山,筑琅琊台(在今山东省青岛市黄岛区琅琊镇),刻石颂秦德,在刻辞中写道:"皇帝之功,勤劳本事。上农除末,黔首是富。"[1]所谓"上农除末",就是"重农抑商"。秦始皇自执政以来,特别是在统一六国之后,继续推行了商鞅以来的"抑末"政策,在局部地区推行得极其严厉,故谓之"除末",其中最严厉的有两项:

首先是"迁"。秦"迁"有两种,一种是用赐爵、免徭等措施招徕内地居民迁往边县或陵邑,这不是刑罚;另一种"迁"则完全是强迫的,它是流刑的一种,就是把罪犯押解到荒远地区或便于监督的地方。这本来是惩罚政治犯的一种刑罚,从秦昭襄王起,认为占领地的大工商业家是"不轨之民",因而采用这种刑罚来惩治。如"宛孔氏之先,梁人也,用铁冶为业。秦伐魏,迁孔氏南阳。大鼓铸,规陂池,连车骑,游诸侯,因通商贾之利"[2]。这个孔氏,就是西汉南阳大冶孔仅的祖先,在秦昭襄王时从梁迁到南阳。秦王政在统一六国过程中,每占领一地,便强迫那里的大工商业家迁往外地。《汉书·地理志》:"秦既灭韩,徙天下不轨之民于南阳。故其俗夸奢,上气力,好商贾。"《史记》载:"蜀卓氏之先,赵人也,用铁冶富。秦破赵,迁卓氏。卓氏见虏略,独夫妇推辇,行诣迁处。诸迁虏少有余财,争与吏,求近处,处葭萌(今四川广元西南)。唯卓氏曰:'此地狭薄,吾闻汶山之下,沃野,下有蹲鸱,至死不饥。民工于市,易贾。'乃求远迁。致之临邛(在今四川邛崃),大喜,即铁山鼓铸,运筹策,倾滇蜀之民,富至僮千人。田池射猎之乐,拟于人君。"[3]"程郑,山东迁虏也,亦冶铸。贾椎髻之民,富埒卓氏,俱居临邛。"[4]秦始皇二十六年(前221),刚完成统一,就下令"徙天下豪富于咸阳十

---

[1] 《史记》卷六《秦始皇本纪》,第245页。
[2] 《史记》卷一二九《货殖列传》,第3278页。
[3] 《史记》卷一二九《货殖列传》,第3277页。
[4] 《史记》卷一二九《货殖列传》,第3278页。

二万户"①,这十二万户豪富中必有一部分是各地的富商大贾。但秦始皇的目的似在消弭六国残余的经济势力,对于他们的经营能力还是尽可能加以利用,故迁入新地后允许其继续冶铸经商,重操旧业。

其次是"谪",秦律称为"谪罪",亦属流刑,即把罪犯发配到偏僻地区去戍守边疆或落户。秦始皇三十三年,"发诸尝逋亡人、赘婿、贾人略取陆梁地,为桂林、象郡、南海以谪遣戍"②。用"谪戍"的办法,"先发吏有谪及赘婿、贾人,后以尝有市籍者,又后以大父母、父母当尝市籍者,后入闾,取其左"③。这被强迫发配到岭南的七种人名为"七科谪",其中包括当时的商人,曾经有市籍的人,以及商人的儿子、孙子。这当然是对商人的致命打击,其严厉程度远远超过商鞅。但这项措施好像并不是在全国推行,《汉书》载,"秦徙中县之民"于岭南。如淳注曰:"中县之民,中国县民也。"④据此可知,中县指中原地区,被谪的是山东六国的商人,不包括秦本土关中的商人,而且仅谪发有市籍的商人,无市籍者不在其列。

尽管如此,由于商业利润所趋,私营小商贩仍然随着市场的发展而发展。这些人本小利小,平时务农,农闲时做生意。自商鞅变法以来,秦国虽然实行重农抑商的经济政策,但经商致富的思想在人们的心目中并没有完全动摇。"今境内之民皆曰农战可避而官爵可得也。是故豪杰皆可变业,务学《诗》《书》,随从外权,上可以得显,下可以求官爵;要靡事商贾,为技艺,皆以避农战。"⑤即便在商鞅变法最激烈的时期过后不久,"事商贾,为技艺"仍被视为优于务农的职业。因此司马迁说:"夫用贫求富,农不如工,工不如商,刺绣文不如倚市门。"⑥

---

① 《史记》卷六《秦始皇本纪》,第239页。
② 《史记》卷六《秦始皇本纪》,第253页。
③ 《汉书》卷四九《爰盎晁错传》,第2284页。
④ 《汉书》卷一《高帝纪下》,第73页。
⑤ 《商君书锥指》,第20页。
⑥ 《史记》卷一二九《货殖列传》,第3274页。

第二节 秦对工商业的管理

据《史记·秦始皇本纪》载：秦献公七年（前378）"初行为市"，这是目前所能看到的文献中记载的秦国官方设立市场之始。实际上，《史记·货殖列传》中记载，在秦文公时期，关中地区的商业活动就已经有一定规模了，所以不太可能没有市场。这一点从《三辅黄图》中可以得到佐证。值得注意的是，《货殖列传》说秦献公迁徙到栎邑，这里东通三晋，有很多大商人，所以说这里的"初行为市"，指的是秦献公在栎阳设置市场。考古人员在栎阳也发现了不少"栎市"字样的陶文。秦始皇时代，国都咸阳设市不止一处，各郡、县治所及交通要道都设有市，因而官府对市场有一套较严密的管理办法。

首先，通过立法进行管理。秦自商鞅变法以后，依法治理成为共识。1975年发现的云梦睡虎地秦简中有多部法律是关于工商业的，如《金布律》是关于货币流通、市场交易的法律；《关市律》是管理关和市的法律；《工律》是关于官营手工业生产管理的法律；《均工》是关于手工业生产管理的法律；《工人程》是关于手工业生产定额的法律；《效（律）》是核验官府物资财产及度量衡管理的法律；等等。在《秦律杂抄》中有"采山"和"右采铁""左采铁"的官名，在新出土封泥中有"采金"等封泥，司马迁在《史记·太史公自序》中称其先人司马昌"为秦主铁官"。秦简《秦律杂抄》中还有对负责开采矿山的官吏的处置条款："采山重殿，赀啬夫一甲，佐一盾；三岁比殿，赀啬夫二甲而法（废）。"①"采山"即为采矿，"重殿"即为再次被评为下等，此条文即是说采矿两次被评为下等，罚其啬夫一甲，佐一盾；三年连续被评为下等，罚其啬夫二甲，并撤职，永不续用。《秦律杂抄》中对负责漆园生产的官吏也制定了处罚条令："漆园殿，赀啬夫一甲，令、丞及佐各一盾，徒络组各廿给。漆园三岁比殿，赀啬夫二甲而法（废），令、丞各一甲。"②其意为漆园若被评为下等，罚漆园的啬夫一甲，县令、丞及佐各一盾，徒络组各20根。漆园三年连续被评为下等，罚漆园的啬夫二甲，并撤职，永不续用，

---

① 《睡虎地秦墓竹简·秦律杂抄》，第84页。
② 《睡虎地秦墓竹简·秦律杂抄》，第84页。

县令、丞各罚一甲。由此可见官府对矿产资源质量和负责官员技术要求之严格。

其次,对手工业生产者进行系统化管理。官营作坊中有大量的奴隶进行劳作,由官府集中起来统一管理。出土的"上郡戈"和"高奴禾石权"上的铭文都记有生产者"工隶臣"某的名字。"工隶臣"一词亦见于秦简《军爵律》。秦简《均工》规定:"隶臣有巧可以为工者,勿以为人仆、养。"①即有技能可以做工匠的隶臣,不要让他给人做赶车、烹炊的劳役。此外,秦律还规定,别的奴隶可用二赎一、壮赎弱、大赎小、男赎女,唯独有技巧的工隶臣都不能赎。如秦简《仓律》谓:"女子操敌(缗)红及服者,不得赎。"②秦始皇陵兵马俑坑出土的兵马俑和兵器上也有工匠的名字,便于检查和考核。

秦俑身上的名字"宫藏"

再次,对官府手工业生产产品的质量进行严格要求。官府特别针对官营手工业者生产的产品制定了规制标准,秦简《工律》规定:"为器同物者,其小大、短长、广亦必等。"③也就是说,在制作同一种器物的时候,其大小、长短、宽度必须相同,以此来保证所生产产品的质量。

最后,政府注意培养有技能的手工业工人。秦简《均工》载有官府工场培养学徒"新工"的年限和提前学成的奖励制度,规定:"新工初工事,一岁半红(功),其后岁赋红(功)与故等。工师善教之,故工一岁而成,新工二岁而成。能先期成学者谒上,上且有以赏之。盈期不成学者,籍书而上内史。"④"工师"是手工业工匠中的师傅,当时是有一定职位的。新工匠开始工作的第一年,要达到规定产额的一半,第二年所做产品数额应与过去做过工的人相等。在工师的教导下,过去做过工的一年学成,新工匠两年学成。能提前学成的,向上级报告,上级将有所鼓励;满期仍不能学成的,应记名并上报内史。

---

① 《睡虎地秦墓竹简·均工》,第46页。
② 《睡虎地秦墓竹简·仓律》,第35页。
③ 《睡虎地秦墓竹简·工律》,第43页。
④ 《睡虎地秦墓竹简·均工》,第46页。

为了加强对市场的管理,当时官方设立的市场周围有墙,筑墙叫"阛",市门叫"阓"。有的四面有门,市楼设在市中心;有的一面有门,市楼设在市门上。市楼上立旗,为观察、指挥市场秩序之所;市场的管理机构叫"市亭",就设在市楼上,因此市也称"市亭"或"旗亭"。秦代市亭的本职是防止盗贼、维持治安,相当于现在的公安派出所。对于市来说,维持治安极为重要,所以凡官方设立的市皆有亭,以亭管市。由亭啬夫担任市政长官,负责掌管市务,征收市租,维持秩序。市内的店铺分类排列,叫"列肆",列肆中间的人行道叫"隧"。列肆内的商贾要编入市籍,建立五户一组、互相监督的"列伍"制,并设置伍长以负责纠察不法。为了防止不法分子窜入市内,扰乱秩序,秦律还规定:刑徒出外服役,不准前往市场或在市场门外停留休息,如果要路经市场中间,应绕行,不得通过市场。①

为防止商人擅自高抬市价,官府对重要商品规定了法定价格。秦简《告臣》所记载的一次奴隶交易是以"市正价"成交的②,"市正价"就是官方规定的法定价格。市场上的商品实行明码标价,《金布律》规定:"有买(卖)及买殹(也),各婴其贾(价),小物不能各一钱者,勿婴。"③"婴",即系、悬挂。意为凡出售的商品都要系上价格标签,以便顾客辨别和选购,小件商品值不到一文钱的可以不系标签。据《三辅黄图》记载,秦国在富平津西南25里设有一市,"物无二价,故以直市为名"④。所谓"物无二价"就是商品实行明码标价,不许商人高抬市价。富平津可能是当时渭河上的一个渡口,直市在富平津西南25里,汉代东渭桥之北,属左冯翊管辖,当在今西安市高陵区境。此市离秦都咸阳不远,可能是官方推行"平准物价"的实验性市场,在此试行之后再全面推广。由于秦的物价管理行之有效,所以民间传说,"秦始皇作'地市',与生死人交易。令云:'生人不得欺死者物。'"(《太平御览》八二七引《三秦记》)这是说秦始皇把平准物价的办法带到了阴曹地府。这个传说看起来非常荒诞,其实也是秦始皇重视物价管理的一个侧面反映。

商鞅变法时就制定了标准的度量衡器并在全国颁行。吕不韦执政时,秦国

---

① 《睡虎地秦墓竹简·司空律》,第51页。
② 《睡虎地秦墓竹简·告臣》,第154页。
③ 《睡虎地秦墓竹简·金布律》,第37页。
④ 《三辅黄图校释》卷二,第96页。

为了"易关市,来商旅",每年二月和八月,各检验度量衡一次。秦始皇统一全国后统一度量衡,并专门颁布相关法律,对于度量衡的颁发、校验和监督非常认真。云梦秦简《工律》规定:凡度量衡器在发放时必须认真校验,检查是否合乎标准。各县及工室的度量衡器由有关官府部门负责校验,每年至少校验一次,如果发现超过合理的误差,对负责人或使用者要进行处罚。云梦秦简《效律》也规定:"衡石不正,十六两以上,赀官啬夫一甲;不盈十六两到八两,赀一盾。甬(桶)不正,二升以上,赀一甲;不盈二升到一升,赀一盾。斗不正,半升以上,赀一甲;不盈半升到少半升,赀一盾。半石不正,八两以上;钧不正,四两以上;斤不正,三朱(铢)以上;半斗不正,少半升以上;参不正,六分升一以上;升不正,廿分升一以上;黄金衡赢(累)不正,半朱(铢)以上,赀各一盾。"①除了对度量衡规制有详细的要求外,官府还要求对度量衡器定期检验,云梦秦简《工律》规定:"县及工室听官为正衡石赢(累)、斗用(桶)、升,毋过岁壶(壹)。"②其意为,县和工室由有关官府部门校正其衡器的权、斗、桶和升,至少每年应校正一次,并且"假试即正",即在领用时就要加以校正。

秦始皇统一全国后,推行"一法度衡石丈尺"③。为了巩固大一统的局面,秦王朝在政治、经济、文化等方面采取了一系列措施,其中用法律形式和行政手段统一全国的度量衡即为一项重要措施。诏书是秦始皇首创的一种法律形式,即以皇帝的最高权威发布命令。统一度量衡的诏书共40字:"廿六年,皇帝尽并兼天下诸侯,黔首大安,立号为皇帝,乃诏丞相状、绾,法度量则不壹歉疑者,皆明壹之。"目前出土的大批秦度量衡上都以各种方式铸、刻或戳印着这道40字诏书,其涵盖面之广,几乎家喻户晓。之所以如此严格管理度量衡,主要是为了便于收租收税、发放官吏俸禄,当然,在客观上也有利于市场上的商品交换,可以防止奸商利用度量衡等欺诈消费者,以维护正常的商品流通。

市场实行严格统一的度量衡制度。为此,国家有关部门每年二月和八月对度量衡进行严格检查,《吕氏春秋》指出:仲春之月,"日夜分,则同度量,钧衡石,

---

① 《睡虎地秦墓竹简·效律》,第69—70页。
② 《睡虎地秦墓竹简·工律》,第43页。
③ 《史记》卷六《秦始皇本纪》,第239页。

角斗桶,正权概"①。仲秋之月,"一度量,平权衡,正钧石,齐斗甬(斛)"②。指明每年在仲春、仲秋之月检定度量衡器,以便减少因温度变化而产生的检定误差。市场内严禁官吏私营经商。秦律规定:"吏自佐、史以上负从马、守书私卒,令市取钱焉,皆迁。"③目前出土的秦度量衡器具很多,分布的范围也很广。

为了保证市场流通的正当性,秦实行了统一货币的政策。秦在统一战争中每占领一个地方,就会把其货币体系推广到占领区,将这些地区的货币铸造权、发行权以及货币流通管理权收归官府掌管,同时将原六国货币收缴化铜,运用国家力量颁布统一的法定货币并通行全国。统一币制的核心是货币由政府专铸,由政府对货币的铸造和发行实行垄断管理。根据《史记·平准书》的记载:"及至秦,中一国之币为〔二〕等,黄金以镒名,为上币;铜钱识曰半两,重如其文,为下币。而珠玉、龟贝、银锡之属为器饰宝藏,不为币。然各随时而轻重无常。"④即秦统一后通行于全国的法定货币为黄金和半两钱,以黄金为上币,半两钱为下币。黄金单位为镒,每镒20两,仍沿用金钣、饼金等旧形。由于黄金在使用时需要称量,官府对称量黄金的器物规制要求非常严格,秦简《效律》规定:"黄金衡赢[累]不正,半朱(铢)[以]上,赀各一盾。"⑤秦半两钱,其质为铜,重如其文,单位为两(一两为24铢,半两即为12铢)。至此,珠玉、龟贝、银锡等正式退出流通领域,只能作为器饰宝藏,原六国铸币全部作废,只有黄金和半两钱具有法币的资格,可用于流通。实际上,《史记·平准书》的记载是不全面的,秦统一后流通的货币,除了黄金和半两钱之外,秦国原来的实物货币"布"依然作为货币在使用,因此云梦秦简中专设有《金布律》,规定:"布袤八尺,福(幅)广二尺五寸。布恶,其广袤不如式者,不行。"⑥布币的长宽及质量都有了严格规定,否则不得通行。这主要是出于当时经济运行的需求,因为原来的货币作废,农民从市场购买生产工具和生活必需品需要相应的货币,从理论上说虽然可以通过兑换的方式将旧币换成新币,但是毕竟有一个过程,而继续使用"布"作为交换手段,可以

---

① 《吕氏春秋·孟春纪·孟春》,第25页。
② 《吕氏春秋·仲秋纪·仲秋》,第154页。
③ 《睡虎地秦墓竹简·秦律杂抄》,第82页。
④ 《史记》卷三〇《平准书》,第1442页。
⑤ 《睡虎地秦墓竹简·效律》,第70页。
⑥ 《睡虎地秦墓竹简·金布律》,第36页。

缓解新旧货币转换期间交换物品的困难，同时和秦鼓励耕织的传统相一致，所以秦律依然规定了"布"的法币地位。布与钱的兑换率是"钱十一当一布"①，云梦秦简中提到钱时都是11的倍数，如"冬人百十一钱，夏五十五钱"②，"过二百廿钱以到千一百钱，赀啬夫一盾；过千一百钱以到二千二百钱，赀官啬夫一甲；过二千二百钱以上，赀官啬夫二甲"③等，可见布币确实作为货币在日常生活中流通。钱和布之间兑换时要严格按照规定的兑换率进行，"其出入钱以当金、布，以律"④。为确保"布"作为货币的流通功能，官府明文规定："贾市居列者及官府之吏，毋敢择行钱、布；择行钱、布者，列伍长弗告，吏循之不谨，皆有罪。"⑤从以上法律记载可以看出，当时"布"与钱一样都是用于流通的法币，虽然无法确定这些规定是统一前还是统一后制定的，但可以肯定，统一后这套制度依然在实行。当然，因为"布"的材质和单位的局限，其流通功能是受到一定限制的，所以会出现"择行钱、布"的现象。后来随着经济的发展，实物货币"布"便逐步退出了流通领域。

秦的官营手工业产品大部分供应皇室、官府和军队，随着其生产规模的不断扩大，一部分产品也投入市场，设"官府市"向民间出售。政府加强对官府市场的现金管理，对官商所得的现金收入有严格的监督制度，设有收现金的"缿"，类似后来的"扑满"，是一个装钱的陶罐，上有一小扁孔，钱可入而不可出，售货告一段落后，相关人员当面点清钱数。云梦秦简《关市律》规定："为作务及官府市，受钱必辄入其钱缿中，令市者见其入，不从令者赀一甲。"⑥

国家对市场实行定期整治，《礼记·月令》云："易关市，来商旅，纳货贿，以便民事。"这里的"易关市"就是"整理关市"，目的是使"四方来集，远乡皆至，则财不匮，上无乏用，百事乃遂"，以保障市场的正常运行。市场流通的货币，国家也有规定，以法定钱币为准，主要包括秦半两钱和布币，"百姓市用钱，美恶杂

---

① 《睡虎地秦墓竹简·金布律》，第36页。
② 《睡虎地秦墓竹简·金布律》，第42页。
③ 《睡虎地秦墓竹简·效律》，第71页。
④ 《睡虎地秦墓竹简·金布律》，第36页。
⑤ 《睡虎地秦墓竹简·金布律》，第36页。
⑥ 《睡虎地秦墓竹简·关市律》，第42页。

之,勿敢异"①。

第三节 秦都城手工业的门类

秦都城手工业的门类,随着生产关系的变化和社会经济的发展,在前代基础上有所增加,而且工艺有了较大的改进,产品质量有了提高。其门类主要有:

一 制陶

到目前为止,在秦都雍城、栎阳、咸阳发现了大量的制陶手工业遗存。雍城的制陶作坊发现于城内豆腐村、铁丰村、瓦窑头以及雍城外的姚家小村、八旗屯等地;陶质生活用器作坊则发现于邓家崖东岗子。1998 年,在雍城铁丰宫殿区发掘出战国制陶作坊遗址,陶窑的结构保存较为完整,出土了一批方砖、板瓦和瓦当等。2005—2006 年,在凤翔县城南的雍城遗址内发现了豆腐村制陶作坊,为研究秦都雍城陶质建材的来源,尤其是制作和烧制工艺及流程提供了重要的实物资料。遗址位于雍城内西北角,发掘出土的 2000 多件遗物中,除方砖、槽形板瓦、筒瓦、贴面墙砖、陶塑外,一批很有特色的动物纹瓦当令人注目,有鹿纹、蟾纹、狗纹、雁纹、鹿蛇纹、虎纹、虎雁纹、豹鹿、鱼纹、单獾纹、双獾纹和凤鸟纹等,另外还有一批云纹瓦当和素面瓦当。动物纹瓦当与以前雍城建筑遗址上发掘采集的瓦当完全相同,说明雍城大量的建筑材料来源于该作坊遗址。该遗址内还发现了当时制作瓦当的工艺流程的全部遗迹,出土瓦当数量、种类众多,且又有明确的地层关系。② 结合 20 世纪 80 年代在该遗址附近发现的铜建筑构件和新近发现的夯墙初步判断,在当时雍城的西北角可能存在一个相对封闭和独立的手工业作坊区,其门类除陶质建筑材料外,还有类似金属冶炼、木材加工,以及用于军事、祭祀和日常所需物资的制作。

多年来,考古工作者在秦都咸阳发现了大量的秦汉陶窑遗址。20 世纪 50

---

① 《睡虎地秦墓竹简·金布律》,第 35 页。
② 陕西省考古研究院、宝鸡市考古研究所、凤翔县博物馆:《秦雍城豆腐村战国制陶作坊遗址发掘简报》,《考古与文物》2011 年第 4 期。

年代,在长陵车站附近的店上村发现陶窑 1 座,窑内有盆、罐和板瓦、砖块残片。① 1962—1963 年,在滩毛村南渭河北岸发掘了 3 座陶窑,出土了窑具和盆、罐等生活用品。在这些陶器上发现不少陶文,有一字、四字和六字者,如"王""公""咸里郿宦""咸郿小有""咸里郊奢""咸安新盼""咸亭阳安驿器"等。② 1980 年,在窑店乡黄家沟村至红旗乡柏家嘴村共发现秦汉陶窑 90 座,其中秦代窑址 14 座,主要分布于窑店至黄家沟一带。烧制的主要产品是建筑所用的板瓦、筒瓦和瓦当,少数带有"甲""天""右亭""周"的戳印。③ 窑店乡的胡家沟有秦的砖瓦窑 29 座,东西成排,南北成行,排列有序。此地位于秦的宫殿区,生产的产品是专供宫廷建筑用的砖瓦。1981 年在长陵车站附近发掘陶窑 1 座,出土有陶罐和瓦当残片。④

秦始皇兵马俑七号坑陶俑

根据秦都城等地出土的陶文,大体上可以将秦的制陶作坊划分为三种类型:一是中央官署制陶作坊;二是官营徭役性作坊;三是市亭管理的民营作坊。中央官署制陶作坊,不但产品与民营作坊不同,而且产品上的戳印陶文也与之迥然有

---

① 陕西省社会科学院考古研究所渭水队:《秦都咸阳故城遗址的调查和试掘》,《考古》1962 年第 6 期。
② 陕西省博物馆、文管会勘查小组:《秦都咸阳故城遗址发现的窑址和铜器》,《考古》1974 年第 1 期。
③ 秦都咸阳考古工作站:《秦都咸阳窑址调查与试掘简报》,《考古与文物》1986 年第 3 期。
④ 陈国英:《咸阳长陵车站一带考古调查》,《考古与文物》1985 年第 3 期。

别。这些戳印题字一般在砖瓦等建筑材料上,格式主要有三种:一是仅有官署名,如左司、右司、寺水、宫水、大匠、北司、都等;二是官署名冠于人名之前,官署名多用简称,如左司高瓦、都昌等;三是仅有人名。宫殿建筑所需砖瓦,绝大部分由中央官营陶窑生产,只有少部分由市府和民营制陶作坊提供。

秦当时曾征调各地的刑徒和工匠到咸阳服役,一部分在中央官署作坊里劳作,另一部分在地方官营的作坊里劳作。在地方官营作坊里劳作的人员多在陶文中标明做器者的属县和名字,如临潼新丰出土的"宜阳工昌""美阳工苍""西道""安邑皇"等。①

秦都咸阳宫殿遗址出土的大量空心砖、板瓦和瓦当,以及秦始皇陵陶俑坑出土的大批兵马俑,体现了秦代制陶技术的最高水平。在出土的大批兵马俑中,最高的将军俑身高达1.96米,陶马体型大小与真马相似,高约1.7米。俑是泥质灰陶,相当坚硬结实,烧成温度在950℃左右,气孔率26%,吸水率15%。这说明俑是在还原气氛中烧成的,充分反映出当时的陶制手工业达到了相当高的水平。

二 冶铸

冶铸手工业包括冶铁和铸铜两个方面。目前在雍城、栎阳、咸阳等地发现了不少的冶铁、铸铜等手工业遗存。手工业作坊是都城的重要组成部分,考古工作者先后于雍城内外发现冶铸手工业作坊多处,如青铜作坊在史家河、马家庄和今凤翔县城北街三地发现;冶铁作坊在史家河、东社、高庄一带。1973年3月,在凤翔城关镇北街村出土春秋晚期至战国早期青铜器38件,主要为工具,调查者认为"此处很可能是春秋战国时期秦国一处手工业作坊"。②

在雍城的姚家岗宫殿遗址附近发现铜质建筑构件窖藏,出土时构件排列整齐,共计64件,可分为阳角双面、三面蟠螭纹曲尺形,阴角双面蟠螭纹曲尺形,双面蟠螭纹楔形中空形,双面、单面蟠螭纹单齿方筒形,双面、单面蟠螭纹双齿方筒形,单面蟠螭纹双齿片状,小拐头等十种类型。这批构件在大型建筑上与木构材料结合使用,其出土为当时木构交接自早期的扎结到晚期健全的榫卯接合之间,

---

① 王望生:《西安临潼新丰南杜秦遗址陶文》,《考古与文物》2000年第1期。
② 赵丛苍:《陕西凤翔发现春秋战国的青铜器窖藏》,《考古》1986年第4期。

曾存在使用金属件加固阶段的设想提供了依据。①

在雍城高王寺村曾发现战国铜器窖藏，出土铜器12件，有春秋晚期鼎，战国早期镶嵌射宴壶、敦、盖豆、盘、匜、提梁盉、甗等，估计这批铜器为战国中期以前秦国宫室的遗物。②

1961年，在秦都咸阳长陵车站以北的一个沙坑中，出土了重500多公斤的铜、铁器，能辨认的器物有铜建筑构件和铜器附件，内有一块秦始皇二十六年统一度量衡铜诏版。③ 1962年又在长陵车站南部的一个沙坑中出土了280余件铜器，有生活用品、武器，还有140枚金属货币。货币中除3枚秦"半两"外，其余均为山东诸国的钱币。④ 20世纪70年代，在聂家沟西北发现一处铸铁作坊遗址，这里铁渣遍地，并常见铁块、炉渣、红烧土和草木灰等。在其西北断崖上，有冶铜作坊遗址一处，出土铸造铜器的陶范。聂家沟源头还发现陶窑四处。发现者认为，这里的铸铁、冶铜和制陶作坊遗址，分布在宫殿建筑遗址附近，应该是为宫廷服务的官府手工业作坊。⑤ 1982年，在上述地点附近又发现一处窖穴，出土铜器320件，器物有车饰、兵器、生产皿具、生活器皿等。⑥ 值得注意的是，以上三处窖穴，共出土5块秦诏版，这表明窖穴的年代不会早于秦始皇二十六年。而水井、窖穴和陶窑内的主要遗存也属战国时期，与咸阳城的时代是一致的。关于这三处窖穴，有的学者认为是"商人手中的商品"，有的学者则认为是"官府的藏物"，属报废品。虽然目前还很难对此做出正确的判断，但是，从窖穴中出土的车马器、兵器和货币看，可以肯定它们与手工业、商业有密切的关系。

长陵车站附近的作坊远在宫殿区的西南部，而其他手工作坊有的在宫殿区附近，有的离宫殿区不远，总的来看，呈带状分布。也就是说，咸阳的商业区也在

---

① 曹明檀、袁仲一、韩伟：《凤翔先秦宫殿试掘及其铜质建筑构件》，《考古》1976年第2期。
② 韩伟、曹明檀：《陕西凤翔高王寺战国铜器窖藏》，《文物》1981年第1期。
③ 陕西省社会科学院考古研究所渭水队：《秦都咸阳故城遗址的调查和试掘》，《考古》1962年第6期。
④ 陕西省博物馆、文管会勘查小组：《秦都咸阳故城遗址发现的窑址和铜器》，《考古》1974年第1期。
⑤ 刘庆柱：《秦都咸阳几个问题的初探》，《文物》1976年第11期。
⑥ 陈国英：《秦都咸阳考古工作三十年》，《考古与文物》1988年第5、6期合刊。

离宫殿区不远的地方,而且可能在宫殿区的南部。这种布局与"面朝后市"的布局显然有别。

秦陵铜车马的出土,充分反映出秦代的青铜铸造业达到了炉火纯青的地步。秦始皇陵铜车马发现于1980年,目前修复展览的一号车通长225厘米,高152厘米,重1061公斤。二号车通长317厘米,高106.2厘米,重1241公斤。它们是目前世界上所发现的最重的青铜器,被称为"青铜之冠"。两乘车的零部件达7000件之多,极为细致复杂。以二号车为例,其大小零件共3462个,其中包括金质装饰737件、银质装饰983件,最大的零件是其龟背形的车盖,长246厘米,面积约为2.5平方米,最小的零件不足0.5平方厘米。从重量上来讲,最重的铸件为马,达230公斤,最轻者为辔绳的销钉,竟不足克。两乘铜车马,在地下埋藏了两千年之久,但至今各种链条仍然灵活易使,窗门依旧开闭自如,牵动辕衡,带动轮轴转动,还能够载舆行使。凡看过铜车马的人,无不为两千多年前精湛的科学技术水平而折服,难以想象两千多年前的人能制作出如此复杂、如此精致的车马。

经过光谱和化学分析方法测定,铜车马系用锡青铜铸造,其主要成分为铜、锡、铅,另有铁、铝、硅、钛、钙、镁等10多种化学元素。4匹铜马与铜车所含金属元素种类相同,经过鉴定,铜车铸造时已根据各个部位的不同性能采用了不同的合金比例。在铜锡合金中含锡量相对增高,熔点就会降低;铸造性能良好,硬度就增强。含锡量降低,熔点就会升高,而铸器也会相对变粗,但富于延展性,韧性较强。铜车的车辖、车辐需要硬度大,因此含锡量均在13%以上。车舆上的其他部件既需要一定的硬度,又要求具有较好的铸造性能,因此其含锡量一般在10%左右。而缰、辔、靷、尾束等部件主要为短节组成,要求具有较好的韧性,因此它的含锡量最低,为10%。铜车马根据铸件性能采用不同合金比例的工艺,是对《周礼·考工记》中"六齐"之法的继承与发展。铜马和铜俑的铸造采用空腔造型,其内范和范芯是泥质的,其中含有小砂粒、植物纤维、谷壳等杂物,之所以加入这些东西,一方面是为了热传导均匀,另一方面也可以防止范模膨胀爆裂。连铸采用的是多合范法,成功地把握了曲面多变的躯干、胳臂以及二者交叉形成的复杂形体。

两乘铜车的铸造难度很大,都是大型的组合铸件,构件种类繁多,大小不一,形式各异。尤其是二号车,不仅铸造面积大,且形体复杂,有些部分是笔直的平面,有些则是折曲的交角,更有许多弧曲的交面,不仅要求有高超的分型技术,而且要有相应的铸造工艺,匠人采用了分合范、外范合模、外范合模加芯、铸接等多种手法,加上高超的铸造工艺,从而创造了古代铸造的奇迹。二号车舆上的镂空窗非常逼真、细腻。窗板为镂空的菱花纹图案,模仿纱窗形态,厚度只有0.12—0.2厘米。这种带有镂空的窗板用双合范铸成,在一片范的内侧雕出凸起的菱纹图案,再与另一片范相合,在只有0.12—0.2厘米的微小距离的两范之间,还要设法定置这样那样的隔界,以便表现它的复杂花纹,其铸造难度是可想而知的。关键是铜液的温度和流速要控制得当,温度过高、流速过快,便可能把模冲毁,而温度过低又会造成铜液流动不畅,影响铸件成型质量。还有铜车马的车盖,也反映出古代匠人的精湛技术,一号车伞盖直径122厘米,二号车伞盖长178厘米,宽129.5厘米,均呈拱形,厚度只有0.2—0.4厘米,一次铸造而成。如此大的铜车盖,铸造工艺上的难度不言而喻。金相分析结果及能观察到的加工迹象表明,面积如此大、铸壁如此薄、形体又如此难把握的拱形青铜铸件,即使在科学技术发达的今天,也并不容易完成,它要求非常高的金属配备经验和技术,要保持足够高的溶液流动性和充型能力,但古人克服了种种困难,创造了铸造史上的伟大奇迹。

秦始皇陵铜车马

两乘铜车马的7000多个部件是怎样连接起来的呢?大体可分为两大类,即不可卸冶金连接和拆卸机械连接。在不可卸连接中采用了铸焊、钎焊、红套、镶嵌等,可拆卸机械连接采用了键连接、铰链连接、锥度紧配合、弯钉连接、销钉连接等方法。铸焊是铜车马铸造中使用最多的一种方法,其中包括熔化铸焊法、铸接法、铸补法。钎焊使用在铜车马两侧的窗户上,小型零部件常常采用这种焊接技术。铜车上方壶的铜环非常精美,是用直径只有0.5—1毫米的环形铜丝对接钎焊成的双曲链环,焊接点小得根本无法用肉眼看出,只有在显微镜下才可以看到。红套技术主要用在轮毂与辐的连接上,是利用金属热膨胀系数较大的特点进行金属装配连接的高难度技术,其方法是,在毂、辐连接中,先加热毂,待毂受热膨胀,T形卯槽宽度大于榫头的时候,将冷件辐的榫头放入槽内,冷却以后,车辐就被牢牢地束裹在车毂内。其子母相连接的方法匠心独运,通过改变节的大小、质地、表面装饰、子母扣衔的形状,从而改变结节的活动方向,制造出许多满足特定要求的链条,有的链条只能上下活动,有的只能左右活动,有的可以上下左右自由活动,其技术使现代人为之惊叹。

铜车马的部件很多,有长有短,有大有小,有厚有薄,有空有实,有圆有方,因此对制作工艺的要求甚高。《后汉书·舆服志》中记载:"一器而群工致巧者,车最多。"①《周礼·考工记》亦云:"一器而工聚焉者,车为多。"据研究,在铜车马的铸造中至少使用了以下几种加工方法:其一,铜丝拉拔。铜车马上有许多地方使用了铜丝,直径一般在0.5—1毫米之间,最细的要算马头的璎珞,其直径仅0.25—0.3毫米,怎样把铜丝拉得如此细,委实令人难以想象,可谓巧夺天工。其二,锉磨抛光。铜车马和御手俑铸造成型后,通过抛光使其表面光洁。其三,钻孔。铜车马上采用钻孔的部件不少。其四,金银镶嵌。主要用在一些装饰图案上,非常漂亮。铜车马的构件十分规整,达到了现在的标准化水平,在当时的生产力条件下,确实很了不起。正如美籍华裔考古学家张光直先生所讲,铜车马"其结构之复杂,技艺之精湛,是以往出土的任何青铜器都不能与之相比的"。正因为如此,专家们推测当时已经使用了机床等机械工具。

8匹铜马的铸造给人一种静中欲动的感觉,形体比例匀称,马的各个部位都十分精确恰当。马的两耳前倾,昂首嘶鸣,双目圆睁,鼻翼微张,6颗牙齿整齐排列,反映出这8匹马正处于精力充沛的青壮年时期。马身上的肌肉块块隆起,胸肌突出,显得膘肥体壮。8匹马神态各异,但都用力拉车。为了炫耀皇室车马的富丽,马头上均戴有金银编缀并与金银泡连接组成的笼头,左右骖马的脖子上各

---

① 《后汉书·舆服志》,第3642页。

佩戴一个由 84 节金银管组成的项圈，十分华贵，在两乘车上共镶嵌金银 24 斤多。铜车马的造型令人赞不绝口，而它的彩绘更增添了精美的艺术效果，使其更加光彩夺目，锦上添花。彩绘是秦的一大贡献，不仅使铜车马更显富丽高贵，而且标志着秦已突破殷周时期在青铜器上铸纹和春秋战国时金银错的束缚。

第六章　秦都城中的礼制建筑

礼制建筑在中国古代都城中具有十分重要的地位,是中国古代传统文化的重要组成部分。中国古代的祭祀文明源远流长,史前时期红山、良渚文化就发现了大规模祭祀遗址群,殷商时期的祭祀场所也发现于吴城商代遗址,周代将祭祀作为国家礼制的重要内容。经过不断演变,祭祀成为国家政治生活中的头等大事。《左传》云"国之大事,在祀与戎",即祭祀和战争是当时国家政权的两项最根本任务,因此祭祀与古代人们的生活是须臾不可分的。对于统治者来讲,祭祀更是国之大事,是维持统治的重要方法,万万马虎不得。而作为古代政治中心的都城必然成为宗庙祭祀建筑的集中地。

随着国家的出现,宗教和祭祀愈发受到重视。反映商王朝文明的甲骨文和青铜器都与祭祀有着密切的关系。周王朝更是制礼作乐,将其作为维护统治的法宝。

秦文化继承周文化而来,虽然秦人是信奉法家、提倡功利主义的,但对礼制建筑也是不马虎的,秦人在相当程度上吸取了西周以来的礼制传统,包括周人祭祀天帝和宗庙社稷的做法,同时又有一定的发展,从而形成了自己的特点。

第一节　秦都城礼制建筑概况

秦都城中的礼制建筑,比较重要的是郊祀、宗庙和社稷等。

一　郊祀

郊祀,顾名思义,是在都城的郊区对天(上帝)进行祭祀。"帝王之事莫大乎承天之序,承天之序莫重于郊祀。"①秦人的祭天活动,其主要地点在都城的附近。秦人从民间到官方都是多神崇拜的,因此其祭祀对象也非常复杂,上自天界的各种神灵,下至自然界的万物鬼怪以及宗祖等,这点从畤的设置可以看出。

围绕畤所产生的一系列文化现象,被称为"畤文化",其核心是秦人祈求神灵能够给予他们恩赐和保护的崇神思想。因畤的祭祀方式与周人的宗教礼仪形式不同,西汉以后这种畤文化的称谓便随即告终。因此,畤文化是秦人独创的。

秦人祭天的传统是非常悠久的,始于秦襄公时期。《史记·秦本纪》云:"襄公于是始国,与诸侯通使聘享之礼,乃用骝驹、黄牛、羝羊各三,祠上帝西畤。"②"畤"是秦人祭天的建筑。"畤"的本义,文献中有以下解释:

《史记·封禅书》:"高山之下,小山之上,命曰畤。"③《史记索隐》云:"《汉旧仪》云:'祭人先于陇西西县人先山,山上皆有土人,山下有畤,埒如菜畦,畤中各有一土封,故云畤。'《三苍》云:'畤,埒也。'"④《史记索隐·秦本纪》云:"畤,止也,言神灵之所依止也。亦音市,谓为坛以祭天也。"⑤

从上述文献记载来看,笔者认为,"畤"应为在高山之下、小山之上建立的祭天建筑,其形制应该是封土为坛。这也是中国最早的祭天建筑,后来发展为上有房子的建筑,北京的天坛建筑应是历史长期发展的结果。

西畤是秦人立国后所建的第一个畤,其址在甘肃省礼县永兴乡大堡子山附近一带。笔者之所以这样认为,是因为在礼县永兴乡大堡子山发现了秦先公的大墓,按照历史上帝王陵均离都城不远的规则,其都城应在此附近,这与史书记载的秦早期都城西犬丘的位置基本是吻合的,那么西畤也应在都城附近。另外,据《史记·封禅书》记载,"西亦有数十祠",此处之"西"乃指西县,可见西县(位于今天的甘肃礼县)在当时的祭祀活动中占有一定的地位,因为它是秦人开始发迹的地方。自襄公设立西畤开始,畤祭这一祭祀活动开始在秦地兴盛起来,随后陆续有秦文公、秦宣公、秦灵公、秦献公等的畤祭活动。祭天本是天子礼仪,襄公以诸侯之位行郊天之礼,所以后人多认为这是一种僭越礼制的行为。襄公时

---

① 《汉书》卷二五下《郊祀志》,第1253—1254页。
② 《史记》卷五《秦本纪》,第179页。
③ 《史记》卷二八《封禅书》,第1367页。
④ 《史记》卷二八《封禅书》,第1365页。
⑤ 《史记》卷五《秦本纪》,第179页。

创立的祭天传统,到建都雍城后得到继承,后又在栎阳设立畦畤,使其发扬光大。

雍城在秦人的发展史上具有极为重要的作用,自秦德公开始建都于此到秦灵公出于军事目的迁都泾阳,作为都城长达 255 年。礼制建筑在此多有修建。因此,在秦人的心目中雍城有着崇高的地位,"自古以雍州积高,神明之隩,故立畤郊上帝,诸神祠皆聚云"①。秦人祭上帝,立有"四畤",因为"四畤"所在地点都在雍地,故称为"雍四畤"。到秦都雍城时已经有六畤,分别祭祀白、青、黄、炎(赤)四帝,充分显示出秦人的多神崇拜,也是秦维护其统治的有效方法。

在《史记·秦本纪》《史记·秦始皇本纪》和《汉书·郊祀志》中可以看到很多当时在"四畤"进行祭祀的实例。对于雍四畤遗址的确切地点,田亚岐先生曾做过实地踏查和考证②。他认为:鄜畤:祠白帝,秦文公立,在陈仓。即秦汉蕲年宫遗址,在陕西凤翔长青乡孙家南头村,这里曾出土有蕲年宫瓦当等建筑材料。密畤:祠青帝,秦宣公立,在雍城渭南某地。即羽阳宫遗址,位于今陕西宝鸡陈仓区,这里曾出土"羽阳临渭""羽阳千秋""羽阳千岁""羽阳万岁"等文字瓦当。吴阳上畤:祠黄帝,秦灵公立,在吴阳。凤翔凹里秦汉遗址可能与吴阳上畤有关,地址在陕西凤翔东横水乡凹里村。吴阳下畤:祠炎帝,秦灵公立,在吴阳。即高泉宫,在今宝鸡市扶风县北法门镇美阳村。《小校经阁金文》《陕西金石志》均著录有"高泉共(供)厨"铜鼎盖,当与吴阳下畤的祭祀活动有关。秦人祭祀白、青、黄、炎四帝的四畤为后代五郊坛(祭白、青、黄、赤、黑五帝)之滥觞。

秦人迁都栎阳后,又立畦畤,祀白帝。秦人祭上帝的做法,实质上是对周人祭天传统的继承。可以看出,阴阳五行观念已经在秦人的祭祀礼仪中有所体现。不过,秦人祭天也有自己的特点,他们重视到西方去祭天,上帝中最受其崇拜的也是主西方的白帝,这种情况一直延续到秦始皇命为"水德"为止。后来,汉高祖刘邦在秦代雍四畤的基础上,增设北畤,祠黑帝,形成西汉初年的"雍五畤"。自此以后,对五帝的祭祀,历朝遂成定制。

学界也有人人认为,吴阳上畤与下畤遗址在甘肃平凉的华亭县境的陇山最高峰,今称"五台山之阳",也就是南麓今称"莲花台"的一个风景独特、奇石兀立

---

① 《史记》卷二八《封禅书》,第 1359 页。
② 田亚岐:《秦汉置畤研究》,《考古与文物》1993 年第 3 期。

的山湾上。①

雍城在秦的礼制建筑中具有独特而重要的地位。《史记·封禅书》:"而雍有日、月、参、辰、南北斗、荧惑、太白、岁星、填星、〔辰星〕、二十八宿、风伯、雨师、四海、九臣、十四臣、诸布、诸严、诸逑之属,百有余庙。"②秦孝公十二年迁都咸阳后,在咸阳周围也建成了郊祀的场所。尽管如此,帝王们仍然到雍城去郊祀。

《史记·封禅书》记载:"三年一郊。秦以冬十月为岁首,故常以十月上宿郊见,通权火,拜于咸阳之旁,而衣上白,其用如经祠云。"③其意为秦始皇时期,祭祀天(上帝)已成定制,即三年一郊,时间在十月上宿,地点在咸阳之郊,由皇帝亲自行礼。郊天时尚白,通权火(即燔烧柴草用以照明),仪式如常祀。秦始皇对都城咸阳郊天的重视,已超越对西畤、鄜畤的祭祀。《史记·封禅书》在叙述秦王祭天于咸阳之旁后,接着就说"西畤、鄜畤,祠如其故,上不亲往。诸此祠皆太祝常主,以岁时奉祠之"。

秦二世时期,郊祀之礼仍在继续。《史记·李斯列传》载,赵高指鹿为马,"二世惊,自以为惑,乃召太卜,令卦之。太卜曰:'陛下春秋郊祀,奉宗庙鬼神,斋戒不明,故至于此。'"④。

汉代的皇帝也常常到雍城五畤进行祭祀活动。

二 宗庙

《史记·秦始皇本纪》云:"先王庙或在西雍,或在咸阳。"⑤此处之"西雍"指秦的都城西犬丘(西垂)和雍城,不单指雍城一地,故应在"西"字后加顿号。秦之宗庙,主要包括秦先公在西犬丘的宗庙、雍都宗庙以及秦始皇的极庙。据统计,秦人在各地所立的祀庙,总计约有200座。关于秦先公在西犬丘的宗庙,由于资料缺乏,还无从得知其大概。

在秦都雍城已发现了秦的宗庙遗址。目前在此发现了四座宫殿遗址,其中马家庄一号建筑群就是一座宗庙遗址。遗址坐北朝南,平面为长方形,位于雍城

---

① 王学礼:《陇山秦汉寻踪(一)——古上畤下畤的发现》,《社科纵横》1994 第 3 期。
② 《史记》卷二八《封禅书》,第 1375 页。
③ 《史记》卷二八《封禅书》,第 1377 页。
④ 《史记》卷八七《李斯列传》,第 2562 页。
⑤ 《史记》卷六《秦始皇本纪》,第 266 页。

中部偏北。南北残长约76米,东西宽87.6米,面积约为6660平方米,由大门、中庭、朝寝、亭台及东西厢等部分组成。大门由门道、东西塾、回廊、散水等部分组成。东西宽达18.8米,南北进深因南部残损已不可知。中庭位于大门北面,为一处中间微凹、四周稍高的空场,平面为长方形,南北长34.5米,东西宽30米。中庭南部有夯土面三条,踩踏面一条,分别连接大门、东厢、西厢等。朝寝在中庭的北侧,由前朝、后寝、东西夹室、北三室、回廊、散水、东西阶等部分组成,东西宽20.8米,南北进深13.9米。亭台平面呈长方形,东西宽5.4米,南北长3.8米,四边无檐墙,四角各有角柱一对,外有石子散水环绕。东西厢分别位于中庭之东西侧,均由前堂、后室、南北夹室、东(西)三室及回廊、台阶组成,东厢南北面宽24米,东西进深13.9米,西厢残缺。在上述建筑的四周有夯土围墙,东围墙现存两段,通长55.9米,南北各发现一座门址。西围墙现存通长71.1米,中段残缺,北段有一座门址。南墙残损最甚,仅发现西侧一段,长10米。北墙保存完整,长87.6米。在一号建筑遗址内,出土有各种陶瓦、铜质建筑构件。在中庭、东西厢南侧、朝寝建筑及东厢内,发现各类祭祀坑181个,牛羊有全牲、无头和切碎三种祭祀形式,坑与坑之间存在着复杂的打破关系,是多次祭祀的结果。根据出土的遗物、建筑的总体布局及有关史籍记载,初步认为一号建筑群的建筑年代应为春秋中期,废弃时间应在春秋晚期,其为宗庙性质的建筑是毫无疑问的。

秦之故祠,以雍地为多,达100余座,雍地以西亦数十祠。直到秦始皇登基时仍然要到雍城宗庙中去举行冠礼,可见雍城宗庙的重要性。

秦都咸阳的宗庙,主要包括秦始皇及其以前所修的"诸庙"和秦始皇时期新修、秦二世定名的"秦始皇极庙"。秦都咸阳的宗庙位于都城的渭河以南地区。《史记·秦始皇本纪》云:"诸庙及章台、上林皆在渭南。"[1]在咸阳诸庙中,秦昭王庙的位置有较为具体的记载。《史记·樗里子甘茂列传》云:"昭王七年,樗里子卒,葬于渭南章台之东。曰:'后百岁,是当有天子之宫夹我墓。'樗里子疾室在于昭王庙西渭南阴乡樗里,故俗谓之樗里子。至汉兴,长乐宫在其东,未央宫在其西,武库正直其墓。"[2]长乐宫、未央宫、武库的位置都已勘察清楚。秦章台故

---

[1] 《史记》卷六《秦始皇本纪》,第239页。

[2] 《史记》卷七一《樗里子甘茂列传》,第2310页。

址,据考证即未央宫前殿基址之所在。武库遗址在长乐、未央之间,樗里子墓被覆压在武库遗址之下,樗里子疾室当在其东不远的地方,而秦昭王庙则在其东侧,紧邻樗里子疾室。因此秦昭王庙当在渭南汉长安城之东南部,秦渭南诸庙的位置,应该也在此地。

秦始皇极庙建于秦始皇二十七年,原名"信宫",竣工后旋改名为"极庙"。所谓极庙,也叫"宫庙"。古人"宫""庙"界限不甚严格,宗庙也是从活人的宫室转化过来的。秦始皇之所以将"信宫"改为"极庙",实际上正是采用了邹衍的阴阳五行学说,而把天上的星座与地上的君臣相比附,为其中央集权制造理论根据,以表现他"德兼三皇,功过五帝"的功绩。很明显,信宫是秦始皇为自己修建的宗庙,是秦在渭河以南所修的诸庙之一。秦始皇死后,秦二世将极庙改为"始皇庙",把秦始皇庙作为皇帝祖庙,以后按二世庙、三世庙向下排,建立新的七庙。

极庙位于渭南,但对于其具体地望学界则意见不一。何清谷先生认为遗址在汉长安城的北宫,即北宫可能是在极庙的废墟上建立起来的,相当于现在西安市北郊的南徐寨、北徐寨一带。他还根据《汉书·郊祀志》所载北宫"张羽旗,设共具,以礼神君",认为北宫是奉神之宫,在极庙之上建北宫是汉承秦制的表现。聂新民先生认为信宫即西安北郊阎家寺遗址①,而刘致平在《西安北郊古代建筑遗址勘查初记》中认为这是一处汉代建筑遗址②。该遗址在今渭河南岸草滩镇东南的阎家寺村,由多处高台建筑组成。在正轴线的北部,是一座大型的夯土台基,方圆数百米,构成主体结构。再向南 500 多米,在轴线两侧,有四座小土台基,两两左右对称。可惜遗址范围、形制、结构等尚未查清,大台基即被工厂的专用铁路截断,1956 年曾做过部分清理。现高不及 3 米。聂新民先生认为该遗址为秦遗址,是一处宗庙遗址,极有可能是信宫——秦始皇七庙遗址。王学理先生也持此观点。

杨宽先生在《中国古代陵寝制度史研究》一书中认为,渭南之诸庙指建造于秦王陵附近的秦昭王庙、孝文王庙、庄襄王庙等。③ 这个观点值得商榷。首先,这同以上我们所提到的史书记载是矛盾的。秦昭襄王、孝文王、庄襄王的陵墓均

---

① 聂新民:《秦始皇信宫考》,见《聂新民文稿》,西北大学出版社,2013 年,第 105 页。
② 刘致平:《西安北郊古代建筑遗址勘察初记》,《文物参考资料》1957 年第 3 期。
③ 杨宽:《中国古代陵寝制度史研究》,上海人民出版社,2003 年,第 27 页。

在西安东郊的骊山西麓一带,被称为"秦东陵",已得到考古勘探资料的证实,虽然是在渭河以南,但显然和史书记载的原意不符,樗里子的居室怎么也不会建到这里,因此昭王庙也不会在此。其次,七庙是被项羽烧秦都咸阳时烧掉的。而东陵地区离咸阳距离太远,不可能烧到。最后,在陵旁建庙始于西汉景帝时期,秦只是在陵旁建置寝殿,作为祭祀之用,而并非建庙,这是两种截然不同的概念。

笔者认为极庙应在渭南的诸庙附近。诸庙的位置,前文已有论及,就在今天汉长安城的东南部。秦在渭南诸庙有七个,这七庙中当然包括极庙在内。按照昭穆制度建置宗庙,极庙当离昭王庙不会远。其所在位置应在甘泉宫以南、兴乐宫以西、章台以北。

秦始皇及秦二世对修建宗庙是非常重视的,文献中多有记载,如《史记·秦始皇本纪》云"赖宗庙之灵,六王咸伏其辜,天下大定"[1],"二世下诏,增始皇寝庙牺牲及山川百祀之礼。令群臣议尊始皇庙"[2],赵高杀二世,议立公子婴,"令子婴斋,当庙见,受王玺。子婴不行,高果自往,曰:'宗庙重事,王奈何不行?'子婴遂刺杀高于斋宫"[3]。《史记·李斯列传》亦云,二世语赵高曰:"吾既已临天下矣,欲悉耳目之所好,穷心志之所乐,以安宗庙而乐万姓,长有天下,终吾年寿,其道可乎?"[4]

三 社稷

对社稷的祭祀在中国礼制发展史上源远流长。考古发现的社稷遗址,有江苏铜湾商代"社"遗址以及郑韩故城中郑国"社"的遗址。无论大都小邑,都有社庙,上自天子,下至庶民,都有他们的社,再加上人们须臾不能离开的粮食"稷","社稷"二字便常常成为国家的代名词,其重要性可想可知。秦人非常重视对社稷的祭祀。

秦统一以后,有"立社稷"之举。秦二世时,李斯受到赵高的诬陷,遂向二世上书表功,其中就有"立社稷,修宗庙,以明主之贤"[5]一项。秦社稷遗址迄今尚

---

[1] 《史记》卷六《秦始皇本纪》,第236页。
[2] 《史记》卷六《秦始皇本纪》,第266页。
[3] 《史记》卷六《秦始皇本纪》,第275页。
[4] 《史记》卷八七《李斯列传》,第2552页。
[5] 《史记》卷八七《李斯列传》,第2561页。

未发现。文献中有关秦社稷的记载,也是屈指可数。《三辅黄图》云:"汉初除秦社稷,立汉社稷。"①《汉书·郊祀志》颜师古注引臣瓒曰:"高帝除秦社稷,立汉社稷,《礼》所谓太社也。"

关于秦代社稷的情况,由于资料的缺乏,我们所知甚少。秦代立有社稷,秦亡后被汉社稷所取代。刘庆柱先生推测汉初之社可能是在咸阳的秦社基础上建成的,也就是说秦社的位置,就在西汉社稷所在的汉长安南郊。②

第二节 秦都城礼制建筑的特点及影响

秦都城的礼制建筑在中国历史上具有承上启下的作用。从秦建国到灭亡,经过春秋、战国以及秦统一三个时期,前后近600年,其礼制建筑既吸收了春秋、战国时期各国礼制建筑的风格特点,又有自己的创新改造,尤其是统一以后。因此研究秦都城中的礼制建筑对于研究整个中国古代礼制建筑有十分重要的意义。

《墨子·明鬼》云:"昔者虞夏、商、周三代之圣王,其始建国营都日,必择国之正坛,置以为宗庙。"《礼记·曲礼》亦云:"君子将营宫室,宗庙为先,厩库为次,居室为后。"宗庙之所以成为古代都城布局的中心,是因为古代社会是以宗法制为核心的,宗主要巩固其统治地位,就必须加强本宗族的团结,而宗庙正是维系这种团结的纽带。因此宗庙不仅是这种血亲关系的象征和本族人心目中的神圣殿堂,而且是族权和政权相结合的象征。国家的主要活动都在宗庙进行,宗庙自然成为统治中心之所在。

秦时的都城建筑则注重突出人的作用。在都城规划中明确提出"重天子之威"的指导思想,城内建筑以朝宫为中心,这一点在秦都城咸阳表现得更为突出。

雍城在秦都发展史上具有承上启下的作用,它上承夏商西周,下启秦汉,这一点主要表现在宗庙和宫殿的关系上。而雍城之前的都城,则宗庙是主要的,位

---

① 《三辅黄图校释》卷五,第323页。
② 刘庆柱:《汉长安城的考古发现及相关问题研究——纪念汉长安城考古工作四十年》,见《古代都城与帝陵考古学研究》,科学出版社,2000年,第124页。

于都城的中央。如二里头遗址的一号宫殿,面积约 1 万平方米,"台基中部是一座面阔八间、进深三间,四坡出檐的殿堂,堂前是平坦的庭院,南面有敞阔的大门,四周有彼此相连的廊庑,围绕中心的殿堂,从而组成了一座十分壮观的宫殿建筑"①。这与戴震在《考工记图》中根据文献记载绘制的周代宗庙图有相似之处,很可能就是一座宗庙建筑的遗存。这说明以宗庙为建筑群体中心的指导思想,在商代前期就形成了。这是最早的以宗庙为核心而形成的中轴线布局的古都。西周时期的周原凤雏一号遗址,以殿堂为中心,同庭、房、门、廊、阶、屏等组成了一座完备的四合院,布局严谨规整,大体上合于周代宗庙的设计,发掘者认为这是一座宗庙建筑。它也处于周原故址的中部。②

秦都雍城的宗庙与宫殿建筑则与夏、商、西周不同,宗庙与宫室已经形成两个独立的建筑,也都位于雍城的中部南北轴线的两侧,说明这时秦人已把宗庙和宫室看得同等重要,也说明人的地位上升,宗庙不再像以前那样处于至高无上的地位,在这一点上秦人的思想要比当时其他诸侯国的人的思想更解放一些。到了秦统一前后的咸阳,宗庙的地位已降至次要,宫室建筑处于主要的地位,七庙位于咸阳宫南面。秦始皇时"乃营作朝宫渭南上林苑中。先作前殿阿房,东西五百步,南北五十丈,上可以坐万人,下可以建五丈旗。周驰为阁道,自殿下直抵南山。表南山之巅以为阙。为复道,自阿房渡渭,属之咸阳,以象天极阁道绝汉抵营室也"③。从上可以看出宫室的重要性,朝宫修在都城的最南面,"重天子之威"的思想已完全体现出来。到汉的未央宫也是如此,其宗庙位于宫城的北面。

可以看出,秦都城中宗庙、社稷和郊坛等礼制建筑与人君朝寝所用的宫殿建筑已有明确的区分,而非所谓的"宫庙不分"。不但如此,宗庙、社稷和郊坛,也开始从宫城内挪到了宫城之外,这成为后世礼制建筑的传统。

時祭是秦时一种重要的祭祀形式,随着秦的扩张,秦人先后设立西畤、鄜畤、密畤、吴阳上畤、吴阳下畤和畦畤。在秦始皇所确定的祭祀对象中,将雍四畤放在最为尊贵之列。汉高祖在四畤基础上又设立北畤,遂成雍五畤。血池就是一

---

① 中国科学考古研究所二里头工作队:《河南偃师二里头早商宫殿遗址发掘简报》,《考古》1974 年第 4 期。
② 周原考古队:《陕西岐山凤雏村西周建筑遗址发掘简报》,《文物》1979 年第 10 期。
③ 《史记》卷六《秦始皇本纪》,第 256 页。

处畤遗址,位于凤翔县西北柳林镇半坡铺村五组,东南距雍城城址区约12公里,是近年来在雍城城外探寻有关秦汉雍畤遗存的重大发现之一。经考古调查勘探,该遗址面积达到470万平方米,包括雍山夯土台、血池祭祀坑以及各类建筑等多处重要遗迹,文化内涵十分丰富。已发掘面积2000平方米,主要发掘区包括雍山夯土台和血池祭祀坑两部分。血池遗址祭祀坑分布密集、数量众多、出土器物丰富,根据出土器物的形制和带有文字的陶片推断出,此为一处汉代重要的祭祀遗址。考古工作者在清理该遗址陶片时发现了"上""上畤"等几个汉代人书写的隶书陶文。田亚岐认为,这些文字指的应该是吴阳上畤,而这也是自20世纪30年代以来,在雍城遗址内首次发现的准确定性畤的实物证据,成为秦汉时期吴阳上畤就在血池遗址内的实物证据。①

历代学者都以秦"焚书坑儒"、"以吏为师"、灭学废礼而责难于秦,认为"孔子西行不到秦",儒家思想在秦国没有市场。实际上并非如此,秦人是功利主义者,在尊重法家的同时,对于其他各家思想,只要有利于其统治的都予以采纳,因而对于维护统治有作用的儒家礼制思想在秦国也得到发展。也正因为如此,礼制建筑在秦都城建设中均体现出来。秦统一以前,诸侯纷争,礼崩乐坏,到司马迁追述前代礼制时,已感到"厥旷远者千有余载,近者数百载,故其仪阙然湮灭,其详不可得而记闻云"②。秦始皇完成大一统以后,兼采六国礼仪,形成秦代的礼仪制度,"至秦有天下,悉内六国礼仪,采择其善,虽不合圣制,其尊君抑臣,朝廷济济,依古以来"。汉高祖任命叔孙通制定礼仪,"大抵皆袭秦故,自天子称号下至佐僚及宫室官名,少所变改"。③ 从这方面来讲,秦始皇在中国礼制史上是有贡献的。

通过以上的论述分析可以看出,秦的礼制建筑是按照五行观念,依据"五德终始"的原则而营建的,对后世产生了重要的影响,具有承上启下的作用。秦祭祀五帝(缺黑帝)、修宗庙、立社稷、行封禅大礼、祭祀天地名山大川,这些都对后世的礼制建筑产生了深远的影响。宋人欧阳修在《新唐书》卷十一《礼乐志一》

---

① 《血池遗址又有新发现,陶文力证这里为秦汉吴阳上畤所在》,西部网2017年6月25日。
② 《史记》卷二八《封禅书》,第1355页。
③ 《史记》卷二三《礼书》,第1159—1160页。

中指出："及三代已亡,遭秦变古,后之有天下者,自天子百官名号位序、国家制度、宫车服器一切用秦,其间虽有欲治之主,思所改作,不能超然远复三代之上,而牵其时俗,稍即以损益,大抵安于苟简而已。"

后世多沿用秦礼制,比如秦推崇五德终始,后世多加沿袭;秦人祭祀五帝,汉代因袭并完善;秦始皇行封禅大礼,定名山大川之祀,汉武帝有过之而无不及。后世颇受推崇的祭祀对象,如天帝、日月、三辰、五星、二十八宿、风伯、雨师等,在秦时都已立祠于雍地。

第七章　秦都邑附近之苑囿

苑囿与都邑的关系密切，是帝王们休闲狩猎之地，大多位于都邑附近。

园林从苑囿发展而来。我国是世界园林的故乡，素有"世界园林之母"的称号，而我国古典园林的奠基时期在秦汉。秦的苑囿融山水、花木、建筑为一体，是中国古典园林的雏形。研究秦的苑囿对于研究秦的建筑史、文化史、园艺史均有重要的意义。

秦人以善于养马和驾车闻名遐迩，也因此获得了周天子的青睐。马和车是当时国君与贵族出行以及日常生活的重要组成部分，按照"事死如事生"的礼仪，贵族以上的墓地一般都会有车马坑作为陪葬。也正因为如此，秦封泥中关于马政和厩苑的内容比较丰富，云梦睡虎地秦简中专门设有《厩苑律》《公车司马猎律》等，记载了战国至秦代厩苑管理组织、制度、饲养等多方面的马政内容，再结合其他的文献资料，便可以对秦苑囿有个比较完整的认识。

1989年，云梦龙岗六号秦墓出土了一批秦代简牍，其内容多与秦苑囿相关，但保存状况较差。刘信芳、梁柱两位先生据其内容分为《禁苑》《驰道》《马牛羊》《田赢》《其他》等五类。其中尤以《禁苑》类律令最为详备，可与云梦睡虎地秦简所见相关律令互为参证，以补史书记载之不足。龙岗秦简的内容有一个中心，即禁苑管理。整理者认为，简文应视为有关禁苑管理法律条文的摘抄，具体内容可分为三类：一是直接涉及禁苑的；二是间接与禁苑有关的；三是可能与禁苑有关的。墓主人应是职掌云梦禁苑管理具体事务的一个小吏。

苑囿是古代帝王的一种豪华享乐方式，因此，苑囿的修建也是都城建设中必须规划的部分，历朝历代都会在都城附近修建广大的苑囿。

苑或囿的起源甚早，《山海经》记载了有关黄帝苑囿的内容，在甲骨文中已有"囿"字。古代的苑囿相当于现在的园林。我国的园林，如果从历史上溯源的话，当推古代的囿和苑。《说文解字》云，"苑，所以养禽兽也""囿，苑有垣也"。

我国第一座囿出现于商纣王时,"厚赋税以实鹿台之钱,而盈钜桥之粟。益收狗马奇物……益广沙丘苑台,多取野兽蜚鸟置其中"①。商代以后,囿的建造专门化了,除了射猎活动外,还在其中建宫设馆,增添了帝王寝居及观赏动物、植物、山水等自然景观。据《孟子》记载:周文王在丰京修了灵沼、灵台、灵囿,范围达"方七十里"。《周礼·地官·司徒下》中载有"囿人"一职,"掌囿游之兽禁,牧百兽",可见到周代已有专门的官职管理禁苑。

春秋战国时各国竞相修建苑囿,以供国君游乐。齐国有戏马台、鹿囿。《孟子·梁惠王下》云:"臣闻郊关之内,有囿方四十里,杀其麋鹿者如杀人之罪。"楚国有放鹰台、钓台、五乐台、云梦狩猎区等。《七国考·楚宫室》云:"《一统志》:'放鹰台在湖广安陆州州城东南五十里薮泽间,四望空阔,极目千里,而台居其中。昔楚王游猎放鹰于此。'又《襄阳耆旧记》云:'楚王好游猎之事,扬镰驰逐乎华容之下,射鸿乎夏水之滨。'"②赵国有鹿苑、赵囿。《明一统志》云,鹿苑在山西辽州"和顺县西二里,相传为赵襄子养鹿苑"。《韩非子·外储说右下》云:"赵王游于圃中,左右以菟与虎而辍,盼然环其眼。"魏国有梁囿、温囿。韩国有鸿台之宫、桑林之苑。《史记·张仪列传》载张仪说韩王曰:"秦下甲据宜阳,断韩之上地,东取成皋、荥阳,则鸿台之宫、桑林之苑非王之有也。"③

诸侯国的这些苑囿,对秦是有一定影响的,有些在秦统一后仍被秦所沿用。秦统一后将六国的宫殿建筑写仿于秦都咸阳,六国关于苑囿建设的经验也被秦始皇用于上林苑的建设管理中。兴乐宫中的鸿台疑似依照韩国的鸿台而修筑。

秦改称"囿"为"苑"或"苑囿"。秦的苑囿从文献记载与目前所见出土封泥来看,已经达到空前的规模,禁苑的设置不仅普遍,而且管理制度也已然细化成熟。"秦在战国晚期及统一后,大筑苑囿,其数量、规模,非商周所能比拟。其苑囿、职官、制度,亦远较前代完备。"④特别是从云梦睡虎地秦简、龙岗秦简中有关秦苑囿法律条文的记载,我们可了解到秦禁苑的构成及相关管理细节。

秦的苑囿不仅数量多,而且规模大。秦昭襄王时,已有五苑,《韩非子·外

---

① 《史记》卷三《殷本纪》,第105页。
② 《七国考》卷四,第165页。
③ 《史记》卷七〇《张仪列传》,第2294页。
④ 王辉:《出土文字所见之秦苑囿》,见《秦都咸阳与秦文化研究》,陕西人民教育出版社,2003年,第76页。

储说右下》载,当时,"秦大饥,应侯请曰:'五苑之草著,蔬菜橡果枣栗,足以活民,请发之。'"到秦始皇时期,由于国力的强大,加之秦始皇好大喜功,因此他"欲大苑囿,东至函谷,西至雍、陈仓",由于优旃的谏言才没有扩建。

由于苑囿范围广大,故而在其内还修建有驰道和甬道、复道、阁道,为皇帝休闲、狩猎提供方便。龙岗秦简[简31]:"诸弋射甬道、禁苑外卅(?)里□,去甬道、禁苑。"[简59]:"骑作乘舆御,骑马于它驰道,若吏[徒]。"甬道是筑有隔墙的、专供皇帝车辆行走的大道。驰道和甬道在咸阳城中都有,是为了皇帝行车的方便快速和安全,苑囿中的功能也是这样的,特别是甬道保障了打猎的安全。龙岗秦简中对于甬道或驰道的管理要求是相当严格的。甬道外30里范围内不能弋射,否则会立即被拘留。对于胆敢擅自在驰道当中行走的人,不仅要被流放,还要被没收其所骑乘的车、马、牛。由于禁苑中的通道是纵横相交的,所以如果有横穿驰道的,或私自骑马在驰道上乱跑的,都要受到相应的惩处;若官吏未能察觉和处置,相关机构的管理者也要遭殃。甚至一时疏忽,错将用于骑的马用来给皇帝驾车,也要受到处罚。既针对犯事者,亦针对管理不力的官吏,可见对苑囿的管理相当具体和全面。

相家巷出土的秦封泥中提到的苑囿大约有十余个,其中有些是史书中没有记载的,还有不少内容是关于养马的,从而大大丰富了人们对秦苑囿的认识。

第一节 雍城附近的苑囿

雍城是秦作为都城时间最长的,在其附近曾有若干苑囿。石鼓文于唐朝初年出土于宝鸡市石鼓山(现名"鸡峰山")之北阪,石鼓上用四言诗记述了春秋时秦国国君的猎祭活动,故也称"猎碣"。《诗经》中也有不少关于车马游猎的记载。但目前我们在史料中仅发现弦圃、中囿、北园等秦苑囿。

一 弦圃

弦圃又称"弦囿",也叫"弦圃薮",位于今陕西省陇县西南的陇山中。山中有一条由西南向东北流的蒲谷水,水从狭窄的河谷中潺潺流出,汇入汧水。在远古时期,河谷两岸山崖崩塌,堵塞河道,形成堰塞湖,一片汪洋,深不可测。薮,是古代湖泽的通称。弦圃在周秦时期是有名的大型湖泊之一。其形成过程据《水经注·渭水》卷十七云，汧水"出汧县之蒲谷乡弦中谷，决为弦圃薮"，"其水东北流，历涧注以成渊，潭涨不测，出五色鱼"。

弦圃的位置，《周礼·夏官·职方氏》云："正西曰雍州，其山镇曰岳山，其泽薮曰弦蒲。"贾公彦疏："弦蒲在汧。"《汉书·地理志》注云：汧县"北有蒲谷乡弦中谷，雍州弦蒲薮"[①]。

弦圃在汧城西南，秦君把弦圃作为渔猎游乐之地是十分方便的。秦君在弦圃的渔猎活动在石鼓文中有描述。如《汧沔》叙述贵族在弦圃的薮捕鱼的情景。首句"汧殹（也）沔沔，烝皮（彼）淖渊"，意为汧水呀水满荡漾，进入那澄清的深渊。淖渊，郭沫若先生认为指的正是弦圃薮。次叙贵族前去捕鱼，看到弦圃中很多鲤鱼、鳊鲅、白鱼等，游得逍遥自在。再述"君子"用臠肉饲鱼，鱼群争相吞食，于是"君子"捕到很多鱼，把鲢鱼、鲤鱼用柳条穿上带回家。《霝雨》写的是在落雨的时候，从汧水上游而下，河水虽涨，但急流尚浅，"涉马口流，汧殹洎洎"，水可涉马，人也可履石而渡，所见都是汧源风物。再下行，水"极"深，只能"隹（唯）舟以行"，"徒驭""驾舫舟"才能达到彼岸，即"于水一方"。这"极深"之处应该就是弦圃薮。当时捕鱼并非全为生活所用，而具有渔猎游玩的性质。

二　中囿

位于弦圃与北园之间的苑囿，其范围大约包括今宝鸡陈仓区贾村镇以北千河西岸和凤翔县长青乡千河东岸一带。其名见于石鼓文《吴人》中的"中囿孔庶"。《吴人》这首猎歌，郭沫若解释为"叙猎归献祭于時也"。大意是守护中囿的吴人极为负责，从早到晚把猎物作为祭品献上，太祝主持在中囿举行的对天帝的郊祭。吴人即虞人，周官名，掌管山泽苑囿，此为管理中囿的官。秦人把祭祀五方天帝的处所叫時，当时在雍城附近有不少的時，直到汉代，皇帝还常来此地进行祭祀活动。近年来考古工作者在雍城附近山上就发现了秦汉时期的大型祭祀遗址——北時。中囿里的時可能是秦文公十年建的鄜時，位于秦都汧渭之会所在地的汧水东岸的魏家崖一带。

其名"中囿"，是因东面有北园，西面有弦圃，其在两者之间。此名可能是秦

[①] 《汉书》卷二八上《地理志》，第1547页。

武公建北园后取的，当时还有其他什么名称不得而知。但《左传·僖公三十三年》记载：皇武子对秦帅言，"郑之有原圃，犹秦之有具囿也，吾子取其麋鹿，以间敝邑，若何？"具囿和中囿两者之间到底有无关系还须探讨。笔者认为，新出土秦封泥中有"具園"，"園""囿"形似，"具囿"或许是历代传抄之误。

三　北园

位于雍城南面的苑囿。园，《说文解字》云："所以树果也。"四周围以篱笆或围墙，种植蔬菜花果，畜养禽兽，供国君及王公贵族游赏打猎，与苑囿同。《诗经·秦风·驷驖》就是叙述秦君带着儿子，乘四匹黑马驾的车子在北园打猎的故事。其中有诗句云："游于北园，四马既闲。"

考古工作者在凤翔县城南高庄一座洞式墓陪葬品中，发现一种名为"缶"的陶制容器，肩部刻"北园吕氏缶容十斗"。又有一件烧后朱书，文字相同。另一件陶器肩部刻"北园王氏缶容十斗"。文字基本属隶体。该墓陪葬品还有半两钱、弩机、铁剑、铁铣、铁釜等。发掘简报认为是早至昭襄王、晚至秦始皇的墓葬。[1] 由此可见，北园从春秋到秦朝一直沿用。从墓内陪葬的兵器来看，墓主可能是北园的守园官吏，其墓在北园内。在高庄秦墓西北的东社村，发现大片战国秦汉建筑遗址，采集到鹿纹瓦当、猎人斗兽瓦当，显然是秦的建筑材料；还有"棫阳"残瓦当，应为西汉时修葺棫阳宫的遗物。[2] 此地当为秦汉棫阳宫遗址。棫阳宫是北园中的离宫，供统治阶级游园休憩之用。秦昭襄王时建，秦始皇在平息嫪毐叛乱后曾将其母软禁在此宫中，汉武帝时还在使用。高庄墓地和棫阳宫遗址均在今凤翔县城之南6公里的雍水河南岸，北岸则为秦都雍城。"北园最理想的地域应在雍水河的南岸，即后来称为三畤原的地方。就其范围来说，可能东起阳平北原，西到汧河东岸，广袤约几十里，高庄亦在其中。这里地势平坦，当时林木葱郁，百草丰茂，是狩猎的最好地方。"[3]

北园既然在今三畤原上，三畤原在秦都雍城之南，应称"南园"，却为何称

---

[1] 吴镇烽、尚志儒：《陕西凤翔高庄秦墓地发掘简报》，《考古与文物》1981年第1期。

[2] 马振智、焦南峰：《蕲年、棫阳、年宫考》，见《陕西省考古学会第一届年会论文集》，1983年。

[3] 韩伟：《北园地望及石鼓诗之年代小议》，《考古与文物》1981年第4期。

"北园"？韩伟先生认为，"北园修造大约是武公十一年以后的事"。秦武公时都平阳，平阳故城据考古调查在今宝鸡陈仓区杨家沟到阳平乡秦家沟之间。此原虽是雍城的南原，却是平阳的北原。"平阳故城在南，苑囿在其北，原有'北园'之称。秦德公迁雍后，该园虽在都城以南，仍以习惯称呼之。"韩伟先生的解释是有道理的。

石鼓文《作原》可能就是叙说开辟北园之事。原指的即是三畤原。"园"为"原"的一音之转。诗的大意是，为了把这块原改造成苑囿，派"司徒"和"阪尹"率徒隶整治道路，铲除杂草，在三十里的范围内，道路果木纵横交错，像只渔网。园中有栗树、柞树、槭树、棕榈、箬竹等，供国君游观和打猎。

第二节　咸阳附近的苑囿

苑囿即人们对所居处和游玩的自然环境的选择和创造，它离不开原有的环境，因而许多苑囿建在天然形胜之地。秦代的苑囿大多建在关中地区，因为秦时关中地区的自然条件是非常优越的。

首先是气候优良。秦汉时关中地区气候温暖湿润，据竺可桢研究，当时关中的气候比现在年平均气温要高出 1.5℃—2℃。[①] 清初学者张标根据《吕氏春秋》一书提供的物候材料，指出秦时春天的来临要比清初早三个星期。若将《吕氏春秋》和《淮南子》等书提供的节气物候与现在西安的节气物候做比较，可以发现当时"桃始花"和"燕始见"的时间比现在要早 1 个月左右，因此那时南方的一些植物可以在秦都咸阳所在的关中地区生长，动物也可以在此繁衍。

其次，有地理环境优势。关中地区南有秦岭山脉，北有甘泉山、九嵕山、梁山等山脉。苑囿中有山可表现出崇高之美，人们可以登上顶峰，极目四望，借来各处远景，在有限中看到无限，扩大了整个苑囿的空间。有山即有谷，谷中的风景也是妙趣横生。特别是南面的终南山，气势高大雄伟，林木繁茂，层峦叠嶂，苍翠无际，是著名的风景区。正因为如此，秦上林苑以终南山为南边的界址。

再次，关中一带水源充足。水为苑囿中不可或缺的因素，水面能产生倒影，

---

① 竺可桢：《中国近五千年来气候变迁的初步研究》，《考古学报》1972 年第 1 期。

将四周亭榭楼台观映现在水中。水是万物生长之本,苑囿中之所以有茂盛苗壮的花草、林木、飞禽走兽,都与水有不可分割的关系。"荡荡乎八川分流",关中地区东有灞河、浐河,西有沣河、涝河,南有潏水、滈水,北有渭水、泾水,从而造就了"上林十池"景观。

最后,关中有许多高而平的原,如白鹿原、铜人原、龙首原、乐游原、凤栖原、鸿固原、少陵原、细柳原、高阳原、咸阳原等。原与原之间形成条条川道,风光旖旎,其中以长安城南的樊川最为有名,秦汉时此地就是著名的风景胜地,长30余里,河纵贯其中,清流沃野,风光明丽,极富情趣,怪不得秦阿房宫"络樊川以为池"。

总之,当时的关中地区正如《荀子·强国篇》所云,"山林川谷美,天材之利多"。

建都咸阳后,秦的苑囿较以前又有了重大进展,不仅苑囿的数量增多,而且规模更大。秦都咸阳附近苑囿众多,主要有上林苑、宜春苑、骊山苑、梁山苑等,下面分别予以介绍:

一 上林苑

秦上林苑修建的确切时间不得而知。《三辅黄图》云:"阿房宫,亦曰阿城。惠文王造,宫未成而亡。"①又据《史记·秦始皇本纪》云:"乃营作朝宫渭南上林苑中。先作前殿阿房。"②笔者认为《史记》的记载是可靠的。阿房宫即朝宫,是秦始皇时修建的,因此至迟在秦始皇时就已经有上林苑了,其修建时间大体可以早到秦昭襄王时期。

秦上林苑的范围究竟有多大?《雍录》云:"秦之上林,其边际所抵难以详究矣。"③这说明到宋代时上林苑的确切四至已无法搞清了,我们只能根据旁证材料推测其大概。《秦封宗邑瓦书》记载,割取杜县丰邱到沣水的一块土地为右庶长歜(即寿烛)的宗邑。看来秦上林苑的西边可能到沣河。南边应该到终南山,因为阿房宫在上林苑中,而阿房宫"表南山之巅以为阙,络樊川以为池",南山即

---

① 《三辅黄图校释》卷一,第49页。
② 《史记》卷六《秦始皇本纪》,第256页。
③ 《雍录》卷九,第187页。

终南山。北应起渭水,一则因为阿房宫的北边已近渭河边,二则可以借助渭河增添自然之美。东边最远应到宜春苑,因为秦时在今曲江池一带有宜春苑。从其四至来看,秦上林苑的规模很大。汉上林苑即在秦上林苑的基础上扩建而成。

秦上林苑中宫殿台观很多,朝宫是阿房宫宫殿建筑群的又一名称,是秦始皇在上林苑中修建的规模最大的宫殿群。修建朝宫除了国力强大、人口增多、咸阳宫太小等原因外,也与秦始皇欲营造上林苑中的景点有关。上林苑由于有这样一个富丽堂皇的建筑群而增辉不少,皇帝既可在此狩猎休闲,又可在此会见朝臣,处理国家大事。四周有阁道,向南直抵终南山,规模宏伟,离宫别馆,弥山跨谷。

上林苑中还有长杨宫、长杨榭、射熊馆。据《三辅黄图》云:长杨宫"本秦旧宫,至汉修饰之以备行幸。宫中有垂杨数亩,因为宫名,门曰射熊观,秦、汉游猎之所"。长杨榭"在长杨宫,秋冬校猎其下,命武士搏射禽兽,天子登此以观焉"①。《汉书·地理志》注云:"盩厔有长阳宫,有射熊馆,秦昭王起。"这说明秦昭襄王时已在此建宫,筑射熊馆,作为秦王游猎之所。

上林苑还专门为禽兽修圈,并在旁筑观,供人观赏射猎。《三辅黄图》云:"秦兽圈,《烈士传》云:'秦王召魏公子无忌,不行,使朱亥奉璧一双诣秦。秦王怒,使置亥于兽圈中。亥瞋目视兽,眦血溅于兽面,兽不敢动。'"②既云兽圈,里边肯定有各种野兽。上林苑修有虎圈,《长安志》注引《汉宫殿疏》云:"秦故虎圈,周匝三十五步,去长安十五里。"又《水经·渭水注》记载:昆明故渠"北分为二,渠东迳虎圈南而东入灞,一水北合渭"。其具体位置当在灞河以西、昆明渠址以北,在今北辰堡一带。③ 还修有狼圈,《长安志》注引《汉宫殿疏》云:"秦故狼圈广八十步,长二十步,西去长安十五里。"狼圈与虎圈相近,它们与其他野兽之圈共同组成了兽圈。麋鹿在秦汉时期的上林苑中皆有饲养。相家巷出土封泥中有"麋圈"封泥。《史记·滑稽列传》载:"始皇尝议欲大苑囿,东至函谷关,西至雍、陈仓。优旃曰:'善。多纵禽兽于其中,寇从东方来,令麋鹿触之足矣。'"④

---

① 《三辅黄图校释》卷一,第 37 页。
② 《三辅黄图校释》卷六,第 350 页。
③ 王学理:《秦都咸阳》,陕西人民出版社,1985 年,第 54 页。
④ 《史记》卷一二六《滑稽列传》,第 3202—3203 页。

又《三辅黄图》载,上林苑中多池沼,则"麋圈池"当为秦上林苑中失载的池沼。

《汉书·百官公卿表》记载了上林苑的管理系统,有"上林、均输、御羞、禁圃"等,其中"上林有八丞十二尉,均输四丞,御羞两丞,都水三丞。禁圃两尉,甘泉上林四丞"。如何理解"禁圃两尉"？目前在西安市鄠邑区和周至县发现了两枚"禁圃"文字瓦当,从鄠邑区所发现瓦当的遗址来看,秦时即有宫殿建筑了。一般来说,关中地区的宫殿大多是秦宫汉葺,特别是距离秦都咸阳稍远的地方,没有遭到项羽的焚烧破坏。周至发现的禁圃瓦当在长杨宫遗址,鄠邑区发现的禁圃瓦当在甘河镇坳子村。张天恩先生认为:"禁圃瓦当出于相距较远的东西两个地方,究其原因,当与汉官职中禁圃设有两尉有关。既置两尉,则应是各有官署,职司亦应有不同。《封泥考略》卷一有'禁圃左丞'封泥,知禁圃当有两丞……户县坳子村东北和周至竹园村附近,分别为禁圃两尉(或两丞)的官署所在地,已经清楚。"①禁圃的设置有何作用？圃,《说文解字》谓:"种菜曰圃。"狭义来讲,禁圃即为禁苑中种植菜蔬之圃。然而如果真的将禁圃仅仅理解为种植蔬菜的圃园是有问题的。因为两个禁圃官署之间的距离已有12.5公里,仅用来种菜,显然太大。所以,在禁圃区内,除了种植蔬菜外,定当会栽植更多为皇室服务的有用之物,以备宫廷内府的不时之需,因而瓜果的种植应该是必要的。司马相如在《上林赋》描写上林苑中"于是乎卢橘夏孰,黄甘橙楱,枇杷橪柿,樗柰厚朴,梬枣杨梅,樱桃蒲陶……罗乎后宫,列乎北园,贶丘陵,下平原"②。相家巷新出秦封泥中有"橘监""橘印"封泥,也许从侧面说明了这一问题。《三辅黄图》也记载:"帝初修上林苑,群臣远方,各献名果异卉三千余种植其中。"③这些名贵果树、奇异花卉,应由禁圃负责栽培,然后罗列于后宫、北园,以备宫廷享用。

上林丞印封泥

---

① 张天恩:《"禁圃"瓦当及禁圃有关的问题》《考古与文物》2001年第5期。
② 《史记》卷一一七《司马相如列传》,第3028页。
③ 《三辅黄图校释》卷四,第230页。

秦上林苑利用长安八水的有利条件,修建了许多人工湖泊,犹如镶嵌在苑中的颗颗明珠。《长安志》注云:"秦上林苑有牛首池,在苑西头。"还有镐池,"在昆明池之北,即周之故都也"①。秦始皇三十六年,"使者从关东夜过华阴平舒道,有人持璧遮使者曰:'为吾遗滈池君。'"②还有樊川,阿房宫"络樊川以为池"。

上林苑林木繁茂,鸟语花香,秦统治者"穷四方之珍木"于苑中。关于秦上林苑花木,缺乏文献记载,但我们可从汉代上林苑推知秦上林苑的情况。《三辅黄图》云"林麓泽薮连亘"③。《西京赋》描写汉上林苑中情况为"嘉木树庭,芳草如积……木则枞栝棕楠,梓棫楩枫,嘉卉灌丛,蔚若邓林。郁蓊薆薱,櫼爽櫹椮。吐葩飏荣,布叶垂阴。草则葴莎菅蒯,薇蕨荔芢,王刍茵台,戎葵怀羊。苯䔿蓬茸,弥皋被冈。筱荡敷衍,编町成篁。山谷原隰,泱漭无疆"。《史记·司马相如列传》记载,苑中花木"掩以绿蕙,被以江离,糅以蘼芜,杂以流夷。尃结缕,攒戾莎,揭车衡兰,槀本射干,茈姜蘘荷,葴橙若荪,鲜枝黄砾,蒋芧青薠,布濩闳泽,延曼太原,丽靡广衍,应风披靡,吐芳扬烈,郁郁斐斐,众香发越"④。可谓遍地皆花香,浓香布野,繁花似锦。

马彪先生根据秦禁苑律复原了当时禁苑的基本结构,并通过与同时期秦占领地楚云梦狩猎区演变为秦"云梦禁中"事例的比较研究发现,"秦上林苑所在地域至春秋时期还存在着具有祭祀、狩猎功能的邑制国家共同体的所有山川泽地,至战国秦孝公商鞅变法之后,上林苑的部分土地向人民开放;随着都城咸阳与41个县的建立,上林苑中还形成了县邑。另一方面,至迟从秦惠文王开始,上林苑中已经建造了萯阳宫、阿房宫等王室的离宫禁苑"⑤。秦上林苑有一套严密的管理系统,可惜缺乏史料记载,但汉承秦制,关于汉上林苑的相关文献记载,为我们了解秦上林苑的管理提供了帮助,相家巷出土的秦封泥也为我们保留了上林苑管理的相关资料。

---

① 《三辅黄图校释》卷四,第258页。
② 《史记》卷六《秦始皇本纪》,第259页。
③ 《三辅黄图校释》卷四,第244页。
④ 《史记》卷一一七《司马相如列传》,第3022页。
⑤ 马彪:《从秦简禁苑律重新认识秦代上林苑》,《唐都学刊》2016年第6期。

二　兰池苑

因在兰池宫之旁而得名,是秦时国君常游幸之地。兰池,据《三秦记》云:"始皇引渭水为长池,东西二百里,南北三十里,刻石为鲸鱼二百丈。"①这是当时秦在咸阳宫以东修建的一个苑囿景观,湖面可以荡舟游览,其中有蓬莱山、鲸鱼石等景观。兰池中蓬莱山的修筑是秦始皇对东巡求长生不老药而不得的一种补偿,因而成为秦始皇常游幸之地,有时甚至夜宿兰池宫。关于兰池宫的具体地望,《元和郡县图志》云:"秦兰池宫,在(咸阳)县东二十五里。"②按里程推算,其具体位置即在今咸阳宫遗址以东的杨家湾。据考古调查,在杨家湾西面的原上柏家嘴一带采到大量秦铺地砖、空心砖、瓦当、陶片等,其形状、纹饰与秦咸阳宫一样,显然是一处秦建筑群遗址。而此地又在兰池的西岸,当为秦兰池宫,秦末被项羽焚毁。据考古工作者钻探,在此处发现了六处大小不等的夯土建筑遗址。

汉也有兰池宫,约在汉武帝时修建,位于秦兰池宫的东南。汉时,兰池陂渐遭破坏,后因周勃父子葬于兰池之北,遂改兰池为周氏陂。《长安志》云:"周氏曲在咸阳县东南三十里。李善曰:今周氏陂,陂南一里有汉兰池宫。"后来发现的兰池宫当,是汉兰池宫的建筑构件。有人认为汉兰池宫是在秦兰池宫基础上建筑的,这是不对的,汉兰池宫与秦兰池宫实际上是同名而异地。

三　宜春苑

宜春苑遗址在今西安市东南的曲江池地区,此地区秦时称为"隑州",风景秀丽,据《史记》载,秦二世死后,就埋葬在此地。司马相如在经过秦二世墓时,作《哀秦二世赋》,描写了宜春苑的景色,"登陂阤之长阪兮,坌入曾宫之嵯峨。临曲江之隑州兮,望南山之参差……观众树之塕薆兮,览竹林之榛榛。东驰土山兮,北揭石濑"③。这里有巍峨壮丽的宫殿,有茂密的山林竹木,有曲江水景,山水俱佳,景色秀丽,地形优越,是理想的苑囿之地,因而秦汉两代皇帝均在此修宫殿,造苑囿,游玩狩猎。宜春宫作为游猎的歇息地而建,在此基础上又修建了宜

---

① 《三秦记辑注》,第 8 页。
② 《元和郡县图志》,第 13 页。
③ 《史记》卷一一七《司马相如列传》,第 3055 页。

春苑。

新出秦封泥中有"宜春禁丞",当是宜春苑的官吏。又有"东苑丞印"。东苑之名文献失载。《汉书·百官公卿表》中将作少府属官有"东园主章",袁仲一《秦代陶文·陶文拓片》中有陶盆刻文"东园口"。周晓陆先生认为西汉宜春苑在西汉印章中又记为"宜春园",似"园"与"苑"通,因疑东苑即东园。封泥中还有"杜南苑丞",可能也是"宜春苑"的别称。

宜春禁丞封泥

四 梁山苑

梁山苑以梁山宫而建。梁山宫建于秦始皇时期,因梁山而得名。梁山即今乾县之梁山。《元和郡县图志》云:"古公亶父逾梁山到于岐下,及秦立梁山宫,皆此山也。"①此宫建造得富丽辉煌,因而《三秦记》云:"梁山宫城,皆文石,名织锦城。"②

关于梁山宫的位置,《水经注·渭水》云:"(莫水)出好畤县梁山大岭东南,迳梁山宫西。故《地理志》曰:好畤有梁山宫,秦始皇起。水东有好畤县故城。"莫水即今天漠西河,穿越梁山两峰之间而流。由此可知,梁山宫在漠西河东边。又据《史记正义》引《括地志》云,梁山宫"俗名望宫山,在雍州好畤县西十二里,北去梁山九里"。这说明此宫建在梁山脚下。

《史记·秦始皇本纪》云:秦始皇三十五年"幸梁山宫,从山上见丞相车骑众,弗善也"③。由此看出,当时秦始皇幸梁山宫时,还登梁山游乐射猎,其大臣亦可在山下游玩,因而此地一定有梁山苑存在。梁山宫幸免于项羽的一把火,西汉时犹存。在今梁山周围有几处秦离宫遗址,当与梁山苑有关。

---

① 《元和郡县图志》卷一,第9页。
② 《三秦记辑注》,第11页。
③ 《史记》卷六《秦始皇本纪》,第257页。

五　騊駼苑

据《秦会要订补》云,秦时有騊駼苑。《尔雅·释畜》郭璞注:"騊駼,蹄如趼而健上山。秦时有騊駼苑。"由此看来,騊駼苑乃秦专为养马而设置的苑囿。具体位置不详。秦有养马的传统,"造父以善御幸于周缪王"①;"非子居犬丘,好马及畜,善养息之。犬丘人言之周孝王,孝王召使主马于汧渭之间,马大蕃息"②。秦以养马获封邑,对马的重视可想而知。有关秦的文献资料和考古发掘中经常见到马。秦俑坑中既有马拉车,又有专为骑兵配备的马,在秦始皇陵附近发现有大型车马坑、马厩坑。这些马形体高大。《战国策·韩策一》云:"秦马之良,戎兵之众,探前趹后,蹄间三寻腾者,不可称数也。"七尺曰寻,即马一跃而为两丈,合今天4.83米。秦兵马俑坑出土的秦马和史书记载是吻合的。汉代在西北地区设置牧师诸苑36所,可能就是仿秦騊駼苑而建的。

六　长杨苑

长杨苑是秦昭襄王依托长杨宫而营造的苑囿。《三辅黄图》云:"长杨宫在今盩厔县东南三十里,本秦旧宫,至汉修饰之以备行幸。宫中有垂杨数亩,因为宫名,门曰射熊观,秦、汉游猎之所。"③"长杨榭,在长杨宫。秋冬较猎其下,命武士搏射禽兽,天子登此以观焉。"④《汉书·地理志》注云:"盩厔有长阳宫,有射熊馆,秦昭王起。"这说明秦昭襄王时已在此建宫,筑射熊馆,作为秦王游猎之所。其具体位置,据《元和郡县图志》载:"秦长杨宫,在县(盩厔)东南三十三里。"⑤与《三辅黄图》记载的距离相差3里地。何清谷先生实地考察后,认为遗址在今周至县终南镇东南的竹园头村南,此地名圪垯顶,原有3米多高的大型夯土台基,平整土地时被挖平,在此地发现了大量秦汉砖瓦。⑥ 从其地理位置看,当在秦上林苑范围内。

---

① 《史记》卷五《秦本纪》,第175页。
② 《史记》卷五《秦本纪》,第177页。
③ 《三辅黄图校释》卷一,第37页。
④ 《三辅黄图校释》卷五,第290页。
⑤ 《元和郡县图志》卷二,第31页。
⑥ 何清谷:《关中秦十宫觅踪》,《陕西师范大学学报》1988年第2期。

关于秦长杨苑的狩猎情况,因缺乏记载难以得知,但我们可以从汉时这里的狩猎情况窥见一斑。班固《西都赋》云:"天子乃登属玉之馆,历长杨之榭,览山川之体势,观三军之杀获。原野萧条,目极四裔,禽相镇压,兽相枕藉。然后收禽会众,论功赐胙。"成帝时为了向胡人夸耀长杨宫附近多禽兽,征发关中人民入南山捕熊、黑豹、狐、兔等,装进槛车,送到长杨苑射熊馆中,"纵禽兽其中,令胡人手搏",引得民怨沸腾。

七 骊山苑

秦始皇时在骊山筑离宫——骊山汤,建造骊山苑,经常来此沐浴狩猎游玩。秦始皇扩建阿房宫时,又专门修了一条阁道通往骊山。

秦"骊山汤"今早已荡然无存,然而考古工作者在发掘华清池内唐华清宫遗址时发现,唐文化层下有一层很厚的黑褐色文化层,内含大量粗细绳纹秦汉板瓦、筒瓦和细绳纹条砖、小方格纹方砖及房屋坍塌的檩条,其木质保存完好,榫卯清晰可见,而瓦片上有陶文"骊"字。同时还发现了鹅卵石和砖铺路面遗存,秦代五角形水道和直径 30 多厘米的秦汉圆形绳纹水管道及用不规则石头砌成的长约 50 米的水道,以及其他大量的秦汉建筑材料。这证明秦始皇时期这里就有秦离宫的存在,骊山苑即在骊山汤的基础上建成的。骊山周围有沟壑纵横的土地、茂密的森林、优越的环境、能治病防病的温泉,是秦始皇狩猎、沐浴、游玩的好地方。

八 华阳苑

华阳苑是在华阳宫基础上建成的苑囿。华阳宫的所在地,学术界争议比较大。

《史记·白起列传》载:"昭王三十四年(前 273),白起攻魏,拔华阳,走芒卯,而虏三晋将,斩首十三万。"①《史记·穰侯列传》载,秦武王母宣太后"有同父弟曰芈戎,为华阳君"。《史记索隐》云:"华阳,韩地,后属秦。芈戎后又号新城君。"《史记正义》引司马彪语云:"华阳,亭名,在洛州密县。"②《尚书·禹贡》曰:

---

① 《史记》卷七三《白起王翦列传》,第 2331 页。
② 《史记》卷七二《穰侯列传》,第 2323—2324 页。

"华阳黑水惟梁州。"胡渭注:"华阳,今商州之地。"可知秦取魏地华阳置县,地在今陕西洛南县。秦并六国前后,其为内史属县。

又,《史记·秦始皇本纪》载:"十七年……华阳太后卒。"此华阳太后原为昭襄王太子安国君夫人,安国君后即位成为孝文王,华阳夫人为王后。孝文王薨,养子子楚即位成为庄襄王,尊华阳后为太后。今陕西洛南有传说的李密冢,调查者认为当是秦华阳宫。

王辉认为:秦时华阳有两处,一在今河南密县南,《睡虎地秦墓竹简·编年纪》载,昭襄王三十四年,"攻华阳",即此地。一在华山之阳。《尚书·禹贡》云"华阳黑水惟梁州",孔氏传:"东据华山之南,西距黑水。"今华阴市南部有华阳乡,殆即其地。秦宣太后弟芈戎封华阳君,昭襄王夫人封华阳夫人,皆在此处。新出秦封泥中有"华阳丞印""华阳禁印"。"安陵鼎盖"铭文:"华共一斗一升半升十斤十九。"郝红霞、马孟龙认为:"'华共'有可能是华阳宫共厨之省写……汉代'郿偏鼎'有刻铭'今镐,上林华阳,六',据此可知华阳宫秦代已有,地处上林苑。"①其说甚是。其实"安陵鼎盖"铭文中的"华共"铭文字体风格较其他两段铭文明显要早一些,即其可能早到秦代。安陵鼎盖最早的使用地当在秦华阳宫中。北京文雅堂所藏"华阳尚果"封泥,为掌管各种果品之职。《汉旧仪》载"省中有五尚",列国封君则未有此职官,而金文资料又显示上林苑中有华阳宫,那么,此封泥或为华阳夫人属吏所使用,或为华阳宫中所使用。华阳夫人之封是在秦昭襄王四十二年(前265)。秦昭襄王五十六年(前251),太子安国君即位,是为孝文王,此时华阳夫人已被立为王后,然华阳之封号仍存。此封泥若为华阳夫人所属,其使用年代应在秦昭襄王四十二年至秦王政七年之间,即属于战国时期。若为华阳宫所用,其下限可至秦统一以后。

九 鼎湖苑

鼎湖苑为秦苑囿之一,汉时又有扩展,成为西汉上林苑的一部分。《三辅黄图》云:"武帝建元三年开上林苑,东南至蓝田宜春、鼎湖、御宿、昆吾,旁南山而

---

① 郝红霞,马孟龙:《汉金文"杜宜"考识——兼谈汉代铜器铭文的宫名"省写"现象》,《文物世界》2011年第6期。

西,至长杨、五柞,北绕黄山,濒渭水而东。周袤三百里,离宫七十所,皆容千乘万骑。"①

《史记·封禅书》《汉书·郊祀志》《三辅黄图》等文献中记作"鼎湖",《汉书·扬雄传》记为"鼎胡",当以"鼎湖"为是。

鼎湖宫遗址今在蓝田县焦岱镇。罗振玉《贞松堂集古遗文》卷十三有蓝田鼎湖宫行镫,《秦汉瓦当文字》卷一有"鼎胡延寿宫"瓦、"鼎胡延寿保"瓦。

《史记》《汉书》等皆载有黄帝采首山铜,铸鼎于荆山下,鼎成而有龙垂胡须下,黄帝御龙上天,后因名该地为鼎胡的传说。《西京赋》云:"上林禁苑,跨谷弥阜。东至鼎湖,邪界细柳。"细柳在今西安市长安区西北,鼎湖距此应不会过远。又《三辅黄图》"鼎湖宫"条下有中唐以后无名氏所作旧注"又一说在蓝田,有亭",陈直先生认为鼎湖宫遗址在今蓝田县焦岱镇。1956 年,焦岱镇附近农民平整土地时发现"鼎胡延寿宫"瓦当三品,著录于《周秦汉瓦当》。鼎湖延寿宫遗址于 1958 年被发现,位于蓝田县焦岱镇西南,面积为 1500 米 × 1000 米,厚 1—4 米。该遗址出土有泥质红、灰陶绳纹布板瓦、筒瓦、条砖、方砖、字母砖等文物。1989 年,陕西省考古研究所对该遗址进行试掘,又得"鼎胡延寿宫"瓦当三品,著录于《新编秦汉瓦当图录》。新出秦封泥有"鼎湖苑丞",当是秦鼎湖苑的辅佐管理。

笔者曾多次去该地进行实地踏查,遗址保存现状尚可,附近有一处大面积低洼地,是过去湖泊的遗存,也有大量的秦汉瓦片。有建筑遗址、有洼地,周围地形错落,是一个理想的苑囿所在地。先有鼎湖宫,后扩大为鼎湖苑。该苑囿秦时是独立的,汉代成为上林苑中的一部分,也是西汉上林苑的最东边界。汉武帝曾经在这里居住和游猎。《史记·孝武本纪》:"文成死明年,天子病鼎湖甚,巫医无所不致,(至)不愈。"②

一〇 白水苑

新出秦封泥中有"白水之苑""白水苑丞"封泥。"白水之苑"在哪里,史籍无明载,很可能是秦时在咸阳远郊兴建的苑囿,《十钟山房印举》收录"白水弋丞"

---

① 《三辅黄图校释》卷四,第 230 页。
② 《史记》卷一二《孝武本纪》,第 459 页。

印一枚可为证。白水,曾为水名、山名、关名、古县名。今陕西渭南东北有白水县,白水县因境内有白水河而得名,是关中地区设置得比较早的县级机构。秦孝公十二年(前350)置白水县,建制距今2300余年。《同州府志》引《通典》云:"秦文公元年(前765)分清水为白水。"《史记·秦本纪》载,秦孝公十二年(前350)"并诸小乡聚,集为大县"①。《郡县释名》载:"秦建白水县。"《雍大纪》载:"秦置白水县,以县临白水也。"可以看出,秦孝公时设置白水县是无疑的。秦统一后仍用白水县名,属内史管辖。西汉景帝时废白水县,建粟邑县(治址在今县西北75里一带,以仓颉造字"天雨粟"取名)和衙县(于春秋时之彭衙故址设县,故名),俱属左冯翊。

在当时的秦岭以南也有一个白水县。《汉书·地理志》载广汉郡有"白水"县,因白水流经而得名。颜师古注引应劭曰:"出檄外,北入汉。"此所谓"汉",指嘉陵江上源西汉水。《封泥汇编》"白水尉印""白水左尉""白水右尉"诸封泥之"白水"应指此县。不过此县战国晚期虽属秦,位置却在秦岭之南,秦人未必会在此处设立苑囿。

白水苑丞封泥

一一 兔园

据《史记》载,秦二世元年十一月修建了兔园②。兔园是修建时间最明确的秦代苑囿,并非只养兔,应有各种动物。西汉时期的梁孝王修筑有兔苑,《西京杂记》云:"梁孝王好营宫室苑囿之乐,作曜华之宫,筑兔园。园中有……落猿岩、栖龙岫,又有雁池,池间有鹤洲、凫渚。其诸宫观相连,延亘数十里,奇果异树、瑰禽怪兽毕备。"可见兔园规模之大。

新出秦封泥所见秦禁苑还有"息园""卢山禁""圻(斥)禁""平阿禁""桑林""□原禁""东苑""云梦禁"等。

王辉先生根据出土文字对秦苑囿做了全面的研究论述,他分析了秦封泥和秦简中有关苑囿的名称,得出秦时内史苑囿有上林、杜南、宜春、阳陵、骊山、寿

---

① 《史记》卷五《秦本纪》,第203页。

② 《史记》卷一五《六国年表》,第758页。

陵、咸陵园、具园、中囿、鼎湖、华阳11处,关外苑囿有卢山、沙丘、圻、平阿、桑林、东苑、云梦、白水、口原九处,合计20处。苑内的职官,有啬夫及其副官丞,丞下有苑吏、苑人,部分苑还有苑计、左弋等。①

秦帝王纵情逸乐,广筑苑囿,因此秦的苑囿可谓遍布域内。新发现的封泥中有"左田之印""郎中左田"。刘瑞《"左田"新释》对"左田"做了比较详尽的考释,认为左田的职责可能为田猎之官。他从田的本意、郎中的职掌和秦汉田官的专称三个角度考证"左田"应为田猎之官,而非田官;并考证"左田"作为田猎之官,可能与《周礼》中的"田仆"相同,二者亦可能存在一定的传承关系。②

第三节 秦苑囿的管理

苑囿也被称为"禁",是古代帝王游猎、居住之处。《正字通·示部》曰:"天子所居曰禁。"清人朱骏声《说文通训定声·临部第三》:"天子所居曰禁中。禁中者,门户有禁,非侍御者不得入,故曰禁中。"《史记·秦始皇本纪》:"二世常居禁中,与高决诸事。"③禁还指圈养禽兽之处。《周礼·地官·囿人》:"掌囿游之兽禁。"禁苑是统治者经常去游玩或者居住的地方,为了警卫禁苑和确保皇帝的人身安全,禁苑出入的规定极其严格。"天子宫门曰司马,阑入者为城旦,殿门阑入者弃市。"④龙岗秦简中关于这方面的法律规定有很多,龙岗秦简[简15]载:"从皇帝而行及舍禁苑中者皆(?)□□□□□……"⑤出入禁苑必须有"出入证"。龙岗秦简[简11]载:"于禁苑中者,吏与参辨券……"⑥也就是说有事要到禁苑中去,先从禁苑吏的办公室领取出入证明,分作三券,苑吏、出入者、禁苑守门者各执一券。[简2]又载:"窦出入及毋(无)符传而阑入门者,斩其男子左

---

① 王辉:《出土文字所见之秦苑囿》,见《秦都咸阳与秦文化研究》,第76页。
② 刘瑞:《"左田"新释》,见《周秦汉唐研究》第1册,三秦出版社,1998年,第149页。
③ 《史记》卷六《秦始皇本纪》,第271页。
④ 程树德:《九朝律考》,中华书局,2001年,第119页。
⑤ 中国文物研究所、湖北省文物考古所:《龙岗秦简》,中华书局,2001年,第77页。
⑥ 《龙岗秦简》,第75页。

趾。"①"窦出入"是指凿孔穴出入,"符传"类似于今天的公函凭证。[简7]记载:"诸有事禁苑中者,□□传书县、道官,□乡(?)……"②[简9]记载:"县、道官,其传□……"③[简10]也记载:"取传书乡部稗官。其〔田〕(?)及□〔作〕务□……"④[简5]记载:"关。关合符,及以传书阅入之,及□佩(佩)入司马门久(?)……"⑤司马门是设有卫戍人员的宫门禁,要把进入禁苑的申请传给主管的县、道官等,然后由他们复核,看是否符合律令的规定。如果符合,则把书传送给乡的稗官,取得出入证件后要交与守门人对照,对照符合后才能进入禁苑。可见皇家苑囿的出入是非常严格的。即使允许进入,也要遵守道路行走的规定。[简3]:"传者入门,必行其所当行之道,□□〔不〕行其所当行……"⑥"当行"是指符合法律规定可以行走的道路,不能在苑囿中任意行走。苑中一切田地、飞禽、走兽、作物都是皇帝所有,禁止平民获取,违者就要被处罚。甚至禁苑以外若干里的区域,也是皇帝的经济特区,称"堧"。龙岗秦简[简27]指出:"诸禁苑为奡(堧),去苑卅里,禁毋敢取奡(堧)中兽,取者其罪与盗禁中〔同〕……"⑦

禁苑的主管官吏是苑啬夫,辅助官吏是苑吏,还有苑人作为工作人员,日常职能为巡视禁苑墙垣有无损坏,看管禁苑中的野兽。县属官员协助禁苑官员的工作。龙岗秦简[简39]记载:"禁苑啬夫、吏数循行,垣有坏决兽道出,及见兽出在外,亟告县。"⑧[简33]记载:"鹿一、麑一、麋一、狐二,当(?)完为城旦舂,不□□□。"⑨官吏偷猎禁苑中上述任何一头动物,都要负"城旦舂"的刑事责任。《史记·张释之列传》载有"虎圈啬夫";《故宫玺印》中有"宜春禁丞"印,鼻纽,印面2.4厘米×2.4厘米,略大于此封泥;新出土封泥中有"禁苑右监",当是秦禁苑中的官吏之一。"监"为主管某一事务的官员,《史记·李将军列传》:"李陵

---

① 《龙岗秦简》,第69页。
② 《龙岗秦简》,第73页。
③ 《龙岗秦简》,第74页。
④ 《龙岗秦简》,第74页。
⑤ 《龙岗秦简》,第72页。
⑥ 《龙岗秦简》,第71页。
⑦ 《龙岗秦简》,第82页。
⑧ 《龙岗秦简》,第89页。
⑨ 《龙岗秦简》,第85页。

既壮,选为建章监,监诸骑。"禁苑监管理的不是某一处苑囿,而是整个苑囿,既然有右监,应该也有左监。

秦苑囿中禽兽众多,一方面是因为秦禁苑都用围墙或篱笆圈起来,而苑囿中林木繁茂,花草众多,沟壑纵横,为禽兽的栖息繁衍创造了条件,另一方面是因为专门豢养。官府从苑囿外捕捉一些动物放入兽圈、狼圈、射熊馆中,以供观赏、射猎取乐。加之当时关中一带气候温暖湿润,南方的动物也可在此生长繁衍,更增加了秦苑囿中禽兽的种类。有关秦上林苑中禽兽的文献记载很少,但通过汉上林苑的情况可以推测出秦时的情况。汉上林苑"植物斯生,动物斯止,众鸟翩翩,群兽駓駾,散似惊波,聚似京峙",言禽兽散走之时,如水惊风而扬波,聚时如水中高土也。禽兽之多,"伯益不能名,隶首不能纪"(相传伯益曾为舜训练鸟兽。隶首,黄帝史官),"前却顾视,无复齐限也"。① 司马相如的《上林赋》中列举了许多禽兽名,如鹿、牦牛、大熊猫、水牛、大象、野马、骆驼等。众多的禽兽都是为皇帝射猎而准备的。秦时,无论皇帝、大臣还是平民,射猎均是生活中的一项重要活动。早在秦文公时,"三年,文公以兵七百人东猎。四年,至汧渭之会"②,可以看出当时狩猎的规模相当可观。秦昭襄王以后,王室为了打猎,专门发明了一种既安全又能游猎的专用工具——射虎车,虽名"射虎车",然对于其他野兽也用之,而且制定了很详细的法律。皇帝出猎由公车司马随从。所谓"公车司马",据《汉官仪》云为汉时国王的卫队。汉承秦制,秦时也应该如此,公车司马常随秦王出外游猎,一则保卫王室的安全,二则打猎供皇帝观赏。《史记·秦始皇本纪》云:"如始皇计。尽征其材士五万人屯卫咸阳,令教射狗马禽兽。"③材士即有技术的兵士。到秦始皇、秦二世时,出猎的规模更大,次数更多,为了保证王室田猎的猎源,云梦睡虎地秦简《田律》等都做了明确规定,不准任意射猎弋鸟。

秦苑囿众多,是王室皇帝大臣常游幸之地,其管理者是谁呢? 由于缺乏记载,不得确知。但我们可通过汉代上林苑的管理体制窥其一斑。汉上林苑有一套严密的管理系统。西汉初年,上林苑由少府管辖。汉武帝时扩大了上林苑的

---

① [汉]张衡:《西京赋》,见[清]严可均辑:《全后汉文》,商务印书馆,1999年,第540页。
② 《史记》卷五《秦本纪》,第179页。
③ 《史记》卷六《秦始皇本纪》,第269页。

规模,其管理由少府转入水衡都尉。《汉书·百官公卿表》云:"水衡都尉,武帝元鼎二年初置,掌上林苑,有五丞。属官有上林、均输、御羞、禁圃、辑濯、钟官、技巧、六厩、辨铜九官令丞,又衡官、水司空、都水、农仓,又甘泉上林、都水七官长丞皆属焉。上林有八丞十二尉。"①

上林苑的管理为何由少府管转入水衡都尉呢?《史记·平准书》云:"初,大农管盐铁官布多,置水衡,欲以主盐铁;及杨可告缗钱,上林财物众,乃令水衡主上林。"②可以看出是由于杨可主持告缗后,上林苑财物众多,因而设水衡管理。另一个原因是上林苑自武帝扩大后,功能增多,不再只是皇家游猎之地,而是一个包括宫殿台阁、山水园池及祈祷求仙、听政受贺、手工业加工等活动为一体的园林,因而原属于少府的上林令显然管理不了这诸多事务了。

水衡都尉的属官甚多,现分述如下:

上林苑令:主苑中禽兽,是水衡都尉中较高的官吏。《后汉书·百官志》记载:"上林苑令一人,六百石。本注曰:主苑中禽兽。颇有居民,皆主之。"

上林丞:上林苑令之辅佐。《封泥考略》卷一有"上林丞印"。

上林尉:《汉旧仪》云:"上林苑……置令丞左右尉。"而《汉书·百官公卿表》载有"八丞十二尉",因而《汉旧仪》所云可能为汉初所设,后来官员增加了。上林尉主管上林苑的安全保卫工作。现存"上林尉印"。

上林三官:《史记·平准书》云:汉武帝"悉禁郡国无铸钱,专令上林三官铸"。《史记集解》认为上林三官为均输、钟官、辨铜。陈直先生则认为当为钟官、辨铜、技巧。此三官皆属于上林水衡都尉管辖,故称"上林三官",其分工为钟官主铸造,技巧掌刻范技术,辨铜掌原料。③

上林农官:顾名思义,管理苑中农业。传世有"上林农官"瓦当,现存于安康市博物馆。

上林十池监:管理苑中十池的官吏。一池一监,负责每个水池的水量、船只等。

上林诏狱:《汉官旧仪·补遗》:"上林诏狱,主治苑中禽兽宫馆事。"乃上林

---

① 《汉书》卷一九上《百官公卿表》,第735页。
② 《史记》卷三〇《平准书》,第1436页。
③ 陈直:《史记新证》,中华书局,2006年,第74—75页。

苑所设监狱的官吏,成帝时撤销。

水衡丞:佐助水衡都尉,有一丞。

均输:管理苑中物资的调配。和大司农属官均输令名虽相同,职务并不一样。

御羞:上林苑中御羞苑的主管官吏。为了加强各小苑之间的联系和管理,每个小苑都有主管官吏。

禁圃:禁苑中有种植御用花果蔬菜的园地,禁圃专门负责苑中花果蔬菜等的栽培。

农仓:上林农官之属官。当时苑中有许多农田和仓库,即由农仓来管理,如细柳仓、籍田仓等。

辑濯:如淳注曰:"船官也。"管理上林苑中船只。《汉书·刘屈氂传》中有"辑濯士",当为辑濯之属官。

舟牧:《上林赋》:"命舟牧,为水嬉。"疑为辑濯之属官。

六厩:苑中专管马匹之官吏。苑中有众多的马,这是皇帝游猎必备之物。

左弋:顾名思义是佐助弋射。武帝太初元年改"左弋"为"佽飞",考古发掘中出土有"佐弋"瓦、"佽飞"瓦。

虎圈啬夫:专门负责上林苑中虎圈的日常事务。

狗监:狗是皇帝狩猎时必用的辅助之物,于是专门设置狗监负责此事。《汉书·司马相如传》中有杨得意为狗监的记载。

步兵校尉:专门负责上林苑的门卫工作。上林苑共有 12 道门,"步兵校尉掌上林苑门屯兵"[①]。

衡官:掌苑中税收。

都水、水司空:管理苑中河水湖泊。秦封泥中有"都水丞印""都船""都船丞印",或与此都水有关。

此外,秦苑囿中还有苑啬夫、厩啬夫,是为秦王管理苑囿的人。

由于苑囿在帝王生活中极为重要,所以不仅设置了诸多的官吏,而且关于秦苑囿有许多管理制度,并且以法律的形式做了规定。关于苑囿的修建,《睡虎地秦墓竹简·徭律》载:"县葆禁苑、公马牛苑,兴徒以斩垣离散及补缮之,辄以效

[①] 《汉书》卷一九《百官公卿表》,第 737 页。

苑吏，苑吏循之。未卒岁或坏决，令县复兴徒为之，而勿计为徭，卒岁而或决坏，过三堵以上，县葆者补缮之；三堵以下，及虽未盈卒岁而或盗决道出入，令苑辄自补缮之。县所葆禁苑之傅山、远山，其土恶不能〔耐〕雨，夏有坏者，勿稍补缮，至秋毋雨时而以徭为之。其近田恐兽及马牛出食稼者，县啬夫材兴有田其旁者，无贵贱，以田少多出入，以垣缮之，不得为徭。"①其意思是说：县应维修禁苑和牧养牛马的苑囿，征发徒众为苑囿建造堑壕、墙垣、藩篱，并加以补修，修好即上交苑吏，由苑吏加以巡视。如果不满一年而有毁缺，则令该县重新征发徒众建造。同时，《睡虎地秦墓竹简·田律》规定："百姓犬入禁苑中而不追兽及捕兽者，勿敢杀；其追兽及捕兽者，杀之。""春二月，毋敢伐材木山林。"②《吕氏春秋》指出，从孟春到夏季各月"禁止伐木""无焚山林""毋伐桑柘""无伐大树""无烧炭"，对于一般林木尚且如此保护，对作为皇家苑囿的上林苑的林木花草就更不用说了。秦还制定了《厩苑律》作为厩苑管理的专门律令，并制定了牛马户口的登记、注销制度。对饲养牲畜，从饲料的征收、支付到牲畜的驯养、役使、饲养优劣的评比等都有明确的规定，甚至对诸侯国牲畜入境的检疫也有立法。而且对苑囿外的自然环境也很重视，不得随意破坏。《厩苑律》规定：放牧公家的马牛，马牛发生了死亡，应立即向马牛死亡所在县报告，县应立刻进行检验，接收死马牛。接收后不及时处理而使死牛马腐坏，按未腐坏时的价格赔偿。小隶臣放牧致使马牛病死，应报告其所在官府，接收死马牛；不是因病死亡的，要将检验文书报告官府处理。如果是大厩、中厩、宫厩的马牛，将其筋、皮、角（和肉）的钱款上缴，由责任人送到官府。如果驾用官马牛而马牛在某县死亡，则由该县检验并将肉全部卖出，然后上缴筋、皮、角以及卖肉所得的全部钱款。钱数若少于法律规定的数目，由责任人补足并向主管官府报告，由主管官府通知卖马牛的县销账。对各县、各都官的官有驾车用牛按下列标准考核：有10头牛以上一年间死了三分之一，不满10头牛以及领用牛一年间死了3头以上，主管牛的吏、饲牛的徒以及令、丞都有罪。由内史考核各县，太仓考核各都官和领用牛的人。

---

① 《睡虎地秦墓竹简》，第47页。
② 《睡虎地秦墓竹简》，第20页。

第四节　秦苑囿的特点及影响

秦苑囿在中国苑囿发展史上具有承前启后的作用,是一个重要的发展阶段,其具有以下几个特点:

一　依山而建,山形水胜

秦苑囿大多在关中一带,而关中一带秦汉时期环境优雅,气候温暖湿润,又是山形水胜之地,如上林苑依终南山而建,梁山苑依梁山而建,骊山苑依骊山而建,加之长安八水的分流,对于点缀苑囿之美起了重要作用。这种建苑囿的方法是秦造园工匠们的一个尝试,到汉代这种方法又被加以发展利用。在山形水胜之处建苑,除了环境优美外,也节省材料,这就摒弃了先秦时期只能利用自然的情况,开始改造自然,将著名的山水包括在苑中。能工巧匠们利用他们的聪明才智,巧妙地把大自然的风景浓缩在一个有限的空间里,使人从中欣赏到大自然的奇峰、怪石、流水、湖面、名花奇草、珍禽异兽,再加上亭台楼阁,人在其中,犹如生活在图画中一样。

二　规模宏大,雄伟壮观

秦苑囿规模远远大于商周时代,特别是秦始皇统一全国后,由于国力的强大,大兴土木,扩大苑囿,《淮南子·氾论训》所云"秦之时,高为台榭,大为苑囿,远为驰道",正是对秦大修苑囿的描述。秦始皇曾想把范围扩大,东到函谷,西到陈仓,后由于优旃的谏言才停止。但我们只要看一下秦上林苑的范围,就可看出秦代苑囿的规模之宏大,苑囿中离宫别馆弥山跨谷、富丽堂皇、雄伟壮观、气势磅礴。秦苑囿气势宏伟的特点和当时的政治形势是密切相关的,因为秦汉之际是中国历史的一大变局,被明清史学家称为"天崩地裂"。秦统治者要确立新王朝的形象,建立新的统治秩序,规模宏大的建筑和苑囿正是其统治意愿的形象化表述。位于上林苑中的阿房宫"表南山之颠以为阙",使耸立于高台之上的巨大宫殿与山峰之上直插云端的双阙遥相呼应,如此的空间,气势何等雄伟!好大喜功的特点在秦上林苑中体现得淋漓尽致。

三 苑中有苑，宫苑结合

秦的苑囿已形成了苑中有苑、宫苑结合的特点。由于秦在政治上实行高度统一的中央集权制，"事无大小皆决于上"，帝王政务繁忙，为了免于帝王到处奔波，便在苑中修建皇宫，作为皇帝处理政务之所，这样就把皇帝处理政务、饮食起居、游乐玩赏的功能集为一体，从而出现了苑中有苑、宫苑结合的特点。史书载，秦始皇三十五年，"起朝宫渭南上林苑中"①。又如宜春苑中有宜春宫，梁山苑中有梁山宫，长杨苑中有长杨宫。这种制度到汉代更加完备，形成"庖厨不徙，后宫不移，百官备具"②的局面。

四 造园方式先进

从商代开始的苑囿建设，到秦时特别是秦统一以后发生了重大的变化，一些新的修建技术得以采用，大大丰富了中国造园艺术。无山不成林，无水不成园，山为骨骼，水为血脉，山水相依是中国古典园林的重要特色。这种特色在秦时已形成，最终形成了秦苑囿以山、水、建筑、植物、动物为一体的苑囿景观要素。比如借景的方法，上林苑北起渭水，南至终南山，东到宜春苑，西达户县、周至。秦把最著名的宫殿阿房宫建于渭南上林苑中，而阿房宫"周驰为阁道，自殿下直抵南山。表南山之颠以为阙"，即四周修筑阁道，从殿下一直通到南山，在南山顶峰树立标志以作为门阙。用门阙的方式将南山纳入苑囿的范围，又以阁道相连，从景观上说就是把南山引入苑囿的景观设计中。在后来的造园术中，我们称之为"借景"，即要求在造园中调动周围一切美的因素。我国古代最重要的造园著作《园冶》，把借景作为最主要的造园手法予以介绍，"夫借景，林园之最要者也"，"借者：园虽别内外，得景则无拘远近，晴峦耸秀，绀宇凌空，极目所至，俗则屏之，嘉则收之"③。而这些已体现在秦的宫苑建设中。可以说，秦是我国造园史上最早应用借景来造园的朝代。在借山、借水、借地形为景的基础上，秦还推

---

① 《史记》卷六《秦始皇本纪》，第256页。
② 《史记》卷一一七《司马相如列传》，第3033页。
③ ［明］计成著，陈植注释，杨超伯校订，陈从周校阅：《园冶注释》，中国建筑工业出版社，1988年，第47页。

出了一种新的园林形式——山地园,即以山为基,辟园新景。

除了借景之法外,还有理水。秦时的关中地区水资源丰富,在秦上林苑的建设中,"络樊川以为池",又修建了许多人工湖泊,如牛首池、镐池等,山清水秀,景色宜人。在秦以前,园林中的水系主要以自然为主,没有人工的痕迹。至秦则开始主动地、人为地将水系引入,并进行一定的改造加工,使之成为园林中的新景观,从而开启了我国古典园林的理水历程。兰池苑在咸阳东,以水景为主。《三秦记》云:"秦始皇作长池,引渭水,东西二百里,南北二十里,筑土为蓬莱山,刻石为鲸鱼,长二百丈,亦曰兰池陂。"这实际上是一项以人工湖"长池"蓄水造景的水利工程。从这里我们又可以看出,秦的理水技法已达到相当高的水平,不仅以水造景,更把水景的美学价值和实用价值结合起来了,这对后世乃至今天都有很好的借鉴价值。

同时,苑囿中还营造假山以造景。秦始皇一生可谓无所不能,但是追求仙药的事一直未能成功。他想长生不老,东方的方士便投其所好,说在东海中有蓬莱、方丈、瀛洲三座仙山,仙山上有长生不老药。于是他不惜动用大量人力、物力、财力去东海中寻求仙山和长生不老药,但是最终未成功。在这样的背景下,他便在秦都咸阳建了一处"仙境",即在兰池苑中营造蓬莱山,初步开创了"一池三山"的造园方式。中国苑囿中以人工堆山的造园手法即由此开始。它不仅成为历代皇家园林建造池山的主要模式,还影响到宫苑以外的园林,如扬州历史上的"小方壶园"、苏州留园"小蓬莱"、杭州三潭印月景区的"小瀛洲"等,此法在我国造园史上历代相传、广为应用,且常常起到画龙点睛的作用。

在中国古典园林艺术法则中,"叠山"被赋予特殊的地位。中国园林几乎无园不山,无山不水。《园冶》云"有真为假,做假成真","池上理山,园中第一胜也","假山以水为妙"。做假成真,不要求给人以真山水的感受、印象,也不过多追求山石本身如何奇秀,而是着眼于布局经营,仅求其"像"。后世计成、张涟、李渔都主张土石相间,以土为主,足见叠山在造园中的重要性。而秦能在前世毫无造园技法的基础上,开创出"一池三山"的叠山理水模式,实属一种开天辟地的创举,这种技法赋予了园林流动的色彩和清新的灵气,奠定了园林的灵魂基础。同时,这种"移天缩地在君怀"的技法,两千年来经久不衰,从模仿自然山水发展到模仿人工景物,清代的圆明园、颐和园、避暑山庄等汇集全国胜景于一园,均由此而来。在今天,它更被衍生为一种新的手法——象征手法,广泛地应用于各种设计中。中国园林是中国传统文化的重要组成部分,中国园林的基础则是在秦汉时期,而"汉承秦制"表明了秦苑囿建造在中国园林发展过程中的作用。

五 影响深远

秦苑囿特别是上林苑的建造达到了前所未有的水平,对我国古代园林的发展影响深远,有许多造园艺术被后代继承下来,单从"上林苑"的名字来讲,秦有,西汉,东汉有,到南朝宋时仍在玄武湖北岸建造有上林苑。

汉初由于经济萧条,百废待兴,上林苑也和汉初社会一样,经过了一段"无为而治"的时期,当时的丞相萧何向汉高祖建言献策:"长安地狭,上林中多空地,弃,愿令民得入田,毋收稿为禽兽食。"①刘邦认为萧何受了商人的贿赂,没有同意。但此记载从侧面反映了当时上林苑中多空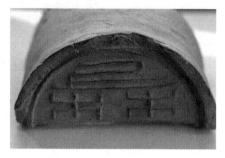

上林半瓦当

地、土地荒芜的事实。汉高祖二年(前205),"故秦苑囿园池,令民得田之"②。笔者认为,汉初把秦上林苑中一部分土地分给农民耕种,但其余的则继续作为苑囿使用,据史书记载,汉文帝曾亲自到虎圈问上林尉禽兽簿③,景帝则与梁孝王"出则同车,游猎上林中"④,这说明秦上林苑汉初继续沿用。到汉武帝时,随着国力的强大,上林苑规模扩大,有"门十二,中有苑三十六,宫十二,观二十五"⑤。

---

① 《史记》卷五三《萧相国世家》,第2018页。
② 《汉书》卷一《高帝纪》,第33页。
③ 《史记》卷一〇二《张释之冯唐列传》,第2752页。
④ 《汉书》卷四七《文三王传》,第2209页。
⑤ 《关中记辑注》,第67页。

第八章　秦都邑之帝王陵

帝王陵是都邑的重要组成部分,不可或缺。都邑与陵墓是古代帝王最看重的两样东西,都城是生前最需要的,陵墓是死后最需要的。"陵随都移"是一个普遍规律,即陵墓随着都城的迁移而迁徙。因此古代帝王都非常重视陵墓修建,秦的帝王也不例外,而且有过之而无不及。一般来讲,帝王的陵墓均会修建在都城附近,而不会修建在距离都城太远的地方,这一方面是为了便于祭祀和管理;另一方面,实际上陵墓也是都城的一个重要部分,规划都城时会把陵区作为重要一部分进行规划。秦的都城与陵墓的发展就是这种情况的具体反映。

帝王陵是研究当时社会的一个不可或缺的部分,之所以如此,是因为按照"事死如事生"的礼制,帝王陵墓是帝王生前生活的反映,是研究当时社会的一把钥匙,特别是在缺少秦文献资料的情况下更是如此。

第一节　秦公帝王陵的五大陵区

秦公陵园是秦都城的有机组成部分。中国古代帝王在驾崩后一般都葬在都城的附近,因而在规划都城时,要事先考虑规划陵区所在,秦也不例外。按照"秦公陵园建筑,随国都而转移"①的规律,目前发现秦先后有五大陵区,即西垂陵区、平阳陵区、雍城陵区、栎阳陵区和咸阳陵区。

秦公陵区成系列化,自西而东延伸,从目前的考古资料来看,是春秋战国时期最完整的陵园体系,从而为研究秦公帝王陵园提供了第一手的资料。秦的都

---

① 石兴邦:《秦代都城和陵墓的建制及其相关的历史意义》,见《秦文化论丛》第1集,西北大学出版社,1993年,第98页。

城是由西而东逐步扩展的,从甘肃的天水附近,随着国力的不断增强而进军关中,并以关中为根据地发展壮大,逐步统一了全国。因而其陵园也是由西而东,由天水附近的西垂到关中的平阳、雍城、栎阳和咸阳。也有因为新迁都城的临时性质,而归葬于原都城的,如襄公、文公等,虽已越过陇山进入关中,但仍归葬陇山以西的西垂陵区,而灵公等虽从雍城迁往泾阳,但死后仍归葬在雍城秦公陵区。

一 西垂陵区

西垂(西犬丘)位于甘肃礼县永兴乡一带。在大堡子山曾发现多座秦公大墓。一号墓为曲尺形,最长一边3.7米,深7米,已清理到底。墓室被盗掘一空,仅余残碎的马骨,推测应为车马坑。二号墓为"中"字形,总长87米,墓室在中部,墓室长12米,宽11米,深11米。在接近西墓道处发现人牲6具。三号墓为"目"字形,长110米,宽10米,深9米以上,从其形制看应是车马坑。[①]

这几座墓在20世纪90年代遭到大规模的盗掘,有许多重要文物散失海外,其中有一批金箔饰片曾经流散到法国[②],现已追回,收藏于甘肃省博物馆。在美国、日本及中国的香港、台湾地区也都发现有相关文物。上海博物馆已从海外购回了从该墓葬区出土的四只铜鼎和两个簋,其中最大的一只鼎高47厘米,口径42.3厘米,器腹上有"秦公乍铸用鼎"。从秦公器的形制、铭文、纹饰、铸造特点及相关的史实看,大墓的年代应为春秋初期,这些器物应为秦襄公、文公之器。因此墓主应为襄公、文公。

笔者认为,秦文公及其以前的诸公均葬在天水附近的陵区。对于文公的葬地,《史记》的记载是矛盾的,《史记·秦本纪》云:"五十年,文公卒,葬西山。"[③]而《史记·秦始皇本纪》引《秦纪》曰:"文公立,居西垂宫。五十年死,葬西垂。"[④]在这两条史料中,《秦纪》的史料早,其可靠性要大于《史记·秦本纪》,因此,笔者认为,文公归葬于西垂是正确的。

---

① 戴春阳:《礼县大堡子山秦公墓地及有关问题》,《文物》2000年第5期。
② 韩伟:《论甘肃礼县出土的秦金箔饰片》,《文物》1995年第6期。
③ 《史记》卷五《秦本纪》,第180页。
④ 《史记》卷六《秦始皇本纪》,第285页。

在大堡子山附近不但发现了秦公大墓,还发现了不少的贵族墓地,出土了大量的青铜器,器形硕大,工艺精湛。

二 平阳陵区

传统观点认为,建都在平阳的秦公,其陵应该在雍城陵区,但新的考古资料证明,平阳应该有一个陵区。1987年曾在平阳附近的太公庙村的一个窖穴内发现了大型的青铜器秦公钟和秦公镈,共8件,计有钟5件、镈3件,均保存完好。窖穴距地表3米。5件铜钟在窖内呈"一"字形排列,3件铜镈围绕铜钟作半圆状,坑内尚有炭灰及少量兽骨。在太公庙村进行调查时,还发现附近断崖上暴露有不少灰坑和烧土层,地表上散布有春秋时期的陶片,应是一处春秋时期的遗址所在。

出土的这套乐器为秦宫室重器,5件秦公钟的形制一致,大小不同。最大的通高48厘米,重24公斤;最小的通高27.6厘米,重6公斤。秦公钟上的纹饰也是一致的,甬上饰4条小龙,斡带上有4组变形雷纹,旋部饰重环纹,舞部纹饰可分四个区段,每一区段内有3条变体夔纹相绕。钲部可分五个区段,内饰两条双身夔纹。鼓部饰相向而立的凤鸟一对。5件铜钟均有铭文,按其连读关系,可分为两组。3件镈的形制也基本上是一致的,只是大小有所不同。3件镈花纹一致,镈身中部鼓起呈弧形,鼓部平齐,有4个扉棱。侧旁两扉棱,由9条飞龙盘曲而成,上延舞部,并连接成钮。扉棱由5条飞龙和一只凤鸟盘曲而成,在舞部各有一龙一凤,相背回首。镈上均有铭文。铜镈器形硕大,纹饰线条流畅,布局疏密得当。一号镈重达125斤,通高75.1厘米,镈钟上有铭文,是秦国国君在宗庙祭天告祖时使用的一套乐器。过去出土的有"秦公"铭文的铜器不多,这批秦公制作的铜器凡8件,铭文达135字之多,无论从形制、花纹还是书体上,都为研究秦的早期历史提供了重要资料。① 从铜器上的铭文研究得知,钟、镈为秦武公时期的,毫无疑问是宫廷重器。这些器物器形硕大精美,非一般贵族可以使用,一定是秦公才可以使用,从而为寻找秦都城平阳提供了重要的实物资料。同时在这一带也发现了不少的秦贵族墓地。

---

① 卢连成、杨满仓:《陕西宝鸡县太公庙村发现秦公钟、秦公镈》,《文物》1978年第11期。

2013年,考古工作者在太公庙村附近发现了一个"中"字形大墓和一个"甲"字形大墓,更进一步证明平阳秦公陵区的地理位置所在。近年来,随着礼县大堡子山M2和陕西凤翔南秦公一号大墓的西墓道南侧相继发现乐器和车马祭祀坑,考古工作者认定太公庙乐器祭祀坑的东北方向应该有秦公大墓存在的可能。随后考古工作者在太公庙村勘探发现了秦公大墓和车马坑,在其东西两侧分别发现了疑似陵园的兆沟设施。该大墓的发现证明了此地的确有秦公陵园存在,通过对墓葬及周边文化遗存的考古调查,在墓葬附近发现了城址的线索,其时代和性质都指向秦的第五处都邑——平阳城。

太公庙大墓与车马坑的发现,进一步印证了《史记·秦本纪》的记述,"二十年,武公卒,葬雍平阳。初以人从死,从死者六十六人"[①]。从这段文字中可知道,秦武公死后,有66人殉葬。

宝鸡太公庙秦公大墓和车马坑的发现,对推动以秦都平阳为纽带的早期秦文化研究具有非常重要的意义。

三 雍城陵区

雍城陵区,经过考古工作者的勘探已基本清楚,位于都城以南的三畤原上。

三畤原所在,南临渭河,北眺雍山,西依灵山,东接扶风、岐山,位于周原的西部,黄土层深度在89—120米。土厚水深,适宜于修建墓葬;地势平坦,是理想的秦公墓地,所以先后有20余位秦公葬于此(包括两个不享国的)。

雍城作为国都255年,在此之后的泾阳,也曾作为都城,但其国君死后仍葬在雍城。这是因为一则雍城地理环境优越;二则作为都城时间长,形成了传统的墓地,即使后来迁至泾阳,但宗庙仍在雍,所以死后仍葬在雍城以南;三则泾阳作为都城,只具临时性的功能,因而陵墓仍多在雍城。

到了献公迁都栎阳后,才把陵墓迁至栎阳。这符合古代陵随都移的规律。

目前在此已发现了14个大型陵园,占地面积达36平方公里。有49座大墓,其中22座"中"字形大墓,5座"甲"字形大墓。1座刀把形墓作为附葬墓排列在主墓的左前方,8座"凸"字形、18座"目"字形墓和1座圆形车马坑、祭祀坑排列在主墓的右前方。

[①] 《史记》卷五《秦本纪》,第183页。

经钻探得知，每座秦公陵园由不同数目的大墓组成。陵园平面多为长方形，墓葬集中于陵园南部，根据陵园内"中"字形墓葬数量，可分为三种类型：第一种，只有一座陵园，陵园内有三座"中"字形墓，埋葬的国君在两位以上。第二种，陵园内只有一座"中"字形墓，即只埋葬一位国君。第三种，陵园内有两座"中"字形墓和车马坑，东西并列，应是国君和其夫人并穴合葬。西边的"中"字形墓和车马坑都大于东边的"中"字形墓，应是国君墓葬，东边的"中"字形墓应是国君夫人墓葬。这三种类型的陵园以第一种类型最早，第三种类型最晚。

"中"字形墓无疑为秦公级别的墓，墓室呈长方形，东西各有一条墓道，东墓道较西墓道长而平缓，为主墓道，墓葬均为坐西向东。"中"字形大墓还有无耳室、单耳室及双耳室之分，耳室均开在东墓道。若仅有单耳室，则开在东墓道南壁。

"甲"字形墓发现5座。墓室呈长方形，仅有东墓道，坐西面东。"凸"字形墓发现6座，主室呈长方形，在东壁正中有一处短"墓道"，形似"中门"。二号陵园M8是最大的"凸"字形墓，全长111.6米、宽25米、深23.5米，"中门"长4.8米、宽9米。"目"字形墓发现15座，平面呈长方形，最大的为凤南六号秦陵园中的M16，全长106.4米、宽24.1米、深14米；最小的为凤南十一号秦公陵园中的M38，全长9.7米、宽4.2米、深11米。"目"字形或"凸"形墓据其形状及钻探中发现有马骨来推测，可能是车马殉葬坑，排列在主墓的右前方。另外还有"刀"形墓一座（M43）、圆形坑（K1）一座。

进入21世纪以来，雍城考古队为了落实大遗址保护规划，按照大遗址"微观"工作目标，在原已勘探出的14座秦公陵园中选择一、六号陵园进行实验性复探，希望取得细部发现上的新收获。一号陵园勘探，除重新确认陵园中兆沟布局走向、门的结构和8座分别为秦公大墓、陪葬墓、车马坑与祭祀坑遗迹外，在中兆沟紧邻外侧东北方向又新发现446座同期或晚于该陵园年代的中小型墓，其中"目"字形中型墓葬9座，其余437座为小型秦墓，这类中小型墓葬区域目前没有发现环绕在其周边的兆沟。六号陵园曾勘探出6座分别为秦公大墓、陪葬墓、车马坑与祭祀坑的遗迹，但由于没有发现中兆沟而无法确认该陵园的具体布局情况。本次勘探新发现了整个中兆沟布局走向与门的结构，发现兆沟的四角各有一段5—10米长的缺口未挖通。另外在中兆沟内又发现两座"目"字形祭祀坑。在确认原勘探出的15号"中"字形大墓时，又在墓上发现了夯土建筑遗迹与遗物。与一号秦公陵园具有相同规律的是,在该陵园中兆沟紧邻外侧西南方向也新发现 703 座同期或晚于该陵园年代的中小型墓葬,其中"目"字形中型墓葬多达 29 座,其余 674 座皆为小型秦墓,同样没有发现这群中小型秦墓周边的兆沟。为了进一步确认环绕在秦公陵园兆沟外侧的中小型墓葬的布局、性质、年代及沿革,随后又对六号陵园中兆沟外侧的 5 座中小型墓葬进行了考古发掘。虽然所发掘对象均遭严重盗扰,但根据布局关系推测,一般这类中型墓葬的东南方必有一座陪葬车马坑存在。历年来对秦墓的发掘与研究表明,以单一车马坑陪葬是秦国贵族墓葬的显著标志。发掘的中型墓葬与车马坑主人的较高等级身份,说明在整个墓群中包括少数贵族墓和大批平民墓葬。随着两座陵园复探工作的开展,新的认知也随之形成。由于在陵园中未发现新的"中"字形秦公大墓,证明整个雍城已发现的 22 座"中"字形大墓之数基本与当时在雍城执政的秦公人数相吻合,也在一定程度上印证了"中"字形大墓即为秦公的陵寝。目前在整个雍城秦公陵园内仅发现 3 座"甲"字形大墓,从陵园制度的规律性上讲,过去认为是秦公夫人墓的观点较为牵强,认为系未享国的太子墓的观点更有可能。[①]

考古工作者在钻探各类大墓时,多发现墓中有填泥用炭的情况。陵园上未见封土,在一号陵园 M1 的墓室上,曾发现许多春秋时的筒瓦、板瓦,在不少墓上还发现有绳纹瓦片。这说明当时有墓上建筑,应为享堂建筑。由于绝大部分已被破坏,只在墓室与东墓道相接部位,清理出一排柱洞,并见"凹"字形板瓦相互衔接叠压的现象。墓室的西端上部,曾发现长 0.82 米、大径 0.28 米、小径 0.21 米的绳纹水管一列。水管大头在北,说明水由北向南排泄。在墓室上部发现绳纹瓦片的还有 M7、M9、M11、M13、M15、M21、M23、M30、M31 等大墓,说明可能均有墓上建筑存在。

从 49 座大墓的形制、布局和隍壕设施来看,每座陵园由不同类型的大墓 2—8 座按一定布局组成。每座陵园的周围及部分"中"字形墓的周围都设有中隍或内隍,将陵园或"中"字形墓环围其中,其类型有双隍形、单隍形、组合形。双隍形即以双马蹄形内隍围绕"中"字形主墓,再以中隍环围主墓、附葬坑及车马坑。单隍形为主墓两侧无内隍,仅以中隍环围主墓和车马坑。组合形即几座

---

① 田亚岐:《秦都雍城考古录》,《大众考古》2015 年第 4 期。

陵园共用中隍或陵中套陵。

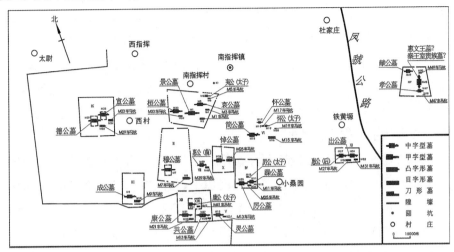

雍城秦公陵园分布示意图（田亚岐提供）

秦国早期墓葬中的人殉现象极为严重。《史记·秦本纪》载："武公卒，葬雍平阳。初以人从死，从死者六十六人。"①而秦穆公的墓葬中据记载殉葬177人。

在九号陵园发现石俑两件。一件高22.8厘米、肩宽6.4厘米，躯体粗壮，面部丰满，眼、嘴凿痕依稀可辨；另一件高21.4厘米、肩宽6.4厘米，体形较瘦，嘴、眼清晰。两个俑前身均显齐平。这是秦石俑的首次被发现。

秦公一号大墓于1976年开始发掘，1986年发掘完毕，是目前考古工作者对雍城秦公大墓的第一次大规模发掘。该墓形制呈"中"字形，墓室呈长方形，东西各有一条墓道，东墓道较西墓道长而平缓，为主墓道，墓葬为坐西向东。全长300米，面积为5334平方米，深达24米，是目前发现的秦公陵园中规模最大的一个，也是目前全国发掘的先秦墓葬中最大的一座。墓室由主椁室、副椁室及箱殉72具、匣殉94具等组成。该墓虽在历史上历经247次被盗掘，仍出土文物3500余件，文物质地高贵，造型精美。该墓是一个上大底小的土圹竖穴墓，由底到顶有三层台阶，台阶环绕墓壁，宽2—6米，第三台阶中部即为椁室，深4.2米。椁分主副椁室两部分，平面呈曲尺形。主副椁室各有柏木椁具一套，形成一座长方体的木屋，长14.4米，宽、高均为5.6米，用截面边长为21厘米的枋木垒砌而

---

① 《史记》卷五《秦本纪》，第183页。

成,非常规整。秦公一号大墓占据了中国考古学史上五个之最:其一,是迄今中国发掘的最大规模的先秦时期墓葬;其二,墓内有 186 具殉人,是中国自西周以来发现殉人最多的墓葬;其三,椁室的柏木"黄肠题凑"椁具,是中国迄今发掘周、秦时代最高等级的葬具;其四,椁室两壁外侧的木碑是中国墓葬史上最早的墓碑实物;其五,尤其是大墓中出土的石磬是中国发现最早刻有铭文的石磬,最珍贵的是石磬上的文字多达 180 多个,字体为籀文,酷似"石鼓文",依据其上文字推断该墓的主人应为秦景公。

从考古发掘结合史料记载来看,笔者认为,虽然《史记》中对秦公的葬地记载有所不同,但从德公到灵公都葬在三畤原上,虽然有"阳""雍""南""栎圉""陵圉""车里""丘里""义里丘""入里""左宫"等不同的记载①,但应都在雍城以南的秦公陵区,这些地名后来失传了,因而我们今天只能推测其大体所在。

原来传说的凤翔县博物馆西侧的秦穆公冢其实是错误的。经过考古勘探,这是近于方形的高大夯土台,出土有红烧土、路土、"凹"字形板瓦、筒瓦等,经近期调查确认,该遗址实际上不是墓葬,更不是"秦穆公坟",它原本可能是北垣之上墙垛结构,或者为与城墙临近的城内高台建筑,其结构系夯筑,为正方体的内收多级台阶,已知四面底座边长均为 38 米。城内建有突出的土台基址,是我国春秋战国时期都城的重要建筑特征。②

四 栎阳陵区

栎阳陵区位于秦都栎阳附近。栎阳为都 34 年,其间只有献公和孝公两位秦公,他们二人的墓葬,据《史记·秦始皇本纪》记载,献公"葬嚣圉",孝公"葬弟圉"。③"嚣圉"所在地不详。关于"弟圉",《水经注·渭水》云:"白渠又东,枝渠出焉。东南迳高陵县故城北……又东迳栎阳城北……白渠又东,迳秦孝公陵北,又东南迳居陵城北,莲芍城南,又东注金氏陂……"④白渠在栎阳城北,今康桥和关山镇以南,莲芍故城在今渭南市下邽镇附近,由此可知秦孝公陵所在的弟圉应

---

① 《史记》卷六《秦始皇本纪》,第 286—288 页。

② 杨鸿勋:《从盘龙城商代宫殿遗址谈中国宫廷建筑发现几个问题》,《文物》1976 年第 2 期。

③ 《史记》卷六《秦始皇本纪》,第 288 页。

④ 《水经注》卷十九,第 290 页。

在栎阳城东、下邽镇以西一带。据考古钻探得知,栎阳城的东北郊为王陵,东南郊为普通人的墓葬,那么献公的陵墓也应在孝公陵附近。①

献公和孝公的陵墓在《睡虎地秦墓秦简·法律答问》中也有提及,"可(何)为甸人?甸人守孝公、漱(献)公冢者殹(也)"②。何为冢呢?扬雄《方言》云:"冢,秦晋之间谓之坟。"《周礼·冢宰》云:"山顶曰冢。"《周礼·序官·冢人》郑玄注云:"冢,封土为丘垄,象冢而为之。"据上所言,冢就是在墓上筑起了像山一样的封土。这说明献公、孝公陵上已开始筑起封土了。

有人指出,秦献公和孝公的陵墓在秦都雍城陵区,还有学者认为在秦东陵,这种观点是值得商榷的。秦东陵所埋葬的秦王,史书中均有记载,而献公、孝公的陵墓,史书记载根本不在东陵,而在栎阳。两个陵区之间无必然的联系,更何况这两个陵区之间还存在着咸阳陵区中的秦公陵和秦永陵。

五 咸阳陵区

咸阳陵区的帝王陵分布在咸阳都城的西北方和东南方,西北方有惠文王陵、武王陵,东南方有昭襄王陵、孝文王陵、庄襄王陵、秦始皇陵。离都城最近的是惠文王陵和武王陵,较远的为秦始皇陵,之所以后来帝王陵会选在咸阳东南,与咸阳城后来向渭河以南发展有关。

(一) 秦惠文王、武王陵

惠文王、武王陵位于都城咸阳的西北方,在今咸阳以北的周陵中学附近,过去被讹传为周文王陵和周武王陵。据《长安志》卷十三《咸阳》载,周文王陵在县北15里的毕原上,武王陵在文王陵北,周公墓在文王墓东。之所以会出现这一讹传,是由于古人对毕原的地望有歧义,也与历史上人们对周文王、周武王的崇敬有关,因而张冠李戴。

关于毕原及墓葬的所在位置,一说毕原在渭河以南镐京附近。《史记·周本纪》云:"所谓'周公葬于毕',毕在镐东南杜中。"③镐指西周都城镐京,遗址在

---

① 中国社会科学院考古研究所栎阳工作队:《秦汉栎阳城遗址的勘探和试掘》,《考古学报》1985年第3期。

② 《睡虎地秦墓竹简·法律答问》,第138页。

③ 《史记》卷四《周本纪》,第170页。

今西安市长安区斗门镇附近。杜指周时杜伯国,秦时的杜县,即今西安市西南杜城村附近。《括地志》记载,周文王、周武王陵在雍州万年县西南二十八里毕原上,和《史记》记载位置相近。而另一种说法则认为毕原在咸阳北。《史记·鲁周公世家》正义引《括地志》云:"周公墓在雍州咸阳北十三里毕原上。"

笔者认为,古代长安附近有两个叫"毕"的地方,一在渭河南的镐京一带,叫"毕原";一在渭河北的咸阳,叫"毕陌"。《元和郡县图志》卷一载有两处毕原,"万年县"条云:"毕原,在县西南二十八里。《诗》注云'毕,终南之道名也'。《书》序云'周公薨,成王葬于毕',是也。"①又"咸阳县"条云:"毕原,即县所理也。《左传》曰'毕、原、丰、郇,文之昭也',即谓此地。原南北数十里,东西二三百里,无山川陂湖,井深五十丈。亦谓之毕陌。"②周文王、武王的陵墓应在其时的都城丰、镐京一带,这也符合古代陵墓随都迁移的规律。

实际上早在三国时期,魏刘劭在《皇览》中已指出,今天咸阳市周陵乡的这两座陵墓不是周文王、武王的陵墓,"秦武王冢在扶风安陵县西北,毕陌中大冢是也,人以为周文王冢,非也。周文王冢在杜中"。《史记·秦本纪》正义引《括地志》云:"秦悼武王陵在雍州咸阳县西北十五里也。"关于周文王、周武王的陵墓,古代文献中多记载在渭河南的镐京附近。

关于周天子墓地所在,司马迁认为在今长安区东南一带。司马迁是距周代较近的史学家,其治史态度一向以严谨著称,所以其论断是可以信服的。《皇清经解》引孙星衍《毕陌毕原考》云:"毕陌在渭水北,秦文王、武王所葬,即今咸阳之陵,先诸书甚明,其误自宋人始。"此误传和北宋时期信奉儒家思想、崇拜周文王和武王有关系。

而且周文王、武王的墓是没有封土的,因为当时的墓葬制度是"不封不树"。据《汉书·楚元王传》云:"古之葬者,厚衣之以薪,臧之中野,不封不树……文、武、周公葬于毕,秦穆公葬于雍橐泉宫祈年馆下,樗里子葬于武库,皆无丘陇之处。"又指出,"及秦惠文、武、昭、孝、严襄五王,皆大作丘陇"。③ 其意为,从三代到惠文王以前的秦诸公、王陵墓皆无封土,到惠文王、武王时才有封土。由此可

---

① 《元和郡县图志》卷一,第 3 页。
② 《元和郡县图志》卷一,第 13 页。
③ 《汉书》卷三六《楚元王传》,第 1952—1954 页。

见,咸阳周陵中学附近的高大封土,相传为周文王和周武王之陵,实为秦惠文王陵和武王陵,是后代人把渭河南的毕原混淆为渭北咸阳原的毕陌,而周文王、武王的陵墓区在渭河以南的丰京、镐京附近。

陕西省考古研究院和咸阳市考古研究所经过钻探调查,探明了传说的周文王和周武王陵、周共王陵墓,其实都是战国时期秦国国君大墓,而非周王陵。在东西长近10公里、南北宽约7公里的范围内,先后发现战国晚期大型陵园三座。有内、外两重陵园。外陵园由墙垣和外围沟两部分组成,陵园南北长835米,东西宽528米,墙宽4米,围沟南北长954米,东西宽639米,园墙四面各有一处门阙遗址。调查区域为4平方公里,普探面积近100万平方米,详探面积0.62平方公里,探明了陵的内外陵园、墓葬形制及27座外藏坑、168座陪葬墓,基本掌握了秦公陵园的规模、布局及形制。南陵封土外形为覆斗状,墓葬形制为"亞"字形。北陵南距南陵145.8米,封土外形也为覆斗形,墓葬形制亦为"亞"字形。采集到的建筑材料大多具有战国时期的特点,如外侧饰粗绳纹、内侧为麻点纹或素面的板瓦、筒瓦,素面或葵纹的瓦当等,还发现一个铜镦,即兵器柄套,是错银的,这种工艺流行于战国晚期。园墙南北长423米,东西宽236.5米。围沟南北长431.8米,东西宽246.5米,陵园在两陵墓道正对处分别设有门阙。内陵园将南、北二陵界围其中,二陵位于一条南北轴线之上。南陵现高14米,底边长约100米,顶边长40余米。北陵现存高度17.5米,底边长60米左右,顶边长约10米。陵园内外藏坑平面呈长条形、曲尺形等,长3.7—117.7米,宽2.4—12米,深约8米。建筑遗址探明6处,内、外陵园各有3处。内陵园遗址分布在北陵西北和东南部,外陵园遗址分布在北部和东部。小型陪葬墓共发现168座,按照分布位置不同分为三区,各区的墓葬成行、成列有规律地分布。Ⅰ区小型墓葬位于外陵园内西北角,共有73座;Ⅱ区小型墓葬位于外陵园内东北角,和Ⅰ区小型墓葬东西对称分布,砖厂破坏了墓葬群的东、南部分,现有34座;Ⅲ区小型墓位于东侧外围墙、外壕沟之间中部偏北处,墓地的西北部被砖厂破坏,共发现61座,南北向排列,东西共5列。[1]

2003年,咸阳市修建通往机场的迎宾大道时,在"周陵"西边发现了一道南

---

[1] 陕西省考古研究院:《咸阳"周王陵"考古调查、勘探简报》,《考古与文物》2011年第1期。

北向壕沟,可能属于讹传的"周陵"的西围沟。2004年,通过钻探发现"周陵"有一个统一的长方形围沟,在"周共王陵"也发现了围沟。这种现象是春秋战国时期秦王陵的一个典型特征和流行做法。在"周共王陵"周围发现的瓦片多以饰细绳纹的秦瓦为主。根据对陵园、封土、外藏坑、陪葬墓及遗物的分析研究,该陵的时代应是战国晚期。依据历史文献和秦东陵、秦始皇陵的考古成果,所谓的"周陵"应是秦惠文王"公陵"、秦悼武王"永陵"其中之一。

司家庄秦陵位于陕西省咸阳市渭城区周陵镇司家庄村北,南距汉哀帝义陵封土约1200米。世传其为汉哀帝大司马董贤之墓。陵园由三道围沟环绕而成。第一道围沟之内的区域为内陵园,南北长约560米,东西宽536米;第二道围沟位于第一道围沟之外,南北长663米,东西宽约631米;第三道围沟平面呈长方形,南北长1285米,东西宽1038米。三道围沟的北、东、南三面与墓道对应处均断开形成通道。发现主陵一座,居内陵园中部,现存封土平、剖面均不规则,底部东西长80米,南北宽63米,高约15米。墓葬形制为"亞"字形,四面各有一条墓道。墓道长41—52米,宽约24—56米。墓室东西长90.7米,南北宽85.6米,中部深约23米。"甲"字形大墓位于主陵北侧,无封土,坐西面东,通长94米;墓道位于墓室东部,长65米,宽3.6—13.4米;墓室长约30.5米,宽约22米,中部深18米。发现陪葬坑6座,其中主陵周围4座,"甲"字形大墓南侧2座,均为竖穴长方形,长10.8—114米。建筑遗址发现5处,分别位于内陵园东部、西南部、西部。小型墓葬发现较多,除了主陵园内,三道围沟之间,在陵园东南部也发现了大片小型墓葬。

严家沟秦陵位于汉成帝延陵东北部,距汉成帝陵封土约600米,现存两座封土,世传为汉成帝嫔妃班婕妤等人的墓葬。勘探发现双重园墙,外园墙外侧有围沟环绕。其陵园整体呈南北长方形,内园墙南北长473米,东西宽236.5米,墙宽约3.6米。园墙设有六处门址,南、北墙各有一处,东、西墙各有两处,均位于两座陵墓的墓道对应处。外园墙保存状况较差,复原后南北长1043米,东西宽526米,墙宽约3.2米。在西墙与内陵园门址相对应处也发现了门址。外园墙之外还设有围沟,南北长1154.6米,东西宽约630米,围沟宽7—15米,深2.5—7.5米。陵园内现存两座封土,南封土破坏严重,仅余高4—5米的平台,底部范围东西长123米,南北宽约90米。北封土呈覆斗形,底部边长73—79米,顶部边长34米,高约15米。勘探发现两座墓葬均为"亞"字形。南陵墓道长

44—100 米,宽 14—19 米,深约 1.4—20.7 米。北陵墓道长 56—81 米,宽 10—31 米,深约 0.8—19 米。该陵园共发现陪葬坑 12 座,其中内陵园 7 座,外陵园 5 座。陪葬坑形制多为长方形竖穴坑道,另有个别呈曲尺形、正方形。发现建筑遗址一处,位于内陵园南墙外侧,似为一个东西向长方形院落。发现了 300 余座小型陪葬墓,大多分布在围沟与外城垣之间,还有一部分位于陵园外西、南部区域。墓葬形制有竖穴方坑和竖穴洞室两种。①

1973 年 7 月,从公陵南 40 米处地下未经扰乱的地层中出土战国圆形瓦当两种,其形制相同,泥质夹砂,灰陶,面径 12 厘米,无边轮,当面有一凸圆,径 10.3 厘米,纹饰用圆印模制,中内十字单线分四区,各饰云纹。②

由"中"字形墓向"亞"字形墓的转变,是秦国国力不断壮大的具体反映,也是这一时期礼坏乐崩的具体体现。

咸阳都城西北的王陵虽然已经发现三个陵区,但是除了原来认定的"周陵"大体可以确定墓主以外,其他两个陵区的墓主目前还无法确认。王学理先生考证的结果是:Ⅱ号陵园为"公陵",葬秦惠文王;Ⅳ号陵园为"永陵",葬秦武王;Ⅰ号陵园葬孝文王公子子傒,Ⅲ号是陪葬墓。③

(二)秦东陵

秦东陵坐落在咸阳以东的西安市临潼区韩峪乡东部骊山西麓,南起洪庆沟,北至武家沟,总面积约 24 平方公里。

何以称为东陵？这是与位于关中西部秦雍城的秦公诸陵相对应的,因此也可以把雍城的秦公陵园称为"西陵"。也有人认为,"东陵"只是就秦迁都咸阳后出现的秦陵葬区而言,是"相对"于"毕陌"陵区而早就有的历史称呼。④ 关于东陵最早的文献记载见于《汉书·萧何曹参传》:"召平者,故秦东陵侯。秦破,为布衣,贫,种瓜长安城东,瓜美,故世谓'东陵瓜',从召平始也。"⑤这说明先有东陵,后有东陵侯,秦亡后,东陵侯开始在长安城以东种瓜,现西安东灞桥区与临潼

---

① 陕西省考古研究院、咸阳市文物考古研究所:《咸阳司家庄秦陵调查钻探资料》,见焦南峰、孙伟刚、杜林渊:《秦人的十个陵区》,《文物》2014 年第 6 期。
② 陕西省文物局:《陕西省志·文物志》,三秦出版社,1995 年,第 82 页。
③ 王学理:《咸阳原秦陵的定位》,《文博》2012 年第 4 期。
④ 王学理:《东陵和西陵》,《考古与文物》1988 年第 5、6 期合刊。
⑤ 《汉书》卷三九《萧何曹参传》,第 2010 页。

区斜口乡交界处有邵平店村,即昔日召平种瓜处。秦东陵所在地就在今邵平店之南。直到宋代,咸宁县仍有"东陵乡"。

秦东陵所在地为秦时芷阳县所在地,故史书多记载"葬芷阳"。秦东陵到底都葬有哪些秦王呢?据史书记载,埋葬有秦昭襄王、孝文王、庄襄王、宣太后等:

《史记·秦本纪》载:昭襄王"四十年悼太子死魏,归葬芷阳"。

《史记·秦本纪》载:昭襄王"四十二年,安国君(昭襄王次子,即孝文王柱)为太子,十月宣太后薨,葬芷阳郦山"。

《史记·秦始皇本纪》载:"昭襄王享国五十六年,葬芷阳。"《索隐》云:"十九年而立,葬芷陵也。"

《史记·秦本纪》载:"孝文王立,尊唐八子为唐太后,而合其葬于先王。"唐八子是孝文王的母亲,"合其葬于先王",即与孝文王之父昭襄王合葬,当然是葬于东陵。

《史记·秦本纪》索隐云:孝文王"名柱,五十三而立,立一年卒,葬寿陵"。《史记·吕不韦列传》载:"孝文王后曰华阳太后,与孝文王会葬寿陵。"《史记正义》云:"秦孝文王陵在雍州万年县东北二十五里。"唐万年县即宋咸宁县,治所在长安城中,由此推之,寿陵亦当在东陵内。

《史记·秦本纪》载:"孝文王元年……除丧,十月己亥即位,三日辛丑卒,子庄襄王立。"《史记索隐》云:庄襄王"名子楚,三十二而立,立四年卒,葬阳陵。"《史记·秦始皇本纪》亦载:"庄襄王享国三年,葬芷阳。"可知庄襄王的陵寝名"阳陵",亦在东陵内。

《史记·吕不韦列传》云:"始皇十九年,太后薨,谥为帝太后,与庄襄王会葬芷阳。"

从文献记载来看,芷阳是一个大的国君墓葬区,埋葬着秦悼武王以后到秦始皇之前的昭襄王、孝文王、庄襄王、宣太后等秦时著名的政治人物。

考古工作者已对秦东陵进行了长期且详细的勘探,发现了4座陵园,其中包括"亞"字形墓葬3座,"中"字形墓葬4座,"甲"字形墓葬8座。

1. 一号陵园

一号陵园依山坡而建,地处骊山西麓的阪原地带,西距秦芷阳县城遗址1.5—2公里,地势呈东高西低。其范围南至小峪沟,北到武家坡村南无名沟,西界为洞北村的小峪河,东达范家庄的人工壕沟。平面呈长方形,东西长4000米,

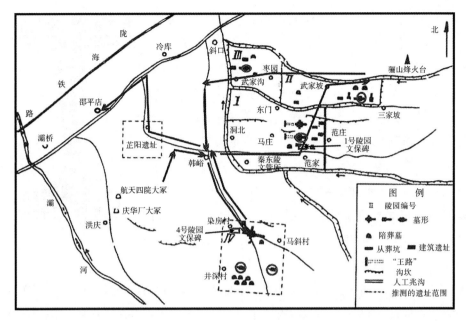

秦东陵墓葬分布示意图

南北宽1800米,面积72万平方米。陵园内发现了两座"亞"字形的大墓。墓顶上有封土堆,现存高2—4米,东西长250米,南北宽150米,表面呈鱼脊形,大小基本相同,南北并列,相距40米。经钻探得知,其中的一座墓室略呈正方形,南北长58米,东西宽57米,有四个斜坡形墓道,东墓道和北墓道的右壁各有一个耳室。另一座的墓室也近方形,东西长58米,南北宽56米,有四个斜坡墓道,东墓道和北墓道右壁也各有一个耳室。在距地表14米以下有四层青膏泥与木炭相间达11.4米,可见防护之严密。在一号陵园内还有两处陪葬墓区和四处地面夯土建筑台基,陵区南北侧各有一道天然壕沟,东面有一道人工壕沟,相互连接。①

考古勘探中所获遗物共46件,可分为铜、铁、陶器三类,计有铜盖弓帽1件、铜带钩2件、铜环1件、铁镈1件、陶罐15件、陶壶5件、陶鼎3件、陶敦2件、建筑材料16件。

根据现场勘查,该墓室为方木砌筑的黄肠题凑结构,保存状况较佳。2011

---

① 陕西省考古研究所、临潼县文管会:《秦东陵第一号陵园勘查记》,《考古与文物》1987年第4期。

年1月12日，秦东陵一号陵园被盗案告破，追回被盗出土文物11件。经鉴定：查获的一件"八年造"漆木高足豆为国家一级文物，三件漆木高足豆底座和七件漆木简均为国家三级文物。这些被盗的文物具有非常重要的科学、历史、文化和艺术价值。特别是刻有"八年相邦薛君造"铭文的漆木高足豆更是弥足珍贵，印证了齐国人孟尝君曾在秦昭襄王时任相的史实，也成为确认被盗陵墓主人的重要物证之一。而众多学者一直争议的相邦和丞相地位孰高孰低的问题，也由"八年相邦""八年丞相"得到解答，专家认为，"八年相邦"字样在器物左侧，"八年丞相"字样在右侧，秦礼仪"左"高于"右"，所以"相邦"地位高于"丞相"。西汉刘邦称帝后，因忌讳其名号，相邦这一官职被取消。同时，这些文字也订正了《史记·秦本纪》中有关孟尝君（薛君）相秦的记载。《史记·秦本纪》中记载孟尝君于昭襄王九年（前298）相秦，但在《史记·六国年表》及《史记·孟尝君列传》中均记为昭襄王八年（前299），漆豆铭文可证《史记·秦本纪》记载有误。漆木豆在古代是一种盛器，可放食物，后来还出现了豆形灯。保存如此完好的漆木高足豆在我国北方地区的考古发现中是极其罕见的。在考古中发现的北方漆木器保存状况都十分差，大多数已腐朽，只剩下遗存，根本无法提取。而此件漆木高足豆历经两千余年，除了底座有少许腐朽外，基本保存完好。漆的颜色以黑色为主，用红色绘有流云状的花纹，至今色彩还十分鲜艳。漆木豆保存如此完好，可能与其埋葬得特别深有关，同时也与其所处的密闭环境有关。在7件漆木简上，还保存有一些龙纹，但在上面并没有发现文字。

八年造漆木高足豆

2012年，陕西省考古研究院联合西安市临潼区秦东陵文管所对秦东陵一号陵园再次进行大面积考古勘探，以搞清"一号陵园"的形制结构、地下文化遗存分布情况等信息，为划定一号陵园范围、制定科学合理的保护规划、研究秦东陵陵寝制度等提供科学翔实的基础材料。经过本次大规模考古勘探确认，新发现了陵园四面的壕沟，还发现陪葬坑12座，小型陪葬墓区3处（共计161座），建筑遗址11处。陪葬坑主要分布在主墓墓道夹角处及东西方向，陵园建筑遗址主要分布在主墓南北方向。陪葬墓主要分布在陵园壕沟内侧50—80米范围内，形制有长方形竖穴洞室墓和方坑竖穴式墓两种,以陵园东北角及东南角分布相对比较密集。

此次在一号陵园勘探发现的建筑基址中,位于主墓西北的一组建筑范围较大,中部虽因后期冲沟及农业生产遭到冲毁和破坏,但从勘探结果来看,其结构应为一处规模较大的建筑遗存,可能与秦始皇陵园封土西北部发现的陵寝建筑遗址形制相同。东汉蔡邕所著《独断》中说:"古不墓祭,至秦始皇出寝,起之于墓侧,汉因而不改,故今陵上称寝殿,有起居、衣冠、象生之备,皆古寝之意也。"该建筑遗址的发现,表明《独断》的记载有误,说明在帝王陵园中设陵寝建筑并非始于秦始皇陵时期,而是始于秦东陵一号陵园,这是对历史文献记载的补正。

从目前的考古资料和文献资料来看,一号陵园可能是秦昭襄王和唐太后的陵园。经国家文物局批准,一号陵园已经由陕西省考古研究院进行正式发掘,期待会为秦君王陵、墓的研究提供新的实物资料。

2. 二号陵园

位于一号陵园东北1.5公里处,即韩峪乡范家村北、骊山西麓阪原之上。陵园东自北沟村,西到枣园村,南至三冢村北无名沟,北达武家沟。东西长500米,南北宽300米,总面积15万平方米。有"中"字形大墓1座、"甲"字形大墓3座、陪葬坑1座,及陪葬墓区两处和地面建筑遗址一处。"中"字形墓与"甲"字形墓基本呈"品"字形排列。"中"字形墓通长81米,墓室居东西墓道之中,东西长27.5米,南北宽23米。东墓道长23米,宽8—18米;西墓道长30.5米,宽3—15.5米。地面现留有残冢,高10米,冢底周长120米,占地面积1213平方米。考古工作者钻探中在墓室中心偏西部位发现有盗洞;另外对两处陪葬墓区进行了钻探,确知分别有陪葬墓4座和31座,并清理了个别被破坏的陪葬墓。①

陵园有由天然沟道和人工修葺的沟道相通形成的完整的防御设施。南北两面以天然壕沟作为屏障,东面经钻探得知早年系一条大体南北走向的不规整的天然壕沟,经人工修葺为陵园东界,西界为一处天然断崖。

在2013年的考古勘探中,考古人员在秦东陵二号陵园新发现了两座"甲"字形大墓和小型墓葬17座,至此,二号陵园"甲"字形大墓达到5座。出土遗物

---

① 陕西省考古研究所、临潼县文管会:《秦东陵第二号陵园调查钻探简报》,《考古与文物》1990年第4期。

分铜质、铁质、石质和陶质等四类计32件,有铜盖弓帽、带钩、镞、镜及铜饰、铁削、玉璧、陶鼎、陶罐、陶壶、陶盒、陶盆、云纹瓦当、大板瓦、筒瓦等。在一些陶器残片上还发现有陶文。

二号陵园的墓主暂时不详。

3. 三号陵园

位于一号陵园西北约1.5公里,面积约10万平方米,为一处"中"字形墓葬,东西方向,西墓道略长于东墓道。陵园西、北两面利用天然沟壑作为其兆沟,而东、南两面兆沟则为人工开凿。陵园原有破坏,东西长280米,南北宽180米,面积50400平方米。

有陪葬墓区一处,位于陵园东南。发现小型墓4座,发现建筑基址两处,在"中"字形大墓正北及正西处。

三号陵园的墓主暂时不详。

4. 四号陵园

位于马斜村,与一号陵园隔河遥相对应,约距2.5公里,属骊山西麓的阪原地带。陵区的规模,东起马斜村,西至染房村,南抵井深沟,北到小峪河南岸。陵园内有"亞"字形墓1座,"中"字形墓1座,"甲"字形陪葬墓2座,及小型陪葬墓群一处。四周有隍壕,北面为造陵时专门开挖的,东、西、南面则利用天然壕沟。

"亞"字形大墓地表无封土,东西长278米,南北宽181米;墓室近于正方形,东西长56米,南北宽55米。东墓道长152.5米,西墓道长68.5米,南墓道长78米,北墓道长54米。在距地表14米以下有四层青膏泥与木炭相间,达11.4米,可见保护之严密。

同一号陵园两座"亞"字形大墓不同的是,四号陵园这座"亞"字形大墓四条墓道均有耳室,墓室有四层青膏泥与木炭相间保护。根据这些特点推断,该墓可能为昭襄王之墓。从该墓四条墓道都带有耳室这一点看,其时代可能略晚。在该墓的南面200余米外,有一座大型"甲"字形墓,可能为与昭襄王合葬的唐太后之墓。①

2011年,考古工作者新发现了陵园内残存的围绕"亞"字形大墓的东、南、北

---

① 陕西省考古研究所秦陵工作站:《秦东陵第四号陵园调查钻探简报》,《考古与文物》1993年第3期。

三段内壕沟及南侧外壕沟,同时还发现一座"甲"字形墓葬和四段壕沟,及125座小型墓葬。四号陵园面积达100万平方米,是由一座"亞"字形大墓居中、双重壕沟围绕的陵园,内外壕沟均为人工修筑而成。2014年,考古工作者在陵园内东南部发现了一座礼制性建筑遗址,遗址呈"凹"字,总面积达2230平方米。根据各种考古材料推断,该建筑应建于战国晚期,和墓葬时代相同,应该是用来祭祀长眠于"中"字形大墓内的某一位秦国贵族的建筑。

2015年,考古工作者在四号陵园内发现的一座"中"字形墓葬所属的外藏坑,并对外藏坑进行了发掘。发掘地点位于四号陵园东南部,"中"字形墓葬南侧。发现东墓道南侧的外藏坑埋藏有三辆木车,每辆车有两匹马。发掘的外藏坑为口大底小的敞口形,无二层台结构,符合战国晚期的时代特点,为"中"字形墓葬的车马坑。在对建筑遗址的发掘中,发现三面墙体围起来的区域内有直径1.5—2米的坑洞遗存,成三排分布,每排7个,总共21个坑洞。内部填土分三层,没有任何遗物,经取样分析,内含植物种子遗存和蛋白质成分。据领队孙伟刚说,古人以前就用经解割或煮熟的牲肉、牲血和生的牲肉,灌向地下来祭祀先王,用黍稷做的饭祭祀先王,以及祠禴尝烝四时祭祀。因此这21个坑洞的发现,首次以实物性质印证了古代血祭、肉祭、粮食祭这些特殊祭祀方式的存在。

5. 韩森冢

除了以上介绍的陵区外,目前在西安周边还发现有战国时期的秦大墓两座,尽管对其墓主尚有争论,但仍值得我们关注研究。其一即为位于西安市东郊韩森寨附近的韩森冢。关于韩森冢的主人,有传是秦庄襄王,有认为是吕不韦的,或子楚母夏太后,还有学者考证为"汉史皇孙刘进",到底是谁,学者争论不一。

汉代赵岐的《三辅旧事》认为是"子楚母冢",也就是秦庄襄王母亲夏太后的墓。

三国时期的《皇览》断定其为"吕不韦冢"。

唐代韦述的《两京道里记》称其"在通化门东二里",为秦始皇父亲秦庄襄王的"寿陵"。

宋代宋敏求《长安志》将韩森冢称作"尖冢",认为"其冢制度广大,岂人臣所宜",应为"秦庄襄王寿陵"。

王学理不赞同是汉代刘进墓的观点,他认为刘进和王夫人的悼园在今西安市北郊张家堡一带。同时也否定了前述史料记载,认为吕不韦冢在今河南洛阳北邙山，夏太后墓在秦杜城遗址以南的长安区王曲街道贾里村。而"秦庄襄王寿陵"之说，显然是把秦孝文王寿陵与秦庄襄王阳陵混而为一。从韩森冢雄壮的外观上还难断定其时代，因为它属于秦汉陵墓流行的那种覆斗形。但是，它正处于汉长安城东郊墓区范围之内，从该冢附近已发掘的墓葬看，在迎祥堡、金花北路、互助路、幸福路等地都有汉墓群的存在，但无一座秦墓出现。所以韩森冢属于秦陵的可能性很小，而属于汉"恭皇"刘康陵寝的可能性最大。①

然而，考古勘探证明这座墓就是战国秦墓葬。为配合新城区韩森冢周边改造，西安市文物保护考古研究院对韩森冢及周边近 8 万平方米区域进行了整体考古勘探调查。经过勘探，发现韩森冢封土为覆斗形，底边南北长 75.5 米，东西宽 73 米。以现周围地表为标准，高度 20 米，比初建墓时地表下降了 5 米。这说明两千多年来，人类活动把陵周围的土向下挖了 5 米，封土过去可能更高一些。主墓坐西朝东，为有 4 条墓道的"亞"字形大墓；周围发现陪葬墓 3 个、陪葬坑 2 座。除韩森冢西部因有堆积建筑垃圾等障碍未能彻底勘探调查外，其他三面都进行了勘探，但没有发现壕沟、城墙等陵园遗迹，原因之一可能是和历史上的破坏有关系；二，这里是块高地，往东、北、南都是断崖，如果这个地形从古至今变化不大的话，当时可能就是利用自然断崖作为陵园的界限。韩森冢的形制与规模，和目前发现的秦东陵一号陵园的两座主墓形制相似，与秦东陵四号陵主墓相同。从墓葬形制等来判断，基本上能确定它应是战国秦时期王侯级别的墓葬。结合目前关于秦陵的调查情况，我们认为韩森冢为秦孝文王寿陵的可能性更大。②

6. 神禾原秦大墓

2004 年，考古工作者在西安市长安区神禾原贾里村东发现并发掘一座规模巨大、级别很高的陵园。该陵园南北长 550 米、东西宽 310 米，占地面积约 260 亩。园区外设兆沟，内筑夯土围墙，四面围墙中部各置一门，建有门阙。园内有隔墙将陵园分为南北两区，隔墙中部开设一门。其中北区南北长 410 米，有带四条斜坡墓道的"亞"字形大墓一座，墓道旁分布了 12 座陪葬坑；南区有房屋建筑

---

① 王学理：《韩森冢实是汉刘康的"恭皇陵"》，《周秦汉唐文明国际学术研讨会文集》，三秦出版社，2001 年，第 430 页。

② 西安市文物保护考古研究院：《西安东郊"韩森冢"考古调查简报》，《考古与文物》2015 年第 2 期。

和灰坑(或祭祀坑)遗迹。"亞"字形大墓墓圹位于陵园中心,整个陵园是迄今为止发掘过的规模最大的战国时期秦陵园遗址。

墓圹东西总长约140米、南北宽约110米,深15米。椁室东西长12.1米、南北宽10.5米、深4.3米,近似方形,椁室位于墓室中部,四周用枋木堆筑椁壁,有木质椁盖、底板和枕木。因被盗焚,棺椁关系已难详知,但从残余椁木印痕和炭灰榫卯的结构观察,似可见棺椁三重,应为内、外棺及椁。墓道、墓室填土均经夯筑,坚硬致密,夯窝直径在8厘米左右,夯层堆积较为水平,厚0.4—0.5米。

尽管墓室在早年曾经遭受过严重的盗掘并被大火焚烧过,但还是出土了近千件文物,有刻字石磬、刻字茧形壶、青铜器、银饰、金饰、错金银饰、玉饰、琉璃以及大量棺钉等。墓室东南角处的盗洞内散落有金银柄铁刀、青铜带钩、错银青铜底座、珍珠、玉璧、玉玦、玉瑗、玉环以及算筹、刻字陶罐等大量文物,可见随葬品之丰富。共出土600多件以青铜为主的车马器,青铜车马器上发现刻有"五十九年""左厩"等文字,另外,陪葬坑中出土的十多件巨型茧形壶上刻有"三十四年"的铭文。这个大墓是迄今发掘的先秦时期"中国第二大墓",仅次于之前发掘的秦景公大墓。墓室及墓道周围,还分布有规整的13座长方形条状从葬坑,最长63米,最短8米,宽度和深度一般在3.5—5米之间,多数带有斜坡道。一般都由枋木、底枋、立柱、横梁、棚木等构成立体空间(长廊),其内摆放车马、器物或兽、禽等陪葬物。绝大多数从葬坑曾被盗扰,并有明显的大火焚烧痕迹。7号从葬坑,

长安秦大墓形制

东西长28米、南北宽4米、深约4米,其内主要清理出了大量茧形壶,多数刻有文字,文字内容包括宫殿、官署、纪年、地名、工匠等。多数茧形壶为圜底,体积较大,长、高均达60—70厘米。唯有一件茧形壶有圈足,体积较小,长、高仅40厘米许。这些茧形壶可能是盛装水、酒或者粮食等类物品所用,推测该坑具有厨房或储藏功能。在考古发掘中,大型茧形壶如此大量出现极为少见。8号从葬坑,有斜坡道,长30米、宽4.1米、深4米,立柱、棚木上有漆绘装饰。依据残留迹象

观察,该坑内应有6套车马。但因盗扰严重,只在坑的东部清理出两辆保存较为完整的木车,各有挽马6匹,均应属所谓"天子驾六"的规格。其中的一号车,车舆通长1.75米,后舆宽1.55米,车辕长约1.95米,车舆局部残留有漆绘图案。10号从葬坑,无斜坡道,长14.3米、宽4.9米、深约4米。该坑内清理出车两辆,虽遭早期的盗焚及晚期墓葬的扰乱,但仍可确定该两辆车的挽马均为6匹,与8号坑所出的车一样属于"天子驾六"的规格。其中一辆车侧发现有大量玉瑗、玉环等玉器,证明其应属于"天子玉路,以玉为饰"的性质,可能是国内考古发现对文献记载的"天子玉路"的首次揭示。至此在该陵园发现的在驾状态的"天子驾六"已达4辆,这为先秦时期"天子驾六"问题的进一步研究提供了考古资料。[①]"六马驾车"实物的出土,一是显示了墓主的高贵身份,二则为我们研究当时的车马銮驾制度提供了第一手的资料。

(三) 秦始皇陵

秦始皇陵位于东陵以东的骊山北麓。陵园面积达56.25平方公里。封土的高度,据《汉书》记载为"五十余丈"[②],约相当于现在的115米高,而实际上现存高度为76米。[③]

秦始皇陵墓的周围有内外两重夯土城垣,除南边的内外城垣仍有局部残段存留于地表外,其余仅在地下存有墙基。经探测,内外城垣均呈南北向长方形。内城长1355米,宽580米,周长3870米,占地面积785900平方米。内城的中部由东向西有条长330米、宽约8米的隔墙,把内城分为南北两区。内城的北区又有一条南北向的宽约8米的夹墙,把北区分隔成东西两部分。内城垣的南、东、西三面各有一道门,北面有二道门,中部东西向的隔墙上有一道门,南边的门址保存较好,门阙的基址仍高出地表2—3米。秦始皇陵主墓位于内城的南区。秦始皇陵外城垣,经实测南北长2165米,东西宽940米,周长6210米,墙基宽约8米,外城的四面各有一道门,门址上堆积着大量瓦砾及红烧土、灰烬,证明原来有门阙建筑。内城垣四个转角处有角楼建筑遗址。

---

① 陕西省考古研究院:《陕西长安神禾原战国秦陵园遗址田野考古新收获》,《考古与文物》2008年第5期。

② 《汉书》卷三六《楚元王传》,第1954页。

③ 关于秦始皇陵的高度,由于测高点不同,测出的高度分歧很大,笔者认为76米高较符合实际。

在秦始皇陵的外城垣以外,还分布有众多陪葬坑和陪葬墓。据勘探,到目前为止,已在秦始皇陵园以内发现陪葬坑、陪葬墓600多处,计有兵马俑坑、车马坑、珍禽异兽坑、马厩坑、陪葬墓、寝殿、便殿、饲官、武库、乐舞百戏俑坑、文官俑坑、青铜水禽坑等遗址。这些遗址都是按照"事死如事生"的礼制修建的,秦始皇生前享有的,死后也都体现在陵园中。

秦始皇陵地宫中的情况如何呢?司马迁在《史记·秦始皇本纪》中记载:"穿三泉,下铜而致椁,宫观百官奇器珍怪徙臧满之。令匠作机弩矢,有所穿近者辄射之。以水银为百川江河大海,机相灌输,上具天文,下具地理。以人鱼膏为烛,度不灭者久之。"①《汉书·楚元王传》也载:"石椁为游馆,人膏为灯烛,水银为江海,黄金为凫雁。珍宝之藏,机械之变,棺椁之丽,宫馆之盛,不可胜原。"②考古工作者经过探测得知,目前地宫保存情况良好,距地面30多米深。通过考古工作者几十年的勘探发掘和研究,证明司马迁的记载是靠得住的。

1981年和1982年,中国地质科学院物探研究所的常勇、李同两位先生用现代化的科学手段,对秦始皇陵地宫进行了含汞量的测试。结果在秦始皇陵封土中心,发现一个面积约12000平方米范围的强汞异常区。在异常区内汞含量变化为70—1500 ppb(十亿分之一),含汞量平均值为205 ppb。而秦始皇陵东北5里处的鱼池水库(据文献记载,秦始皇陵部分封土取自鱼池)的土样的汞含量仅为5—65 ppb,平均值为30 ppb。这表明始皇陵封土中的强汞异常含量不是原来固有的,而是封土堆积后由陵墓的地宫中人工埋藏的汞挥发而渗透于其中的。③同时这也证实文献记载可信。

关于文献中秦始皇陵地宫"上具天文"的现象,我们在西汉壁画墓中已有发现,在西安交通大学校园内的一座西汉墓中,上部即有二十八宿图像。④可以推测作为"千古一帝"的秦始皇的陵中肯定也会有的。

秦始皇陵园中寝、便殿的设置,证明了《后汉书·祭祀志》中"秦始出寝,起

---

① 《史记》卷六《秦始皇本纪》,第265页。
② 《汉书》卷三六《楚元王传》,第1954页。
③ 常勇、李同:《秦始皇陵中埋藏汞的初步研究》,《考古》1983年第7期。
④ 陕西省考古研究所、西安交通大学:《西安交通大学西汉壁画墓》,西安交通大学出版社,1991年,第23页。

于墓侧,汉因而弗改"①的记载是靠得住的。实际上在秦东陵,已把对墓主的祭祀建筑从陵上移到墓侧了。便殿的用途为休息闲宴之处。秦始皇陵园制度对之后的帝王陵园产生了重要的影响。《吕氏春秋·节丧》云:"国弥大,家弥富,葬弥厚。含珠鳞施,夫玩好货宝,钟鼎壶滥,舆马衣被戈剑,不可胜其数,诸养生之具,无不从者。"②秦始皇陵众多的陪葬坑和陪葬墓正好印证了《吕氏春秋》的记载。

秦始皇陵园的城垣分为内外两重,系夯筑而成,宽均为 8 米。外城垣南北长 2188 米,东西宽 970 米,总面积达 213 万平方米,四面各有一座城门。内城墙东西宽 580 米,南北长 1355 米,周长 3870 米,占地面积为 78.59 万平方米。内城的东北角还有一座南北长 695 米、东西宽 330 米的小城。在内城的东西南三面各有一道门,北垣设有两门,内外城共有 10 座城门。南边和东、西两边城垣上的门址保存完好。东西内外城的四座城门规模巨大,形制相近,南北长 77 米、东西宽 23 米左右。内外城南门较之东西门稍逊一等,东西长 68 米,南北宽 15 米左右。在内城一周的城墙内外,还发现环绕城墙的连绵不断的廊房建筑。内、外城垣相套合成"回"字形。外城东、西两边的城垣与内城东、西两边的城垣间距为 180 米,南北二垣与内城南北相距均为 410 米,从而形成内外城东、西、南、北四区。在西区内,发现有马厩坑、跽坐俑坑、珍禽异兽坑等陪葬坑,以及大片房屋建筑基址。在陵园内、外两重城西城垣之间,发现了建筑遗迹,而且分布比较密集。

当时的城门采用的是三出阙。在东西内外城门之间的中部,分别发现三出阙遗址,两两相对,规模相当,结构一致。残留的夯土基础呈"凸"字形,东侧内外城间三出阙的北阙,南北长 46 米、东西宽 4.6—14.6 米;南阙与北侧三出阙夯土台隔司马道相对,与北侧夯土台的形制及结构大体一致,建筑基础平面呈"凸"字形,南北全长 46.9 米、东西宽 3.2—15.3 米。西侧内外城门之间也发现一组三出阙。在内外城西门之间的封闭区域内,有一组南北相对的三出阙,位于司马道中部的南北两侧,东距内城城垣 90 米,西距外城城垣 85 米,呈南北对称的阙台夯基,南、北主阙之间相距 29 米,司马道北侧的三出阙布局与南侧略同,但建筑遗存保存状况较差。南侧三出阙夯土遗存南北通长 44 米、宽 5—15.5

---

① 《后汉书·志第九·祭祀下》,第 3199 页。

② 《吕氏春秋》卷十,第 195 页。

米。母阙台南北长29.5米、宽15.5米,第一子阙台南北长12.5米、宽8.5米,第二子阙台南北长7米、宽5米。在三出阙的遗址中部发现一处"甲"字形夯土基础,南北长34.5米、东西宽4.5—10米,距地表深1.4米,夯土基础厚2.3米。在"甲"字形夯土基础周边宽2米的范围内,虽然也发现有夯土基础,但夯土基础的厚度不如"甲"字形基础,其夯土基础距现地表1.1米,厚度仅0.8米。在三出阙遗址范围内,发现大量的板瓦、筒瓦、红烧土、木炭等遗迹。从夯土基础的厚度变化情况分析,中部"甲"字形夯基应为三出阙建筑的主体,四周较薄的夯基部分为散水基础。秦始皇陵园发现的三出阙形状相似,规模相当,结构相同,均由一个主阙和两个副阙构成,主副阙的基础为夯土筑建的高台形式。这是迄今为止勘探发现的时代最早、代表最高等级的三出阙遗址。①

陵园内城南区的大型地面建筑遗址,较内城北区西半部地面建筑遗址宏大,应是寝殿。寝殿是皇帝的灵魂起居饮食的场所,按照"事死如事生"的原则,寝殿内设皇帝起居衣冠几杖象生之具,供后人祭祀。位于寝殿北侧的应是便殿,是皇帝"休息闲宴"的场所,位于内城的北半部西区,由三到四座东西向的建筑遗址排列组成,一直延伸至内城的北墙。建筑基址中出土有青石板、瓦当、板瓦、筒瓦、脊瓦以及直径达61厘米的大瓦当。

内城的北半部共发现四处建筑基址,位于封土的北侧,平面近方形,总面积3000余平方米,基址四周有粗砂铺就的散水,基址上还残留有瓦片、瓦当、铜铺首、陶灶门、红烧土、灰烬等物,室内发现有用方形或长方形石板铺的地面。这里应该是当年祭祀秦始皇灵魂的重要场所。

秦始皇陵大瓦当

20世纪50—60年代,考古工作者曾经在封土北部进行了调查和部分勘探,勘探发现的建筑遗址位于秦始皇陵园内城垣以内西北部区域,位于1976年发掘的寝殿遗址、1995年发掘的寝殿建筑群正北部,与这几处建筑遗址连为一体,应为一处统一的庞大建筑群。20世纪

---

① 段清波:《秦始皇帝陵园考古研究》,北京大学出版社,2011年,第146—147页。

70年代曾在封土北侧发掘了编号为"甲组"的陵寝建筑遗址,距离现封土北部边缘仅53米,这种与陵墓封土距离如此之近的建筑遗存,其重要性不言而喻。

2010年勘探发现的建筑遗址群为十进式的建筑结构,其北侧为9个通道组成的9组东西对称结构的建筑单元。通道之间用门址相隔,但又相互贯通,最北端门址与内城垣北墙西侧门址相通。每组建筑结构不完全相同,根据不同的功用或象征意义构筑不同的建筑形式,通道及不同组建筑之间有石道相通。9个通道最南端为这一处建筑遗址群的主体建筑空间,连同20世纪70年代以后发掘的建筑共同构成了这一处建筑群的主体建筑结构。从建筑所处的位置和规模来看,这些建筑遗址共同组成了秦始皇陵园的陵寝建筑遗存。①

园吏寺舍遗址是管理陵园官吏的寺舍建筑,在陵园西侧共发现三处夯土建筑基址,位于内、外城之间西门的北部,由南北排列的三组建筑组成。建筑已经进行了局部清理,在一号建筑遗址内清理发现了一组四合院式的房屋建筑基址,东侧房屋基址呈南北向长方形,残长24.5米,东西宽6.1米;南侧房屋基址呈东西向长方形,长37米,南北宽14米。室内西端有渗水井一眼,连接一条五角形陶水道,以便把水排出室外。西侧、北侧房屋基址因残破严重,未做清理。房屋基址上出土了大量的板瓦和筒瓦残片、云纹瓦当。出土的铜权上有秦始皇二十六年和二世元年的诏书铭文。在遗址范围内还出土有错金银"乐府"钟、青铜雁足灯等秦代珍贵文物。错金银"乐府"钟的出土,纠正了《史记》中关于"乐府"出现于汉武帝时期的记载,具有重要的学术意义。

"丽山飤官"建筑遗址,位于秦始皇陵西侧内外城墙之间。在遗址发现的陶器上有"丽山飤官左"和"丽山飤官右"等陶文。"飤官"即食官,是陵寝内掌管供奉饮食

错金银"乐府"钟

---

① 陕西省考古研究院:《2010年度秦始皇帝陵园礼制建筑遗址考古勘探简报》,《考古与文物》2011年第2期。

的官吏。《后汉书·百官志》:"先帝陵,每陵食官令各一人,六百石。本注曰:'掌望晦时节祭祀。'"刻有"丽山飤官"的陶文之器在秦始皇陵西侧地面建筑遗址内的出土,正好说明了这个遗址的性质,说明它确属秦始皇陵寝园总体的一部分。刻文中的"左"及"右"似应为供厨的分工编号,"六厨""八厨"则反映了厨的数量之多和膳食供应的规模之大。出土的鸭蛋壶、大陶缸、陶盆、陶罐等器,也都是厨房的用具。① 飤官如同侍奉活着的皇帝一样,负责皇帝灵魂每天四次的膳食享用及祭祀活动的膳食。

在秦始皇陵区已经发现 181 座各种类型的陪葬坑,其中陵园外 104 座,陵园内 77 座。主要的陪葬坑有:

1. 兵马俑陪葬坑

秦兵马俑坑的发现被誉为"20 世纪最重大的考古发现",秦兵马俑也被誉为"世界第八大奇迹"。秦兵马俑坑位于陵园外城墙之外的东侧,由排列有序的三个坑组成,坐西向东,呈"品"字形排列,其间大约埋藏着 8000 件陶质兵马俑。从各坑的形制结构及其兵马俑装备情况判断,一号坑象征由步兵和战车组成的主体部队;二号坑为步兵、骑兵和车兵穿插组成的混合部队;三号坑则是统领一号坑和二号坑的军事指挥所。

一号俑坑的兵器配置为:前锋、后卫和左右翼手持的大多为弓弩,只有少数俑持长柄的矛、戈等兵器,而阵中的步兵俑持戈、矛、铍、戟等长柄兵器者居多。弓和弩是当时的先进武器,射程较远,配置于军队四旁,是符合古代兵书所言"长兵在前,短兵在后""材士强弩,翼我左右"的兵器配置原则的。可以看出,一号坑是

秦兵马俑一号坑全景

一个组织严密、排列有序的长方形军阵,即古代兵书所说的"前后整齐,四方如

---

① 秦始皇陵考古队:《秦始皇陵西侧"丽山飤官"建筑遗址清理简报》,《文博》1987 年第 6 期。

绳"的"方阵",具有进攻、防卫、应变、凝聚、疏散的功能。

一号坑的军阵编排,突出了秦军主力步兵矩阵严密坚固、气势宏伟、实力强大的特点。其军阵攻守兼备,以攻为主。军阵主体面向东,显示其东向警戒、作战的特点。它的纵队阵形,又反映出将进攻作战的态势。军阵四周配置较多的阵表弓弩兵,对于护卫军阵、稳定阵脚、保障进攻起着重要的作用。

二号坑平面呈曲尺形,长96米,宽84米,面积6000平方米,是包含弩兵、车兵、步兵及骑兵的诸兵种混合军阵。二号兵马俑坑由四个单元组合而成,第一单元即曲尺形东端的突出部分,由手持弓弩的步兵组成,是一个弩兵阵;第二单元即曲尺形的南半部,是由战车组成的方阵;第三单元即曲尺形的中部,是车、步、骑结合的一个长方阵;第四单元即曲尺形的北半部、弩兵阵的西部,是一个骑兵长方阵。由此可以看出,二号坑是一个由多兵种组成的集团军阵形。

三号坑的规模较小,南北长21.4米,东西宽17.6米,由南、北厢房及开间三部分构成。三号坑已全部发掘,俑坑呈"凹"字形,分为车马房和南北厢房。在车马房出土指挥车一乘,前有四马系驾,后有武士俑4件。在南北厢房出土陶俑64件,其中南厢房42件,北厢房22件。南北厢房的武士俑沿坑壁相间排列,作夹道欢迎状。从发掘情况看,兵器大多为仪仗用的铜殳。

秦兵马俑三号坑全景

秦石头盔

2. 石铠甲坑

石铠甲坑平面形状呈长方形,位于秦始皇陵封土堆东南约200米处,东西长120米,南北宽128米。面积略小于秦兵马俑一号坑,达1.3万平方米,是迄今为止秦始皇陵园外城墙以内发现的面积最大的陪葬坑。

石质铠甲和头盔史书上未见记载，其发现弥补了史书的不足，为历史研究提供了新的资料。铠甲的大小是按原大比例制作的，其制作方法类似于玉衣的制作，这为研究古代铠甲的制作提供了第一手的实物资料。甲片形状主要有长方形、近方形、舌形、等腰梯形、直角梯形、圆形等。甲片上钻有一些圆形或方形的小孔，用扁铜条连缀在一起。石质甲胄的大面积发掘出土，在世界考古学史上实属罕见，填补了我国古代军事装备史上的空白，改变了过去认为秦代无胄的认识，对研究秦时的军事装备具有十分重要的参考价值。

秦石铠甲

3. 百戏俑坑

百戏是中国古代民间表演艺术的泛称，"百戏"一词产生于汉代，但在秦始皇陵园中发现了百戏俑坑，即被考古工作者命名为 K9901。其平面略呈"凸"字形，是一个总面积近 700 平方米的地下坑道式土木结构陪葬坑。坑全长 72 米，宽 12—16 米，由三个过洞构成，东西各有一个斜坡门道。其中三号过洞底部出土了真人大小的彩绘陶俑，二号过洞出土有陶马的残片、青铜马蹄和石质马缰饰。原大的彩绘百戏俑雕塑精细，造型准确，形态健硕，瘦削不等，姿态各异，其风格、特点与兵马俑不同，是秦帝国宫廷娱乐活动的生动反映。

所有陶俑只穿着陶塑彩绘超短裙，其他部位裸露，裙上绘有各种纹饰，其中以菱格纹为主，另有星象纹、谷芽纹、"S"纹等。由于火烧等原因，彩绘大部分脱落。彩绘下涂有一层黑色生漆作为底色。这些俑姿态各异、栩栩如生，有的呈双手卷衣状，有的一手叉腰一手高举、双腿作前弓后箭步状，有的呈半跪状等，它们均有方形或长方形脚踏板。

百戏俑坑的发现和发掘所取得的成果是令人欣喜的。首先，丰富了陵园内陪葬坑的种类和形制，为研究秦始皇陵园的陵寝制度提供了新的资料。其次，出土了一批全新内涵的珍贵文物。所出土铜鼎是迄今所发现的体量最大的秦代铜鼎，为研究秦代礼仪制度、丧葬制度、秦鼎形制和我国春秋战国时期青铜器及青

秦百戏俑

铜文化提供了重要资料。特别是所发现的姿态各异的半裸俑,生动活泼,形态各异,反映了秦代宫廷的"百戏"场面,与兵马俑所表现的军事阵容形成鲜明的对比,对研究秦王朝丰富的宫廷文化和我国先秦角抵俳优的发展有重要价值,同时又有极强的观赏性。

4. 青铜水禽坑

位于陵园外城东北约900米处,该陪葬坑平面略呈"F"形,是由两条南北过洞及一条东西向过洞组成的地下坑道式木结构陪葬坑,总面积约925平方米。青铜水禽共出土46件,分为站姿和立姿两种,包括青铜天鹅、青铜鹤及青铜凫雁三

秦青铜仙鹤

个种类,其中青铜天鹅20件、青铜鹤6件、青铜凫雁20件。这些青铜水禽有的水中觅食,有的伏卧小憩,有的曲颈汲水,栩栩如生。由于盗扰及坑体焚毁坍塌,这些水禽均有不同程度的破损。出土时青铜水禽不同程度地保存着白色彩绘,可见当时青铜水禽制作完成时,表面施有彩绘。文保专家在修复的过程中发现,青铜水禽所有部位以及附件均为铜锡二元合金;在铸造工艺上,广泛使用分铸技术,并以融化焊接以及榫卯连接法进行连接;表面的工艺缺陷及铸造缺陷均以铜板镶嵌法进行补缀,这是目前铜板镶嵌补缀工艺在中国最早的应用实例,在先秦

时期并没有发现。值得注意的是,该工艺在地中海地区古埃及、古希腊以及罗马时期青铜雕像上广泛使用。铜板镶嵌补缀工艺在水禽上的出现,可能受到地中海地区古文明的影响。通过对部分样品微量元素的分析发现,铜矿矿料和先秦时期青铜器可能来自同一矿区,但同一件青铜水禽,颈部泥芯与身体部位泥芯或许是在不同的时间段内分别制作,或是由不同的工匠完成的,水禽泥芯微量元素与秦陵地区土壤的微量元素明显有别,表明青铜水禽的生产地点可能并非秦陵地区。①

5. 车马坑

位于封土西侧20米处,平面呈"巾"字形,长和宽各55米,面积达3025平方米。车马坑中出土的一组两乘铜车马是目前我国发现的时代最早、结构最完整的车马,被称为"青铜之冠"。一号车重1061公斤,二号车重1241公斤,是目前世界上发现的最重的青铜器。两乘车的零部件近七千件之多,极为细致复杂。铜车马的发现可以说是继兵马俑之后的又一重大考古发现,是奇迹中的奇迹。无论是铸造技术还是雕塑艺术,都高于兵马俑。凡看过铜车马的人,无不为秦时的科学技术水平所折服,有些技术即使现代人也不得其解,甚至有人认为是天外来客制作的,实际上这正是秦帝国实力和科学技术水平的展现,是秦统一后社会生产力发展的反映。

铜车马上使用了众多的金银装饰件,铜马的络头、缰、项圈、鞦等大部分都由金银制成。两乘铜车马的金银饰件加在一起有3500件左右,约占两乘铜车马零件总数的50%以上,充分反映出这两乘铜车马的高雅华贵和豪华奢侈,也反映出古代乘舆等级制度的一般情况。

古代帝王车驾专用,自有一套銮驾制度。秦始皇在车制上进行了较大的改革,并形成一套制度。他一生五次出巡,车队浩浩荡荡,好不威风。众多的车乘,有前导,有后卫,有护从,有伴驾,各按一定的礼仪紧紧相随。难怪项羽在看到秦始皇车队路过浙江时,遂产生了"取而代之"的想法;刘邦在看到秦始皇威武壮观的出巡场面后,也不由自主地发出"大丈夫当如此也"的感慨,他之后夺得政权,建立西汉王朝,形成了自己的銮驾制度。

秦始皇乘坐的为金根车,装饰豪华,前驾6匹马。《史记·秦始皇本纪》中

---

① 《陕修复一批秦陵青铜水禽 铸造工艺疑中西合璧》,中国新闻网2014年5月5日。

有"乘六马"的记载,《后汉书·舆服志》中也有"(天子)所御驾六,余皆驾四"的记载,充分说明当时秦始皇所乘之车一定驾 6 匹马。之所以把秦始皇所乘之车称作"金根车",是因为根是栽养万物的,只有皇帝才配得上乘这种车,加之用金装饰,显得很豪华。金根车是秦始皇首创的。这种 6 匹马拉的车子,目前在西安和洛阳均有考古发现,因此在秦始皇陵是有可能发现 6 匹马拉的金根车的。

6. 文官俑坑

位于秦始皇陵封土之南偏西,距现封土堆南边缘约百米。平面呈东西向的"中"字形,总面积约 410 平方米,是一座地下坑道式土木结构的陪葬坑。编号为 K0006。该坑坐东向西,由西、中、东三部分组成,西侧为斜坡道。与其他陵园陪葬坑不同的是,此坑未曾遭焚烧。

2000 年 7—12 月,秦陵考古队对该陪葬坑进行了全面发掘,从而比较完整地了解了该坑的形制与内涵。在中部(也称"前室")清理出木车 1 辆,发现陶俑 12 件,另外还发现陶罐、铜钺、盖弓帽、马具等文物。在东部(也称"后室"),主要发现的是真马骨架,可辨认出马头 9 具,根据排列密度,估计当年共葬马 20 余匹。

陵区内的陪葬墓共发现了九处。秦始皇陵园中目前发现最大的陪葬墓

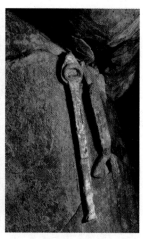

秦文官俑与局部(刀笔吏)

是位于封土西北的"中"字形大墓,正在进行发掘过程中,已有部分文物出土。内城封土的西北角有一座"甲"字形大墓,学者怀疑是公子高的墓葬。内城的北部小城内发现有 33 座中小型墓,可能是陪葬的嫔妃之墓。西部的内外城垣之间发现有 61 座中小型墓。东部的内外城之间东门北侧发现 3 座小型墓葬。

秦始皇陵园陪葬坑富于独创性,体现在:首先,先秦国君墓传统的陪葬坑多为车马坑,而秦始皇陵园的陪葬坑除车马坑之外,首创了大型兵马俑军阵陪葬坑。这是先秦陵园陪葬坑从未发现过的,这一制度又为其后的西汉帝王及大臣陵墓所继承。其次,陵园内外的珍禽异兽陪葬坑也是秦始皇陵园的独创,这一葬俗也为西汉帝陵、太后陵所继承。在山东齐国的大贵族墓附近曾发现殉马坑,而

秦始皇陵园发现的不是单纯的殉马坑,而是马厩坑,其中有饲养马匹的跽坐俑,还有饲养马匹的陶盆和大量的真马,俨然是皇帝生前的宫廷养马场。秦始皇陵园这三种类型的陪葬坑都未见于先秦其他国君陵园。第三,即内容相似的陪葬品以不同形式分布在陵园内外的不同地方,如珍禽动物坑、马厩坑均是如此。这也是其他国君陵园陪葬坑中鲜见的。第四,内涵丰富、规模宏大。秦始皇陵园各类陪葬坑、府藏坑多达数百余座,这是古代其他任何一个国君陵园都无法比拟的。同时,无论是先秦陵园陪葬坑,还是汉代陵园陪葬坑,都无法与秦始皇陵园陪葬坑的规模相比较。单就兵马俑陪葬坑而言,其占地达 20000 平方米,与真人真马相仿的陶俑陶马 7000 余件,青铜兵器十余万件。这样规模宏大的陪葬坑不仅在中国,甚至在世界陵寝史上也是前所未有的。

秦都咸阳的帝王陵区之所以出现咸阳西北、咸阳东骊山西麓、咸阳东骊山北麓三个地点的变化,除秦始皇陵本身一墓独尊的原因之外,与秦都咸阳的发展变化也有密切的关系。

秦咸阳刚建都时,集中在渭北地区,筑冀阙、咸阳宫等;到惠文王扩大咸阳时,都城已逐渐向渭河南发展;秦昭襄王时,开始修建横桥连接渭河南北两岸,说明这时都城的政治中心已转向渭南。随着都城向南转移,陵墓也随之迁移,从昭襄王开始,便把陵墓区搬到东南地区,从而形成东陵和秦始皇陵园。

秦公帝王陵园是按照"事死如事生"的礼制建设的,因而生前享有的,死后在陵园中也大多能找到其遗迹。陵寝制度到秦时发生了大的变化,秦昭襄王时已把陵寝从墓上移到了墓侧,秦东陵的几个陵园中陵侧已有建筑,到了秦始皇陵时,寝殿、飤官遗址等陵侧建筑已成体系,甚至影响了后代的陵园体制。秦陵四周的保护措施由雍城陵区和东陵的隍壕,演变到秦始皇陵的墙垣,与春秋战国时期其他国家有所不同,形成了自己的特点。秦始皇陵上的石刻对后代也产生了深远的影响,汉代以后,在陵上或陵旁都有大量的石刻,特别是到了明清时期,陵前的神道给人一种森严的威慑感。

秦陵墓的发展变化正处于春秋战国时期,随着思想解放运动,人们的观念也在不断地发生变化,陵墓制度也随之发生了很大变化。因此我们可以说,秦的陵墓在中国古代陵墓史上起着承前启后的作用,影响深远广大。

第二节　秦公帝王陵的特点

从发展演变来看,秦公帝王陵自成体系,既有继承,又有发展,形成了显明的特点。

一　规模愈来愈大

随着秦国力的日益强大及厚葬思想的影响,秦公帝王陵陵园规模越来越大。

秦人是从东方迁徙到甘肃天水一带而发展起来的,公元前770年才被封为诸侯国。此后由于国力的强大,越过陇山进入关中地区,并一直向东发展,从春秋五霸到战国七雄,从一个弱小的西垂小国而成为一个统一天下的大帝国。正由于此,秦公帝王陵也在不断发生变化,规模逐渐扩大,陵园设施愈来愈多。从雍城陵区到秦东陵再到秦始皇陵,不断扩大,设施愈来愈全、愈完善。

二　防范措施愈来愈严密

为了保护秦公帝王陵的安全,遂在陵园周围修建了保护性的设施。最早是在陵墓以外修建隍壕。隍壕作为防御设施在母系氏族社会时期的半坡遗址、高陵杨官寨遗址中就有发现。凤翔雍城秦公陵园中的隍壕有外、中、内三重,外隍壕是指整个陵区外的围沟,中隍壕是几座陵墓组成的陵园的围沟,内隍壕是某一个陵墓自身的围沟,有的在四边均留有缺口通道。隍壕的横剖面呈槽形,宽与深均在3—4米。应该说,在陵墓修建隍壕是秦公王陵的一个显著特点。

秦东陵也发现了壕沟,既有天然的,也有人为的。秦公陵永陵有壕沟;长安秦大墓既有壕沟,也有城垣。到秦始皇陵时,由地下隍壕变成地面上的城垣。城垣有两重,即内、外城垣,成"回"字形,还有一道城垣在外城垣以外。秦始皇陵的内城南北长1355米,东西宽580米,周长3870米,其中内城南墙一般仍高出现地表1—3米,其余部分仍存有墙基,墙基宽8米左右,采用夯土筑成,夯层厚6—8厘米。墙基距现地表10—100厘米不等。内城的中部有条长约330米、宽约8米的隔墙,将内城分为南北两部分。外城垣中间的一段仍高出现地表1.5—2.5米,其余部分仅存墙基,基宽8米。外城垣的四面各有一门,门的基址上堆积着瓦片及灰土遗迹,在外城东门遗址上曾出土有石柱础、门蹲石及大量的板瓦、筒瓦残片。在北门内侧一块石板下还出土刻有"北门钥"的铜钥匙一件,外城垣西门的基址现仍高出地表约 50 厘米,说明原来城垣有门阙、角楼建筑。

三 从墓而不坟到高墓大冢

今天实行土葬的地区,下葬后都会在地上修建一个大土堆。但是在春秋以前,墓葬是"不封不树"的,即在墓葬之上既没有封土也不种树。随着社会的发展、阶级分化的严重和等级制度的形成,旧的墓葬制度便开始退出历史舞台,坟丘墓这种能反映等级区别的墓葬应运而生。

秦公帝王的墓葬就反映了这样一段历史。在秦献公之前的秦公墓上均不见封土,这种现象在甘肃礼县大堡子山秦公墓地和陕西平阳、雍城秦公陵区均可以看到,尽管墓葬规模很大,但都没有封土的存在,只是在墓葬上筑有享堂,并不能从地面上反映出某位秦公地位的高低及当时的社会环境,也无法搞清楚墓的主人是谁。

从秦献公陵墓开始,秦陵上开始出现封土,且越筑越大。关于献公、孝公的陵墓情况,睡虎地秦墓秦简中记载:"可(何)为甸人?甸人守孝公、𤀎(献)公冢者殹(也)。"何为冢呢?"封土为丘垄,象冢而为之。"说明当时献公、孝公陵已成冢墓了。到了惠文王、悼武王陵时,其墓已改称为"陵"了,因为这时秦国的国力强大,国君的名称已经由"公"改为"王"了,其墓葬形制也由"中"字形改为"亚"字形了。目前这两座墓上仍留存有高大的封土。

秦东陵埋葬着昭襄王、孝文王、庄襄王等秦始皇的祖先,也都是封土墓。据考古钻探和调查,秦东陵的几个"亚"字形、"中"字形墓上都有封土,因其借地势而修,从外表上看封土并不很大。

秦始皇陵将中国的封土墓发展到极致。据记载,其墓高 50 丈,折合为现在的 115 米,迄今仍留存有一处高大的封土堆,是我国古代帝王陵中最高大的封土堆。虽经过两千多年的风雨剥蚀,至今仍有 70 多米高。在秦始皇陵封土上植有树。古代墓葬上种树的多少是有规定的,不能随意种植。《史记·秦始皇本纪》记载,修陵时"树草木以象山"[①],《汉书·贾邹枚路传》中也有"中成观游,上成

---

① 《史记》卷六《秦始皇本纪》,第 265 页。

山林"①的记载。因此笔者认为,秦始皇陵封土之上原长有树木。后来之所以这些树木不复存在,与关中地区整个自然环境遭到破坏有关系,纵使深山里的树木也被砍伐,何况秦始皇陵上的树木呢?

四 厚葬制度盛行

古代人认为人死后灵魂不灭,因而对死去的人要"事死如事生",即生前享有及希望享有的,在死后的陵园中都要体现。实际上,厚葬是做给后人看的。随着国力的强大,物质财富的丰富,人们用在陵墓陪葬上的财力更大。这在吕不韦的《吕氏春秋》中有详细记载:"国弥大,家弥富,葬弥厚。含珠鳞施,夫玩好货宝,钟鼎壶滥,舆马衣被戈剑,不可胜其数,诸养生之具,无不从者。题凑之室,棺椁数袭,积石积炭,以环其外。"②

吕思勉先生指出,"春秋以前,敢于违礼厚葬者,盖亦寡矣。礼制未亡,而人莫敢自恣也。及战国之世,则有难言者矣","当时之制度,牵于流俗,以厚葬为荣,薄葬为辱"③,充分反映出厚葬现象出现的原因。

秦公帝王陵自始至终贯穿着厚葬思想,礼县大堡子山秦公墓虽经大规模盗掘,仍有不少贵重文物出土,如大量的金箔片、青铜器、礼乐器等。雍城的秦公一号大墓,是目前发掘的先秦时期规模最大的墓葬,虽有247个盗洞,仍有不少的金器、玉器等出土。秦东陵尽管没有正式发掘,但从勘探资料和从盗墓者手里缴获的文物来看,也是厚葬的。秦始皇陵更是有过之而无不及,陵园规模更大,陵墓从其13岁刚即位便开始修建,最多时动用70余万人,直到死时还未完工,共花了38年时间。目前已在陵园内勘探出600多处陪葬坑、陪葬墓,陪葬品极为丰富,既有生前军队的缩影——兵马俑、帝王的乘御——铜车马、宫廷娱乐——百戏俑,又有宫廷苑囿——马厩坑及珍禽异兽坑,还有供祭祀用的寝殿、便殿、饮官建筑遗址,等等,其生前生活中的方方面面在这里都有反映。特别是其地下宫殿,更是豪华无比,埋藏了众多的宝贝,金银财宝,应有尽有。关于地宫中的情况,我们只要看一看不在地宫又不见于司马迁记载的铜车马的富丽豪华程度便

---

① 《汉书》卷五一《贾邹枚路传》,第2328页。
② 《吕氏春秋》卷十,第195页。
③ 吕思勉:《吕思勉读史札记》,上海古籍出版社,1982年,第280、278页。

可见一斑。

五　陵墓均建筑在山环水抱的高地之上

古代人对死后的埋葬地选择是非常讲究的,要进行精心选址,秦汉时期称为"堪舆",后来称为"风水"。秦公帝王陵在这方面也是一样,其陵址均选在山环水抱的高台地上。

秦公帝王陵的选址是经过认真考虑的,非常讲求风水,对周围的自然环境非常在意,如山、水、地形、交通等。关于这一点,在湖北出土的云梦秦简中有大量的记载。

礼县大堡子山秦公墓地所在地,被称为"秦陇锁钥,巴蜀咽喉",北邻秦岭、岷峨山,南邻西汉水,处于河边的高台地上。雍城秦公陵区位于渭水以北的凤翔原(古称"三畤原")上,北眺雍山,西依灵山,东接扶、岐。这里土厚水深,是理想的秦公墓地。秦东陵位于骊山西麓的高台地上,西有灞河,北有渭河,又处在秦通楚国的武关道旁。在秦公帝王陵中地理环境最好的要算秦始皇陵了。它位于骊山北麓,骊山山势高耸,又因有温泉而成为历代统治者垂青之地。《水经注·渭水》云:"秦始皇大兴厚葬,营建冢圹于丽戎之山,一名蓝田,其阴多金,其阳多玉,始皇贪其美名,因而葬焉。"这说明秦始皇喜欢骊山的金和玉。从地理形势来看,这里南有骊山,北有渭水,地形高敞,东西各有数条河溪环绕,陵区地势宽广。渭河在北面U形蛇曲,与秦始皇陵、骊山1302米高峰三者一线呈南北分布,气势磅礴壮观,确实是一块风水宝地。

秦公帝王陵的陵墓之所以均选择在高处,除了风水方面的原因以外,也是为了将陵墓挖得很深,用于防盗。从目前已掌握的考古资料来看,陵墓都在距地面20多米深处。秦始皇陵的深度更甚,据最新的考古成果,有30余米。

六　陵墓营建不循规蹈矩

秦人虽然是从东夷逐步西迁到甘肃的,但确实是从甘肃天水一带发展壮大起来的。天水一带处于农牧交界地区,是华夏人与戎狄人杂居之地,对秦人性格的形成及发展均产生了重要的影响。当时的中原各国对秦人"夷翟遇之",说明秦人确实有不同于中原各国之处,也正由于此,唐代韩愈最早发出"孔子西行不到秦"的感慨。反映出秦人并非循规蹈矩者,正如《淮南子·要略》所云"秦国之俗,贪狼强力,寡义而趋利"。

关于秦人不循规蹈矩的事实很多,如秦人并非遵循传统的嫡长子继承制。秦人是实用主义者,只要是对自己有利的事,就会不计后果地努力去干,这是秦人的传统。直到后来商鞅等法家人物出现,与秦人的思想一拍即合。因此秦公帝王陵中多有僭越当时礼制之处。

秦人好大喜功,干什么事情都喜欢大,这是秦文化的传统和习惯,因此陵墓都超越当时的礼制规定,规模很大。由于甘肃礼县大堡子山秦公墓地被盗严重,我们对其陵墓的陪葬品不得全知。到雍城秦公陵园时,就已经有僭越礼制的行为。秦公一号大墓是我国目前发现的先秦时期最大的陵墓,比商王的陵墓还要大三倍。虽然同时期的周天子墓还未发现,对其规模尚且不能确知,但在陕西周公庙发现的还未能定性的周墓,其规模显然不能和秦墓相比。秦公一号大墓规模确是超越当时秦的国力水平的,也是其他诸侯国望尘莫及的。它采用了当时天子墓才能使用的"黄肠题凑"形制,有学者认为是我国目前发现的时代最早的"黄肠题凑"墓。到咸阳陵区时,虽然秦已经从公变成王了,国力也很强大,但当时周天子仍然是名义上的天下共主,而秦王陵中竟然同周天子的墓葬级别一样,也为"亞"字形墓,这绝对是僭越礼制的行为。秦始皇陵更是有过之而无不及。这充分说明陵墓礼制对于秦公帝王来说无任何约束力,这是由秦人的价值观和丧葬习俗所决定的。而东周时期的天子墓葬规模实在太小,2002 年春,为配合基础设施建设,考古工作者对位于洛阳市第二十七中学校园内的两座东周墓进行抢救性发掘,其中一座为"亞"字形墓葬,墓室长 7.5 米、宽 6.7 米,有 4 条墓道,是迄今为止我国发现的规格最高的东周墓。经对比可以看出秦国君墓葬确实太大了。

七 从人殉到用陶俑殉葬

殉葬制度是从史前社会氏族制度形成的时候开始的,随着生产力的发展,阶级社会的产生,殉葬制度日益严酷。在商周社会,奴隶如同牛马一样,被任意宰杀和殉葬。在商代遗址安阳侯家庄西北冈的一座殷代大墓中,墓室中央底部埋有一名执戈奴隶和一条狗,墓底四隅又分别埋有 8 名执戈奴隶和 8 条狗。在墓室四周上下、墓道内部埋满了奴隶。

秦的人殉制度受到商文化的影响,秦武公"初以人从死,从死者六十六人"①,这是秦公用人殉的最早记录。实际上在礼县秦公墓中就有人殉了,在两个大型墓葬的墓道中均有殉人。到秦穆公时有过之而无不及,"缪公卒,葬雍。从死者百七十七人"②。我国古代第一篇反对人殉的诗《诗经·秦风·黄鸟》就是讽刺秦穆公以人从死而作。这些均为文献记载,在考古发掘中也有实证,据研究,陕西凤翔秦公一号大墓是秦景公的墓葬,在其墓中发现的殉葬者达186人,殉葬者中既有身份低下的奴隶,也有地位高贵的贵族,级别明显不同,待遇完全不一样,有的一椁一棺,有的仅用一棺,有的无椁无棺,有的殉葬于墓主四周(应是景公的宠臣),有的置于墓道,有的则填于回土中,可见在人殉中存在严重的阶级分化现象。而且这种大规模的人殉现象在当时的诸侯国中也是罕见的。

秦献公是一个改革家,在其改革内容中,明令"止从死"。那么用什么东西可代替殉人呢?"俑"便应运而生,最初是用木或其他质料仿制的人形,用以代替活人殉葬,这是随着社会发展和进步而出现的,是生产力发展的结果,说明人的地位上升,秦人也遵循着这条路线发展。"止从死"后,便用"俑"来代替真人殉葬,这是一种进步现象。目前发现的秦俑有陶俑、石俑等,在铜川枣庙秦墓中的小泥俑是目前发现的秦最早的陶俑,在咸阳战国秦墓中发现有骑马俑。到秦始皇陵时,用俑陪葬已发展到极致,用八千多个陶俑陶马来作为军事性质的殉葬,且完全写实,与真人真马一样大,尽管是劳民伤财的,但确实是一种进步。除此之外,在秦始皇陵园的很多陪葬坑中也都有陶俑陪葬。目前在秦始皇陵发现的陪葬陶俑陶马中,除了军事性质的,还有生活性质的,如养马的跽坐俑、圉人俑。

但据《史记·秦始皇本纪》记载,秦始皇陵在封墓道时,秦"二世曰:'先帝后宫非有子者,出焉不宜。'皆令从死,死者甚众。葬既已下,或言工匠为机,臧皆知之,臧重即泄。大事毕,已臧,闭中羡,下外羡门,尽闭工匠臧者,无复出者"③。从此段文献记载可以看出,秦始皇陵墓中有不少人被殉葬,其中有两类人,后宫中的妃子当为殉葬,工匠被埋是因为害怕他们出来后泄露墓中秘密。这是秦二

---

① 《史记》卷五《秦本纪》,第183页。
② 《史记》卷五《秦本纪》,第194页。
③ 《史记》卷六《秦始皇本纪》,第265页。

世的决定,应该说与秦始皇无太大的关系,到底秦始皇陵地宫中有没有殉人,没有经过考古发掘还不能断定。

从秦始皇陵的殉葬情况来看,既有显示社会发展的一面,又有沿袭旧习俗的一面,在目前发现的秦陵陪葬坑中既能看到陶制的马,也能看到当时的活马被埋葬,这个现象值得我们深思。

八 秦始皇陵已经有了石刻雕塑

关于秦始皇陵墓有无石刻雕塑,曾有前贤进行过研究,但论者意见不一。杨宽先生认为陵墓石刻雕塑始于东汉时期,他在《中国古代陵寝制度史研究》一书中指出:"光武帝的原陵,在开始建立供上陵朝拜祭祀用的寝殿和钟虡的同时,开始在陵前大道上陈列石象、石马等石刻群。"[1]对于这个问题,我们与杨宽先生所持观点不同,认为秦始皇陵已经有石刻雕塑了。

首先,历史文献中有不少的记载。《西京杂记》曰:"五柞宫有五柞树,皆连三抱,上枝荫覆数十亩。其宫西有青梧观,观前有三梧桐树。树下有石麒麟二枚,刊其胁为文字,是秦始皇骊山墓上物也。头高一丈三尺,东边者前左脚折,折处有赤如血。父老谓其有神,皆含血属筋焉。"[2]五柞宫是汉武帝时期建造的,位于渭河之南的上林苑中,是汉代著名的离宫,汉武帝托孤之事就发生在这里。汉代皇帝在南山游猎,都要驻跸在这些宫殿里,《汉书》中的《武帝纪》《宣帝纪》《元帝纪》《成帝纪》以及《司马相如传》《东方朔传》《扬雄传》《张汤传》等,都大量记载着西汉武帝、元帝、成帝经常在上林苑行猎,来往于长杨宫、五柞宫之间的史实。特别是汉武帝,"好自击熊彘,驰逐野兽"[3],甚至征发右扶风民众进入南山,西自褒斜,东到华山,南驱汉中,张设网罗,捕捉熊罴、豪猪、虎豹等野兽,然后运送到长杨宫射熊馆,放逐于围栏中,供皇帝游猎之用。因此,将石麒麟从秦始皇陵移至青梧观就是为了满足汉代皇帝的欣赏娱乐需求,而且可以将其作为上林苑中的雕塑。

《封氏闻见记·羊虎》记载,"秦汉以来,帝王陵前有石麒麟、石辟邪、石象、

---

[1] 《中国古代陵寝制度史研究》,第74页。
[2] [晋]葛洪:《西京杂记》,三秦出版社,2005年,第138—139页。
[3] 《史记》卷一一七《司马相如列传》,第3053页。

石马之属",用这些石刻作为"生前之象仪卫耳"①。

关于古代帝王陵上始置大型石雕的时间,有的文献中认为更早。明朝罗顾的《物原·葬原》中说:"周宣王始置石鼓、石人、猊、虎、羊、马。"将石人、石兽用于陵墓上的历史提前到了周代。

刘禹锡是唐朝人,他曾经看到了春秋时期楚王墓上的石刻。在《汉寿城春望》诗中,说到了寿州楚王墓前的石雕情景:

> 汉寿城边野草春,荒祠古墓对荆榛。
> 田中牧竖烧刍狗,陌上行人看石麟。
> 华表半空经霹雳,碑文才见满埃尘。
> 不知何日东瀛变,此地还成要路津。

从诗可以看出,楚王墓也是实行厚葬的,墓前有华表、石麟、石碑等,仪卫一派庄严肃穆。

虽然到目前为止,还没有明确的考古材料证明秦代及秦以前的陵墓中置有大规模的石刻群,但我们也不能轻易就否定这些历史文献记载。秦始皇扫灭六国,一统天下,自视功绩显赫,德兼三皇,功过五帝,若如文献所载,秦前已有在陵前置大型石雕的先例,始皇帝必定不甘其后,必会在自己的陵墓上设有象征仪卫的象生石雕。

其次,秦汉时期,好大喜功成为社会时尚,因而勒石雕像成风。

在秦始皇陵园的考古勘探中已经发现了不少的石刻作品。不仅发现了专门为秦始皇陵服务的打石场遗址,还留有当时的很多石材。② 而且在考古发掘过程中也发现了很多石制品,如石下水道、石铠甲等。据记载,秦始皇陵地宫中也用了大量石材。

文献中也记载,修秦始皇陵时确实进行过大规模的采石运石活动。《太平寰宇记》记载:"此山(骊山)无石,取于渭北诸山,其费工力由此也。"《汉书·贾山传》中有"合采金石"之说。《博物志》中也记载:"又,此山无石,运取大石于渭北诸山,故歌曰:'运石甘泉口,渭水为不流。千人唱,万人钩,金陵下,余石大如

---

① [唐]封演:《封氏闻见记》,中华书局,1985年,第82页。
② 秦俑坑考古队:《临潼郑庄秦石料加工场遗址调查简报》,《考古与文物》,1981年第1期。

堰。'"晋朝时潘岳在《关中记》中也记载了一首秦人的歌谣:"运石甘泉口,渭水为不流。千人一唱,万人相钩。"

而从现在骊山石的材质来看,确实不宜做秦始皇陵的大型石材,修建秦始皇陵所用的石材,应来源于骊山以外的渭河以北。另外,石铠甲坑是秦始皇陵的大型陪葬坑,面积达13800平方米,从目前的试掘情况来看,其坑内的陪葬品几乎全是石铠甲和石头盔。据文物工作者测定,其石材均来自渭河以北的富平和蒲城山上。大量石材由渭北运来,源源不断,导致渭水不流。实际上72万修陵人中,应包括这些采石、运石者,且这些人应该不在少数。相传运送的石材中有一块高一丈八尺、周长十八步的大石,运到距骊山不远处,运不动了,便放置在那里,并称之为"佷石"。唐皇甫湜还作了《佷石铭》来声讨始皇帝。到元朝时,此石才被用去修建灞桥。

再次,秦人石刻雕塑工艺日趋成熟,在雕刻技艺上也不存在问题。

秦人的石刻很早便有了,在凤翔秦公大墓遗址曾经发现两个小石人。现存最早的中国古代文字石刻——秦石鼓文,就是雕刻在天然石块上的。尽管学术界对其雕刻时间还存有争议,但都认为是秦人早期的石刻作品,是春秋时期的产物。秦人或者是在一块独立的天然大石上刻字,或者是将天然的石块略加表面处理后进行雕刻,中国古代将这样的石刻叫"碣"。这是最原始的石刻形态。

秦始皇五次出巡,留下了七块石刻,以表彰其功绩。"刻石著其功""立石颂秦德""刻石颂秦德",仅在《史记》里记载的就有峄山刻石、泰山刻石、琅琊刻石、东观刻石、碣石门刻石、会稽刻石等,可见,秦人对石刻历来是重视的。

同时,秦始皇陵约八千兵马俑雕塑的制作、秦始皇陵铜车马的制作和十二金人的制作,都为大型雕塑的制作奠定了良好的基础。

关于十二金人,《史记·秦始皇本纪》云:秦始皇二十六年(前221),"收天下兵,聚之咸阳,销以为钟鐻,金人十二,重各千石,置廷宫中"。《索隐》云:"二十六年,有长人见于临洮,故销兵器,铸而象之。"《正义》引《汉书·五行志》云:"二十六年,有大人长五丈,足履六尺,皆夷狄服,凡十二人,见于临洮,故销兵器,铸而象之。"[1]十二铜人的铸造是秦始皇在平灭六国以后,为了维护其统治采取的重要措施之一。由于收来的兵器很多,便铸造成12个巨大的铜人。关于铜

---

[1] 《史记》卷六《秦始皇本纪》,第239—240页。

人的重量,史料中有多种记载数字:"重各千石""钟小者皆千石也""各重三十四万斤""各重二十四万斤"。为什么会有四种不同的记载数字呢?应该说这些数字均属估计,而非确切数字。因为如此大的铜人在当时是无法进行称重的,只能做一大概估计,"千石"之说只是泛指。12个铜人不是一样大,也不是一样重,小者千石,大者应该大于千石。"石"是秦时的重量单位,一石为120斤。秦时的1斤等于现在的256.26克,按最小数字一千石计,合今30715千克;按24万斤计,合今61502千克;按34万斤计,合今87128千克。这就是说,最小的铜人的重量也在30吨以上,大的则达87吨以上。关于铜人的高度,史料记载有三说:"高三丈""坐高三丈""有大人长五丈……铸而象之"。这就是说,铜人的高度有两种可能,一种可能是三丈,合今8.12米;另一种可能是五丈,合今13.7米。尽管这也不是确切数字,但从其大致重量和高度来说,当时铸造巨大的雕塑物已不成问题。

把12个铜人铸成翁仲的形象并摆放在皇宫门前,是因为翁仲具有保卫的功能。翁仲原本指的是匈奴的祭天神像,大约在秦汉时代就被汉人引入中原,当作宫殿的装饰物。初为铜制,号曰"金人""铜人""金狄""长狄"等,后来却专指陵墓前面及神道两侧的文武官员石像,成为中国两千多年来上层社会墓葬及祭祀活动的重要代表物件。

古代帝王陵墓前神道两旁所列石刻人像,是模仿宫殿和官署前设置的侍卫人员形象所做的,可以说是"事死如事生"的具体体现。秦始皇生前能把12个金人放在宫殿前,死后也可以雕塑大型石刻放在其陵墓前,这符合当时的礼仪和秦始皇好大喜功的性格。墓前的翁仲除了充当卫士起保卫陵墓的作用外,也显示了墓主生前的等级身份。而石刻群中诸种现实的和想象出来的动物形象,则是古人迷信,用以象征吉祥和驱除鬼怪的。

秦陵铜车马被称为"青铜之冠",重量达一吨多;体积大,雕塑精,可谓当时雕塑艺术的集大成之作。

秦人既然能铸造出如此巨大的铜人和复杂精制的铜车马,那么制作大型石刻也是没有任何问题的。而且,秦始皇既然能销天下兵器,铸十二铜人立于宫殿前,以彰显其功绩,那么,按照"事死如事生"的观念,他也极有可能把生前所享用的一套礼仪搬到陵墓前,于墓前建造大型石刻。

既然秦始皇陵前应有大型石刻雕塑已确定无疑,那么,为何在秦始皇陵前看不到这些石雕,它们到哪里去了?不少的学者认为是被毁了。这些石刻石雕毁于项羽刘邦之时的可能性最大。刘邦在楚汉战争时,历数项羽的罪行有十条,其中就有"烧秦宫,掘始皇陵"。项羽攻打秦都咸阳就有复仇的目的,"楚虽三户,亡秦必楚"。考古发掘资料也可以证明,项羽确实对秦始皇陵进行过破坏,秦始皇陵众多陪葬坑被焚毁,据研究就是项羽干的,因此他也很可能对秦始皇陵地面石刻进行过破坏。后来刘邦即帝位后"以亡秦为戒",又不断指控秦始皇,认为秦始皇有"繁法严刑""赋敛无度"等暴行十余条,因此,原先宣扬始皇帝丰功伟绩的石刻、石雕之类,会毫不留情地被拆除然后销毁。林剑鸣、张文立两位先生认为,两千年的沧海桑田,秦陵上的石刻、石雕一个也不存在了,实在可惜。它们丧失于历代的兵火中,也因人为的破坏而消亡。项羽烧秦宫室,破坏秦始皇陵。后来,因为建筑灞桥,元朝人曾把秦陵上的一方大石,搬去修灞桥。秦陵石刻,就是这样被搞得散失了。同时他们也认为,"在所有的帝王陵中,秦陵所受到的摧残,恐怕不数一也数二。这是因为秦祚太短。秦始皇帝陵宏伟、富丽的陵园建起后,仅一二年,便遭到了项羽的破坏。项羽一把火,陵园建筑成为灰烬……可以这样说,在这场浩劫中,陵园的地面建筑,遭到了毁灭性的破坏,石刻被砸,恐亦难免。这些复仇的'勇士',怀着报复的心态,岂容这些石刻傲然挺立!因为这个原因,宋代卢氏注《博物志》时曾说:'项羽衡之时发其陵,未详其至棺否。'可见摧毁之甚。"①

代秦而起的是西汉王朝,为了证明自己代秦的合理性与正当性,掀起了"过秦"风潮,试图通过"过秦",证明平民皇帝刘邦的以汉代秦,不但非篡非弑,反而是代天诛暴,吊民伐罪。而要想使汉朝凌驾于秦朝之上,重要手段之一就是贬抑秦朝的历史地位,并借此抬高西汉的历史地位。正因为如此,汉代对秦几乎全盘否定。因此秦始皇及秦始皇陵便成为汉人的发泄对象,特别是汉武帝"罢黜百家,独尊儒术"以后,秦始皇在人们心目中的地位受到很大影响,对秦始皇陵的破坏也愈来愈多。比如,秦始皇修建万里长城,是为了防御北方匈奴族的侵扰,虽然动用了大量人力、物力和财力,但是我们认为这项工程是必需的。然而,在"过秦"思想的影响下,万里长城却成为后代诟病的对象,甚至"孟姜女哭长城"

---

① 林剑鸣、张文立:《秦陵墓上石刻探微》,《宝鸡师范学院学报》1988年第2期,第18—21页。

也与秦始皇扯上了联系。汉代人尽管也修建长城,但改叫"塞",明代更称之为"边墙",誓要与秦划清界限。秦始皇陵这样一项劳民伤财的工程更是成为被破坏的对象,受到的冲击更大。由于秦始皇陵地宫规模太大,加之众多的防盗措施,盗掘实在不易,而地面建筑、文物防护措施较少,便成为主要的被破坏对象。从项羽开始,秦始皇陵不断遭到厄运,要么被破坏,要么被搬移,挪作他用。《西京杂记》中记载的上林苑五柞宫中的两个石麒麟就是明证。

总之,两千多年来对秦始皇陵的兵焚、盗发,以及无知的摧残、有意的破坏,使其上的石刻雕塑遭到了自然与人为的双重破坏,所以我们今天已无法再看到秦始皇陵昔日壮观的石刻雕塑了。

从秦陵的特征可以看出,秦陵的发展史就是一部中国古代早期陵墓的发展史。

第三节　秦公帝王陵对汉代帝陵的影响

"百代皆行秦政事""汉承秦制"是人们关于后代对秦制度之延续的总结性概括。秦帝王陵墓制度对后代确实发挥了十分重要的影响,主要体现在陵寝制度、陵邑制度、陪葬制度上。

一　陵寝制度

陵寝制度影响深远,直到明清时期的帝王陵仍实行这种制度,而这种制度是从秦开始的,蔡邕《独断》云:"古不墓祭,至秦始皇出寝。"实际上在陵旁建立寝殿开始于秦东陵,到秦始皇陵时发扬光大,不但在陵北修有寝殿,还有便殿和饲官遗址。西汉帝陵的寝殿,在初期也像秦始皇陵那样建在墓的北侧,到汉景帝阳陵时,寝殿则由陵园内移到陵园外,并建成以寝殿为中心包括便殿在内的寝园。考古工作者对汉宣帝杜陵的寝殿进行了发掘,其寝园位于陵园之东南,在寝园内,寝殿在西,便殿在东。《汉书·韦贤传》云:"园中各有寝、便殿。日祭于寝,月祭于庙,时祭于便殿。"[①]

---

① 《汉书》卷七三《韦贤传》,第 3115—3116 页。

二 陵邑制度

陵邑制度开始于秦始皇陵时。《后汉书·光武十王传》东平宪王刘苍云："园邑之兴,始自强秦。"①为了加强对修陵事务的管理,秦王政十五年设置丽邑,秦始皇三十五年又迁三万家到丽邑,考古发掘也证明秦始皇陵确实有丽邑,在陵园内多次发现刻有"丽邑"陶文的陶器和砖瓦。其遗址位于秦始皇陵园北侧约2.5公里的刘家村东,地面上堆积着大量的残砖瓦片、红烧土,许多陶片上有陶文印记。②

陵邑制度等于在陵周围设置县级管理机构,其制度对汉代帝陵产生了重大影响。汉代在咸阳原上建置了五座陵邑——高祖长陵邑、惠帝安陵邑、景帝阳陵邑、武帝茂陵邑、昭帝平陵邑等,位于汉长安城东南的霸陵与杜陵也建有陵邑。西汉设置陵邑的目的,除和秦始皇陵邑一样为供奉陵墓以外,还有强干弱枝、维护中央集权制的作用,即"盖亦以强干弱支,非独为奉山园也"③。

三 秦始皇陵石刻雕塑的影响

过去我们大多认为,西汉时期昆明池上的石刻织女牛郎是现存最早的石刻雕塑。保存至今的墓葬石刻雕塑群中,要数霍去病墓的一组石刻最早。霍去病墓是汉武帝茂陵的陪葬墓,其墓上石刻是为了表彰其对匈奴作战的功劳。石雕作于西汉元狩年间,有象、牛、马、猪、虎、羊、怪兽吃羊、人与熊和马踏匈奴等16件,运用圆雕、浮雕、线刻等手法雕刻而成,简练传神。这些石雕按照石材原有的形状、特质,顺其自然,以关键部位细雕、其他部位略雕的浪漫主义写意方法,突出对象的神态和动感,给我们留下了一组年代最早、数量最多、风格粗犷古朴、气势豪放的陵墓石雕艺术珍品。这些石雕从形式到内容构成了一个具有内在联系的整体,其中"马踏匈奴"为主题雕像,其余则围绕这一主题,与墓所象征的环境结合起来做全面性的烘托,或展现山野川林的荒蛮艰苦,或体现战斗的激烈残

---

① 《后汉书》卷四二《光武十王列传》,第1437页。
② 袁仲一:《秦始皇陵园考古勘探研究中几个问题的探讨》,《秦俑秦文化研究》,陕西人民出版社,2000年,第21—30页。
③ 《汉书》卷二八下《地理志》,第1642页。

酷,或表现西汉军人的英勇矫健等,是对霍去病生前征战匈奴时自然环境的一种再现。

汉光武帝刘秀的原陵,至今保存比较完好。陵冢至门阙间有神道,两旁原设石象、石马、石翁仲等。在河南洛阳邙山脚下,有只大石象,高3.2米,长3.4米,雕刻逼真,作行进状。当地群众说,在这一只大象的对面15米处原来还有一只石象,今已湮没。这应是邙山东汉五陵的神道石象。

东汉官僚墓前的石兽,除了虎、牛、马、羊、骆驼、狮子以外,还有称为"天禄"和"辟邪"的神兽。汉代的墓前石刻辟邪,目前已经发现不少。如河南南阳宗资墓前的天禄、辟邪,现藏于南阳石刻博物馆;洛阳孙旗屯出土了天禄、辟邪,伊川县彭婆出土一个辟邪,现藏于洛阳古代艺术馆,偃师县文管会藏有辟邪残石;陕西省西安市碑林博物馆石刻展室有东汉双兽辟邪;山东省武梁祠有双兽;济南博物馆藏有辟邪残石;等等。这些石刻造型相类,多刻双翼,是东汉升仙思想在墓前石刻中的反映,置石兽以供死者神灵骑乘升天,已成为程式化的墓前石刻。东汉以后,墓葬上的石刻雕塑越来越多,规模越来越大。我们现在看到的唐代墓葬、宋代墓葬、明清墓葬前都有大量的石刻雕塑,成为一种制度延续下来,这不能不说是受到秦始皇陵石刻雕塑制度的影响。

四 其他制度

另外还有陵园建城垣、筑覆斗形封土、建有众多陪葬坑(如兵马俑坑)、陪葬墓等都被后代有所继承。汉唐宋等王朝的帝陵陵园布局结构,不论在基本组成单位及这些单位的构筑形制方面,还是在总体格局上,都表现出与秦始皇陵的一致性或相似性,这充分说明秦始皇陵对后代帝陵产生了深远的影响。正如李自智先生指出的:"如果我们做一系统的历史考察,即不难发现,从西汉到唐宋的帝陵布局结构,虽然有这样或那样的一些变化,但其基本布局却没有能够突破秦始皇陵园所创设的格局。也就是说,它们一直受着秦始皇陵园布局的影响。就是在陵园布局结构上有重大改革的明清两代帝陵,多少也受到一些影响。"[①]

[①] 李自智:《试论秦始皇陵园布局对后代帝陵的影响》,《文博》1990年第5期。

第九章　秦都城与春秋战国其他诸侯国都城之比较

春秋战国时期是中国古代社会的大转变时期,思想的大解放、战争的频仍对都城的营建产生了巨大的影响。特别是愈来愈残酷的战争,更使当时的各诸侯国掀起了筑城的高潮,高城深池成为当时都城的显著特点。很多都城不仅修有城,而且修有外郭和护城河,城的规模规模愈来愈大,都城内部结构也愈来愈复杂。

但各诸侯国都城的实际情况因各种原因也有一些不同之处,特别是处在关中的秦国和东方的诸侯国在都城的布局等方面就有所不同。徐苹芳先生用"两城制"来概括东周列国都城的城郭布局,他认为,"根据考古学的发现,东周列国都城的普遍形制是'两城制',即以宫庙为主的宫城和以平民居住的工商业区为主的'郭城'。……这种以社会阶层来区划居住区的'两城制'的城市规划,是东周城市的第一个特点";"东周时期的城市是从商和西周向秦汉城市过渡的阶段"。① 梁云先生认为:"东周列国都城形态的演化经历了东西两条道路:东方国家都城在战国时期普遍发展成为'两城制',体现了'朝、市并重'的格局;秦国都城则保持了'非城郭制'的特点,其大部分面积分布着宫殿区,朝寝有压倒庙、市的趋势。两汉都城形态是秦国'非城郭制'道路的延续和发展。"② 许宏则认为:"'大都无城(庞大的都邑外围一般不设防)'是二里头时代至汉代中国古代都城的主流形态。而城、郭兼备的都城形态,与里坊制、纵贯城市的大中轴线大体同步,都是汉代以后正式出现的。防御设施的有无本来取决于实际需要,而一旦被

---

① 徐苹芳:《中国古代城市考古与古史研究》,《徐苹芳文集　中国城市考古学论集》,上海古籍出版社,2015年,第2—4页。

② 梁云:《战国都城形态的东西差别》,《中国历史地理论丛》2006年第4期。

赋予礼仪象征的色彩,它就变得不可或缺了。这构成中国古代都城发展史上一个极为重要的阶段性差异。"① 可以看出,学术界的看法是不太相同的,本章将在列举各国都城形制、布局、规模的基础上,将文献与考古资料相结合,从而将秦与东方诸侯国的都城进行比较,以找出其共同点和不同点所在。

第一节 春秋战国时期主要诸侯国都城概况

一 鲁都曲阜

鲁都曲阜是周王朝各诸侯国中延续时间最长的都城。在西周初年,周武王封周公旦于鲁,是为"鲁公"。周成王时,周公之子伯禽代父就封,在这里建立了都城,自此至鲁顷公亡国止,共历34代,建都时间达873年。鲁城平面呈不规则长方形,除南垣较直外,其他三面均呈弧形。城垣四角成圆角,总面积约10平方公里。其东垣长2531米,南垣长3250米,西垣长2430米,北垣长3560米。除西垣基宽为30—33米外,其余三面城垣基宽均在40米左右。其残存高度有达10米者。其西、北两面以洙水为护城河,东垣外护城河北接洙水,至东南城角处折向西,南垣外护城河西入洙水,河道宽约30米。在鲁城内北部发现一条横贯东西的排水河道。

目前已发现城门11座,南面两座,东、西、北三面均为3座。东垣北门门道宽14米;北垣东门门道宽15米,中门门道宽8米,西门门道宽8米;西垣北门门道宽10米,中门门道宽8米,南门门道宽7米;南垣西门门道宽11.5米,东门门道宽10米。发现道路10条,其中东西向和南北向各5条。其1号道路西起西垣北门,通向北垣东门,全长约3050米,路宽8—9米,靠近东垣北门处加宽至14米。2号道路从西垣中门到东垣北门,西段宽8—9米,靠近东垣北门处加宽至14米。3号道路西起西垣南门,东至东垣中门,全长约3900米,西段宽10米,东段宽13—15米。4号道路位于2号与3号道路之间,长约1300米,宽8米。5号道路连接东垣南门,残长约320米,宽8米。6号路北起北垣西门,与东西向

---

① 许宏:《大都无城——论中国古代都城的早期形态》,《文物》2013年第10期。

的 3 号路相交,长约 1500 米,宽 6—7 米,其当继续向南延伸至南垣西门。7 号道路北起北垣中门,与东西向的 2 号路相接,长约 920 米,宽 6 米。8 号道路位于 7 号路以东,残长 1220 米,宽 12 米。9 号道路南起南垣东门,向北与 3 号路相接,长约 1300 米,宽 15 米。10 号道路北起北垣东门,向南在颜林附近又发现两段路土,当为同一条道路。在鲁城内周公庙、周公庙村西及村东、靶场东、农机厂北、兽医站北、南垣东门东侧、小北关、古城村西等地有较大面积的夯土建筑群基址,其时代早可至西周时期,经春秋战国而延至汉代。其中周公庙建筑群夯筑基址东西长约 550 米,南北宽约 500 米,高出地面约 10 米。基址的西、北、东部边缘残存有似夯土墙的遗迹。其东部边缘夯土墙基宽约 4 米,属东周时期。墙基外面有自然石砌成的护阶,阶下似有壕沟。在鲁城西北角、林前村西、地毯厂北、盛果寺、盛果寺村东、鲁城东北角、坊上村、北关村西、"斗鸡台"、颜林、古城村西及鲁城西南部发现有较大面积的居住遗址。在"望父台"、药圃、县城西北角、"斗鸡台"及鲁城西南部发现有较大面积的西周春秋时期墓地。在鲁城南垣东门正南 1735 米处,南泉村附近发现有"舞雩台"遗址(鲁国求雨之坛)。①

鲁城的布局是列国都城中比较规整的。宫殿区位于城的中部,在城东北部的汉鲁灵光殿遗址下有东周时期的宫殿遗址,前面有大道通南城墙东侧的"稷门"。稷门之外,有"两观"和"雩台"遗址,形成一条贯穿南北的中轴线。南大门和宫殿区因此构成整个鲁故城的中轴线。可以想象,2500 年前,鲁国人由南往北穿过宽近 6 米的大门门道,继续前行约 1000 米,就来到了周公庙宫殿区。鲁国故城中轴线的确定对于掌握城区布局具有特殊的意义,根据相关知识和经验,中轴线沿线通常都是最重要的建筑。②

2011—2014 年,对位于全城最高处的周公庙台地系统勘探了 22 万平方米,发现夯土建筑基址 81 座,各时期大型灰坑 36 个,道路 10 条,砖基建筑 2 座,大型排水道 1 条。遗迹的时代从西周到唐代。本次勘探的重要发现,是在台地边缘发现了东周时期的墙和壕沟,判断为鲁故城宫城城墙。鲁故城宫城总体呈长

---

① 山东省文物考古研究所、山东省博物馆等:《曲阜鲁国故城》,齐鲁书社 1982 年。田岸:《曲阜鲁城勘探》;张学海:《浅谈曲阜鲁城的年代和基本格局》,均载《文物》1982 年第 12 期。

② 韩辉等:《曲阜鲁国故城考古工作取得重要成果》,《中国文物报》2017 年 3 月 10 日。

方形,西北角略内折,城内东西约480米,南北220—250米,城内面积约12万平方米。根据采集的陶片及层位关系,初步判断城的时代为春秋晚期始建,延续到汉代。已发现西门、南门、东门及与之相配的道路,城内发现排水道、道路及东周夯土建筑等。城墙宽13—22米,基槽式,多厚1.1—2米,东墙夯土最为深厚,距地表深5米。城壕宽为7—22米,与城墙间隔最宽约7—8米。南东门遗址发掘3000余平方米,门址由东、西对峙的高大门阙和中间门道构成。阙台分两期,时代早至春秋时期,是目前我国所见最早的门阙实例。此次考古,工作人员共发掘2000多平方米,其中门址部分就有1000多平方米。门址东侧的城墙墙体底部现存宽约31米,高约8米,通过解剖可将城墙建造和使用过程分为四期。

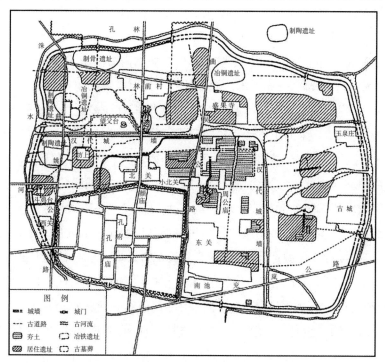

鲁国都城布局示意图①

鲁城有内外城,宫城位于大城内。其城内既有周人居住,又有殷人居住,遂有两社,即周社和亳社。城中有市,《左传·文公十八年》载:"夫人姜氏归于齐,大归也。将行,哭而过市曰:'天乎!仲为不道,杀嫡于庶。'"哀姜归齐,当走北

---

① 采自山东省文物考古所等编:《曲阜鲁国故城》,齐鲁书社,1982年。

垣之门。从宫城出而"过市",可知"市"当设于宫城与北垣之间。依"面朝后市"之制推测,很有可能"市"在今盛果寺村南一带。北有盛果寺铸铜遗址,西北有地毯厂冶铁遗址,西有御碑楼制骨遗址、盛果寺村西冶铁遗址,西南有立新联中冶铁遗址等,符合"工者近市"之记载。

二 晋都新田

新田作为晋的都城,从公元前585年晋迁都新田,至公元前376年三家分晋,历时209年。城址位于今山西侯马市西北,处在汾、浍之交,自然环境优越。目前已发现有大小遗址8座。

牛村遗址南北长约1340—1740米,东西宽约1100—1400米。北城墙不甚规则,为东南西北斜向,西北角成曲尺形。城墙宽4—8米。东城墙外部被战国时期遗址打破。有东城门一处,南城门两处。城墙内沿南城墙根发现有车道,与南城墙东西向平行,宽3—3.5米。城墙外8米处有护城河遗址。城内北部中央有大型夯土台基,现高6.5米,南缓北陡,周围堆积有许多筒瓦与板瓦残片。土台基址为边长52.5米的正方形。顶部覆盖有约1米厚的含瓦片的堆积土,下面全是夯土,厚约5米。台神遗址在牛村古城址西,为长方形,长宽均为1000米以上。其南城墙与牛村古城址南城墙基本成一条直线。南城墙东端折向北处与牛村古址南城墙西端折向北处有一处距离不大的缺口。平望遗址位于台神、牛村二城址北部,略呈长方形。南城墙接牛村古城址西北角折曲处的北墙,直向西延伸300余米,接台神古城址北城墙东端,共长600余米。东城墙接牛村古城址西北角折曲处的西墙,直向北延伸300余米后东折约100米,再向东北延伸300余米,总长约1200米。墙宽约6米。城内中部偏西有一座大型夯土基址,自底至顶可分三级。第一级是长、宽各75米的方形平面,在其南部正中向南凸出的夯土遗迹,宽约30米。第二级高出地面约4米。第三级位于第二级的北半部,东西长45米,南北宽35米。周围堆满瓦片,顶上有约1米厚的含瓦片的堆积土。堆积土下为7米多厚的夯土。土台现高为8.5米,整个是经过夯打的,夯土干硬,土质很纯,遗留有筒瓦和板瓦残片。台神、平望二处遗址修筑和使用的时间大致可判定为春秋中晚期至春秋战国之交。在牛村古遗址以东约1000米处发现有呈王、马庄二处城址。

晋都新田的"宫城"由牛村、平望、台神三座古城呈"品"字形构成,牛村古城发现的打破其城墙的公元前470年左右的墓葬和平望古城内春秋晚期偏晚阶段的墓葬分布,说明最迟在"三家灭智氏"的公元前453年之后,新田作为晋国都城已开始进入衰落甚至废弃阶段了。

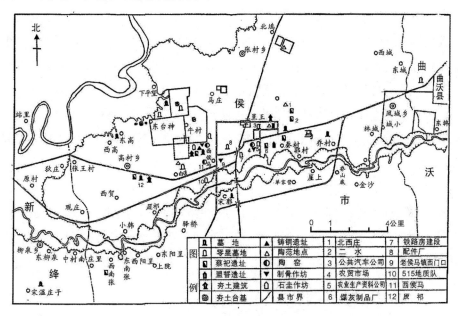

晋都新田布局示意图①

呈王遗址东西长约600米,南北宽约500米,中部有一道东西向隔墙,将此城分为南、北二城。北城近中部有两座夯土建筑遗存。马庄古城址的规模与呈王古城址大致相当。在侯马晋都遗址东北部的北坞村亦发现两座古城址,两城东、西并列,中间为一条大路。西城近方形,边长约300米。城内探出建筑遗迹12处,总面积约1万平方米。东城呈长方形,南北长约580米,东西宽约530米。城内探出建筑遗址17处,总面积约2万平方米,其中大型建筑5处,总面积约18500平方米。关于其修筑和使用时间,西城大致与侯马晋都遗址时代相同,东城较晚,大致相当于侯马晋都遗址时代的中晚期。在牛村古城址南约250米处发现一处祭祀建筑遗址,由主体建筑和环绕于东、北、西三面的垣墙基址组成。基址东西长39米,南北宽38米,总面积为1482平方米。基址南部发现祭祀坑59座,均属建筑基址使用时期的遗迹。在此祭祀建筑遗址周围,发现有分布范

---

① 采自山西省考古研究所侯马工作站编:《晋都新田》,山西人民出版社,1996年。

围很广的东周时期的普通居住遗址以及铸铜、制陶、制骨等手工业作坊遗址,在东南部秦村一带发现有祭祀、盟誓遗址。在浍水南岸上马、汾水附近的柳泉、平望等地发现有东周时期墓葬群。①

新田城外修筑有离宫苑囿。《左传·襄公三十一年》载,子产曰:"今铜鞮之宫数里,而诸侯舍于隶人。"杜预注:"铜鞮,晋离宫。"《左传·昭公八年》载:"于是晋侯方筑虒祁之宫。"杜预注:"虒祁,地名,在绛西四十,临汾水。"今侯马市西约10公里处有虒祁村,当即虒祁之宫殿故址所在。

以宫城为主体,左祖右社,注重军事防御、手工业生产、祭祀活动等,构成了晋都新田的筑城模式,反映了当时"国之大事,在祀与戎"的时代背景,但不设郭城,在东方诸侯国中颇为另类。

晋国的铸铜作坊遗址和侯马盟书,至今其他诸侯国仍无法与之相媲美。东周时期,晋式铜器遍布北半个中国,1平方公里的铸铜作坊遗址在世界上也是罕见的,反映出晋国的手工业发展水平之高超,而从晋侯墓地出土的青铜器也可以看出其高超的青铜铸造水平。

三 郑韩故城——新郑

新郑本是春秋时期的郑国都城,公元前375年韩襄侯灭郑后迁都于此。郑、韩两国先后在此建都达539年之久,所以被称为"郑韩故城"。故城位于今河南省新郑市区周围,双洎河(古洧水)与黄水河(古溱水)交汇处。平面呈不规则三角形。东西最长5公里,南北最宽4.5公里,又有南北向的隔墙将其分成东西两半,所以其形制与燕下都武阳相似,但东西城的布局更近于临淄。城垣周长20公里,城内面积16平方公里。城墙夯筑而成,基宽40—60米,高15—18米,北墙外侧有数处马面建筑。

---

① 山西省文物管理委员会:《山西省文管会侯马工作站工作的总收获(1956年冬至1959年初)》,《考古》1959年第5期;山西省文管会侯马工作站:《1959年侯马"牛村古城"南东周遗址发掘简报》,《文物》1960年第8、9期;侯马市考古发掘委员会:《侯马牛村古城南东周遗址发掘简报》,《考古》1962年第2期;中国社会科学院考古研究所:《新中国的考古发现和研究》,文物出版社,1984年;山西省考古研究所侯马工作站:《侯马呈王路建筑群遗址发掘简报》,《考古》1987年第12期;《山西侯马晋国遗址牛村古城的试掘》,《考古与文物》1988年第1期;《山西侯马牛村古城晋国祭祀建筑遗址》,《考古》1988年第10期。

郑韩故城内文物遗迹星罗棋布,发现城门遗址4处,在城内南北走向有一道隔墙,把故城分为东西两城。西城内分布有韩国宫城和宫殿区、缫丝作坊遗址,东城内分布有郑国宫庙、祭祀、铸铜遗址和韩国铸铁、制骨、制玉、制陶等多处遗址。故城内外有郑韩两国贵族墓地多处,其中大型韩王陵墓群12处。平民墓葬区主要分布在城东黄水河东岸、城南和城西双洎河西岸一带,城北墓葬极少。

郑韩故城西城平面略呈长方形,北墙保存较好,长约2400米,东墙即故城隔墙,大部分墙基埋藏在今地面下,长约4300米,西墙和南墙据推测多被双洎河冲毁。经30多年来的钻探发掘得知,在西城的北中部,即今阁老坟村一带,夯土建筑基址分布密集,已经发现10余处,有的面积达六七千平方米,并发现有上下层夯土建筑基址的叠压打破关系,表明这里是春秋战国时期郑、韩两国的宫殿区或与宫殿建筑有关的建筑遗存的集中分布区域。西城中部发现的宫城遗址,东西长约500米,南北宽约320米,四周另有夯土墙环绕,墙基宽约10—13米,全部湮埋在今地面以下。已钻探发现了推测是宫城的北门和西门遗迹,并在宫城中部偏北处发现了大型夯土建筑台基。在这片建筑基址的西北部,尚保存一处地面夯土高台建筑遗存,俗称为"梳妆台"。台基作长方形,南北长约135米,东西宽约80米,高8米,台上发现有陶井圈构筑的水井和埋入地下的陶排水管道,这座高台建筑的性质尚不十分明了。在西城偏东侧发现并发掘了三处战国晚期的大型夯土建筑台基,其中二号基址依形制推测当为一处坐西面东的配殿建筑。在西城西北部的阁老坟村西,揭露一段战国晚期的复道基址。这些发现,为研究和确定西城的性质提供了新资料。

西城内最重要的发现是位于宫城西北部的地下冷藏建筑遗址。这处地下冷藏室的形制为口略大于底的长方形竖穴式,现存口南北长8.7米,东西宽2.8—3米,底长8.6米,宽约2.35—2.5米,深2.4—3.35米。其建筑步骤是:先由地面向下挖成一座口大底小的长方形阶梯状土圹,然后在土圹周边内侧由下向上分层夯筑四壁,在四壁表面涂抹草拌泥,外表面再粘贴一层方形凹槽砖。四壁夯层厚度约10厘米,夯面上布满密集的圆形底夯窝。在冷藏室南壁东端,修筑有呈南高北低状的台阶式出入走道,走道台阶共13级,也为夯土筑成,直通地下冷藏室底部。室底平坦而规整,室内面积21.24平方米。冷藏室底部东侧,挖有5眼竖井式冷藏窖,南北呈一条直线排列。井窖系用特制的筒状陶井圈在预先挖成的竖井式土圹内上下套接而成。这种特制井圈直径大者1米,小者0.71米,一般为0.82—

0.86米,高0.32米,上部近井口处井圈较大,下部井圈较小,井深2.5米左右。冷藏室其余地面用正面印有对称的三角纹和菱形格米字纹,背面有正方形凹槽的方砖平铺,室内周壁壁脚亦用方砖砌护。发掘时在冷藏室周围发现4个圆形柱洞,洞底用料礓石铺垫作为基础。冷藏室地面原有木构瓦顶类的建筑设施。①

郑韩故城东城平面呈不规则长方形,北墙长约1800米,东墙自边家村西北墙东端南行,在裴大户寨村西发现城门遗迹处折而向东,至黄水河西岸边缘继续南行,直至双龙寨村南黄水河与双洎河交汇处止,全长约5100米。南墙西起东墙南端,西行过双洎河,再沿双洎河南岸西行,至郜楼村东北折,在前端湾村西双洎河南岸止,方向略与故城隔墙成一条直线,全长约2900米,其筑法与西城墙相同。

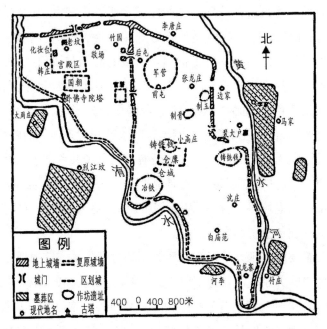

郑韩故城布局示意图②

东城目前发现的手工业遗址有冶铁、铸铜、制陶、制骨、制玉等多处,其中小

---

① 安金槐、李德保:《郑韩故城内战国时期地下冷藏室遗迹发掘简报》,《华夏考古》1991年第2期。

② 采自杨育彬、袁广阔主编:《20世纪河南考古发现与研究》,中州古籍出版社,1997年。

吴楼北有一处10万多平方米的铸铜遗址。东城区内最重要的发现是1993年以来发掘的多座青铜礼乐器坑。1993年6月,在配合位于郑韩故城东城中部的金城路施工发掘中,发现多座青铜礼乐器坑和殉马坑,出土青铜礼乐器60余件。1994年10月至1995年3月,在同位于东城中南部的新郑市城市信用社基建工地的发掘中,又发现6座青铜礼乐器坑和56座殉马坑,出土青铜礼乐器57件。1996年12月至1997年1月,继上述两次发现之后,在位于郑韩故城东城西南部,今城关新华路中段的南侧,又发现青铜礼乐器坑10座、殉马坑20余座,出土春秋时期的郑国宫室青铜重器255件。其中青铜礼器坑4座,出土鼎、簋、鬲、壶、鉴、豆等111件;青铜乐器坑6座,出土编钟18套144件,与之伴出的还有悬挂编钟的木架6套和吹奏乐器陶埙4件。这次发现的青铜器数量之丰富、组合之完整、工艺之精美,在郑韩故城的考古发现中均居首位。①

在郑韩故城内外,均发现有春秋战国时期的墓地分布。其西城内东南部和东城内西南部一带,可能有春秋郑国的贵族墓葬区。在郑韩故城外围的新郑卷烟厂、烈江坡村、蔡庄、河李、南关、李家、马家、周庄、靳洞等处,均有春秋战国时期的墓葬发现。就大致的分布规律看,春秋时期郑国贵族墓地多在城内,而一般墓葬区多在城外。战国时期韩国王陵区目前已有一些线索,但仍在探寻之中。2014年,考古工作者在郑韩故城内发现1000余座古墓葬,初步判断时代属距今2700多年的东周时期。

2017年,考古工作者在郑韩故城又有了新的发现,首次在故城发现城门,且保存完好,同时首次发现了从城门过的水关。城门外发现瓮城,瓮城外又有壕沟,其功能都是增强防御。近年来,陕西石峁龙山文化晚期城址和河南新郑望京楼商代城址发现瓮城雏形,将中国瓮城历史大大提前。此次郑韩故城发现的瓮城建筑,布局清晰,保存完好,这在春秋战国时期的都城遗址中实属罕见,填补了我国古代都城建筑史上的一个空白。新郑作为春秋战国时期郑国、韩国后期都城长达539年之久,其城垣周长达20公里,历经多次修筑,城门十分复杂。《左传》《史记》等古籍记载,它有皇门、纯门、师之梁门、渠门、时门等近20个城门,但此前考古发掘尚未确定任何一处。新发现的瓮城由夯土筑建而成,城墙墙体

---

① 河南省文物考古研究所新郑工作站:《郑韩故城青铜礼乐器坑与殉马坑的发掘》,《华夏考古》1998年第4期。

上突出的马面建筑,与一道东西走向的环形夯土墙(瓮城墙体)一起构成了完整的瓮城防御体系。墙体上还发现了排列较为规整的方形建筑遗迹,有可能是作为防御设施而修建的,体现了筑城者加强城门防守的理念和功能设计。考古人员在清理春秋晚期的一条道路时,发现一道深约4米、宽达14米的壕沟,与道路并行进入城内。此前,距此南约400米处曾发现一道同样的壕沟。专家由此推测,正在发掘的城门遗址,可能就是郑韩故城的水门或水关,即文献中记载的"渠门"所在。从目前发掘情况看,郑韩故城东城北城门的结构基本廓清,初步表明北城门具备瓮城防御体系并有"渠门",城门由下穿的门洞及水门两部分构成。① 同时还发掘了郑国车马坑三号坑,其作为陪葬坑是继郑公大墓之后的又一惊世发现,共陪葬各种车辆48余辆、马124匹以上,出土的车辆和马骨之多,在我国东周考古发现中名列前茅,是研究我国周代车马葬制、葬俗及马匹特征等的重要材料。

四 魏都安邑

安邑作为都城,从晋悼公十一年(前563)魏绛徙治安邑至魏惠王六年(前364)将都城迁到大梁,前后约有200年的历史。

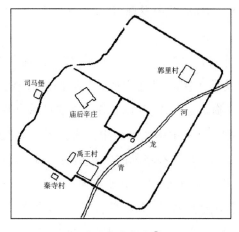

魏国都城安邑②

---

① 《河南"郑韩故城"首次发现城门和瓮城》,《光明日报》2017年2月16日。
② 采自中国社会科学院考古研究所编著:《中国考古学·两周卷》,中国社会科学出版社,2004年。

据勘探可知,安邑城址分大城、中城和小城。大城平面略呈梯形,北窄南宽,总面积约 13 平方公里。其北垣长 2100 米,基宽 22 米,残高 2—5 米;西垣长约 4980 米,基宽 18.5 米,北段外侧有护城河遗迹;南垣现长约 3565 米,基宽 11.5 米;东垣北段现长约 1530 米,基宽 17 米。城角均呈弧形,比城墙其他地段要宽,西北城角宽达 32 米。大城内文化堆积层厚 2 米左右,多属战国时期。中城在大城西南部,平面略呈方形,总面积约 6 平方公里,周长约 6500 米。中城之西垣、南垣分别是大城西垣、南垣之一部分。北垣长约 1522 米,基宽 5.8 米,残高 1—5 米,西端与大城西垣交接处有缺口,宽 10 余米。东垣自小城南垣以南现长约 960 米,南端略向西折,基宽 8 米,残高 0.4 米—1 米,其夯土与禹王村西南转角处二次补修的城墙夯土相同。小城位于大城中部、中城东北角,平面略呈方形,总面积约 0.75 平方公里。其北垣为中城北垣之一部分,长 855 米,基宽 12 米;东垣长 495 米,基宽 16.5 米;南垣长 990 米,基宽 11.3 米;西垣长 930 米,基宽 11 米,城墙残高 3 米左右。城墙夯土层复杂,很可能经过多次修补。城内文化堆积层普遍厚 2—3 米,下层属战国时期,上层主要是汉代遗物。小城东南角处有禹王台,台面略呈方形,东西长约 65 米,南北长约 70 米,现高约 9 米。台上部为较晚时期的夯土,下部夯土较早,含有少量东周陶片。

勘查者推测其大城修筑于战国时期;中城修筑于秦汉时期;小城可能是宫城,与大城同时修筑,秦汉以后一直沿用。[①] 由于未经正式发掘,是否有春秋时期文化堆积层尚不能确定。

五 楚都郢

郢作为楚都,自文王徙郢至白起拔郢,前后达 400 余年。因位于纪山之南,后世称"郢都"为"纪南城"。

郢都古城在今江陵县城北约 5 公里处,地势大体平坦,虽有少量土丘,但起伏不大,夯筑的城垣大部仍凸现在地面上,有 28 处豁口。一般残高 4—8 米,底宽 30—40 米,上宽 10—20 米,夯土每层厚约 10 厘米。墙身与护坡有明显的分界。外护坡底宽约 6 米,内护坡底宽约 10 米。全城大致为方形,东西较南北稍

---

① 陶正刚、叶学明:《古魏城和禹王古城调查简报》,《文物》1962 年第 4、5 期;中国科学院考古研究所山西工作队:《山西夏县禹王城调查》,《考古》1963 年第 9 期。

宽。北垣长3547米,西垣长3751米,南垣长4502米,东垣长3706米,周长为15506米。城址面积约16平方公里。已知有七座城门,北垣二门,西垣二门,南垣二门,东垣一门。其中,北垣东门和南垣西门为水门,有古河道贯穿,今仍通水。经钻探测知东垣中部偏北也有古河道横穿,估计也有水门。

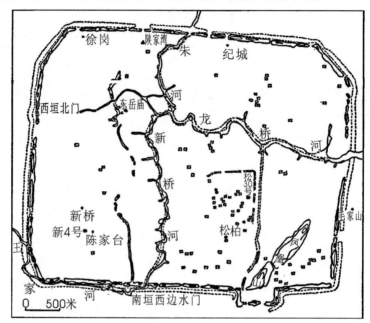

楚都纪南城布局示意图①

考古工作者已经发掘了西垣北门和南垣水门,查明了郢都两种城门的不同形制。西垣北门有三个门道,用两座夯筑的隔墙分开。中门道基宽7.8米,北门道和南门道的宽度为中门道宽度的一半。两座隔墙各长10.1米,宽3.6米,门道内各隔墙上都没有发现柱洞类建筑的痕迹。

南垣水门是一座木构建筑,遗迹有南北走向的六排木柱和两排挡板。发掘结果证明,都城一门三道的制度最早在春秋战国之交就已经出现了。一门三道的水门,迄今独见于郢都,无疑是楚人的创造。在都城东南部和东北部有许多夯土台基。东南部由一条南北走向的古河道分成两半部,西半部的夯土台基尤为密集。西半部的东边和北边有夯土墙的遗迹,应是围墙。其中的30号建筑台基,呈长方形,长80米,宽54米,残高1.2—1.5米,年代为战国早、中期。其墙

---

① 采自湖北省博物馆:《楚都纪南城的勘查与发掘》,《考古学报》1982年第3、4期。

基用"筑基"的方法筑造,先在地面筑出宽约 3 米的基础,再在基础上加筑宽约 1 米的墙基,然后在墙基上加筑墙壁。这处建筑遗迹,从其基址规模和营造制度来看,可能是先有宫殿建筑或官署建筑。郢都的东南角和东北部的中心地带,也有较多的夯土台基,可能是邸宅区。郢都居民的生活用水主要来自井,水井密集的地带在城址的中部偏北。在长约 1000 米、宽约 60 米的范围内,发现了水井 256 座、窖址 6 座。郢都的西南部,残存夯土台基不多,但发现了炼炉遗址,可能是铸造作坊区。已在城址内发现的砖瓦有空心砖和板瓦、筒瓦、半瓦当、瓦当等,空心砖有拍印的花纹,板瓦、筒瓦、瓦当饰绳纹。①

郢都交通便利,因而商业甚为发达。《史记·货殖列传》云:"江陵故郢都,西通巫、巴,东有云梦之饶。陈在楚夏之交,通鱼盐之货,其民多贾。"②据安徽寿县出土的楚怀王六年所制鄂君启节铭文载,其持舟节,可在一年之内自鄂地起,进出包括郢城在内的九个城邑而免关税。③郢城内设市,称"郢市"。《古本竹书纪年》云:"(梁)惠成王十七年,有一鹤三翔于郢市。"此郢市,有可能在宫城之北,龙桥河古河道之南。桓谭《新论》云:"楚之郢都,车毂击,民肩摩,市路相排突,号为朝衣新而暮衣蔽也。"由此可见郢市之盛。

郢城之外筑有离宫。《左传·文公十年》载,楚穆王使子西为商公,"沿汉溯江,将入郢。王在渚宫,下,见之。"杜预注:"小洲曰渚。"《水经注·江水》载:"(江水)又南过江陵县南。……今城,楚船官地也,春秋之渚宫矣。"可知在迁郢之初已在江边修筑离宫。

六 齐都临淄

临淄故城位于今山东省淄博市临淄区齐都镇,南有牛山、稷山,东、北面是辽阔的原野,距渤海仅百余里,西依系水,东临淄水。临淄就是因临淄水而得名。

据考古勘测,临淄分为大、小二城,小城在大城西南隅,两城衔接。其总面积达 15 平方公里,总周长约 21433 米。小城周长约 7275 米,大城周长约 14158 米。临淄城平面呈不规则长方形。其大城西垣长 2812 米,基宽 32—43 米,基本

---

① 湖北省博物馆:《楚都纪南城的勘查与发掘》,《考古学报》1982 年第 3、4 期。
② 《史记》卷一二九《货殖列传》,第 3267 页。
③ 郭沫若:《关于鄂君启金的研究》,《文物参考资料》1958 年第 4 期。

面南,南端接小城北垣,发现城门一座,门道宽11米有余;北垣长3316米,发现城门两座,西门门道宽13米多,东门门道宽17米;东垣长约5209米,基宽20—26米,发现城门一座,门道已被破坏;南垣长2821米,基宽17—25米,西端接小城东垣,发现城门两座,西门门道宽13米,东门门道宽11米多。北垣和南垣外有护城河,宽25—30米,深约3米。城内发现道路10条,绝大多数与城门相通。大城的7条干道,宽10—20米。小城的两条南北道最窄,宽度都不足10米。东部南北向大道,长3300余米,路宽20米,南端接南垣东门。中部南北向大道长近4400米,路宽20米,南端接南垣南门,北端接北垣东门。北垣西门大道现存长约650米,路宽6米余,北端接北垣西门。北部东西向大道长约3600米,路宽约15米,东端接东垣城门。中部东西向大道长2500米,路宽约17米。西垣城门大道长约1000米,路宽10—20米。发现西周、春秋战国时期居住址、手工作坊址和墓葬多处。其小城西垣长2274米,基宽20—30米,发现城门一座,门道宽约20.5米,门内南侧有一处夯土基址与城墙相连,与此城门相接的东西向大道长约650米,路宽17米。南垣长1402米,基宽约28米,发现城门两座,西门门道宽13.7米,与此城门相接的南北向大道现存长约1200米,路宽8米。东垣长2195米,基宽38米,发现城门一座,门道宽14米。北垣长1404米,基宽约28米,接近东北城角处基宽55米,城门门道宽10米,门内两侧有夯土基址与城墙相连,门道两旁以石垒砌。

通过解剖大城西垣与小城北垣衔接处发现,大城西垣原夹在小城北垣中。这表明大城的修筑年代早于小城。小城四面城垣外有护城河,北垣与东垣外护城河宽约25米,西垣与南垣外护城河宽约13米。城内还发现有其他夯土基址及手工作坊遗址等。临淄城墙残垣尚存,据探测,城墙是依自然地势而筑,南、北面多取直线,东、西侧沿河岸蜿蜒曲折,有城墙拐角24处。

宫室是都城的重要组成部分,临淄的宫室分布在小城北部的"桓公台"和东北隅的"金銮殿"一带。经发掘得知,桓公台是一处南北长86米、东西宽70米、高14米的椭圆形夯筑高台,其下层堆积出土有素面及树木双兽纹等半瓦当,属战国时期。周围分布着许多夯土建筑基址,从而构成了以桓公台为主体的宫殿建筑群,东、北两面还有河沟围绕。齐国的君主们为满足自己骄奢淫逸的生活,滥用民力,大兴土木。因路寝之台筑得很高,以致君主无法一次登上,必须半途休息后才能继续攀登。那些被称为"梧台""檀台""雪宫台""遗台""桓公台"的高台建筑基址至今仍屹立在城内外。在"金銮殿"的故址上，还出土了方形铺地花纹砖、屋脊花纹砖和瓦当等。临淄的手工业一直比较发达，钻探中发现了十几处手工业作坊遗址，其中小城中有炼铁遗址两处、冶铜遗址和齐刀币铸址各一处；大城有炼铁遗址四处、冶铜遗址一处、制骨遗址多处。在这些遗址中发现了巨型铁渣、铜渣、炉渣以及大量齐刀币和刀币钱范，还有许多十分精致的骨制品和残骨废料。①

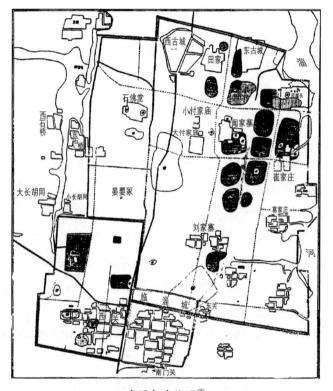

齐国都城临淄②

临淄交通极为便利，东至海，西至中原诸国，南至莒，北至燕，东北至莱，东南至即墨，西南至鲁等，均有大路可通，既是齐国的政治、经济、军事和文化的中心，也是战国时期我国规模最大、人口最多、最繁华的都市之一。《史记》云当时"临淄之中七万户，臣窃度之，不下户三男子，三七二十一万，不待发于远县，而临淄

---

① 山东省文物管理处：《山东临淄齐故城试掘简报》，《考古》1961年第6期；群力：《临淄齐国故城勘探纪要》，《文物》1972年第5期。

② 采自山东省文物管理处：《山东临淄齐故城试掘简报》，《考古》1961年第6期。

之卒固已二十一万矣。临淄甚富而实,其民无不吹竽鼓瑟,弹琴击筑,斗鸡走狗,六博蹋鞠者。临淄之途,车毂击,人肩摩,连衽成帷,举袂成幕,挥汗成雨,家殷人足,志高气扬"①,可见临淄城市之繁华。

七 燕下都武阳

燕下都,建于燕昭王时期,位于今河北易县东南2.5公里处,介于北易水和中易水之间,迄今地面上还有部分城墙及高台建筑台基等,是诸侯国都城遗址中规模最大的一座。

经考古工作者调查与勘探,得知燕下都城址平面略呈"T"形,受易水流向的影响,整座城的方位略偏于东南。其东西长约8公里,南北长约6公里。分东、西二城,其东城北垣长4594米,宽约40米,发现城门一座,城北有老姆台夯土基址,二者之间有宽约10米的路土相连接。东垣长3980米,宽40米,发现城门一座,城外有护城河,宽约20米。南垣残长2210米,宽约40米。西垣残长4630米,宽40米。在北部有一堵东西向隔墙,长约4460米,宽约20米,发现城门一座。隔墙东段有朱家台夯土基址,隔墙以南有武阳台、老爷庙台夯土基址,以及武阳台村西南、东南建筑群基址等,隔墙以北有望景台、张公台夯土基址及小平台建筑群基址等。城西北角有虚粮冢墓区。西城北垣长4452米,中部一段向外突出折成斗形。西垣长3717米,发现城门一座,阙口宽约30米,中间有路土,路土向城外延伸425米,向城内延伸750米,宽约4—7米。南垣残长1755米,城墙宽约40米。在中易水南岸发现的残存城墙呈"L"形,南垣残长2341米,与中易水北岸之东城南垣不在一条直线上,其当呈"⌐"形与东城南垣相接。城内似无一般都城那样居于中心位置的宫市建置。古河道以南的大型宫殿建筑群当为燕国国君行宫所在及将帅驻地,武阳台当为燕国国君登阅兵之所。在高陌村东及西北发现有铸钱作坊遗址,在郎井村南发现有兵器作坊遗址及陶器作坊遗址,当均属官府所有。城西北角九女台墓区,当为居于城内的身份较高的贵族墓葬区。东城隔墙以北多战国中、后期遗存,且大多为兵器作坊及与兵器制作相当的

---

① 《史记》卷六九《苏秦列传》,第2257页。

作坊遗存。①

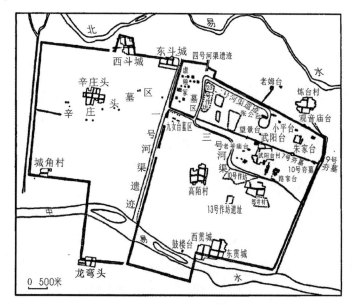

燕国下都武阳②

燕人在营建上都蓟城后又在此边陲要冲之地营建下都,主要是出于军事上的防御和南下进攻的目的,这从其规模、布局等都可以明显地反映出来。③

八 赵都城邯郸

邯郸作为都城从赵敬侯元年(前386)开始,直到赵王迁八年(前228)被秦所灭,共159年。城址位于今邯郸市区及西部。据考古勘探,邯郸城由"王城"和"大北城"两部分构成,总面积约18.87平方公里。其"王城"又由西城、东城、北城三部分构成,平面呈"品"字形,和魏安邑城布局差不多,总面积为505万平

---

① 河北省文物局文物工作队:《河北易县燕下都故城勘探和试掘》,《考古学报》1965年第1期;河北省文物管理处:《河北易县燕下都第21号遗址第一次发掘报告》,《考古学集刊2》,中国社会科学出版社,1982年,第69页;河北省文物局文物工作队:《燕下都第22号遗址发掘报告》,《考古》1965年第11期;河北省文物研究所:《河北易县燕下都第13号遗址第一次发掘》,《考古》1987年第5期。

② 采自河北省文物局文物工作队:《河北易县燕下都故城勘探和试掘》,《考古学报》1965年第1期。

③ 《先秦都城复原研究》,第308页。

方米。西城略呈正方形，西垣长 1426 米，北垣长 1394 米，东垣长 1422 米，南垣长 1372 米，基宽 20—30 米，残高 3—8 米。每面各开城门两座。发现古道路一条，东西向，残长 137 米，路宽 11—13 米，可能与西垣南门相连。赵王城内现存的夯土基址，其体积之大和保存之完整，是其他都城无法相比的。城内有夯土台 5 座，发现夯土基址 7 处。西城中部"龙台"规模最大，称为"1 号夯土台"，近正方形，南北长 296 米，东西宽 264 米，四面呈梯田形，由下而上，有五到八层不等，东部高度为 16.3 米。顶部比较平坦，南北长 132 米，东西宽 102 米。经钻探，西部夯土外扩 5 米。2 号夯土台在"龙台"北 215 米处，台基作方形，东西长 58 米，南北宽 55 米，台高 6 米。3 号夯土台在其北 228 米处，台基作方形，东西长 61 米，南北宽 60 米，经钻探，西部外扩 5 米，南部外扩 8 米，台高约 5 米。4 号夯土台在 3 号夯土台西北，东西宽 35.7 米，南北长 45 米，台高 5.2—6 米。5 号夯土台在 2 号夯土台东，东西长 44.5 米，南北宽 43 米，地下夯土向西外扩 11 米，向南外扩 7 米，台高 5.9 米。大面积的地下夯土基址主要分布在 1 号夯土台西及西北部，其他分布在城内东部、东北部及东南部。

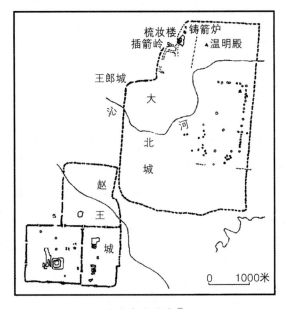

赵国都城邯郸①

---

① 采自河北省文物管理处、邯郸市文物保管所：《赵都邯郸故城调查报告》，见《考古学集刊 4》，中国社会科学出版社，1984 年，第 162 页。

东城东垣南端延长 48 米,共长 1470 米。北垣长 950 米,有城门遗址两处,东部城门内外发现有古道路,残长 206 米,宽约 9 米。西垣长 1574 米,南垣长 834 米,有一处城门遗址。墙宽 30 米左右,城内有夯土台 3 座,发现夯土基址 3 处,其他遗迹 2 处。6 号夯土台位于西北部,俗称"北将台"。台基呈方形,南北长 120 米,东西宽 119 米,地下夯土西部外扩 3 米,台高 9.1 米。7 号夯土台在其南约 500 米处,俗称"南将台"。台基呈方形,南北长 113 米,东西宽 104 米,地下夯土向西外扩 10 米,台高 5—8.2 米。8 号夯土台在 7 号夯土台西南,台基略呈方形,东西长 31 米,南北宽 25 米,台高 3.8—4.4 米。地下夯土基址分布于 7 号夯土台南、北侧及 8 号夯土台西南部。在 6 号夯土台南、北两侧发现有大面积遗址,无夯土而有筒瓦、瓦当及空心砖、柱础石等遗物。

北城呈不规则长方形,南垣即东城北垣及西城北垣东部,长 1440 米,西垣长 1544 米,北垣长 1272 米,东垣长 1592 米,墙宽 30 米左右。西垣南端城墙残高 2—7 米,均为地下遗址。城内西南部有 10 号夯土台,平面近正方形,东西宽 111 米,南北长 135 米,台高 4.5—6 米。西垣外有 9 号夯土台,台基略呈方形,东西宽 55 米,南北长 67 米,台高 6—10 米。

"王城"东北为"大北城",二者相距最近处仅 60 余米。"大北城"城址平面呈不规则长方形,南北最长处 4880 米,东西最宽处 3240 米,面积约为 13.82 平方公里。除西垣在地面上还存留断续的夯土墙址外,其余墙址均在地表以下,墙址周长为 15314 米。"大北城"西北角发现一座小城,西与"插箭岭"相连,西垣与"插箭岭"相距 0.4—0.7 米。小城平面略呈梯形,根据已发现的各城角延伸相交趋向推测,小城北垣长约 290 米,南垣长约 400 米,南北长约 700 米。小城北有"梳妆楼"夯土台遗址,分南北两部分,南部称"前楼",地面基部东西长 140 米,南北宽 100 米,台高约 10 米;北部称"后楼",地面基部东西长 150 米,南北宽 80 米,台高 7—8 米。其北 30 米处有"皇姑庙"夯土台遗址,东西长 120 米,南北宽 80 米,台高 2—3.1 米。其北有"铸箭炉"夯土遗址,东西宽 60 米,南北长 74 米,台高约 9 米。"大北城"东北部有"丛台",现仅存一台,东西长 59 米,南北宽 40 米,台高 12.5 米。"大北城"内还发现炼铁作坊遗址 3 处、铸铜作坊遗址 1 处、烧陶作坊遗址 5 处、制骨作坊遗址 1 处、石器作坊遗址 1 处,大都集中分布在中部偏东一带,多数为战国时期遗址。邯郸城西北约 15 公里的三陵乡一带为赵王陵区,现存有封土的大墓10余座。邯郸西郊百家村为赵国贵族墓葬区①。

"赵王城"修筑在后,很可能为赵武灵王所营建。赵武灵王实行胡服骑射,穷兵黩武,除建丛台于邯郸城内外,亦必然在城外有所经营。"王城"之西城当即为赵武灵王所修筑,从其形制和布局来看,当主要用于军事活动。南部1号夯土台即"龙台"当为赵武灵王议事阅兵之所,其北2号夯土台有可能为赵武灵王居寝之所,其他夯土台当亦多与军事活动有关。在东北角设门,显然是为了便于与邯郸城联系。在此城内看不到完整的门阙宫寝系统及其相关的祖、社建筑,故当不是宫城,即此城修筑后,原建于邯郸城内的宫城并未废弃,至少在名义上仍然为赵王宫城。②

从邯郸城的布局来看,范围广阔的大北城是邯郸的古城,也是赵都的郭城,而王城是赵都的宫城,即内城。

第二节 秦都城与各国都城的比较

通过以上所列举春秋战国时期各国都城的形制规模及布局,可以发现它们和秦都城相比既具有普遍性,也具有特殊性。

一 普遍性

(一)规模庞大

西周时期列国的都城都比较小,进入春秋战国时期,都城的规模都较以前有了扩大。关于西周时期的都城,《周礼·考工记·匠人》云:"匠人营国,方九里。"《左传·隐公元年》载:"都,城过百雉,国之害也。先王之制,大都不过参国之一;中,五之一;小,九之一。"杜预注曰:"侯伯之城方五里,径三百雉。"孔颖达《正义》云:"天子之城方九里,诸侯礼当降杀,则知公七里,侯伯五里,子男三

---

① 邯郸市文物保管所:《河北邯郸市区古遗址调查简报》,《考古》1980年第2期;河北省文物管理处、邯郸市文物保管所:《赵都邯郸故城调查报告》,《考古学集刊 4》,中国社会科学出版社,1984年;河北省文管处、邯郸地区文保所、邯郸市文保所:《河北邯郸赵王陵》,《考古》1982年第6期。

② 《先秦都城复原研究》,第441页。

里。"《孟子·公孙丑下》云:"三里之城,七里之郭。"《五经异义》:"天子之城高九仞,公侯七仞,伯五仞,子男三仞。"

综上所述,西周时期的城邑受礼制的约束比较大,天子之城最高最大,诸侯次之,一般的城既低又小,这是古代森严的等级制度在城邑方面的体现。西周时期王室势力强大,为了显示天子的威严,便用周礼来维护等级制度。到了春秋战国时期,周王室衰微,"日蹙国百里"。周天子的地盘日益缩小,仅仅剩下方圆一二百里,即今河南西部一隅之地,地位空前下降。与此同时,诸侯势力却日益增强,经过一系列兼并战争,先后出现了"春秋五霸""战国七雄"的局面,并且诸侯都城的规模都大大超过了西周礼制的规定。

为了方便了解春秋战国时期的都城概况,根据考古资料,笔者将春秋战国时期各国都城的规模列表如下:

洛阳东周王城	南北长约3700米	东西宽约2890米
曲阜鲁故城	东西长4000米	南北宽3000米
临淄齐故城	小城周长约7275米,大城周长约14158米	大小城城垣总周长约21433米
侯马晋故城(牛村古城)	南北长约1340—1740米	东西宽约1100—1400米
楚郢都	东西长4500米	南北宽3500米
燕下都	东西长8000米	南北宽6000米
郑韩故城	东西长5000米	南北宽4500米
邯郸赵城	大北城长1550米 王城长1475米	大北城宽1275—1508米 王城宽1387米
秦雍城	东西长3300米	南北宽3200米
魏安邑故城(禹王城)	内城周长3000米	外城周长15500米
秦栎阳故城	东西长2500米	南北宽1600米
中山灵寿城	南北长4000米	东西宽2000米

从上表可以看出,东周时期的都城规模较西周时期明显扩大,不仅诸侯国的都城不合礼制,连天子的都城也超过了"方九里"的规定,其原因何在呢?

首先是因为到春秋战国时期，都城的作用已发生了较为显著的变化，由西周以前单纯的政治中心演变成政治中心和经济中心，真正意义上的城市开始出现。都城的功能建筑增加了很多，除了宫殿、宗庙之外，还有手工业作坊和商业市场等。城内有了手工业和商业，城内的居民便复杂起来，人口也多了起来，手工业作坊区迅速扩大。从考古发掘看，春秋战国时期都城内手工业种类较多，遗址分布密集，规模很大。战国时期的手工业遗址一般都在几万至几十万平方米之间，出现了集中的商业区。商业市场已由西周贵族"工商食官"的"宫市"变为大众的交易场所，其规模与繁荣程度远非昔日"宫市"可比。城外出现的市场往往扩建成为外城的经济活动中心，而居民区、手工业区则环绕其周围。居民区扩大，宫殿区相对缩小。从曲阜鲁城、楚纪南城等遗址文化层的内容可知，许多地方春秋时期还荒无人烟，战国时却已人口稠密。一些都城如临淄加筑了外郭城，以适应日益膨胀的城市人口。外城中的居民区颇广，燕下都一处居住遗址面积达33.6万平方米。宫室虽然也宏伟壮丽，但与城市扩建、工商业区、居住区占地规模相比，宫殿区占地比例比西周时期是相对减少了。

其次，是中央集权制度的需要。春秋战国时期中央集权制度得到各国统治者的青睐，而中央集权制度要求在都城建设上要具有高大上和威严的特性，以显示出皇权、王权至上的权威，因而把都城筑大是统治者的需要。

最后，是生产力的发展、生产工具的改进，特别是铁制工具的采用，为筑大城创造了条件。宫殿均筑在高大的夯土台上。在秦都咸阳发现的建筑群皆有高大的夯土台，一号遗址现仍高出地面6米。西汉未央宫前殿是在秦章台的基础上建的，而章台正是利用了龙首原的高地。现存的阿房宫前殿遗址及阿房宫遗址中的"秦始皇上天台"，仍留有偌大的夯土台。阿房宫前殿遗址长1270米，宽426米，最高处达12米，是目前发现的规模最大的夯土台。在中山国城内，已发现11处面积较大的夯土台。赵都邯郸城现仍有10处大小夯土台位于地面以上，还有地下夯土基址10处，其中龙台南北长296米，东西宽264米，台顶最高处16.3米，是赵王城中最高大、最宏伟的宫殿建筑基址。燕下都遗址夯土台以武阳台为中心南北排列，包括武阳台、望景台、张公台、老姆台。其中武阳台东西长140米，南北宽110米，高出现地面11米。魏都安邑小城外东南角的一处夯土台，南北长70米，东西宽65米，高9米。韩国新郑遗址西城北部夯土基址相当密集，西北部的梳妆台现仍高出地面7米。齐都临淄小城内以"桓公台"为中心分布着许多建筑遗址,桓公台呈椭圆形,南北长 86 米,高 14 米,是一座大型主体建筑的台基。春秋晋国侯马古城由牛村古城、平望古城等组成,牛村古城中的宫城位于城内正中北部,平面呈正方形,长宽各 52 米,夯土台高 6.5 米。平望古城的宫殿遗址,自下而上可分三级,夯土台总高达 8.5 米。

宫殿均利用自然地形建在高台上,善于利用微地形。尽管战国七雄的都城都拥有广阔的平原,但这些平原并不是一平如砥,而是由许多高低不同的地形构成,而都城平面布局首先面对的就是这些高低地形如何利用的问题。战国七雄都城的规划师都巧用地形,使不同的微地形都得到充分利用,而且恰到好处,为后世树立了城市规划的典范。秦咸阳、齐临淄、楚郢、赵邯郸、魏大梁、韩新郑和燕下都的宫殿区都在高地之上,这些已被文献资料和考古发掘所证明。

作为都城,宫殿的选址和建设是重中之重。首先要考虑的是安全,高地就是全城的制高点,便于护卫和监视其他低地,当然是最安全的。其次就是要高大雄伟,显示出王权的至高无上,要取得这种效果,也只有高地才符合条件。最初是为了防潮,但到战国时期,各诸侯国竞相比赛,夯土台越修越高大。早期的宫殿台基都不甚高,仅高出地面几十厘米至 1 米左右,到春秋战国时期,发生了巨大的变化,夯土台基由个体建筑的基座扩大到整个建筑群,台基的高度增高到几米乃至十几米,夯土台面由单层发展到复杂的多层。宫殿台基的这种由点到面、由低到高、由单一到多层的巨变,正是春秋战国时期社会激烈变革的反映。为了显示出中央集权的威严,统治阶级修建高大的台基使宫殿显得庄严,也起到了高屋建瓴的作用。杨鸿勋先生指出:"在木构技术水平较低的情况下,依靠高台取得层叠巍峨的效果,反映了统治阶级高踞于人民群众之上的思想意识,也满足了统治阶级所向往的空中楼阁的'仙居'要求。在实用方面,它宜于防水,有利通风,显示了卫生功能上一定程度的优越性,然而其重要的功能,却在于它的防御性——居高临下,既便于瞭望,又利于防守。"①

到秦汉时期,随着中央集权制的高度增强,这种高台建筑形式发展到顶峰。

春秋战国时期,由于特殊的社会环境,各诸侯国城墙修得既厚又大,一般宽度都在 20 余米,有的宽达 30 多米,显然超过了以前。郑州商城的城墙宽度一般

---

① 杨鸿勋:《从盘龙城商代宫殿遗址谈中国宫廷建筑发展的几个问题》,《文物》1976 年第 2 期。

在10.5—10.7米之间,西周时期的都城城垣尚未找到,不详。

东周初期的城墙还不算太厚太高,到战国时期愈修愈高大。东周洛阳城最初才5米厚,后经过多次修补、增筑,墙厚10—15米。曲阜鲁城、晋都新田、魏安邑这些早期都城,墙基宽都在10米左右,战国中后期城墙变宽。燕下都初修时城垣10米左右,后增至40米,郑韩古城基宽达40—60米,齐临淄、楚郢城的城垣基宽多在20米左右。这与春秋战国时期战争规模的扩大、战事的频繁和攻城技术的提高有密切关系。

不但城墙高大,而且城外一般都挖有护城壕,有的都城临河依水,则在无水处挖城壕,并使河壕连通,形成环城的水系,以增加敌方攻城的难度。纪南城的四周城壕宽40—80米,距城墙20—40米。临淄东、西面临水,在南、北面挖壕,宽25—30米,深3米余。曲阜西、北有洙水流经,东、南面挖壕,宽30—60米,距城约25米。有的都城在小城外又加挖了城壕,如临淄,使宫殿所在地的王城更是固若金汤。

(二)都城营建均道法自然,依山傍水

都城均建在河流之旁,河流有的甚至从城中穿过。这有三个方面的原因,一为用水方便;二可以作为自然屏障;三可以美化都城,使都城更有生气。例如:秦都雍城东有纸坊河,南有雍水;秦都咸阳,北有九嵕山、泾河,渭河从都城中穿过;秦栎阳都城东和北为石川河;燕下都位于北易水和中易水之间;晋都新田位于汾、浍二水行将汇合处;韩国都城新郑不仅濒临黄水河,而且城西南有双洎河;赵国都城邯郸,位于太行山东麓,清河从城西北穿过,沁河从城东北流过;齐国都城临淄,顾名思义为近临淄水,且西侧有系水,南有牛山、稷山;曲阜位于洙、泗二水之间;中山国都城灵寿为太行山脉的群山环抱,北倚灵山、牛山,南临滹沱河;魏国的都城安邑,青龙河从城中流过;楚国为水乡泽国,更不用说了。古代人在择都时,对山和水的依赖性是很强的,春秋战国时期的都城正充分体现了这一点。显而易见,这些城址的地势,既能免于水泛之灾,又可获水泽之利。这说明在营都时既考虑了政治、经济、军事上的需要,也非常重视对自然地理环境的利用。

(三)都城中普遍修有"凌阴",用以储冰和冷藏食物

早在西周时期,人们已经知道利用天然冰来延长肉类、蔬菜及果品的贮放时间,使其保持新鲜。《周礼·天官·冢宰》记载,王室设有管理冰政的官吏——凌人,其下有下士二人,府二人,史二人,胥八人,徒八十人。《越绝书》记载,越王勾践和吴王阖庐都有自己的冰室。随着统治阶级对生活水准的要求愈来愈高，当时都城中普遍修有冷藏室，用来藏冰，称为"凌阴"。

雍城的凌阴位于姚家岗宫殿区遗址的西北，为一处平面近方形的夯土台基，夯土基的四边有南北长 17.1 米、东西宽 16.5 米的夯筑土墙一周，墙内以细泥抹光，夯土基的中部为一处南北长 11.4 米、东西宽 10 米的长方形窖穴，窖底铺有与二层台等高的砂质片岩一层，四周为回廊，凌阴面积达 190 立方米。①

在郑韩古城宫殿区也发现一处储存大批食品的窖藏，是一座长近 9 米、宽近 3 米的狭长形半地下建筑，室内的地面和四壁都贴以方砖，东南角挖有一条宽 0.56—1.15 米的台阶式走道，这是出入地下室的唯一通道。底部一侧又特设五眼深井，均带陶井圈，约占室内面积的 1/3，其上部有屋顶。在井下出土数量众多的牛、羊、猪、鸡等骨骼，以及不少陶器残片，可见是用来冷藏的。郑韩故城内的这一处地下冷藏建筑，时代属于战国晚期。其位置南距宫城遗址仅 200 余米，推测当是战国时期韩国王室专用的地下冷藏建筑设施。其周壁规整，出入走道狭窄，地面平坦整洁，封闭性较好，建筑设计科学，便于保持室内低温及冷藏物品的清洁卫生，对于研究我国古代建筑史及古代食品的冷藏技术都具有重要价值。

在河北易县燕下都、秦都咸阳和湖北江陵楚都纪南城内，都曾发现冷藏窖藏。20 世纪 60 年代初期，在易县燕下都宫殿区武阳台东北建筑组群中，在两座房基内发现三眼陶井，均由绳纹灰陶井圈砌成，或为 6 节，或作 9 节，深 3.3—5 米，出土有豆、尊、板瓦、筒瓦等陶器残片，以及铜链和牛、羊、鸡等动物骨骼。1974—1975 年间，在秦都咸阳一号宫殿建筑遗址的台基上下，分别发现七处窖穴，平面有方形、圆形和椭圆形三种，窖内出土有铜铺首、丝绸等，底部均出土有动物骨骼，当用于冷藏食品。其第一类窖穴，在形制和结构上与新郑地下室内的陶井极其类似。根据遗址所出的动物纹、葵纹瓦当及只见圆形不见五角形的陶水管道等遗物来看，一号宫殿基址及窖穴，均应为战国时期秦的建筑遗存。②1979 年，在湖北江陵楚都纪南城中部偏东，龙桥河南岸一侧的低洼地区，发现古井十八眼，其中 J89 与 J90 的结构相同，均用陶井圈砌成。J89 的井底，整整齐齐地安放了一件完整无缺的大陶瓮，口径 33 厘米、腹径 59 厘米、高 67 厘米，容积

---

① 韩伟、焦南峰：《秦都雍城考古发掘研究综述》，《考古与文物》1988 年第 5、6 期合刊。
② 刘庆柱、陈国英：《秦都咸阳第一号宫殿建筑遗址简报》，《文物》1976 年第 11 期。

约为 0.14 立方米,能盛水 145.5 公斤。这样大的容器,绝不可能是汲水用的。此瓮应是藏物之器,此井应为冷藏井。

(四)在都城附近修建离宫苑囿,宫苑结合

春秋战国时期,很多国家都在都城外修建离宫别馆及苑囿。晋都新田城外有"铜鞮之宫""虒祁之宫"等离宫及"蝼囿"。楚国郢城之外有"渚宫"、钓台、章华宫、放鹰台等。

秦国及秦代的离宫别馆、苑囿更多,在雍城附近有橐泉宫、蕲年宫、来谷宫、年宫等离宫,有中囿、弦圃、北园等苑囿。在秦都咸阳附近有众多的离宫别馆,"关中有离宫三百","咸阳之旁二百里内宫观二百七十复道甬道相连"[①],有上林苑、宜春苑、长杨苑、梁山苑、骊山苑等苑囿。

这种在都城附近建离宫及苑囿的形式到汉以后得到了更大的发展,且一直延续到明清时期。

(五)以宫殿为主体,形成中轴线

春秋战国时期的都城中,虽然增加了不少的设施和建筑,但始终以宫殿为主体。

齐国临淄都城中,小城是当时统治阶级集中居住之地,亦即宫城。王城的北部偏西有一座基座呈椭圆形、高达 14 米的"桓公台",台周围密布着夯土基址,在王城东北部保存着以"金銮殿"等宫殿为主体的宫城。邯郸西南的赵王城,由东、西、北三个相邻小城组成,在南北近 2500 米、东西不足 2200 米的范围内,分布着以"龙台""南将台""北将台"等大型宫殿建筑基址为中心的十几个土台与夯土基址,显示出赵王城是以宫殿为主体的宫城。

郑韩故城由隔墙分成东、西两城,西城是当时统治阶级集中之地。在南北长 3400 米、东西宽 2400 米的西城地面上,北部相当大的范围内夯土建筑基址多达一千余处,有的面积竟达六七千平方米之大。在西城的东部,有一座东西长 500 米、南北宽 320 米的长方形宫城。在宫城西部又有一座南北长 135 米、东西宽 80 米的"梳妆台",夯土台基高出地面 8 米。

燕下都宫城集中安置在东城中部偏北,宫殿基址均有高大的夯土台,其中引人注目的是宫殿中心建筑武阳台,其东北、东南和西南,均分布着宫殿建筑,显然

---

① 《史记》卷六《秦始皇本纪》,第 257 页。

是围绕着武阳台而设计的。最有代表意义的是武阳台东南的一组建筑群,尽管它们由形状多变、数目不等的若干个基址构成,但每一个基址夯土遗址的西北角都故意留有缺口,说明它们向着位于西北方向的中心建筑武阳台。

秦都咸阳横跨渭河南北,渭河以北南北长 7.5 公里,东西宽 6 公里,面积达 45 平方公里。其宫殿区主要分布在咸阳原上。宫殿区东西长 6 公里,南北宽 2 公里,面积达 12 平方公里,占整个渭北咸阳的 1/4 以上。后来又在渭河以南建有兴乐宫、章台、阿房宫等建筑,用渭河上的横桥将南北宫殿连接起来,形成"渭水贯都,以象天汉"的格局。实际上当时不止有一座横桥,而应有多座桥梁,近几年考古工作者在渭河河床上已经发现多处秦汉时期的桥梁建筑遗址。

宫殿是统治阶级处理朝政所在,是统治中枢。这一时期的宫殿面积相比以前不断扩大,宫殿的数量也在增加,充分反映出宫殿在都城中的作用日益重要。

宫殿择中和讲求中轴线是中国古代都城建筑的一大特点,在春秋战国时期也是如此。正如《吕氏春秋·慎势》所云:"古之王者,择天下之中而立国,择国之中而立宫。"[①]此处之"国"当指都城而言。一般来说,宫殿建筑轴线均为南北方向。如偃师商城宫城的四号、五号宫殿(或宫庙)建筑遗址[②],湖北省黄陂盘龙城一、二号宫殿建筑遗址[③],陕西周原凤雏、召陈宫庙建筑遗址[④],凤翔马家庄秦雍城宗庙建筑遗址[⑤]等。就整个城市布局而言,汉代前后中轴线的使用有一个巨变,汉以前可以看到在一组建筑中采用中轴线,但在整个都城平面布局上,中轴线却不甚严格。据考古发掘,二里头早商宫殿遗址中,可见到初期状态的对称布局,大门与主体殿堂不在一条轴线上,而是分成两条平行的南北中轴线。[⑥] 湖

---

① 《吕氏春秋》卷十七,第 399 页。
② 中国社会科学院考古研究所河南第二工作队:《河南偃师尸乡沟商城第五号宫殿基址发掘简报》,《考古》1988 年第 2 期。
③ 湖北省博物馆:《1963 年湖北黄陂盘龙城商代遗址的发掘》,《文物》1976 年第 1 期。
④ 陕西周原考古队:《陕西岐山凤雏村西周建筑基址发掘简报》,《文物》1979 年第 10 期;《扶风召陈西周建筑群基址发掘简报》,《文物》1981 年第 3 期。
⑤ 陕西省雍城考古队:《凤翔马家庄一号建筑群遗址发掘简报》,《文物》1985 年第 2 期。
⑥ 中国科学院考古研究所二里头工作队:《河南偃师二里头早商宫殿遗址发掘简报》,《考古》1974 年第 4 期。

北黄陂盘龙城商中期宫殿遗址也呈现出不甚严格的对称性。而陕西岐山西周早期甲组基础的布局却是严格对称的,这是迄今在考古中所发现的我国最早的一座严格对称布局的宫殿建筑。陕西扶风发掘西周中期召陈遗址是一个建筑群残存的局部,从所揭露面积而言,部分建筑物虽有南北中轴,但总体并没有严谨的中轴线,这一点和二里头早商宫殿遗址与盘龙城商中期的宫殿遗址类似。[①] 始于西周初年一直延续到西汉初年的曲阜鲁城,在大城圈的中部略偏东北的周公庙高地,发现范围东西长550米、南北宽500米的建筑群基址,在此建筑群四周,有一个1里多见方的小城圈,即鲁城的宫城。宫城、南垣东门和南郊零台,三者处于一条南北的直线上。"在宫城和南东门之间,由一条宽达15米的主干道路连接","这条南北线的位置在鲁城的中部偏东,当是鲁城平面布局上的一条中轴线"。[②] 燕下都的宫殿区布置在全城南北中轴线上,这条轴线既是宫廷区规划的中轴线,也是整个东城规划结构的主轴线,从3号古河道以北的武阳台宫殿起,沿中轴线由南而北,经望景台、张公台直达北垣外老姆台止。整个城之中北部都属宫廷区范围,宗庙社稷也在此区内。

从中国古代都城、宫城发展史可以看出,宫城轴线由其大朝正殿所决定,并与正殿轴线基本重合。如晋都新田牛村古城、平望古城[③],郑韩西城之宫城[④],邯郸赵王城西城[⑤],燕下都宫庙区[⑥]等,均属这类情况。这一制度,战国以后的历代宫城基本沿袭未变。

春秋战国时期,有的宫城(或宫庙区)轴线与其都城轴线重合,如郑韩故城西城、曲阜鲁城、燕下都(东城)等。汉以后,历代王朝继承了这一制度。宫城轴线一般位于宫城之内东西居中位置,而都城轴线受宫城轴线制约,其位置由宫城

---

① 杨鸿勋:《西周岐邑建筑遗址初步考察》,《文物》1981年第3期。
② 张学海:《浅谈曲阜鲁城的年代和基本格局》,《文物》1982年第12期。
③ 《中国大百科全书·考古学·商周考古·东周都城遗址·侯马晋城遗址》,中国大百科全书出版社,1986年,第201页。
④ 河南省博物馆新郑工作站、新郑县文化馆:《河南新郑郑韩故城的钻探和试掘》,《文物资料丛刊》第3辑,文物出版社1980年。
⑤ 河北省文物管理处:《赵邯郸故城调查报告》,见《考古学集刊 4》,中国社会科学出版社1984年。
⑥ 河北省文物研究所:《燕下都》,文物出版社,1996年。

轴线位置所决定。齐临淄和赵邯郸却不然,因宫城偏处一隅,城郭配置形制亦特殊,故不得不凭借宫殿之规划中轴线在全局上的主导作用,来显示以宫为中心的规划格局。这些不同的表现形式,又构成了它们各自的个性特征。从这两例便可看出规划特征既有共性,同时又有个性。共性是各城规划所共有的特征,以示有别于西周以前都城制度的都邑规划。而各城又因具体条件及要求的不同,使其共同特征的表现形式往往也有差别,因而形成了各自不同的特色,成为规划特征共性中的个性。

近年来,考古工作者发现了汉长安城的南北向建筑基线,全长 74.72 公里。北端为天井岸汉代礼制建筑,向南经清峪河大回转处,穿过长陵东西两封土之间,贯通安门大街,延伸至秦岭子午谷。它与真子午线夹角仅 20′。[1] 实际上,秦都咸阳也是采用这条线作为中轴线的,从渭北的咸阳宫到渭南的章台,与这条中轴线重合。

(六) 都城中的手工业、商业得到了较大发展

春秋战国时期的都城建设将中国城市发展推向一个高峰,在中国城市发展史上具有开创意义。这一时期的都城在数量上空前增多,规模上不断扩大,许多都城都发展成为诸侯国地域内的大城市。都城不仅具有政治、军事和文化中心的功能,而且由于工商业的发展、经济的繁荣和城市人口的急剧增加而兼具了经济中心的职能,进而成为区域性或全国性的经济中心。不少都城如临淄、曲阜、新郑、郢、咸阳的宫殿区或其附近都分布着若干手工业作坊,在郭城内也分布着门类齐全的各种手工业作坊,这说明当时的官营与私营手工业已相当发达。战国时各国都城内都设有若干市场,足见商业的发达。工商业的发达必然带来城市经济的繁荣。《史记·苏秦列传》中记载:"临淄之中七万户,……甚富而实,其民无不吹竽鼓瑟,弹琴击筑,斗鸡走狗,六博蹋鞠者。临淄之途,车毂击,人肩摩,连衽成帷,举袂成幕,挥汗成雨,家殷人足,志高气扬。"[2]真可谓"天下熙熙,皆为利来;天下壤壤,皆为利往",充分反映出这一时期都城工商业得到了一定的发展,都城的功能开始有所转变,其经济功能开始占有一定的地

---

[1] 秦建明等:《陕西发现以汉长安城为中心的西汉南北向超长建筑基线》,《文物》1995年第 3 期。

[2] 《史记》卷六九《苏秦列传》,第 2257 页。

位,但仍然属于"工商食官"。

二 特殊性

(一) 都城形制不同

关于周时的都城形制,以《周礼·考工记》的记载最为详细,"匠人营国,方九里,旁三门。国中九经九纬,经涂九轨,左祖右社,面朝后市,市朝一夫"。规定了都城的大小、城门的多少、道路及祖庙设置的位置、朝廷和市场的位置等。这种都城形制在受儒家思想影响深的东方鲁国和齐国得到了实施,其他诸侯国未必如此,秦都咸阳就不是这样,而是无外郭城的都城。只有到汉长安城时,《周礼·考工记》的建城思想才得到了较好的落实。

春秋战国时期,发生了中国古代第一次思想大解放运动,出现了"百家争鸣"的新局面。当然,出现这种局面与当时社会生产力的发展有密切的关系。铁工具和牛耕的使用,为生产力的发展创造了条件。经济基础决定上层建筑,思想解放运动也体现在都城建设上,礼制的约束已被打破,正如《管子·乘马》所云:"凡立国,非于大山之下,必于广川之上。高毋近旱而水用足,下毋近水而沟防省。因天材,就地利,故城郭不必中规矩,道路不必中准绳。"这种建城思想是对《周礼·考工记》的批判,也是都城选址考虑周围自然环境的具体体现。

春秋战国时期的列国都城形制虽然受到"崇方"思想的影响①,其城墙走向力求平直,然因受地形因素的制约或影响,城垣也并非全为平直的,甚至有各种形式,如长方形、正方形、圆形、梯形、不规则形等。道路、城门等则完全根据实际需要而修筑,绝非"九经九纬,经涂九轨"。

(二) 城郭形制不同

西周时期的三处王朝都邑均未发现城垣,应主要与当时的政治、军事形势有关。"国势的强盛和以周边诸侯方国为屏障这一局面的形成,使某些王朝都邑和诸侯方国都邑筑城自卫这种被动保守的防御手段成为不必要……此外,都邑及其所凭依的王畿地区尽可能地利用山川之险以为天然屏障,也是三代都邑建置的一个显著特点。"②

---

① 刘庆柱:《中国古代宫城考古学的几个问题》,《文物》1998 年第 3 期。
② 许宏:《大都无城——论中国古代都城的早期形态》,《文物》2013 年第 10 期。

春秋战国时期的都城,大都分为大城和小城两部分,或称外城与内城。这是当时社会发展情况的反映。根据古文献记载,内城为城,外城为郭。《管子·度地》云:"内为之城,城外为之郭。"《释名·释宫室》云:"城,盛也,盛受国都也;郭,廓也,廓落在城外也。"《吴越春秋》也云:"筑城以卫君,造郭以守民。"很明显,内城为国君贵族所居住,外城为一般老百姓所居住。

从春秋战国时期各国都城的考古和文献资料来看,其城郭形式有两种,一种为小城(即宫城)位于郭城之中,另一种为小城(即宫城)与郭城分开。早期大多是宫城位于郭城之中,后来则宫城与郭城分离。正如李自智先生指出的:"如果说春秋型城郭形态多少还受到此前早期都城建制观念上的一些制约,从而呈现出与其诸多相似的地方,那么战国型城郭形态则完全突破了这种限制,呈现出一种全新的格局,即将宫城独立出来而置于郭城的一侧或一隅。这种新格局的形成,是与当时的社会背景密切相关的。"①

采用内城外郭形式的有鲁城、楚城、魏城等。这种内城外郭的形制,既可显示君民有别,又可体现君民一统。这也是当时社会环境的反映,因为这种形制是当时最佳的配置方式。如果把宫城置于郭外,或居于郭城一边借郭为城,就会直接受敌,成为敌军全力以赴攻击的目标。同时,军队由"国人"组成,数量有限,既守城又守郭,军力分散,于守君、卫民都不利,因此置宫城于郭城之内,守郭即守城。一旦郭城不保,还可收缩兵力退守宫城,待援或媾和。而且,宫城在"国人"的拱卫之中,在一定程度上可以防止国君被弑杀。

采用宫城与郭城分离形式的有齐临淄、郑韩故城、赵邯郸、中山灵寿、燕下都武阳等,这是社会发生变革的结果。进入战国时期,社会处于激烈变化和动荡之中,从阶级结构到整个上层建筑都发生了根本性的变化,因而内宫外郭式的都城已不适应了。首先卫君的功能已经过时,统治者虽制定了一整套巩固中央集权制度的措施,但阶级矛盾严重容易造成"乱国",严重威胁统治阶级的安全,对此,统治阶级除了严厉镇压外,更要使自己的栖身之地脱离居民区的包围。而且,宫城位于郭城之内,与战国时期宫城规模不断扩大相矛盾,加之战国时期国土的扩大、常备兵的建立、普遍征兵制的实行、骑兵的出现、武器的精良、城墙的既高且大等,给敌人的进攻造成了较大的难度,从而为宫城与郭城分离创造了条

---

① 李自智:《东周列国都城的城郭形态》,《考古与文物》1997年第3期。

件,于是将宫城迁到郭外或者从郭城中划出一部分作为宫城的新布局便出现了。

传统观点认为,筑外郭是为了王室的安全,主要是出于政治方面的考虑。实际上修建外郭城还有经济上的目的,因为随着春秋战国时期社会经济的发展,生产资料的日益丰富,人们对生活用品的需求愈来愈多,商业和手工业的需求随之产生,统治阶级也毫不例外,他们也需要一些生活用品等,因此,手工业作坊和商业市场在都城设计时是必须考虑的。正由于此,春秋战国时期都城中都分布有不同类型的手工业作坊和市场。手工业和商业市场的设立打破了当时社会政治性都城的常规,城中的人员开始复杂起来,因而就必须修建大小城或内外城,把统治中心和手工业、商业区划分开来,笔者认为,这也是我们研究这一时期都城时应该考虑的。

宫城与郭城分离的形式大体可分为三种类型:

第一类,宫城与郭城分为毗连的两部分。属此类者有齐临淄城、郑韩故城、燕下都武阳城和中山灵寿故城。其中齐临淄城的宫城相连于郭城的西南隅,其余都是宫城与郭城分为东西毗连的两部分。或东西并列,或大小相连,中间有一城垣将其一分为二,使之成为两个单独的城,但又是一个不可分割的整体。

第二类,宫城与郭城分为相依的两部分。属此类者仅赵邯郸故城,宫城相依于郭城的西南隅,互不相连。宫城由三座小城呈"品"字形相连排列组成。

第三类,有宫城而无郭城。属此类者为侯马晋都新田遗址。其宫城由三座小城呈"品"字相连排列组成,类似于赵邯郸故城的宫城。

牛世山先生依据宫城(宫室)与其他各功能区建置方位、城垣的有无、城垣的形态等要素,将包括东周时期各国都城在内的夏商周时期都城遗址统一分为七种类型:

其一,(宫室)在内、居前(偏南),郭城在外。城垣近方形或矩形,城垣走向直,东西向略窄,南北向长;郭城北部是普通居民区、生产区。代表性城址有偃师商城与洹北商城。东周时期都城无此类型。

其二,(宫室)在内、居前(偏南),郭城在外。城垣走向大致平直,东西向宽,南北向略短。宫城(宫室)之北、东、西部有手工业生产区、普通居民生活区。代表性城址有荆州楚纪南城、曲阜鲁故城、凤翔秦雍城。属于此类的可能还有上蔡蔡国故城、商丘宋故城、滕州薛城。

其三,(宫室)居中。所见城址只有山西夏县禹王城。

其四，两城并列。又分二亚型：其一为宫城（宫室）居前（西南），郭城在后（东北），宫城（宫室）与郭城前后错列，有齐都临淄、赵都邯郸故城、洛阳东周王城；其二为两城（城、郭）东西相连并列型，有新郑郑韩故城、易县燕下都、灵寿中山都城。

其五，以宫城（宫室）为中心，其他功能区大多半环绕于宫城（宫室）之前（南）及两翼，除了宫城（宫室）大致居于中心地带外，其他各功能区地点似乎更像是无序布置的。代表性遗址包括二里头遗址、殷墟遗址、侯马晋都（绛）等。

以上五种类型未包括秦都栎阳和咸阳。这两个城址的布局形态与上列类型不同，可单独分列为两种类型：

其六，宫城（宫室）在内、居后（偏北），郭城在外；其他功能区分置于宫城（宫室）之前，即都城偏南地带。城垣呈矩形，东西间距比南北间距略宽，城垣走向直。此类有秦都栎阳。

其七，无城垣，宫城（宫室）居后（偏北），各功能区的建置以宫城（宫室）为核心，分置于宫城（宫室）之前及其附近。此类有秦都咸阳。

上列各类型中，除第一种类型外，其他均见于东周时期。由此可将平面布局比较清楚的东周时期都城遗址总共归为六种类型。[①]

秦都城与同时期的其他诸侯国又不相同，既不属于宫城位于郭城之中的类型，也不属于宫城分离于郭城的类型，而是独创了自己的模式，有宫城而无郭城，但宫城又起到了郭城应起的作用。秦都雍城有三大宫殿区，组成了雍城的宫城区，但在宫城区的外围没有发现统一的宫城墙，只发现一个大城圈，在大城圈内还有手工业作坊遗址、一般居址和"市"遗址，这个大城圈起的是外郭城的作用，又可以说是宫城城墙。而其陵墓区又位于大城圈之外。正因为如此，李自智先生认为，雍城"有大的城体而没有单一的宫城，宫城区是由若干个以一组或两组以上的封闭式建筑群构成的宫殿区组成"[②]。这种都城形态显然不同于上述两种形式，其最大不同点是城与郭无明显的区界，而只筑一个大城圈，城郭的功能趋向统一。后来的栎阳城也是如此。

---

① 牛世山：《东周时期城市规划的新风格》，《考古学研究（十）》，科学出版社，2013年，第503页。

② 李自智：《秦都雍城的城郭形态及有关问题》，《考古与文物》1996年第2期。

咸阳的宫城在渭河以北的咸阳原上,虽然在渭河北的咸阳宫发现了宫垣,但笔者认为并非完全意义上的宫城遗址。因为秦都咸阳在不断扩建之中,其宫殿也分布于渭水南北,不可能修建完全意义上的宫城,更不可能修建外郭城。

进入汉代以后,内城外郭的形制基本确定下来。汉长安城内有五大宫殿区,即未央宫、长乐宫、桂宫、北宫、明光宫,每个宫殿区又由不少的宫殿组成,成为相对独立的建筑群体,各宫殿区均各自筑有宫墙,但整个宫城区未筑统一的宫城城墙。东汉洛阳城中有南宫、北宫及永安宫,各宫有各自的宫墙,但无统一的宫城城墙。西汉长安城和东汉洛阳城内都有手工业作坊、商业市场及其他建筑,但都集中在统一的大城圈之内。

(三)王陵所在位置不同

秦的国君、贵族、市民的墓葬一般都建在都城以外,雍城的秦公墓葬在都城以南的三畤原上,在此先后发现了14座陵园,国人墓区位于秦公陵和雍城之间,以今八旗屯为中心。[①] 秦栎阳都城的王陵在其东北郊,一般墓区在其东南。[②] 秦都咸阳的王陵分别位于都城以外的西北、东南,贵族和市民墓区均在都城以西。而当时的其他诸侯国大多把陵墓修建在城内(邯郸城的墓葬区和王陵区同秦一样,分布在城外),洛阳的东周王城中部有许多东周墓葬,齐都临淄城中有高级贵族墓地和中型墓葬[③],中山国的都城中有王陵及其他墓葬[④],楚国郢城中也有战国早期及其以前的墓葬[⑤],燕下都东城内西北隅有包括燕王陵在内的高级贵族墓葬区[⑥]。

之所以出现这种情况,与春秋战国时期的战争形势有关。由于战争频繁,各国之间在进行战争时,也不时有挖掘别国坟墓的举动,这在当时尊重祖先的宗法

---

① 韩伟、焦南峰:《秦都雍城考古发掘研究综述》,《考古与文物》1988年第5、6期合刊。
② 中国社会科学院考古研究所栎阳发掘队:《秦汉栎阳城遗址的勘探和试掘》,《考古学报》1985年第3期。
③ 群力:《临淄齐国故城勘探纪要》,《文物》1972年第5期。
④ 河北省文物管理处:《河北省平山县战国时期中山国墓葬发掘简报》,《文物》1979年第1期。
⑤ 湖北省博物馆:《楚都纪南城的勘查和发掘》,《考古学报》1982年第3、4期。
⑥ 河北省文化局文物工作队:《河北易县燕下都故城勘察和试掘》,《考古学报》1965年第1期。

观念和社会风气下,是人们难以承受的,因此各国纷纷把祖先的墓葬埋在城内。而对于秦国来说,就没有这个必要性,自从秦人定都雍城后,一直处于蓬勃发展之中,不断地扩张领土,在对各国的战争中始终处于优势,特别是迁都栎阳和咸阳之后,更是所向无敌,战争多在别国土地上进行,不会出现被别国攻打都城的情况,所以秦人选择把坟墓建在没什么危险的城外郊区。当然,将王陵放在城内,或许还有一个原因是便于祭祀。

总而言之,春秋战国时期的都城较之西周以前的都城发生了显著的变化,具体表现在:

第一,由于中央集权的出现,都城建筑布局由过去以宗庙为中心发展为朝堂、宗庙并重,反映出族权地位下降、王权地位上升的发展趋势,而且宫城均位于全城地势最高处。

第二,由于都城工商业经济日趋繁荣,人口不断向都城集中,导致都城规模日益庞大,远远超过了西周时所规定的诸侯城规模。

第三,随着都城性质的转变,城已不再只是政治城堡,而逐渐向政治、经济双重职能的城市转化。因此,城、郭在功能上也出现了明确的分工。一般以城作为政治活动中心,郭则作为经济活动中心。随着都城功能的增多,增加了城市经济性分区及工商业者居住区,并提高了经济性分区的规划位置,按城市经济发展规律要求来部署各种经济性分区,不为旧的礼制观念所约束,从而改革了旧的都邑分区规划格局和相应的旧规划秩序。

第四,为适应都城经济发展的需求,都城规划用地也出现了新局面,经济性分区用地比例陡增,政治性分区用地比例相对有所降低。这一变化影响了宫廷区的发展。为满足宫廷生活的要求,当时各诸侯国纷纷于郭内或近郊修建离宫别馆和苑囿,形成都城以外的一个新的特殊分区。

第五,积极采取各种措施,提高都城防御能力。由于战争的频繁,兵器和攻城技术的改进,各国均充分利用各种手段来强化城市防护设施,例如城址选择,城、郭配置方式,天然及人工河道的利用,分区规划结构与地形的巧妙结合,乃至高台建筑的营建等,都视为城防手段,纳入城防体系,并做出统筹安排。都城可分宫城、郭城双重城垣,郭城成为宫城的又一道保护设施,正如史书所云"筑城以卫君,造郭以守民"也。

第六,都城形制根据自然环境等实际情况而定,都城形制和布局"因天材,就地利,故城郭不必中规矩,道路不必中准绳",不为《周礼·考工记》中旧的都城规划观念所约束。

第七,在都城中或都城外,有集中的诸侯王墓地。在都城外附近也建有苑囿,供统治阶级休闲狩猎之用,这成为都城规划的一个重要组成部分。

第十章　汉长安城对秦都咸阳的继承与创新

"汉承秦制"反映出汉王朝对秦的继承关系,这种继承关系在都城建设中也得到了充分体现。实际上汉长安城就是在秦都咸阳渭河以南的基础上发展起来的,因此,难免要受到秦都咸阳的影响,但汉长安城在规划建设中对秦都咸阳有继承也有创新,在继承中求改革、求发展,从而形成了自己的特色。

第一节　汉长安城对秦都咸阳的继承

关于汉长安城对秦都咸阳的继承,主要体现在以下几个方面:

一　继承了秦都咸阳的位置

司马迁曾云,汉长安,"故咸阳也",张衡《西京赋》云,西汉长安"乃览秦制,跨周法"。秦都咸阳从惠文王以后,就不断向南扩展,在渭河以南修建了章台、兴乐宫、甘泉宫、信宫、阿房宫及七庙等建筑,欲以渭南秦宫代替渭北秦宫。刘邦夺得天下后,欲建都洛阳,经刘敬、张良等的劝说,最终选择建都长安。修缮扩建秦的兴乐宫而改为长乐宫,在章台基础上建未央宫,在甘泉宫基础上建桂宫,即汉长安城是在秦都咸阳的基础上建立的,说明在都城选址上是汉承秦制的。

二　宫苑结合

秦汉都城都修建有上林苑,以供帝王狩猎之用,这是秦汉统治者的一种豪华的享乐方式。秦以前的统治者往往把宫殿与苑囿分开;而到了秦汉时期,则在苑囿中修建很多宫殿,这样皇帝既可以在苑囿中行猎,也可以在苑囿中处理朝政。

秦的上林苑是秦惠文王时开始建造的,秦始皇时扩大规模,形成西到沣水、南到终南山、北到渭河、东到宜春苑的庞大规模。汉上林苑是在秦上林苑基础上修建的,但比秦上林苑规模更大,《关中记》记载汉上林苑"门十二,中有苑三十六,宫十二,观二十五"①。

上林苑是我国历史上第一个把宫和苑结合在一起的园林建筑,秦上林苑中有阿房宫等,汉上林苑中有建章宫、甘泉宫、宜春宫、五柞宫等,形成"庖厨不徙,后宫不移,百官备具"②的局面。秦上林苑中的许多宫殿是秦始皇经常光顾之地,汉武帝则经常在建章宫、五柞宫、鼎湖宫、葡萄宫处理政事,会见外国使者,甚至最后卒于五柞宫中,这些充分说明了秦汉时期都城宫苑结合的特点。

三　秦宫汉葺

秦都咸阳修建了众多的离宫别馆,特别是在关中地区。据记载,关中有宫殿300处,关外有400余处,仅咸阳都城附近300里内就有宫殿270处。正如《三辅黄图》所云:"北至九嵕、甘泉,南至鄠、杜,东至河,西至汧、渭之交,东西八百里,南北四百里,离宫别馆,相望连属。木衣绨绣,土被朱紫,宫人不移,乐不改悬,穷年忘归,犹不能遍。"③咸阳附近的离宫别馆除被项羽火烧的以外,后来大多被西汉修葺使用,如宜春宫、长杨宫、五柞宫等。实际上汉上林苑中众多的离宫别馆都是修葺秦宫而继续使用的。

秦始皇采用复道、阁道、甬道把各个宫殿连接起来。秦修建的阁道有从咸阳到临潼的,也有从阿房宫到渭北咸阳和终南山的,"自雍门以东至泾、渭,殿屋复道周阁相属"④,"为复道,自阿房渡渭,属之咸阳"⑤。秦宫殿之间的这种交通连接方式,到汉代时继续沿用。"桂宫周匝十里,内有……复道横北度,从宫中西上城至神明台。"⑥为了使城墙外的建章宫与城内的未央宫等建筑浑然一体,在西城墙上修建阁道,将两宫连接起来。

---

① 《关中记辑注》,第67页。
② [汉]司马相如:《上林赋》,见《汉书》卷五七《司马相如传》,第2563页。
③ 《三辅黄图校释》卷一,第25页。
④ 《史记》卷六《秦始皇本纪》,第239页。
⑤ 《史记》卷六《秦始皇本纪》,第256页。
⑥ [清]张澍辑:《三辅故事》,中华书局,1985年,第17页。

四 宫殿均为高台建筑

秦都城咸阳中的宫殿均为高台建筑,从已发掘的一、二、三、六号建筑遗址和阿房宫遗址可得到印证。秦的离宫别馆也是如此,如梁山宫、林光宫等,这印证了史书中秦国"高台榭,美宫室"的记载。之所以要修高台建筑,其一是为了防止潮湿,其二是为了显示帝王至高无上的权威,宫殿修在高处可以居高临下,俯瞰全城。汉长安城也是一样,长乐宫、未央宫、建章宫等至今仍留存有高大的夯土台。

五 在都城附近修建人工水池,美化都城并解决都城的用水问题

秦在渭北咸阳宫的东边修有兰池,池边建有兰池宫,秦始皇常游于此。其具体位置在今咸阳宫以东的杨家湾。此人工水池除了作为都城附近的风景区以外,也有供应秦都城咸阳用水的作用。

昆明池是汉武帝元狩三年(前120)开凿的。据《汉书·食货志》云:"是时粤欲与汉用船战逐,乃大修昆明池,列馆环之。"①即修建昆明池是为了操练水军,讨伐西南夷,但这绝非唯一目的,它也是汉武帝为上林苑开辟的著名风景区,从"列馆环之"即可看出。宋人程大昌《雍录》云:"其始凿也,固以习战,久之乃为游玩之地也。"②而且昆明池也是汉长安城西南的总蓄水库,供给汉长安城的用水,"城内外皆赖之"。昆明池遗址在今西安市长安区斗门镇东一带,这里现为一片低地,地势比周围低2—4米,其面积约10平方公里。

六 帝陵旁建邑

秦在秦始皇陵旁建丽邑,开创了中国古代陵旁建邑的先例。丽邑位于秦始皇陵北刘寨村一带。秦始皇三十五年(前212)"徙三万家丽邑",反映出当时对修建秦始皇陵的重视。丽邑等同于当时的县行政级,但其地位明显高于县。

西汉时共有11座帝陵,有7座帝陵设置有陵邑,其中有五座位于咸阳原上,即长陵、安陵、阳陵、茂陵和平陵,因此,历史上又把咸阳原称为"五陵原"。另外

---

① 《汉书》卷二四《食货志》,第1170页。

② 《雍录》卷六,第128页。

两座陵邑是位于长安城东南的杜陵和霸陵。这些陵邑成为汉长安城的卫星城,集中了全国各地的不少人口。

帝陵的规划是都城建设中不可或缺的,和都城的关系非常密切,一般都设置在都城的附近,以便于管理。在陵旁建邑,一是为了供奉陵园;二是为了迁徙关东大族,以便强干弱枝,拉拢势力,巩固统治;三是为了发展关中经济。

七 在都城规划上均体现出"天人合一"的思想

秦都咸阳的建设规划,据史书记载,"二十七年……焉作信宫渭南,已更名信宫为极庙,象天极"①,"三十五年……为复道,自阿房渡渭,属之咸阳,以象天极阁道绝汉抵营室也"②,"始皇穷极奢侈,筑咸阳宫,因北陵营殿,端门四达,以则紫宫,象帝居。渭水贯都,以象天汉;横桥南渡,以法牵牛"③。

把咸阳都城和天极观念结合起来营建,是为了显示王权至上和君权神授的思想,从其整个实施过程可看出具有上下对应关系。所谓对应关系,是指都城建筑物平面各点与天空中星象平面各点具有垂直的投影关系。秦人在其都城的设计中,把冬至前后傍晚位于咸阳天顶的银河和仙后星座傍围的主要星宿与渭河横桥附近的主要宫苑的位置,安排在一条垂直线上,使天象与地面相互对应。

秦都咸阳的建筑布局,以渭河为纬向轴线,以咸阳宫为经向轴线,以两线交点横桥为中心向四周散布,形成了以咸阳宫和阿房宫为中心的都城区及向外扩展的京畿地区(即内史区)。咸阳城横跨渭河,以地势高亢之渭河南北区为主体,呈俯瞰全城之势。这种地理条件,确有利于运用天体观念规划,以展新姿,从而显示帝都之尊。

以广阔京畿为规划基础,又与运用天体规划的观念巧妙结合,这是秦咸阳改造规划结构的又一新发展。秦人又修建了甬道、复道、阁道等,将咸阳城周围二百里内大批宫观连成一个有机整体,模拟天体星象,环卫在咸阳城外围,更加显示"天极"——咸阳宫的广阔基础,也突出了它的威严。再结合以咸阳城为中心的全国水陆交通网络来观察,更显出这套规划结构的磅礴气势和君临天下的宏

---

① 《史记》卷六《秦始皇本纪》,第 241 页。
② 《史记》卷六《秦始皇本纪》,第 256 页。
③ 《三辅黄图校释》卷一,第 22 页。

伟构想。

汉长安城也是如此。汉长安城形状既非正规的长方形,也不是正方形,而是不规则的长方形。除东城墙以外,其余三面城墙多有曲折。因此,西汉长安城被称为"斗城",实际就是效法"天人合一"思想的结果。《三辅黄图》卷一指出:"城南为南斗形,北为北斗形,至今人呼汉京城为斗城是也。"《三辅旧事》云:"城形似北斗也。"《周地图记》亦云:"长安城南为南斗形,北为北斗形。"后来的《元和郡县图志》《长安志》《类编长安志》等史书都采此说。

甚至汉长安城南昆明池的修建,也与天象联系起来。《三辅黄图》引《关辅古语》云:"昆明池中有二石人,立牵牛、织女于池之东西,以象天河。"以二石人分立池的东西以象征天上的银河与星宿。至今这两座西汉石雕尚保存在原地,雕凿技法古拙质朴,是我国现存的珍贵的早期石刻艺术作品。考古工作者在汉代墓葬中也发现了不少有关天文星象的例证,在西安交通大学和西安理工大学汉墓中都发现了有天文星象的壁画墓。

汉长安城形状的不规则是综合因素形成的,既受到"天人合一"建都理念的影响,也充分考虑到利用地理环境,受到龙首原、渭河、沇河的制约。同时也证明,早在2000多年前,汉代的建筑师已能因地制宜,巧用地形,都城形制不拘泥于方形、圆形、长方形的限制,灵活规划设计出当时世界上最宏伟壮观的城市,且达到"天人合一"的效果。因此,将都城建设与天文星象结合起来,以显示"君权神授"、皇帝替天行道,是符合当时统治阶级的执政理念和筑城思想的。

这种"天人合一"的筑城思想在中国国古代都城建设中一直在发挥作用,并且愈来愈完善。

第二节 汉长安城对秦都咸阳的创新

一 秦都咸阳无外郭城,而汉长安城则有外郭城

秦咸阳无外郭城,原因有三:一则这是秦人一贯的建都思想。从考古资料来看,雍城、栎阳都无外郭城,这是秦人筑城的显著特点。秦人一进入关中,便是一个进攻性的民族,其思维方式是进攻型的,从秦穆公开始便以霸业为主要功业,

"独霸西戎,开地千里,益国十二"。秦孝公时,欲复穆公之故地。到秦昭襄王、庄襄王、秦始皇时,更是有过之而无不及,统一全国成为他们矢志不移的目标。因此,"筑城以卫君,造郭以守民"的内外二城制不符合秦人的思维方式。二则秦都咸阳从孝公筑冀阙开始,一直就未停止扩建,从渭北延伸到渭南,甚至修建阿房宫欲代替咸阳宫作为朝宫。秦始皇本身是一个好大喜功的人,他把都城的规模无限制地扩大,以至要"表河(黄河)以为秦东门,表汧以为秦西门……中外殿观百四十五"①,即要把整个关中地区作为秦的都城。他不愿把自己束缚起来,修建的离宫别馆,"关中计宫三百,关外四百余"②。在这种情况下,根本不可能修建外郭城,也没有必要修建外郭城。三则秦人在对外战争中,除过晋国有几次深入秦国作战外,秦和东方的战争一般都在别国土地上进行,说明秦国在对外战争中多立于不败之地,修建外郭完全不必要。而之所以修建宫城,纯粹是为了防止国内的反抗斗争。正因为如此,考古工作者迄今未找到也不可能找到外郭城的城址。

而汉长安城既有宫城,又有外郭城。至今仍依稀可看到汉长安城外郭城的城墙遗迹。汉之所以修建外郭城,一是遵循传统的筑城模式,二是为了防止国内的反抗斗争。

二　汉长安城的文化设施多于咸阳

秦由于崇尚法家思想,以吏为师,所以在咸阳都城中的大思想家不如汉长安城多,人们的思想不如汉长安城开放,加之秦始皇实行的"焚书"政策,法家思想成为统治阶级的主导思想。西汉长安城在汉初时实行与民休养生息之政策,实行文化开放政策,废除"挟书律",鼓励向政府捐书。特别是到汉武帝时期,"广开献书之路",使长安城中书籍堆积如山。为了保护和利用这些图书,皇帝在未央宫中专门开辟了天禄阁、石渠阁、延阁、广内和秘室等作为皇家图书馆。汉成帝时,又派陈农到全国各地征集图书,到西汉末年,长安图书馆中的藏书,仅天禄阁一处就有3万卷以上。同时在汉长安城外,还开设有我国古代最早的最高学府——太学。太学创建于汉武帝时期,开始时规模很小,只有几个五经博士和

---

① 《三辅旧事》,第3页。
② 《史记》卷六《秦始皇本纪》,第256页。

50个博士弟子员。昭帝时增加到100余人,宣帝时增加到200人,元帝和成帝时,太学得到大规模发展,最后扩充为3000人。这说明汉长安城在文化发展上比秦咸阳要好。

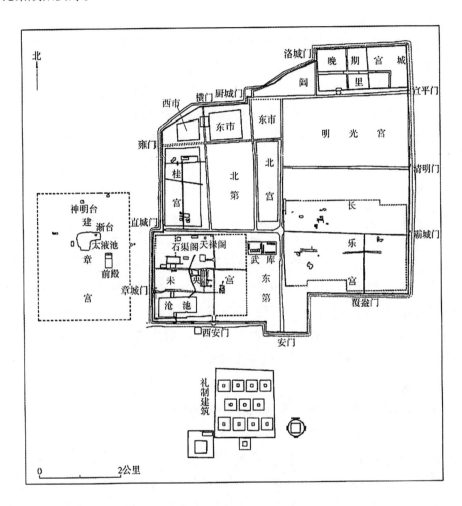

汉长安城布局示意图

三 汉长安城的宗庙礼制建筑不同于秦都咸阳

秦都咸阳有七庙,"一夫作难而七庙堕","子婴度次得嗣,冠玉冠,佩华绂,车黄屋,从百司,谒七庙"①。七庙位于秦都咸阳的渭河以南地区,其所在位置当在秦甘泉宫以南、兴乐宫以西、章台以北,应该说秦的七庙在其都城的要害部位。

西汉初年,宗庙建在长安城内,与秦宗庙所在位置相似。刘邦父亲的太上皇庙位于长乐宫北边、香室街以南,高祖庙和惠帝庙在安门以内。而文帝庙则在长安城以南,大致在今西安西郊十里铺与梁家庄之间。从汉景帝开始直到西汉末,皇帝的宗庙都修在帝陵附近,如景帝庙在阳陵附近,但离都城都不远。

秦人是功利主义者,对礼制建筑不太重视,因此文献和考古上很少发现秦都咸阳有礼制建筑。而汉代人则对礼制非常重视,儒家礼制思想对汉代影响很大,特别是汉武帝"罢黜百家,独尊儒术"以后,对礼制更加重视了。因此西汉末年在都城附近修建了圜丘、明堂、辟雍、灵台、南北郊和社稷建筑。这些建筑有的在古城本就存在,如周文王曾在都城丰京附近修筑过明堂、辟雍和灵台,西汉继承并发展了这些建筑。

明堂的形制一般是用茅草覆盖屋顶,顶为圆形,房子为方形,即"上圆象天,下方法地"。汉明堂是汉明帝时由王莽修建的,位于长安城南、安门之东、复盎门以西,即今西安市西郊任家口村东、十里铺西北。西汉的辟雍也在长安城南,即今西安市西郊大土门村附近。灵台位于长安城复盎门以南,即今西安市西郊任家口村东北,西安火车站以西,小白杨村以南。南北郊是用来祭天地的,南郊是祭祀天的,在长安城南,位于今西安西郊周家围墙附近。北郊是祭祀地的,在汉高祖长陵附近。南北郊在同一条南北线上。汉长安城的礼制建筑,除北郊祀地以外,其余均在南郊,形成汉长安城的一个特别区。

《周礼·考工记》云:"匠人营国,方九里,旁三门。国中九经九纬,经涂九轨,左祖右社,面朝后市。"这实际上是按儒家思想设计都城,对于信奉法家的秦人来讲没有任何约束力,因此在秦都咸阳的建设上看不到《周礼·考工记》的影响。而汉长安城在建制上有很多方面遵循的是儒家的筑城理论,文献资料和考古发掘都能证明这一点。汉长安城有 12 个城门,每面 3 个,东面城门由北而南是宣平门、清明门、霸城门;南面城门由东而西是复盎门、安门和西安门;西面城门由南而北是章城门、直城门和雍门;北面城门由西而东是横门、厨城门和洛城门。从考古发掘情况来看,每座城门都有 3 个门道。"面朝后市"制度在汉长安

---

① 《史记》卷六《秦始皇本纪》,第 292 页。

城中也得到淋漓尽致的反映,汉长安城的宫殿位于长安城的南部,如未央宫、长乐宫等,而作为商业市场的东市和西市则位于宫城的后面,长安的商业区都集中在长安城中宫城的北面。

汉长安城虽没有像《周礼·考工记》中所云"国中九经九纬",但城内的街道是笔直的,被称作"八街九陌"。之所以未形成九经九纬,主要是由于汉长安城是先修宫殿,后修街道,道路的规划是随着宫殿的修建而进行的,并非隋唐以后的都城那样,先规划后修建,里坊整齐,街道端正。应该说汉长安城对隋唐长安城的建制是有很大影响的。

秦咸阳城在建造过程中完全是以实用为目的,汉以后的都城则受礼制思想的制约,隋唐以后直到明清的都城基本未脱离《周礼·考工记》的思想制约,儒家的建都理念得到了深切的落实。

总体来看,秦咸阳和汉长安在都城规划上虽具有一脉相承的延续性,但由于社会在不断演进,各自的具体条件与要求也不同,又形成了两者的差别。这种差别,实际上正是汉人根据时代要求,进一步更新秦制、发展秦制的表现。

所谓创新,即是进一步改革秦制所继承的某些旧制传统,如上文所述汉长安城宫廷区布局的革新,便是一个显明例证。所谓发展,是将秦人所探求的新规划意向,转化为新的现实,并加以充实、提高。汉长安城区域规划的形成,不仅实现了秦咸阳规划所探索的城市区域宏观规划体制的新意向,而且通过实践加以丰富、完善,从而推动了城市规划向更新、更高的层次发展。这是汉人对前期社会都城规划的重大贡献,也是发展秦制的主要表现。

汉长安规划对秦制的更新和发展,更开启了我国前期社会都城规划向广度和深度演进的新趋势,为我国古代新型城市的规划,开拓了广阔的发展前景。换言之,也就是汉人通过对长安城规划的探索,对秦制再加以总结和提高,演变为前期古代社会的都城规划制度,所以秦汉时代在我国都城规划建制中具有继往开来的关键作用。

后 记

1996—1999 年，我跟随史念海和朱士光先生攻读历史地理学博士，经导师同意，我的博士论文选题定为《秦都城研究》，后经修改出版，出版后反响良好，获得陕西省哲学社会科学优秀成果三等奖。近 20 年的秦考古发掘，为这方面的研究提供了更多的资料，应西北大学出版社和"秦史与秦文化研究丛书"总主编王子今的邀请，我与刘幼臻合作撰写了《秦都邑宫苑研究》一书。

本书依托近 20 年新发现的秦考古资料和新的研究成果，将之前对秦都城的研究进一步深化与完善，并将秦都邑附近的苑囿、陵墓纳入研究范围，提出了一些新的认识，从而对秦都城体系的认识更加全面与科学。通过对秦人立国至秦朝覆亡数百年间的都邑、宫苑、陵墓建设及其发展历程的详细考察，从物质文明、精神文明及制度文明的层面，揭示了秦文明的丰富内涵和精神特质。尽管对某些问题的研究还有空间，但我们愿意拿出来供读者批评。

秦是中国历史上的重要时期，其都城制度既有对前代都城制度的继承，也有创新，并且对后代都城制度产生了极为重要的影响，对其发展演变进行研究是一个永不会停步的工作，随着新的、有价值的考古资料的出现，还会有新的认识，我们期待着。

在本书即将出版之际，感谢西北大学出版社为学术著作的出版付出的努力，也感谢本书的责任编辑张红丽女士在审稿过程中提出的修改意见和付出的艰辛劳动。

徐卫民

2020 年 10 月

于西北大学文化遗产学院